21 世纪法学系列教材

犯罪心理学

Criminal Psychology

| 第四版 |

主　编 | 梅传强

副主编 | 胡　江

撰稿人 | 胡　江　李　洁　李　林
以姓氏拼音为序 | 梅传强　秦宗川　王　敏
王晓楠　张永强

法律出版社

——北　京——

始创于 1954 年

好书，同好老师和好学生分享

图书在版编目(CIP)数据

犯罪心理学 / 梅传强主编. --4 版. -- 北京 : 法律出版社, 2024(2025.12 重印).
ISBN 978-7-5197-8790-5

Ⅰ. ①犯… Ⅱ. ①梅… Ⅲ. ①犯罪心理学 Ⅳ. ①D917.2

中国国家版本馆 CIP 数据核字(2024)第 025654 号

犯罪心理学(第四版)
FANZUI XINLIXUE(DI-SI BAN)

梅传强 主编

责任编辑 宋丽娜 陆帅文
装帧设计 凌点工作室

出版发行 法律出版社
编辑统筹 法律教育出版分社
责任校对 杨锦华
责任印制 刘晓伟
经 销 新华书店

开本 787 毫米×1092 毫米 1/16
印张 20 **字数** 443 千
版本 2024 年 3 月第 4 版
印次 2025 年 12 月第 2 次印刷
印刷 固安华明印业有限公司

地址:北京市丰台区莲花池西里 7 号(100073)
网址:www.lawpress.com.cn
投稿邮箱:info@lawpress.com.cn
举报盗版邮箱:jbwq@lawpress.com.cn

销售电话:010-83938349
客服电话:010-83938350
咨询电话:010-63939796

书号:ISBN 978-7-5197-8790-5
定价:48.00 元

凡购买本社图书,如有印装错误,我社负责退换。电话:010-83938349

出版说明

法律出版社作为中国历史悠久、品牌积淀深厚的法律专业出版社，素来重视法学教育图书之出版。

原“21 世纪法学规划教材”系列作为本社法学教育出版的重心，延续至今已有十余年。该系列一直以打造新世纪新经典教材为己任，遍揽名家新秀，因其卓越品质而颇受瞩目并广受肯定。当前，根据法学教育发展变化的客观需要，本社将原有教材系列调整重组，形成新编“21 世纪法学系列教材”，以便更好地为法学师生服务。

中国的法学教育正面临深刻变革，未来的法学教育势必以培养高素质法律人才为目标，以知识教育与应用教育相结合、职业教育与素质教育相结合、精英教育与大众教育相结合为导向，法学教育图书的编写与出版也将由此进入变革与创新的时代。

为顺应未来法学教育的改革方向和发展趋势，本社将应时而动，为不同学科、不同层次、不同阶段、不同需求的法学师生量身打造法学教材及教学辅助用书。在教材方面，将推出课堂教学系列、实训课程系列、通识课程系列、简明本系列、双语教学系列等；在教学辅助用书方面，将推出案例教程系列、法规教程系列、练习与测验系列、法学讲座系列、专业培训系列等。或革新，或全新，以厚基础、宽口径、多元化、开放性为基调，力求从品种、内容和形式上呈现崭新风采，为法学师生提供更好教本与读本，同享教材规划之盛。

“好书，同好老师和好学生分享。”本社在法学教育图书出版上必将继往开来，以精益求精的专业态度，打造全新“21 世纪法学系列教材”，传播法学知识，传承法学理念，辅拂法律教育事业，积累法律教育财富，服务万千法学师生和明日法治英才。

法律出版社

2015 年 1 月

第四版序言

2003 年第一版面世以来,到 2024 年,本教材走过了二十多个春秋。在本教材首次出版二十周年之际推出修订后的第四版,无疑具有特殊的意义。

二十年来,我国在各个领域都经历了持续而深刻的变革,经济社会飞速发展,法治建设成效卓著;同时,犯罪态势也在持续变化,刑事立法随之不断完善。这些都为法学教育和法学理论研究提供了生动的实践样本。2023 年 2 月,中共中央办公厅、国务院办公厅印发的《关于加强新时代法学教育和法学理论研究的意见》,为加强新时代法学教育和法学理论研究提出了总体要求和具体部署。该意见明确提出"完善法学教材体系","坚持以习近平法治思想为统领,通过抓好核心教材、编好主干教材、开发新形态教材等,构建中国特色法学教材体系"。本教材正是在这样的背景下进行修订的,以期通过对教材内容的进一步完善,适应新时代高素质法治人才培养的新要求。

作为我国法学教育的重镇,西南政法大学一直高度重视并持续开展犯罪心理学的教学、研究和课程建设。二十年来,不仅本教材经历了数次修订,分别在 2010 年和 2017 年推出了第二版和第三版,而且依托本教材积极开展的法学教育实践和理论研究也卓有成效。2014 年,本教材获得重庆市第八次社会科学优秀成果三等奖;2020 年,"犯罪心理学"金课建设获得重庆市高等教育教学改革研究重点项目立项。近年来,西南政法大学犯罪心理学课程先后入选重庆市高校精品在线开放课程(2019 年)、重庆市线上线下混合式一流本科课程(2020 年)、重庆市课程思政示范课(2023 年),西南政法大学犯罪心理学教学团队被评为西南政法大学优秀教学团队(2019 年)。特别是在 2023 年 5 月,教育部公布第二批国家级一流本科课程认定结果(教高函〔2023〕7 号),由我担任负责人的犯罪心理学课程成功入选国家一流本科课程。这些成绩,既是本教材所走过的二十年历程的见证,也是西南政法大学在犯罪心理学教学、研究和课程建设方面所取得成绩的展示。

但我们也深知,教材的完善永无止境。本教材第三版出版至今又过去数年,有必要对本教材进行修订。本次修订,一方面保持教材的延续性与传承性,保持教材原有的基本体系和核心内容;另一方面也展现教材的前沿性与时代性,积极反映近年来我国犯罪治理实践的新情况和理论研究的新成果。修订工作由我统筹安排,副主编胡江协助我完成修订工作的具体事务。根据修订工作需要,吸收张永强、王晓楠、李洁三位老师参与修订并增署为编撰人员。全书的编撰人员信息如下:

梅传强,西南政法大学法学院教授,博士生导师,法学博士。第一、二、三、七、十、十一章第一版撰稿人,统筹规划历次修订工作的总体安排,拟定修订方案和任务分工,承担第四版第一章修订任务,担任本教材主编。

胡江,西南政法大学法学院副教授,硕士生导师,法学博士。第二版起协助主编承担历次修订工作的具体事务,承担第四版第二、十、十二、十三章修订任务,担任本教材副主编。

王敏,西南政法大学法学院副教授,硕士生导师,法学博士。第四、五、十二、十三、十四、十六章第一版撰稿人,并参与第二、三版修订。

李林,西南政法大学法学院副教授,硕士生导师,法学博士。第三版起参与修订,承担第四版第十一章修订任务。

秦宗川,西南政法大学法学院讲师,硕士生导师,法学博士。第三版起参与修订,承担第四版第六、七、八、九章修订任务。

张永强,西南政法大学法学院副教授,硕士生导师,法学博士。承担第四版第十四章修订任务。

王晓楠,西南政法大学法学院讲师,硕士生导师,法学博士。承担第四版第三、四、五章修订任务。

李洁,西南政法大学法学院讲师,硕士生导师,法学博士。承担第四版第十五、十六章修订任务。

需要说明的是,已故西南政法大学法学院副教授彭继红女士是本教材第六、八、九、十五章第一版的撰稿人,后未再参加历次修订,但我们不会忘记她为本教材曾经做出的贡献。在第二、三版的修订工作中,姜敏、张异、赵亮、李仲民、邵栋豪等也曾经承担了部分任务,在此一并表示感谢。

本教材虽然经过再次修订,但谬舛之处在所难免,祈望使用本书的广大读者海涵,并恳请批评指正。二十年来,在本教材的出版与使用过程中,我们得到了全国各界朋友的宝贵支持。在本教材第四版付梓之际,感谢法律出版社一直以来对本教材出版发行与发展完善的鼎力支持!感谢责任编辑高效、专业的辛劳付出!感谢使用本教材的各院校、学界同仁、老师和学子给予本教材的厚爱与支持!

梅传强

2024 年 3 月

目　　录

第一章　犯罪心理学的研究对象、任务和方法

第一节　犯罪心理学的研究对象

一、犯罪心理学的研究对象和内容

（一）犯罪心理学的概念

在阐释犯罪心理学的概念之前，应当先弄清楚与之有关的两个概念：犯罪和犯罪心理。

1. 犯罪的概念

什么是犯罪？这并不是一个具有确切答案的问题。恩格斯说："蔑视社会秩序的最明显、最极端的表现就是犯罪。"在《德意志意识形态》一书中，马克思、恩格斯对犯罪作出了"孤立的个人反对统治关系的斗争"这一经典论述。除此之外，马克思、恩格斯还对犯罪作了其他深刻的论述。总体来讲，马克思、恩格斯是从三个层次使用犯罪的概念：一是在法律层面上使用犯罪的概念；二是政治犯罪的概念；三是宗教上的犯罪。[1] 马克思、恩格斯结合工人阶级反抗资产阶级斗争的实践对犯罪概念作了精辟论述，揭示了犯罪的本质属性，对我们深入认识犯罪的概念具有科学的指导意义。

在客观事实层面，犯罪是一种极其复杂的社会现象。在理论层面，"犯罪"是一个具有多重含义的概念，除刑法学之外，犯罪学、犯罪心理学、社会学、伦理学等学科都将"犯罪"作为一个重要的研究范畴。不同的学科往往因为研究目的和任务的不同而对犯罪的概念有不同的理解，[2] 即使是在刑事一体化的语境下，刑事学科中的各具体学科如刑法学、刑事侦查学、刑事诉讼法学、监狱法学等对犯罪概念的界定也不完全一致。由于刑法学是研究刑法及其规定的犯罪、刑事责任和刑罚的科学，是各部门法学中最重要的学科之一，因而其他学科对犯罪概念的界定往往离不开对刑法学中犯罪概念的考察；在一定意义上，刑法学中的犯罪概念是其他学科中犯罪概念的基础。

刑法学对"犯罪"概念界定的法律依据是我国《刑法》的具体规定。我国《刑法》第13条规定："一切危害国家主权、领土完整和安全，分裂国家、颠覆人民民主专政的政权和推翻社会主义制度，破坏社会秩序和经济秩序，侵犯国有财产或者劳动群众集体所有的财产，侵犯公民私人所有的财产，侵犯公民的人身权利、民主权利和其他权利，以及其他危害

---

〔1〕 参见邱瑛琪、房清侠：《马克思恩格斯刑法思想研究》，中国人民公安大学出版社2002年版，第35页。

〔2〕 关于各种学科对"犯罪"概念的不同理解，参见李永升：《刑法学的基本范畴研究》，中国检察出版社2011年版，第99～110页。

社会的行为,依照法律应当受刑罚处罚的,都是犯罪,但是情节显著轻微危害不大的,不认为是犯罪。”我国刑法学界的通说观点认为,《刑法》第 13 条是我国刑法关于犯罪概念的规定,并据此认为,犯罪是指严重危害社会、触犯刑律、依法应当受到刑罚惩罚的行为。该定义表明:犯罪是一种行为,而不是一种单纯的思想。这是因为,“无行为无犯罪”已经成为现代法治的一个基本原则,思想不受处罚已经成为世界各国的共识。与其他社会行为相比,犯罪行为具有三个基本特征:严重的社会危害性、刑事违法性和应受刑罚惩罚性。犯罪,作为人类的一种特殊的社会行为,其发生、发展和完成总是受到人的特定的心理活动的支配和制约。犯罪心理学就是遵循“人的心理是脑的机能,是对客观现实的主观反映”的原则,运用心理学的基本原理和方法,探索产生犯罪行为的心理机制和规律的学科。

值得注意的是,关于犯罪心理学中的犯罪概念和刑法学中的犯罪概念是否具有相同内涵的问题,却存在肯定说和否定说的分歧。肯定说认为:“犯罪心理学中‘犯罪’的概念与刑法学的‘犯罪’概念相一致,否则,容易造成刑事法学理论和刑事司法实践的混乱。两门学科中‘犯罪’概念的一致性,并不影响各自的研究对象范围和重点的不同。刑法学着重研究犯罪行为的构成要件,依据刑法,阐明罪与非罪的界限,此罪与彼罪的区别及量刑的依据。犯罪心理学则侧重研究犯罪行为发生的原因、心理机制和规律。”〔3〕否定说认为:“犯罪心理学中所说的‘犯罪’一词的含义不但包含了刑法学中的犯罪,而且还包含其他法律文件所规定的违法行为,以及人们特别是青少年的不良行为。”〔4〕

本书认为,肯定说是合理的。主要理由是:第一,犯罪概念是整个刑事法律科学最基本的概念。在“刑事一体化”思想越来越深入人心的今天,如果各门学科之间对犯罪这个最基本的概念的认识都存在较大分歧,势必引起人们思维的迷茫和学科之间的混乱,不利于学科的发展。第二,为了研究犯罪行为发生的规律和预防犯罪的需要,虽然犯罪心理学需要研究违法行为、精神病人的危害行为、未达到刑事责任年龄的人的不良行为等,但上述行为在犯罪学和犯罪心理学中并未被称作犯罪行为,它们与刑法意义上的犯罪行为显然是有区别的。

因此,不能说犯罪学和犯罪心理学扩大了刑法学中犯罪概念的外延。事实上,所有刑事法律学科关于犯罪的认识,都是以刑法学中犯罪的概念为基础的。当然,犯罪学及犯罪心理学与刑法学研究的犯罪确实有差别,这种差别表现为各学科研究的出发点和目的的不同。犯罪学和犯罪心理学中关于犯罪的概念是一种现象概念,是从犯罪现象的各种表现规律入手,以预防和控制犯罪为目的,主要研究犯罪行为的产生原因、形成机制并在此基础上探讨预防和控制犯罪的对策。而刑法学中的犯罪概念是一种规范概念,是从犯罪的认定和识别入手,以准确而公正地定罪量刑为目的。它主要研究犯罪行为的构成要件和处罚原则,并在此基础上区分罪与非罪、此罪与彼罪的界限,以及如何准确地根据行为人的具体行为表现定罪量刑,通过表明国家对具体犯罪行为的否定态度来规范人们的行为,以达到预防犯罪的目的。犯罪心理学关于犯罪心理现象的探讨应以刑法学对犯罪的

---

〔3〕 罗大华、马皑主编:《犯罪心理学》(第 2 版),中国人民大学出版社 2016 年版,第 1 ~2 页。

〔4〕 宋晓明等主编:《犯罪心理学》(第 3 版),中国人民公安大学出版社 2009 年版,第 2 页。

规范为基础;反之,刑法学中对犯罪主观要件的认定应以犯罪心理学对犯罪心理形成机制和刑事责任的心理基础的研究为依据。

2. 犯罪心理的概念

犯罪心理有狭义和广义之分。狭义的犯罪心理仅指支配行为人实施犯罪行为时的心理活动和有关心理因素,即犯罪主体实施犯罪行为时,其认识、感情、意志以及其性格、气质、能力、需要、动机、价值观等有关心理因素;广义的犯罪心理则是与犯罪行为的发生、发展和完成有关的各种心理活动和心理因素的总称。广义的犯罪心理不仅包括狭义的犯罪心理,而且还包括犯罪主体实施犯罪行为前预谋和准备犯罪过程的心理活动,以及犯罪以后逃避侦查、打击、处罚的心理活动;同时也包括犯罪人通过教育改造而悔过自新的心理活动。

"犯罪心理学",顾名思义,是研究犯罪心理活动及其规律的一门科学。由于犯罪心理的概念有狭义和广义之分,与此相对应,犯罪心理学的概念也有狭义说和广义说之别。狭义说认为,犯罪心理学是运用心理学的基本原理,研究犯罪主体的心理活动、心理因素和有关行为表现的一门学科;而广义说却主张,犯罪心理学是运用心理学的基本原理,研究犯罪主体的心理活动、心理因素和有关行为表现以及犯罪对策中的心理学问题的一门学科。可见,广义的犯罪心理学包括狭义的犯罪心理学和有关预测预防犯罪的心理学问题。在我国犯罪心理学界,罗大华先生是广义说的代表。早在 20 世纪 80 年代,他就提出:"犯罪心理学是研究与犯罪有关的心理活动及其客观规律的科学。"[5]后来,罗大华先生又进一步指出:"犯罪心理学是研究影响和支配犯罪人实施犯罪行为的心理结构形成、发展和变化规律以及犯罪对策的心理学依据的一门学科。"[6]而邱国梁先生则是狭义说的代表,他认为:"犯罪心理学是研究实施犯罪行为的主体——犯罪人的一系列心理活动及其客观规律的一门学科。"[7]本书认为,从治理和预防犯罪的实践角度考虑,广义说更具有现实意义。因此,本书将采用广义说。

(二)犯罪心理学的研究对象和研究内容

任何一门学科都有自己独特的研究对象,犯罪心理学也不例外。毛泽东同志指出:"对于某一现象的领域所特有的某一种矛盾的研究,就构成某一门科学的对象。"[8]犯罪心理学的研究对象是与犯罪行为的发生、发展和完成有关的心理活动和相关因素。关于犯罪心理学的研究对象和研究内容,国内外至今仍是众说纷纭、莫衷一是。例如,日本的森武夫教授指出:"犯罪心理学是采用心理学的理论和方法,研究有关在犯罪违法行为和各种问题中容易作为心理学研究对象的问题。"[9]我国学者对此问题的理解有广义和狭义之争。狭义的犯罪心理学认为,犯罪心理学应把犯罪心理和犯罪行为作为研究对象。广义的犯罪心理学却主张,犯罪心理学以犯罪人的犯罪心理和犯罪行为作为研究对象毋

---

〔5〕 罗大华等编著:《犯罪心理学》(修订本),群众出版社 1986 年版,第 5 页。
〔6〕 罗大华、何为民主编:《犯罪心理学》(第 3 版),中国政法大学出版社 2016 年版,第 2 页。
〔7〕 邱国梁主编:《犯罪与司法心理学》,中国检察出版社 1998 年版,第 4 页。
〔8〕《毛泽东选集》(第 1 卷)(第 2 版),人民出版社 1991 年版,第 309 页。
〔9〕 [日]森武夫:《犯罪心理学》,邵道生等译,知识出版社 1982 年版,第 8 页。

庸置疑;但是,为了揭示犯罪心理形成和犯罪行为发生的规律,防止最容易成为犯罪人的人演变为犯罪人,提高实施犯罪对策的人员的工作效率,就有必要把其他与犯罪有关的人的心理和行为也作为犯罪心理学的研究对象。[10] 因此,除了应当将犯罪人的心理作为研究对象之外,还应将受害人心理、证人心理、侦查心理、审判心理、矫治心理以及犯罪的心理预测和预防等内容都作为其研究对象。

本书认为,就学科性质而言,犯罪心理学是犯罪科学(特别是刑法学和犯罪学)与心理科学相交叉而形成的一门综合学科、边缘学科,它是运用心理学的基本原理和方法来研究与刑事犯罪有关的心理现象和心理规律的学科。具体而言,即探讨行为人在何种心理状态下,受哪些心理因素的影响而实施的严重危害社会的行为才构成犯罪;在整个犯罪过程中(包括从犯罪的预备、实行到完成,甚至犯罪既遂后为逃避刑事责任追究而进行的一系列行为)的心理活动机制和转化规律;从心理与行为的关联性出发,根据心理演变的一般规律,具体探讨犯罪行为着手或者既遂前的种种心理和行为征兆(犯罪心理预测);探讨刑罚的心理效应,以便为刑事政策的制定提供理论依据;探讨罪犯心理的转化与矫治,以提高罪犯的教育改造质量,预防重新犯罪等。狭义的犯罪心理学不足以揭示犯罪心理的发生、发展和转化的过程与规律;而广义的犯罪心理学又包罗万象,难以突出重点。因此,本书主张“相对广义说”,具体来讲,犯罪心理学的研究对象应包括以下三个方面的内容:

(1)刑事责任的心理基础。其包括犯罪动机的形成与转化规律,犯罪人格的形成与特征,有关刑事责任能力的心理因素(如认识因素、认识规律以及认识能力的形成;意志的表现,意志的影响因素,意志状态与控制能力的关系;感情状态及其表现形式;影响刑事责任能力的诸因素的实质等)。这部分内容是犯罪心理学研究的核心问题,其研究成果可直接应用于犯罪构成主观要件的认定,为司法实践中准确地定罪量刑和确定刑事责任提供心理学的理论指导。

(2)群体犯罪心理。我国《刑法》规定:共同犯罪是指二人以上共同故意犯罪;其中,三人以上为共同实施犯罪而组成的较为固定的犯罪组织,是犯罪集团。近年来,共同犯罪已成为现实生活中的主要犯罪形式。在共同犯罪中,由于是多人共同参与的,犯罪意志体现了群体的共同心理,因此,共同犯罪心理实质上就是一种群体犯罪心理。无论是在犯罪集团(犯罪组织)的形成过程中还是共同犯罪的实行过程中,各共同犯罪人(如主犯、从犯、胁从犯)之间或者教唆犯与实行犯之间都会在心理上相互影响。犯罪心理学对群体犯罪心理的研究,应以刑法上对共同犯罪人的规定为依据,着重探讨各共同犯罪人承担不同的刑事责任的心理学根据;特别是论证和探讨对犯罪集团的首要分子按照集团所犯的全部罪行处罚,对首要分子以外的主犯,按照其所参与的或者组织、指挥的全部犯罪处罚,对从犯从轻、减轻或者免除处罚,对胁从犯减轻或者免除处罚,对教唆犯根据不同情况作不同处罚的主观罪过根据。这部分研究内容包括群体犯罪心理的实质、群体犯罪心理的特征、群体犯罪心理的形成规律以及共同犯罪人承担刑事责任的心理学根据等。

(3)有关预防犯罪的心理学问题。犯罪心理学既是一门理论学科,更是一门应用性

---

〔10〕 参见罗大华、何为民主编:《犯罪心理学》(第3版),中国政法大学出版社2016年版,第2~3页。

学科,它必须为打击犯罪和预防犯罪服务。如果说对刑事责任的心理基础和群体犯罪心理的研究偏重为打击犯罪提供理论武器,那么有关预防犯罪的心理学问题就理所当然应成为犯罪心理学的重要研究对象之一。特别是犯罪预测、刑罚心理效应、罪犯心理的矫治等问题,应当成为犯罪心理学深入探讨的对象。

就教材的具体内容和体系结构而言,应当包括以下四个部分:

(1)犯罪心理学绪论,主要介绍犯罪心理学的研究对象、任务、方法、历史与现状,以及研究犯罪心理学的主要理论流派等基本问题,即本书的第一章至第三章。

(2)犯罪心理形成论,着重探讨影响犯罪心理形成的外部诱因和内部动因,旨在探明犯罪心理发生、发展的基本规律和形成机制。这部分包括家庭、学校、大众传播媒介、人际交往、社会观念等方面的诱因,以及犯罪的需要、动机、性格、气质、能力的形成和犯罪人的自我意识特征等内容,即本书的第四、五章。

(3)犯罪心理类型论,将从不同的角度,具体比较分析不同类型的犯罪心理特点。这部分包括犯罪的主观差异(故意犯罪心理与过失犯罪心理)、年龄差异(青少年犯罪心理、中壮年犯罪心理和老年犯罪心理)、性别差异(男性与女性的性别差异、犯罪行为差异,以及女性犯罪的心理特点等)、经历差异(初犯心理、累犯心理、惯犯心理)、组织形式差异等。根据我国当前犯罪的特点和趋势,本书将进一步探讨几种主要犯罪类型的心理特点,如故意杀人犯罪心理、毒品犯罪心理、财产犯罪心理等。同时,根据我国犯罪的基本态势,本书还具体分析了流动人口犯罪心理、国家工作人员犯罪心理、恐怖主义犯罪心理等问题,以较为全面地反映当前我国犯罪的基本状况,目的在于系统地比较各种形态的犯罪心理特征,为预测、预防犯罪提供理论依据。这部分内容包括本书的第六章至第十一章。

(4)犯罪心理治理论。研究犯罪心理的最终目的是有效地预防和治理犯罪,这部分内容主要探讨犯罪预测与预防的理论和方法,以及对犯罪心理的诊断与矫治技术等,旨在为现实社会服务。该内容包括本书的第十二章至第十六章。

值得注意的是,犯罪心理学并不是仅仅研究犯罪的心理活动和心理因素,它还要研究某种具体犯罪的行为特征和规律。这是因为犯罪心理是内隐的,它只有通过外显的行为才能表现出来。因此,我们在研究某种具体犯罪的心理特征时,通常还必须先探讨其行为特征和规律。

二、犯罪心理学与邻近学科的关系

关于犯罪心理学的学科性质,虽然有的学者认为它是心理学的分支学科,[11] 也有学者认为它是犯罪学的分支学科,[12] 但绝大多数学者都认为它是一门介于犯罪科学与心理科学之间的交叉学科。犯罪心理学与心理学和犯罪科学的关系都非常密切。

(一)犯罪心理学与心理学的关系

心理科学是一个庞大的学科体系,它包括基础心理学和应用心理学两大分支领域。

---

〔11〕 参见[日]山根清道:《犯罪心理学》,张增杰译,群众出版社 1984 年版,第 2 页。

〔12〕 参见樊树云、刘文成主编:《犯罪学新论》,南开大学出版社 1998 年版,第 15 页。

基础心理学如普通心理学、实验心理学、生理心理学等;应用心理学如教育心理学、社会心理学、法律心理学、艺术心理学等。犯罪心理学是应用心理学领域中法律心理学的一个分支学科,是心理学在犯罪科学中的具体应用。它借助心理学的理论和方法来研究犯罪行为中的心理现象,并要应用心理学的基本原理来增强人们对犯罪的防范和治理能力,提高人们对罪犯的教育改造质量等。(见图 1 – 1)

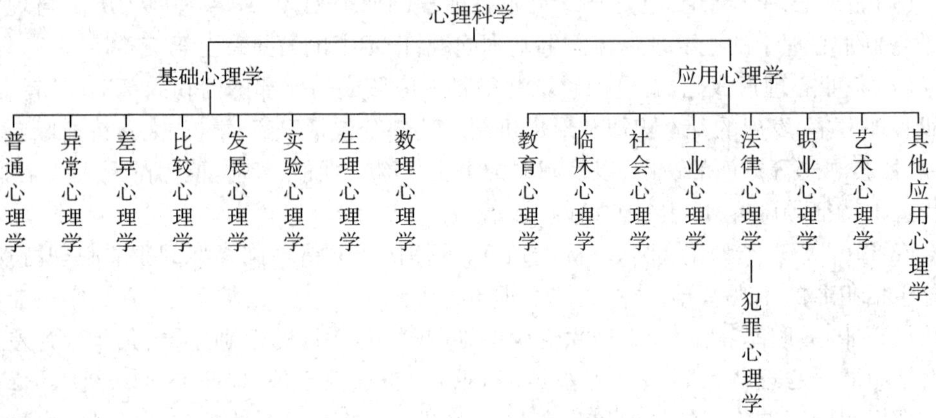

图 1 – 1　犯罪心理学在心理科学中的地位

资料来源:罗大华、何为民主编:《犯罪心理学》(第 3 版),中国政法大学出版社 2016 年版,第 4 页。

1. 犯罪心理学与普通心理学的关系

犯罪心理学与普通心理学是交叉重叠的关系,即在研究对象上存在重合部分。犯罪心理学的主要研究对象是与犯罪行为有关的心理活动,而普通心理学则是以正常成人的心理活动为研究对象。普通心理学是一门概论性的基础理论性学科,主要研究心理学的基本理论,阐述正常成人心理的一般规律;同时也概括各分支学科的研究成果,并为各分支学科提供理论基础。它是心理科学的主干。犯罪心理学则属于心理科学的应用性分支。犯罪心理学要应用普通心理学的基本理论和方法来解决具体问题。例如,普通心理学中关于人的心理的实质、各种心理活动的基本规律,以及心理学研究的各种方法等会在犯罪心理学中得到具体体现和应用。反之,犯罪心理学的研究成果又可丰富和发展普通心理学的基本理论。例如,关于犯罪心理的各种理论、犯罪的机遇(诱因)、犯罪动机等研究就可以丰富和发展普通心理学相关理论。

2. 犯罪心理学与社会心理学的关系

社会心理学中一个重要的研究内容是反社会行为,犯罪行为可以说是一种极端的反社会行为。因此,犯罪心理学在一定意义上也可以看成社会心理学的一个分支。社会心理学中关于人的社会化、群体心理、领导心理、从众心理、人际交往、宣传心理等内容和理论都要在犯罪心理学中得到具体应用。同样,犯罪心理学的研究成果也可丰富和发展社会心理学的内容和理论,因为犯罪心理学的研究对象是特殊的社会心理。例如,团伙犯罪心理、女性犯罪心理、青少年犯罪心理以及罪犯改造心理(刑事执行心理)等都是特殊的社会心理。

3. 犯罪心理学与教育心理学的关系

教育心理学主要研究教育教学过程中的各种心理学问题,揭示教育教学与心理发展的相互关系，为培养个性全面发展的人才服务。提升对罪犯的教育改造质量和效果，需要运用教育心理学的基本理论，遵循教育心理学的基本原则；不仅如此，为预防犯罪，对公民进行法制教育、普法宣传等也需要运用教育心理学的基本理论和方法。因此，犯罪心理学要借用教育心理学的研究成果来丰富和发展自己的内容。

此外，犯罪心理学与发展心理学、生理心理学、实验心理学、人际关系心理学等心理学科的关系都比较密切。

（二）犯罪心理学与犯罪科学的关系

犯罪科学是一个庞大的学科体系，犯罪心理学在犯罪科学中的地位如图 1－2 所示。

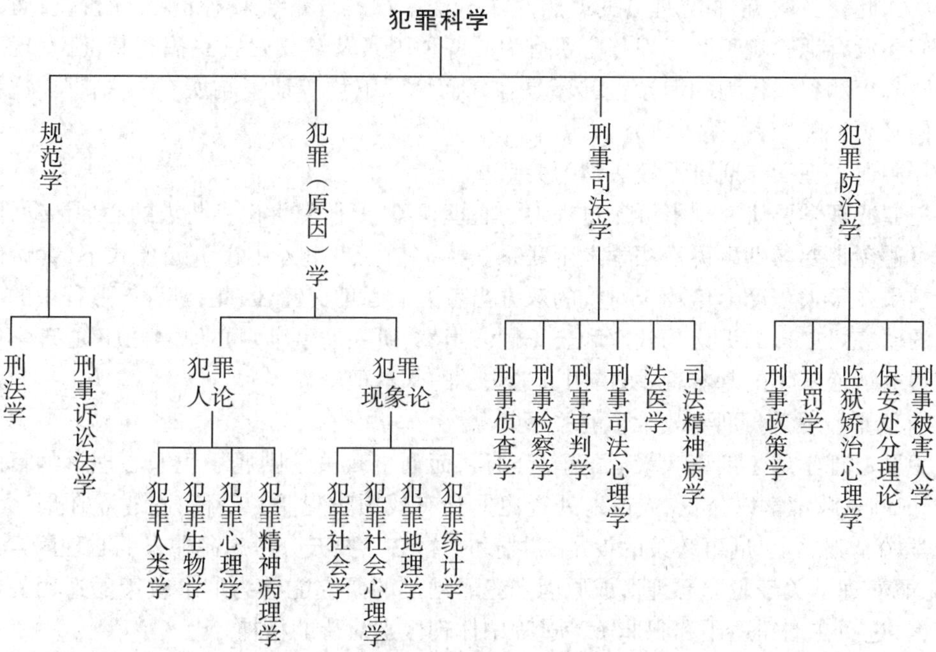

图 1－2　犯罪心理学在犯罪科学中的地位

由图 1－2 可见，在犯罪科学体系中，广义的犯罪心理学既涉及犯罪原因学的领域，又涉及刑事司法学领域，还涉及犯罪防治学领域。它要运用心理科学的理论研究犯罪的原因，为刑事司法活动以及矫治犯罪提供心理科学的依据和方法。

1. 犯罪心理学与刑法学的关系

刑法学是一门规范法学，是研究犯罪及其法律后果的学科。犯罪心理学和刑法学都要研究犯罪问题，而且，犯罪心理学中的犯罪概念和刑法学中的犯罪概念应该相一致。犯罪心理学的研究成果可以丰富和完善刑法学，为刑法学服务。因为刑法学中关于犯罪的主观方面的研究（例如，故意与过失的认识因素、意志因素，犯罪动机，犯罪目的等），主要是从心理学角度探讨的。当然，刑法学中关于罪与非罪、此罪与彼罪的认定，关于刑事责任大小的依据等也为犯罪心理学提出了新的课题。

2. 犯罪心理学与其他犯罪原因学的关系

其他犯罪原因学是犯罪学的重要范畴和主要内容，犯罪心理学与犯罪人类学、犯罪生物学、犯罪精神病学以及犯罪社会学、犯罪地理学、犯罪统计学等学科都属于犯罪原因学范畴；它们从不同的角度探讨犯罪的原因和规律，彼此间相互借鉴、互为补充。例如，在研究犯罪心理的形成过程和规律时，就必须借助于其他犯罪原因学的研究成果。值得注意的是，犯罪原因是极其复杂的；犯罪心理的形成和犯罪行为的发生，都要涉及许多变量，即使是很小的差异也可以改变结果。因此，犯罪心理学研究的结论并不适用于每一个人或每一种情景，而是针对大多数情况而言的。从这一点看，犯罪心理学的研究结果和结论带有很大的或然性：它只告诉人们，在某种情况下的犯罪心理和行为过程或许如此，而不是说必然如此。当然，犯罪心理学的或然性并不意味着其研究结果不准确、无价值，而只表明人们还没有把影响犯罪心理和犯罪行为的各种因素及其相互关系搞清楚，已发现的制约犯罪心理和犯罪行为的因素也并不是在任何情况下均等地影响所有的人。[13] 这就要求我们必须不断探索，深入研究。

3. 犯罪心理学与刑事诉讼法学的关系

犯罪心理学要研究刑事诉讼过程中的心理现象，要研究诉讼参与人的心理活动，因而它不可避免地要与刑事诉讼法学发生联系。特别是在当事人主义诉讼模式下，诉讼的进程和结果在很大程度上依赖于对抗的双方当事人的心理交锋，因此，对诉讼过程中的心理现象的研究可以提高诉讼的效率和公正性。当然，研究刑事审判心理学、预审心理学等都必须遵循诉讼法学的基本程序，借用诉讼法学的基本理论。

4. 犯罪心理学与刑事政策学的关系

犯罪心理学属于刑事政策学的前提学科，而刑事政策学则属于犯罪心理学的目的学科。[14] 刑事政策学以公正、人道地处置犯罪和有效预防犯罪为己任；它建立在刑法学和犯罪学的基础之上，刑事政策的设定、调整和执行必然要充分考虑犯罪人的心理因素。例如，犯罪心理学关于犯罪心理形成原因和犯罪动机的研究能够为刑事政策的适用提供参考依据，进而在刑罚适用和犯罪矫治过程中体现区别对待的精神。

综上所述，犯罪心理学既是犯罪科学体系中的一个分支学科，又是心理科学体系中的一个分支学科；它是介于这两门科学之间的交叉学科。犯罪心理学虽然涉及犯罪科学和心理科学，但它绝不是犯罪科学的部分领域与心理科学的部分领域的简单拼凑，而是应用心理科学的理论、方法，研究犯罪科学的基本对象——犯罪人及犯罪对策，从而形成一门独立的学科——犯罪心理学。

此外，犯罪心理学与自然科学中的统计学、生理学以及社会科学中的社会学、管理学、人类学等都有比较密切的关系。

---

〔13〕 参见罗大华、何为民主编：《犯罪心理学》(第3版)，中国政法大学出版社2016年版，第6页。

〔14〕 参见王牧主编：《新犯罪学》(第3版)，高等教育出版社2016年版，第15页。

第二节　犯罪心理学研究的任务和意义

一、犯罪心理学研究的基本任务

犯罪心理学研究的基本任务是探讨与犯罪有关的心理现象发生、发展的规律以及犯罪心理与犯罪行为的关系，从而有效地减少、控制犯罪心理和行为，使之向积极的方面转化。

（一）描述和测量犯罪心理和行为

一种现象必须能够进行客观描述和测量，才能对它进行研究，进而对它进行理解和控制。因此，犯罪心理学研究的一个基本任务就是对犯罪心理及行为进行客观描述和测量。

犯罪心理学首先需要对人的犯罪心理及行为进行客观的描述，即真实的确切的描述。例如，犯罪动机是如何形成的，心理投射、罪责扩散是怎样形成的，是怎样影响犯罪行为表现的。对犯罪心理及行为进行真实确切描述，对揭示犯罪心理发生、发展规律是不可缺少的。

所谓测量，通常是指人们对客观事物进行某种数量化的测定。犯罪心理学中的一些基本概念（心理过程和心理特征），如犯罪者的智商、焦虑水平、态度、抑郁、价值观等，在客观描述的基础上，最好能够对其进行测量。测量方法是我们深刻认识犯罪心理的有力武器，有助于我们在质和量的统一中研究犯罪心理和行为及其内在规律性，特别是它们的数量关系；有助于我们克服单纯的定性描述所具有的随意性；有助于犯罪心理学研究科学化。每一种测量工具必须具有两种性质：第一，可靠，即所测得的数据重复测验时没有大的变化。第二，有效，即这个测验必须能测量需要测量的东西。对犯罪心理与行为进行准确、具体的测量是犯罪心理学研究的重要任务之一。

（二）预测和控制犯罪心理和行为

在准确地测量和描述的基础上，便有可能实现犯罪心理学的第二个任务——预测和控制犯罪心理和行为。

根据已知的事实，推知事情将来的发展，这是科学的任务之一。人的心理现象的变化是有规律的，因此，也是可以预测的；心理学的技术和方法可以帮助人们通过测量一个人现在或过去的心理和行为，预测他将来的行为。如我们通过内、外向性格的测量，确定某人具有内向性格，表现为安静、富于想象、退缩、害羞和防卫性等特征，就可以预测出他在今后社会生活中的一些行为表现（包括违法犯罪行为），从而有针对性地做好犯罪预防工作，以降低犯罪行为发生的概率。

心理和行为预测必然伴随行为的改变和控制。控制的目的是设法控制问题发生的原因，使可能发生的最终不至于发生或降低发生的概率，或将可能发生问题的严重性降到最低限度。犯罪心理学工作者一方面应该改变有潜在不良心理的人的行为，从而帮助他们；

另一方面也应试图控制和改变罪犯的行为,以将其改造为新人并避免犯罪行为的再次发生。控制和改变犯罪心理和行为,是犯罪心理学应用工作的一项基本任务。

(三)理解和说明犯罪心理和行为

犯罪心理学的第三项任务,就是理解和说明犯罪心理和行为,即对其做出科学的解释,分析它产生的原因。

这项任务包括就各种因素与犯罪心理和行为的关系及犯罪心理和犯罪行为的关系提出有待检验的假说,并对其加以证明或证伪,以形成与事实相符的理论。犯罪心理和行为的出现,总是有其固有原因的。犯罪心理学必须对其做出科学的解释和说明,为治理犯罪提供理论上的一些帮助。

二、犯罪心理学研究的意义

根据犯罪心理学研究对象的特殊性及它的基本任务,可以看出它具有十分重要的意义,具体表现在两个方面。

(一)理论意义

弄清犯罪心理和行为的各种规律在理论上具有重大的意义。因为犯罪心理学的发展,离不开整个心理科学体系及邻近学科的发展以及对它的支持。反之,犯罪心理学的发展,又会丰富和发展与它相关的邻近学科。

首先,研究犯罪心理学,可以进一步丰富和发展心理科学体系和犯罪学的基本理论与技术方法。它不但在研究内容、领域上拓宽了心理科学和犯罪学研究的范围,也在方法上为整个心理学和犯罪学学科体系提出了新课题,必将推动整个心理学和犯罪学学科体系的丰富和发展。

其次,犯罪心理学研究对邻近的社会学科,如刑法学、罪犯改造学、刑事侦查学等,也有一定的理论意义。因为这些学科和犯罪心理学一样都要研究犯罪人,研究犯罪心理和行为,只不过研究的侧重点有所不同。如刑法学要研究犯罪的主观方面——罪过中的认识因素、意志因素、犯罪动机与目的,刑事侦查学也要研究犯罪者的心理与行为特点等。而这些问题也是犯罪心理学研究的主要内容。因此,犯罪心理学的研究成果必然有助于它们深入地认识各自的研究对象。

(二)实践意义

犯罪心理学既是一门理论科学,也是一门具有实践价值的应用科学。研究犯罪心理学也具有重要的实践意义。

首先,通过对不同类型犯罪者的心理特点的研究,可以为公安、检察、法院、司法行政等部门服务,提供这方面的理论和知识,使实践部门更准确、科学地认识犯罪行为发生、发展的规律,有助于提高司法工作的准确性和科学性,有助于提高工作效率。

其次,通过对犯罪心理形成、发展规律的研究,通过对犯罪预测与预防的心理学方法的研究,可以为全社会提供犯罪心理的科学知识,更有效地做好犯罪预测与预防及罪犯改造工作，发挥“综合治理”的最大效应。

第三节　犯罪心理学的研究方法

一、研究犯罪心理学的指导原则

从总的方向上讲，研究犯罪心理学应坚持马克思主义的辩证唯物主义和历史唯物主义原则；从具体操作上讲，应以党和政府的方针、政策为指导，根据犯罪心理形成和发展的规律，遵循以下几项方法论原则：

（一）客观性原则

任何科学研究都必须遵循客观性原则，犯罪心理学也不例外。遵循客观性原则就是遵循实事求是、一切从实际出发的原则，即根据犯罪心理现象的本来面貌来研究它的本质、机制和规律。

客观地研究犯罪心理现象不仅必要，而且是完全可行的。因为任何心理现象都是由客观刺激所引起并通过个体内部的一系列身心变化而表现在行为上的，犯罪心理现象也不例外。那些在量上或质上可以有变异的因素或特征被称为“变量”。犯罪心理学研究的问题虽然很多，但它们都要涉及刺激变量、机体变量和反应变量及其相互关系。因此，通过对刺激变量、机体变量和反应变量三者之间内在关系的考察，我们就可以客观地研究各种犯罪心理现象。具体而言：

1. 刺激变量是指能引起个体反应的一切情境或事件特征。在犯罪心理学研究中，刺激变量通常有以下几种分类：(1)自然性刺激与社会性刺激。前者如声、光、电、温度、气味等刺激；后者如代表一定社会意义（如蔑视、关怀、期待、命令等）的言语、表情和动作等刺激。(2)具体性刺激和抽象性刺激。前者如具体的人、事、物及其变化；后者如文字、符号、讯号等。(3)外部刺激和内部刺激。前者来自外部环境，如家庭、学校、社会的影响；后者来自有机体内部的变化，如内分泌激素的变化、药物对机体的影响，以及头脑中浮现的思想、观念、欲望等。

2. 机体变量是指个体自身的特征。它包括三个方面：一是个体的生理特征，如年龄、性别、血型、体型等；二是个体的心理特征，如需要、兴趣、态度、情绪、愿望、性格等；三是个体的社会特征，如民族、学历、职业、社会角色、人际交往等。这些个体特征有些是比较持久的，有些是经常变动的。

3. 反应变量是指刺激所引起的在行为上发生变化的反应种类和特征。人的行为反应可分为言语行为反应和动作行为反应。反应变量是极其多样化的，可以从反应的正确性、速度、难度、次数、强度等几个方面来度量。

很明显，刺激变量和反应变量大多是能够客观观测的。一些机体变量如性别、年龄、学历、健康状况也是比较容易客观观测的。另一些机体变量如智力、性格、需要、动机以及认识、情绪等心理现象虽然无法直接观测，但是，通过刺激变量和反应变量进行间接推论，也是可以客观研究的。例如,可以通过智力测验来考察智力水平,通过多道生理记录仪来考察情绪状况等。

由于每个人的心理活动经验各不相同,在具体的犯罪心理学研究中,研究者很容易把自己的主观体验和客观观察到的事实混淆起来。为了更好地贯彻客观性原则,研究者应注意以下几点:第一,在搜集资料时,必须如实、详尽地记录作用于个体的外部刺激和他的行为反应(包括口头报告)。切不可用研究者自己的主观体验、主观感受来代替客观观察到的事实,或附加在客观观察到的事实上。第二,在资料的处理、结果的分析整理上应尽可能用某种客观的尺度来评定,切忌受到主观偏见的影响。第三,在做结论时,要根据客观的事实下判断,不要做过分的推论。例如,所研究的对象是成人犯罪者,就不能把结论推广到未成年犯罪者身上;也不能把男性犯罪者具有的心理和行为特征推广到女性犯罪者身上。

(二)系统性原则

在犯罪心理学研究中贯彻系统性原则,就是用系统论的方法来考察心理现象,把人的心理作为一个开放的、动态的、整体的系统来加以研究。在系统论中,所谓系统是指由相互作用、相互依赖的若干组成部分结合成的具有特定功能的有机整体,而且这个系统本身又是它所从属的一个更大系统的组成部分。在犯罪心理学研究中具体贯彻系统性原则应注意以下几点:

首先,犯罪心理现象具有整体性,必须进行多方面的综合研究。人的心理现象是具有各种机能的有机整体,在具体人身上的各种心理现象总是相互联系、相互制约而成为一个统一的整体。离开了人的心理的整体性,各种心理现象的特性及其相互作用便无法理解。因此,孤立地研究犯罪心理现象的任何一种关系,都只能认识到犯罪心理现象的某一个方面;要科学全面地认识人的犯罪心理现象,必须进行多方面的综合研究。例如,在人格结构中,个性倾向性和个性心理特征必须通过自我意识协调、统一起来,成为一个整体,否则,就会形成双重人格甚至多重人格,产生人格分裂,出现心理障碍甚至变态。在犯罪人中,自我意识的错误和缺陷是比较明显的。

其次,犯罪心理现象具有动态性,应在发展中研究犯罪心理现象。人的心理是活动的,任何心理活动都有一个发生发展的过程,并总是呈现一种相对稳定和绝对动态的形式。犯罪心理现象也是这样,它要随着客观刺激物的变化而变化,并受各种输入信息的影响。据此,我们在研究犯罪心理学时,就必须考察具体的情景、场合和具体的事件。例如,在不同的时间、季节、情景、地理环境中,犯罪心理具有不同的表现。

最后,犯罪心理现象具有环境适应性,要注意研究它与周围环境的关系特别是与社会环境的关系。人总是处于一定的环境之中,受环境的影响;同时对环境又表现出一定的适应性。因此,对犯罪心理和行为的研究只描述机体本身是不够的,还必须研究它与周围环境的关系,要把犯罪心理和行为与当时的环境影响结合起来进行考察。例如,我们在研究青少年犯罪心理时,不仅要探讨其自身的心理发展状况,而且还要探讨青少年所处的社会生活环境以及教育等对之产生的影响;同时,在治理青少年犯罪时,除了对青少年罪犯本身进行正确的教育改造外,还应改善社会生活环境,如净化社会风气、丰富健康的社会文化生活,加强法制建设和法律宣传教育,加强思想政治工作和品德教育等。

(三)个性观原则

虽然犯罪心理存在一些普遍规律和共性,但是,犯罪行为的多样性以及影响犯罪心理形成的主客观因素的差异性,决定了犯罪心理的复杂性。人们的犯罪心理带有明显的个性特征,它与一个人的年龄、性别、生活经历、家庭环境、社会交往等因素有关。因此,我们在研究犯罪心理时,必须从客观实际出发,坚持具体问题具体分析的原则,切忌主观臆断,要将心理学或法学的理论知识与具体的犯罪行为结合起来。例如,不同类型的犯罪行为,支配它的犯罪心理往往不同;即使是同一类型的犯罪行为,在不同的人身上所表现的犯罪心理也往往有差异。不同年龄、性别、经历的犯罪人由于个性不同,他们在作案、审讯、改造期内的心理和行为也都有差异。因此,我们在研究犯罪心理学时,必须考虑研究对象的个性特点和实际情况;只有这样,我们才能逐步弄清各种类型的犯罪心理和行为发生的原因与特征,才能在具体的犯罪行为中采取有针对性的措施,以取得更大的成效。

(四)生物性与社会性相统一的原则

科学的心理观认为,人的心理是在先天遗传素质的基础上发生发展起来的,具有生物性;同时,人的心理发展更多是受后天的社会生活环境和条件的制约,具有社会性。正因如此,不同的时代、社会、阶级、民族、实践活动的人,其心理活动和发展有所差异。人的心理既具有生物性,又具有社会性,是两者的有机统一。犯罪心理也不例外。在犯罪心理学和犯罪学的研究史中,曾出现过片面强调生物性的“犯罪生物学派”和片面强调社会性的“犯罪社会学派”。在我国极左路线时期,也曾流行过所谓的“本性论”(认为一切犯罪现象都是反动阶级的本性)和“血统论”(认为出身不好的人必然要犯罪,即“老子反动儿混蛋”)等观点。这些论调都是极其武断和片面的。因此,我们在研究人的犯罪心理时,必须将其生物性与社会性统一起来考虑。即既要考虑犯罪心理形成的社会因素如社会环境、教育、大众传播媒介、人际交往等影响,又要考虑犯罪心理形成的生物因素如个人的身体素质、神经类型、内分泌活动状况、某些疾病引起的不良后果等。一般来说,社会性因素起主导作用,因为犯罪现象归根结底是一种社会现象,是由社会存在决定的;而生物性因素则起次要作用。

(五)理论联系实际原则

所谓理论联系实际原则,是指既要注意基本理论研究,又要注意实际应用,在实际应用中使理论进一步得到检验与发展。犯罪心理学研究的课题来自刑事司法实践,犯罪心理学的目的还是在于服务司法实践,对犯罪的揭露和惩治、预防与罪犯改造;同时,在研究中,还要注意理论工作者与实际工作者密切配合,从实践提升到理论,以理论服务于司法活动。

(六)伦理性原则

所谓伦理性原则,是指在犯罪心理学研究的设计与实施中,应该遵循伦理道德法则与人权保障规则。由于犯罪人、潜在犯罪人与罪犯心理的隐蔽性、对抗性与间接性等特点,在犯罪心理学的研究中,常常会采用一些需要特别控制的情境或手段来收集数据。这就要求我们应该特别注意排除可能存在导致产生心理创伤,极端性消极情绪,欺骗性、威胁性、倾向性诱导,道德与伦理惩罚的刺激情境与设计方案。这是直接保障人权与意志自由的体现,也是人类理性地研究犯罪这种极端越轨行为的要求。

二、研究犯罪心理学的基本步骤

为了深入探讨犯罪心理现象的规律和机制,研究犯罪心理学的基本步骤包括以下四个程序:

(1)建立科学假设。科学研究的基础是观察。通过观察,如果对未知的现象及其相互间的关系产生了疑问,研究者便根据已知的科学事实和原理对它做出尝试性的或假设性的推断。这种尝试性的推断就称为假设。在犯罪心理学研究中,假设可能来自研究者对日常生活经验的推断,也可能来自已有的某项研究或某一理论的推断。假设使科学研究带有自觉性。研究者应当根据自己的假设,确定自己的研究方向,做出研究设计,进行有目的、有计划的观察、调查或实验。

(2)收集信息资料。假设的真伪需要验证。建立了假设后,下一步工作就是收集有关信息资料,以便根据事实资料验证假设。为了有效地验证假设,研究者必须根据假设选择研究方法。在犯罪心理学研究中,搜集信息资料的具体方法主要有观察法、问卷法、个案调查法、实验法等。

(3)分析信息资料。科学研究的第三个步骤是采用适当的方法将原始信息资料加以整理、分类,使之系统化和简练化。在犯罪心理学的研究中,对于资料的分析通常是采用各种统计方法来完成的。统计分析的主要作用,一是简化原始资料,以便把握资料分布的情况;二是检验各类资料的关系以及关系的程度。常用的统计方法有百分比、差异检验、相关检验、方差分析、因素分析等。

(4)作出科学结论。科学研究的最后一步就是作出结论。科学结论的得出必须根据事实资料,而不能凭空臆断。通过研究设计、统计分析、作出结论,就可以对研究初期提出的假设进行检验。如果假设得到了验证,这个假设的可信度便提高了;在此基础上进一步验证,进行更深入的研究,假设就可能进一步发展成理论或定律。如果研究的结果不能或只能部分地证实假设,那么,研究者就必须回到先前的研究阶段,对所获得的资料进行认真的分析,查看是否在某个环节出了差错,并及时加以纠正;若没有差错,则应重新考虑自己提出的假设,并对它作必要的修正,然后,再对这个修正过的假设进行检验。在犯罪心理学研究中,经常出现否定假设的情况。

以上四个步骤紧密联系,无论在哪个步骤出现错误都将导致整个研究工作失败。

三、研究犯罪心理学的主要方法

由于犯罪心理相对于其他心理(如教育心理、医学心理、运动心理等)而言,具有更大的隐蔽性、间接性和难于实验性,因此,在应用心理学的基本方法来研究犯罪心理时,必须考虑该研究对象的特殊性。在犯罪心理学研究中,常用的方法主要有四种。

（一）调查法

这是目前犯罪心理学研究中最常用的方法。它的主要特点是以问问题的方式，要求被调查人就某个或某些问题回答自己的想法和做法。从形式上看，调查法可分为口头调查和书面调查两种。从调查内容上看，可以涉及犯罪心理学研究的各个方面。例如，调查某人的神经类型、生长发育特点、家庭情况等；调查社会不良文化对青少年犯罪的影响；调查学校教育的缺陷和不良社会风气对青少年的影响；调查受害人受害时的心理活动等；甚至还可以调查在一定时期内某地区的青少年犯罪特点和发展趋势，调查比较不同地区或同一地区不同时期的犯罪差异等。从被调查的对象看，可以是有关当事人本身，也可以是有关当事人的家长、老师、同学、朋友、邻居，或者是公安局、检察法、法院、少年管教所、监狱等机关的政治工作同志，甚至是一般的社会公民。总之，调查的对象是极其广泛的，选择何种对象取决于调查任务和目的。使用调查法时，事先应有明确的调查目的和计划；调查进行时应做到全面而客观地掌握第一手资料；调查结束后应对调查材料进行分析、整理，去粗取精，去伪存真，写出客观的调查分析报告。调查法的主要优点在于：使用方便、简洁，内容客观，调查结果便于量化。此方法的缺点在于：调查结果受调查对象的理解能力、情感、价值取向，以及样本大小等的影响比较明显；调查结果的真实性比较差。为了弥补调查法的缺陷，提高调查结果的真实性，一般采用匿名调查法。

（二）个案追踪研究法

该研究方法是选择个别具有典型意义的当事人或典型案例进行长期的追踪调查研究，以便完整、准确地掌握某种犯罪心理形成与转化过程的基本规律。使用此法时，首先要根据研究的目的和任务，选择好追踪对象。追踪对象无论是某个具体的当事人，还是某个案例，都一定要有代表性，要具有典型意义；否则，就可能使我们的研究陷入片面的泥坑。在追踪研究过程中，应当采取定期调查或观察与不定期观察相结合、主线追踪与辅助线调查相结合的原则。例如，我们追踪研究某个青少年罪犯的心理转化过程，就可从对其的审讯开始，追踪其在法庭上、在少年管教所（或监狱）里的表现，一直到其回归社会后的心理和行为变化。在这个过程中除了对其本人进行定期的调查外，还可对其家长（家属）、邻居、师长、朋友及受害者、证人、办案人员、劳改管理干部等进行访问调查，以此作为辅助材料。在对某个当事人直接面对面的调查中，我们必须掌握一定的调查技巧：调查前要对个案情况比较了解，要善于找到突破口；调查中态度要真诚、严肃，要尊重被调查人的人格，语言要有启发性，能打动人心，使之听得进、愿意谈真话，当遇到被调查人有抵触情绪时还要稳得住、忍得住；调查后要及时做好记录。如果不掌握必要的调查技巧，不综合各方面资料，就可能使我们的追踪资料失真。此研究方法的优点在于：能够较完整地探究追踪对象（被调查人）的心路历程，便于全面了解犯罪心理的转化过程和规律。缺点在于：如果选择的个案和当事人没有代表性，那么，结论就难以推广；而且，变量的影响因素很难控制。

(三)心理测验法

该方法是使用心理测验量表或问卷,测查某个对象的心理品质,以此来研究其心理的特点。目前,使用较多的量表有:卡特尔16种人格因素量表(Sixteen Personality Factor,16PF)、明尼苏达多项人格测验量表(Minnesota Multiphasic Personality Inventory,MMPI)、艾森克个性问卷等。使用心理测验法研究犯罪心理,虽然可以得到一些定量的结论,但是,切不可过分夸大其科学性。这是因为,心理量表本身具有一定的局限性,而作为评判标准的常模又是以正常人为参照的;社会在发展,人的心理在发展,而常模却相对稳定。显然,用较为稳定的正常人的常模来评判某种特殊对象(如青少年罪犯、女性犯罪人等)的心理品质,是有局限性的。

(四)比较研究法

该方法是选择两个或两个以上的事物进行比较,找出它们之间的异同点,以便更加深入地探讨彼此的特点和规律。在犯罪心理研究中,比较研究法使用很广。例如,把犯罪青少年的心理特点与一般青少年的心理特点进行比较;把不同犯罪类型的心理进行比较;把青少年犯罪与中、老年犯罪进行比较;把男性犯罪与女性犯罪进行比较;把团伙犯罪心理与单个犯罪心理进行比较;将初犯心理与累犯、惯犯心理进行比较;还可以选择各种犯罪的类型、手段、数量、原因等进行比较;甚至可以选择不同的地区(如城市与农村,沿海经济发达地区与内陆地区等)、时间(如夏季与冬季)、环境(如学校、厂矿区与街道)等进行比较研究。

除了以上几种研究方法外,还有活动产品分析法(通过分析某人的日记、书信、作品、劳动产品等来研究其心理活动)、观察法(通过对某人的言行进行观察,以此了解其心理活动)等。

四、研究犯罪心理学的方法类型及其选择

由于具体研究方法各有其功能和局限性,研究对象和研究条件各不相同,就出现了不同的研究方法类型,以及如何根据研究的需要来选择不同的研究方法类型问题。

(一)纵向研究和横断研究

这是根据研究时间的延续来区分的。纵向研究就是在比较长的时间内,对某个或某些犯罪人的心理发展进行系统的定期研究,又叫追踪研究。纵向研究的优点是系统性,能比较详尽地了解犯罪人心理发展变化的过程。但也有其困难和缺点,如研究时间过长(少则一两年,多则一二十年),不易同时进行大量案例的研究,影响研究对象的各种因素不易查明或控制,因而不易有效地进行前后对比。横断研究就是在同一时间内对某一类型或某几个类型的犯罪人心理进行测试和检查,并加以比较。一般的实验研究多属于这种类型。横断研究的优点在于在较短时间内找出同一类型或不同类型研究对象的心理发展水平或特点,并可以从中找出规律。但由于时间短,不易看到发展的全过程,难免有不系统、欠深入之嫌。因此,在一般研究中,应灵活运用纵向、横断两种研究类型,互相配合,

取长补短。

（二）整体研究和单项研究

这是根据研究的范围或内容来区分的。整体研究，也叫系统研究，就是把犯罪心理作为一个整体结构来研究，主要研究犯罪心理的整个面貌，如研究犯罪人的人格结构、需要结构、动机体系等。这种研究类型的优点在于可以认识犯罪人犯罪心理的全貌及各组成部分的相互关系，便于找出规律。但这种研究比较复杂，必须有理论上和设计上的充分准备才行。否则，容易顾此失彼，不一定能反映全貌。单项研究就是对犯罪心理发展中的某一个别的、局部的、比较小的问题进行较为深入的研究。例如，对家庭因素与犯罪的研究，对犯罪人在实施犯罪前后的心理变化的研究，对初犯犯罪动机的研究，对犯罪人情绪、情感特征的研究等。单项研究的优点是比较专深，缺点是比较容易忽略它与整体的联系。整体研究和单项研究都是必要的，要根据研究课题加以选择，正确处理好二者关系。

（三）个案研究和成组研究

这是根据研究对象数量的多少来区分的。个案研究就是对一个或少数几个犯罪人进行的研究。这种研究类型的优点是便于对研究对象进行比较全面深入的考察；缺点是取样少、代表性较小，因而在一定程度上影响科学性。成组研究就是对一组或多个犯罪人进行的研究。这种研究类型因为取样较多，可以作统计处理，科学性较强，但不便于做个别深入的研究。因此，在研究中，要把个案研究和成组研究结合起来，才能取得理想的结论。

（四）常规研究和采用现代方法技术的研究

常规研究的方法技术是指观察、谈话、调查、活动产品分析等。这种研究简便易行，或投资少，便于更多的人掌握，但统计处理比较费力。现代技术方法的研究，主要是采用电子技术进行某一个或某几个省、市、地区社会犯罪原因的调查统计分析，对心理测量数据的统计处理，对重新犯罪预测的研究等。这种研究比较准确，统计处理的速度快，特别适用于大批量数据的统计处理。例如，录像技术可用于对犯罪现场、讯问过程、证言可靠性等作心理分析。但现代技术投资多、技术性强，推广普及有一定困难。[15] 特别值得一提的是，多道生理记录仪（测谎仪）及测谎术不仅是一种犯罪心理学的研究手段和技术，而且也是一种刑事侦查、刑事审判的辅助手段和方法，目前已经在实践中大量使用。

总之，研究犯罪心理学的方法是多种多样的：既有定性研究也有定量研究，既可以直接研究也可以间接研究。随着犯罪心理学的不断发展，实证研究、定量研究、直接研究等应当越来越受到重视，以便不断提高犯罪心理学的科学性，更好地为现实社会有效治理犯罪服务。

---

〔15〕 参见罗大华、何为民主编：《犯罪心理学》（第3版），中国政法大学出版社2016年版，第70页。

思考与训练

1. 如何认识犯罪心理学与心理学、刑法学、犯罪学、刑事诉讼法学等相关学科的关系?
2. 结合自己的观察和思考,你认为学习犯罪心理学的意义是什么?
3. 为了认识具体犯罪的心理,我们可以采用哪些研究方法?
4. 美国著名心理学家菲利普·津巴多1971年在斯坦福大学进行了一项实验。该实验把征募来的通过了专门测试的受试者——24名身心健康、情绪稳定的大学生分成两组,一组扮作狱警,另一组扮作犯人。本来这个实验计划是15天,但到了第6天就宣告终止,终止的原因是该实验对扮演囚犯的实验者造成了伤害。从那次实验以后,在心理学实验中明令禁止利用人类自身进行相类似的实验。该事例对犯罪心理学研究方法的选择和适用有何启示?
5. 请通过实证调查搜集实践中的犯罪案件,运用犯罪心理学研究方法对某一类犯罪或者某一个具体案件的心理特征进行分析,并撰写调研报告。

第二章　犯罪心理学的研究历史与现状

第一节　犯罪心理学的研究历史

一、我国研究犯罪心理学的发展简史

(一)我国古代的犯罪心理学思想

虽然犯罪心理学作为一门独立学科在我国出现的时间并不长,但是,人们对犯罪心理的探讨历史却非常悠久。在漫长的历史发展进程中,不少思想家的论述蕴含着丰富的犯罪心理学思想。这些宝贵的思想,即使是在21世纪的今天仍然具有重要的借鉴意义,它们是中国犯罪心理学发展中应当重视的传统文化资源。

早在春秋时期,一些思想家就注重从经济、道德、法律与犯罪的关系等角度去分析犯罪心理形成的原因。例如,管仲提出“仓廪实则知礼节,衣食足则知荣辱”;孔子提出“贫而无怨难”等主张。一些思想家还从人性、后天习俗、教育和环境的影响等方面来探讨犯罪心理。例如,孔子说:“性相近也,习相远也。”[1]意思是说,大多数人的人性生来是差不多的,只是由于后天的环境和教育的影响不同,逐渐显示出较大的差别来。所以,他十分强调教育和学习的重要作用。墨子把人性比作素色的丝,认为人性本来无善恶之分,它取决于后天环境和教育的作用,“染于苍则苍,染于黄则黄,所入者变,其色亦变。五入必而已则为五色矣,故染不可不慎也”。[2] 孟子是性善论者,认为人生来就是性善的:“恻隐之心,仁之端也;羞恶之心,义之端也;辞让之心,礼之端也;是非之心,智之端也。人之有是四端也,犹其有四体也。”[3]但是,人虽生来就有“四端”,但能否真正得到良好发展,环境影响有决定性的作用:“富岁子弟多赖,凶岁子弟多暴,非天之降才尔殊也,其所及陷溺其心者然也。”[4]孟子的性善论是针对告子的“性无善无不善”说的。告子认为,人的本性无所谓善良,也无所谓不善良,“性犹湍水也,决诸东方则东流,决诸西方则西流。人性之无分于善不善也,犹水之无分于东西也”[5]。荀子是性恶论者,他说:“人之性恶,其善者伪也。”[6]如果让人性之恶得到发展,那么就会产生包括犯罪在内的各种坏现象:

---

[1] 《论语 · 阳货篇》。
[2] 《墨子 · 所染》。
[3] 《孟子 · 公孙丑上》。
[4] 《孟子 · 告子上》。
[5] 《孟子 · 告子上》。
[6] 《荀子 · 性恶篇》。

"今人之性,生而有好利焉,顺是,故争夺生而辞让亡焉;生而有疾恶焉,顺是,故残贼生而忠信亡焉;生而有耳目之欲,有好声色焉,顺是,故淫乱生而礼义文理亡焉。然则从人性,顺人之情,必出于争夺,合于犯分乱理,而归于暴。"〔7〕为了使人变恶为善,就要重视环境和教育的影响,荀子说:"注错习俗,所以化性也。"〔8〕"蓬生麻中,不扶而直;白沙在涅,与之俱黑。"〔9〕东汉王充指出,对于绝大多数"中人"而言,"习善为善,习恶为恶";而西晋傅玄则更精辟地指出,"近朱者赤,近墨者黑"。

此外,我国古代法律制度和思想家们还注重从多角度预防和治理犯罪,注重心理学知识在司法审判活动中的运用,主张司法人员应当掌握一定的心理学知识等。例如,关于司法活动中的心理问题,早在西周时,就创立了"五声听狱讼"的审判方法,《周礼·秋官·小司寇》规定:"一曰辞听,二曰色听,三曰气听,四曰耳听,五曰目听。"此即要求司法人员从言辞、神情、呼吸、听觉、目光五个方面去了解当事人的心理活动:如果一个人心虚理亏,就会在说话、表情、气息等方面表现出来,司法官就可以据此对其口供的真伪作出判断,这是"心理学在司法领域的最早运用"。〔10〕宋代郑克在《折狱龟鉴》中要求司法人员具有"仁""智""勇"三方面的心理品质。〔11〕

总之,古代思想家关于犯罪与人性、环境和教育等问题的论述,虽然还不是科学的犯罪心理学意义上的阐述,且大多数是伴随哲理性思考而提出来的,有的论述甚至还只是一种朴素的直观感觉;但毫无疑问的是,这些思想蕴含着丰富的科学价值,也为历代统治者所重视,以至于有学者在与国外做横向比较之后指出:"中国堪称世界犯罪心理学思想的重要发源地"。〔12〕这些论述对于我们今天深刻揭示犯罪心理的成因和探寻犯罪预防的措施具有重要的参考价值。

(二)我国现代犯罪心理学研究的发展简史

作为一门独立学科的我国现代心理学开创于20世纪20年代,是在西方列强侵入中国和中国知识分子向西方寻求救国救民之道的过程中,随着大量引进、翻译西方学者的著作而不断建立的。当时,留学欧美、日本以及留学其他国家的学生纷纷传播西方心理学各学派(如格式塔学派、行为主义学派、精神分析学派等)的思想,也有少数心理学家致力于心理学中国化的研究。在这期间,犯罪心理学已有一定的传播。据《中国心理学史》记载,1922年,商务印书馆出版了我国现代心理学先驱陈大齐先生译的《审判心理学大意》(德国马勃著)。1932年,吴景鸿译的《犯罪心理学》(日本寺男精一著)问世,该书的翻译和传播被看成"中国犯罪心理学兴起的标志性事件";〔13〕1939年,王书林译的《法律心理学》(德国柏替著)由商务印书馆出版。

---

〔7〕《荀子·性恶篇》。
〔8〕《荀子·儒效篇》。
〔9〕《荀子·劝学篇》。
〔10〕参见曾代伟主编:《中国法制史》,法律出版社2001年版,第26页。
〔11〕参见艾永明、朱永新:《刑罚与教化:中国犯罪心理思想史论》,对外贸易教育出版社1993年版,第14页。
〔12〕艾永明、朱永新:《殷周时期的犯罪心理学思想初探》,载《心理学报》1987年第4期。
〔13〕参见吴宗宪主编:《中国犯罪心理学研究综述》,中国检察出版社2009年版,第2页。

同时,一些大学也陆续开设了犯罪心理学课程。以清华大学心理学系为例,1935 年至 1936 年,法律心理学是作为一门选修课开设的。我国心理学界前辈张耀翔在 1940 年提出的关于中国心理科学发展途径的九条建议中,最后一条建议的内容是“竭力提倡应用心理学”,其中包括了法律心理学。[14] 另外,当时由司法行政部法官训练所编印的国人光晟所著的《犯罪心理学》一书,为培训法官所用,表明当时非常重视法官对心理学知识的掌握和运用。此外,据统计,1933 年,上海心灵科学书局曾编辑出版过《犯罪心理学》一书。[15]

除上述专著和译著外,我国早期创办的一些心理学杂志上,也发表了一些研究犯罪心理学的实验报告或论文。例如,著名心理学家曾作忠和张耀翔于 1924 年即在《心理》杂志发表论文《青少年犯罪之心理》;心理学家肖孝嵘等曾做过罪犯情绪态度和个性倾向性的实验研究。[16]

20 世纪 40 年代,由于受战乱影响,犯罪心理学的发展受到极大的冲击。中华人民共和国成立以后,因一度受到极左思潮的影响,心理学曾经被认定“伪科学”而被迫停滞和取消达 20 年之久;在“文化大革命”中,砸烂“公、检、法”又使法学和犯罪科学处于多灾多难的境地。特定的历史原因和社会环境使得犯罪心理学没有发展的条件和可能。

我国犯罪心理学的复苏和真正发展,是从党的十一届三中全会开始的。究其原因,一方面是实际工作的需要,社会治安特别是青少年犯罪问题的严重性,对科学发展提出了新的任务,要求心理学和犯罪科学为治理青少年犯罪问题提供理论上的支持,这就是犯罪心理学产生的现实必要性;另一方面是科学发展的趋势,在党的十一届三中全会正确路线、方针、政策的指引下,我国科学界生机勃勃,心理学和法学也迅速恢复和发展起来了,这就为犯罪心理学的诞生提供了可能性。所以,我国犯罪心理学的复苏与发展,既符合社会主义现代化建设的迫切需要,又顺应了科学发展的趋向。一门学科自身学术团体的成立是其成熟发展的重要标志。1983 年 6 月 28 日至 7 月 2 日,在无锡举行的中国心理学会法制心理专业委员会成立大会暨科研规划会议,标志着我国犯罪心理学的发展进入了一个新的历史时期。2010 年,在民政部和中国科协的主持下,中国心理学会进行全面改革,原中国心理学会下设的各专业委员会改名为分会;原中国心理学会法制心理专业委员会更名为中国心理学会法律心理学专业委员会,其是目前我国犯罪心理学领域唯一的全国性学术团体。

此外,20 世纪 70 年代以来,我国台湾地区学者对犯罪心理学的研究也取得了相当的进展,其中台湾大学教授蔡墩铭的著述尤为引人注目。蔡墩铭教授撰写的大学用书《审判心理学》、《犯罪心理学》、《矫治心理学》及在法学丛刊上发表的《论人犯之拘禁心理》《论监所管理人员心理》《论监所专门人员心理》《论监所行政人员心理》等论文,不仅在理论上造诣颇深,而且在指导刑事司法与罪犯矫治实践上亦有重要价值。台湾文化大学

---

〔14〕 参见高觉敷主编:《中国心理学史》,人民教育出版社 1985 年版,第 359 页、第 365 页、第 371 页。

〔15〕 参见吴宗宪主编:《中国犯罪心理学研究综述》,中国检察出版社 2009 年版,第 2 页。

〔16〕 参见高汉声:《本世纪 20—40 年代我国的犯罪心理学简介》,载《心理学动态》1994 年第 2 期。

教授周震欧对青少年犯罪心理及其防治的研究亦取得了颇有价值的成就。

二、国外研究犯罪心理学的发展简史

在国外,人们对犯罪心理的探讨历史也很悠久。早在古希腊时期,就有人(如苏格拉底、柏拉图、亚里士多德、希波克拉底等)根据人们的骨骼和面貌等身体特点来评判一个人的心理是善或恶,是否具有犯罪心理,从生物学或医学的角度来考察精神是否异常。例如,苏格拉底就认为"凡面黑者,大都有为恶的倾向"。中世纪时,颅相学盛行,颅相学家用人的颅骨形状来解释人们的行为及犯罪问题,包含一定的犯罪心理学思想。[17] 不过,在犯罪心理学成为一门独立的学科之前,人们对犯罪心理的研究主要侧重于犯罪原因的探讨,并且大多是单一因素论,即用一个简单的基本原则来解释犯罪行为产生的原因。从古代的"颅相学""面相学"到近代刑事古典学派的"自由意志论"等,都是如此。到了18世纪,随着医学(特别是精神病学)的发展,人们对犯罪人的研究进一步深入精神(心理)领域和其他方面,人们开始从社会、生理、精神、遗传、司法医学等方面探讨犯罪问题,其中代表性的著作有:孟德斯鸠的《论法的精神》、J. C. 普里查德的《论精神错乱和影响心理的其他障碍》、P. 吕卡的《自然遗传论》等。在具体观点上,普脱在其《质变论》一书中认为,犯罪是生活不良,身体上受到恶劣影响的结果;特尔蒙捷则认为,犯罪的原因是贫困、鲁钝(轻微的痴呆)、不良引诱、强暴的情感,天生劣根性等。总之,这一时期的各种见解和学说,都趋于认为犯罪心理的产生是受先天遗传气质和精神变质所影响的。显然,这是很片面和缺乏科学性的。

到了19世纪下半叶,随着资本主义的迅速发展,阶级矛盾日趋尖锐,犯罪现象也大量增加,特别是累犯、再犯、青少年犯罪增加更快;资本家为了获取巨额利润,采取的各种非法和犯罪手段也日益频繁。如何揭示犯罪行为的原因,阐明刑罚效果,改变刑罚制度,探讨预防和控制犯罪的途径就成为当时一个十分突出的现实社会问题。这时,受实证主义哲学的影响,并随着自然科学的迅速发展以及科学心理学的诞生,[18] 人们开始运用科学实证的方法来研究心理和犯罪心理,并取得了突出的成果。其中,德国精神病学家埃宾(Krafft – Ebing)于1872年发表了《犯罪心理学纲要》。据此,他被后人称为"犯罪心理学的鼻祖",但他的研究并不系统,对后世影响不大。1876年,意大利精神病学家、犯罪学家龙勃罗梭(Cesare Lombroso)发表的《犯罪人:人类学、法理学和精神病学的思考》(后来被人简称为《犯罪人论》),是犯罪心理学正式产生的标志。龙勃罗梭从人类学、精神病学、法学等角度,涉及生理学、心理学、社会学等方面,系统地研究和解剖罪犯,创立了"犯罪人类学"(又称犯罪生物学)理论;据此,他被后人称为"实证犯罪学的鼻祖",是"古典犯罪心理学的奠基人"。

龙勃罗梭的学生菲利(Enrico Ferri)曾是刑事(犯罪)人类学派的代表人之一,后来转

---

〔17〕 参见吴宗宪:《西方犯罪学》(第2版),法律出版社2006年版,第228~229页。

〔18〕 德国哲学家、心理学家冯特(Wilhelm Wundt,1832~1920年)于1879年在莱比锡大学创办了世界上第一个心理实验室,开始用科学实验的方法来研究人类的心理和行为问题,标志着心理学正式从哲学中分化出来而成为一门独立的科学学科。

入刑事（犯罪）的社会学派。他在主张天生犯罪论的同时，又认为犯罪必定要受到社会因素的影响。他于1884年发表的名著《犯罪社会学》被誉为刑事犯罪社会学派的代表作。他提出的“犯罪原因三元论”以及“犯罪饱和法则”等理论，在学术界的影响很大。特别应当指出的是，他对犯罪心理学的创立有着重要的贡献。菲利十分重视犯罪心理的研究，他提出：“在研究及了解犯罪之前，首先要研究罪犯是怎样会犯罪的，这是不容置疑的，犯罪必然在他的心理活动支配下进行，因为犯罪是一种有意识的活动。所以研究犯罪的最终途径必然要研究罪犯的犯罪心理，因而研究罪犯也就要研究罪犯的犯罪心理。应该指出，这一研究无疑是为犯罪的研究开辟一条新的道路。”[19]菲利这一颇有见地的论述，既指出了犯罪与心理活动的密切联系，又强调了研究犯罪心理学的重要性。在犯罪心理学发展史上，无疑是一大贡献。

奥地利犯罪学家汉斯·格罗斯（Hans Gross）曾担任过预审官和检察官。为了适用刑法，为了判别供述的可靠和保证量刑的正确，他通过人格问题来研究犯罪心理学。1897年，他出版《犯罪心理学》一书，这是现代犯罪心理学诞生的标志。此后，由精神病学家、法学家撰写的犯罪心理学专著陆续问世。[20]

从19世纪后期到20世纪初期，随着资本主义进入帝国主义阶段，犯罪现象猛增，欧美及日本的犯罪心理研究也迅速发展。研究的内容除了传统的注重生理和精神变质外，还涉及社会、心理等方面。20世纪30年代，国际心理科学进入了繁荣时期。心理科学的繁荣和发展，使犯罪心理学真正从犯罪学中独立出来，开始了自己全新的发展历史。从此，犯罪心理学不仅对犯罪人的生理因素、心理因素和环境因素进行综合研究，而且扩展到对犯罪对策中有关心理问题的研究，诸如侦查心理学、审判心理学、矫治心理学等分支学科或研究方向应运而生，犯罪心理学的学科体系逐渐形成，各种学说相继产生并且对已有的理论进行了修正和发展，例如，犯罪的生物学派和社会学派理论都注入了新的内容。同时，也出现了一些新的学派和理论。例如，犯罪的精神分析学派、折中学派、欲求理论、情绪障碍理论、挫折攻击理论、犯罪的社会学习理论、模仿理论、不同接触理论，以及重视文化因素的少年违法犯罪理论、自我心理学的少年违法犯罪理论、基于条件反射原理的犯罪理论等。

总体而言，人们对犯罪心理学的研究大致经历了以下发展历程：第一，由对犯罪人外在的身体（生理）特征的探讨，转变为对犯罪人精神（心理）等内在特征的探讨；第二，对犯罪原因的解释，由单原因向多原因转变；第三，关于犯罪的人性基础以及对犯罪人承担刑事责任的根据，由被（遗传）决定论，向意志自由论，再向相对的意志自由论转变。[21]

---

〔19〕［日］山根淳：《犯罪心理的生理因素与社会因素》，载上海自然辩证法研究会、上海市科学研究会编：《犯罪和司法心理学》（译文集），1981年内部印行，第47页。

〔20〕参见吴宗宪：《西方犯罪学》（第2版），法律出版社2006年版，第232～233页。

〔21〕参见梅传强主编：《犯罪心理学》（第4版），中国法制出版社2022年版，第23页。

第二节 犯罪心理学的研究现状

一、我国犯罪心理学的研究现状

中华人民共和国成立后,心理学曾被认为是“伪科学”而被迫停滞数年之久;直到1978年党的十一届三中全会后,心理学才作为一门科学学科重新被重视起来。此后,心理学的各个应用学科犹如雨后春笋般破土而出。犯罪心理学也正是从这个时候开始才作为一门独立的学科开展教学与研究。30多年来,经过广大理论工作者和实践工作者的辛勤努力,犯罪心理学的教学与研究工作都有了较大进展,取得了相当可喜的成绩,主要表现在以下几个方面:

(一)论著发表为数可观

改革开放以来,我国学者积极引介国外犯罪心理学著作,同时结合中国的犯罪情况开展深入的理论研究,出版了一大批犯罪心理学著作、教材,发表了大量的学术论文。

其中,早在20世纪八九十年代就已翻译出版的犯罪心理学著作主要有:美国米切尔·T.尼茨尔著的《犯罪及其矫正》、汉斯·托奇著的《司法与犯罪心理学》,日本山根清道主编的《犯罪心理学》、森武夫著的《犯罪心理学》、平尾靖著的《违法犯罪心理》、安倍淳吉著的《犯罪社会心理学》、中村希明著的《现代犯罪心理》,苏联塔拉鲁欣著的《犯罪行为的社会心理特征》、达尔戈娃著的《未成年人犯罪的社会心理学问题》、B. H. 库德里亚夫采夫著的《犯罪的动机》等。同时,还有翻译的国外学者的论文,如苏联安东尼扬的《犯罪学中罪犯个性理论的基本特征》(陈重业译)。21世纪以来,已经有一大批国外的犯罪心理学著作被翻译介绍到国内,为犯罪心理学研究提供了丰富的域外资源。

在介绍国外犯罪心理学研究成果的同时,我国学者还编著出版了具有我国自己特色的犯罪心理学、青少年犯罪心理学和法制心理学等方面的专著、教材、工具书、论文集300余种,发表论文和调查报告5000多篇,其中有不少作品获奖。据不完全统计,仅20世纪90年代,就出版专著和教材共计71种,发表研究论文937篇。[22] 编者以“犯罪心理”为主题在中国知网数据库的检索结果显示,从1980年起截至2023年8月底共有期刊文献3580项,从1999年起截至2023年8月底共有博士或硕士学位论文417篇。不同时期有代表性的犯罪心理学论著有:林秉贤著的《犯罪心理学纲要》(1981年内部印行),该书被称为新中国的研究者自己撰写的第一部专著;罗大华等编的《犯罪心理学》教材,该书是新中国第一部犯罪心理学大学教材;[23] 邱国梁著的《犯罪动机论》(法律出版社1988年版);栗克元著的《犯罪心理学通论》(河南大学出版社1993年版);何为民主编的《罪犯改造心理学》(中国人民公安大学出版社1997年版);罗大华、何为民主编的《犯罪心理学》(中国政法大学出版社2007年版);吴宗宪著的《犯罪心理学总论》(商务印书馆2018年

〔22〕 参见罗大华主编:《20世纪90年代中国法制心理科学研究》,中国政法大学出版社2002年版,第27页。
〔23〕 参见吴宗宪主编:《中国犯罪心理学研究综述》,中国检察出版社2009年版,第5页、第8页。

版)、《犯罪心理学分论》(商务印书馆2018年版)等。

(二)人才培养成效显著

随着改革开放以后犯罪心理学研究在我国的兴起,各公安与政法院校相继开设了犯罪心理学课程,并积极编撰高等学校教材,中国政法大学、中国人民公安大学等高校还招收了犯罪心理学硕士研究生、博士研究生。据统计,我国现在从事法律心理学研究和实际工作的人数众多,形成了一支犯罪心理学研究队伍;而且早在20世纪80年代,我国就建立了犯罪心理学研究的学术团体——中国心理学会法制心理专业委员会。经过多年的发展,2010年,在民政部和中国科学技术协会的主持下,中国心理学会进行全面改革,原中国心理学会下设的各专业委员会改名为分会;原中国心理学会法制心理专业委员会更名为中国心理学会法律心理学分会,成为我国犯罪心理学领域的全国性学术团体。此外,各省、自治区、直辖市亦有相应的学术团体。

(三)普及应用工作广泛展开

犯罪心理学界还积极开展普及工作,通过开展专题培训、专家咨询等方式,传播犯罪心理学知识,使一部分政法部门的工作人员把犯罪心理学知识应用到实际工作中去。历经12年的努力,中国专家自己研制的第一个全国性的罪犯心理测试量表——"中国罪犯心理评估个性分测验"于2006年通过鉴定,标志着中国罪犯心理测试量表第一阶段的研制工作获得了成功。[24] 同时,有关机构和组织积极开展面向社会公众的普及宣传工作,并充分利用互联网、电视、报刊等媒介的传播优势开展普及应用工作,一批反映犯罪心理的电视、电影等先后播映。

(四)建立了学术成果展示平台

犯罪心理学的理论发展离不开学术成果的展示,为此,学术刊物就成为一个重要的学术成果展示平台。其中,比较有代表性的学术刊物有《青少年犯罪问题》《犯罪研究》《犯罪与改造研究》《青少年犯罪研究》等,《中国人民公安大学学报》《西南政法大学学报》以及各公安、政法类院校的学报也刊发了大量的犯罪心理学研究成果。另外,由中国犯罪学学会主办的学术集刊《犯罪学论丛》已发行十卷。

(五)学术交流活动频繁

在国内层面,中国心理学会、中国犯罪学学会等学术团体每年都会召开全国性的学术研讨会,其他各高校和学术团体也经常性地举办学术研讨会和讲座等,积极开展学术交流。同时,有关机构和组织也积极开展犯罪心理学的国际交流,如邀请国外知名学者到华讲学、参加学术研讨会等。近年来,我国学者还积极参加世界犯罪学大会等,提升国际学术交流的水平。

总体来看,近年来我国犯罪心理学的发展成效显著,当前的理论研究充满活力。我们

---

〔24〕 参见吴宗宪主编:《中国犯罪心理学研究综述》,中国检察出版社2009年版,第26页。

有理由相信,随着我国犯罪心理学教学、研究队伍的逐步壮大,特别是我国转型时期的犯罪问题越来越受到关注,犯罪心理学这门应用性很强的学科,将在我国的社会生活中发挥越来越重要的作用,犯罪心理学学科本身也将因此长足发展。

当然,在肯定我国犯罪心理学发展所取得成绩的同时,我们也应当清醒地看到,犯罪心理学研究还有一些需要进一步完善的地方。例如,犯罪心理学基础理论研究还比较薄弱,依附于刑法学、犯罪学等其他学科的特征还比较明显,要在刑事一体化的视野之下,注重与刑法学、犯罪学等其他刑事学科的联系,同时,又要更加注重自身学科性质、功能与任务的定位;犯罪心理学的研究方法应该不断改进,在研究中应该加强对现代科学技术手段的运用,以提高该学科的科学性;犯罪心理学的普及工作还要不断加强,以提高犯罪心理学为现实社会服务的质量,特别是要注重对罪犯心理矫治的理论研究和实践运用;犯罪心理学的学术交流特别是国际学术交流还有待进一步加强等。

二、西方犯罪心理学的研究现状

犯罪问题是世界各国普遍性的社会问题,预防和治理犯罪已成为各国政府的主要工作任务之一,研究犯罪现象和犯罪主体的心理活动规律也成为热门课题,并产生了丰富的成果。那么,西方犯罪心理学的研究现状又是怎样的呢?概括起来,大致有以下几方面:[25]

(一)西方犯罪心理学研究人员情况

从一些国家的情况来看,西方对犯罪心理学进行研究的人员主要在以下机构任职:

(1)大学。由于大学的心理系、精神病系、犯罪学系、刑事司法系都开设犯罪心理学,所以,在这里有部分人员从事犯罪心理学的研究。

(2)研究机构。由于20世纪后半期的犯罪研究普遍具有多学科整合的特点,所以,几乎在所有的犯罪和刑事司法研究机构中,都有犯罪心理学的研究人员。

(3)司法鉴定机构。当代国外犯罪心理学的重要工作之一就是对犯罪人进行刑事司法鉴定,所以,在很多刑事司法鉴定机构中,有一些专门的犯罪心理学专家。

(4)刑事司法机构。这包括众多的警察、审判、矫正机构。在这些机构中任职的研究人员,主要从事与具体个案有密切联系的工作,分析犯罪人的心理,勾勒犯罪人的特点,为警察侦破案件提供重要的线索和帮助。

(5)其他部门。除了上述机构外,还有些犯罪心理的研究人员在医疗机构、精神病院、私人机构等任职,或者在从事其他工作时对犯罪心理学感兴趣,长期从事这方面的研究。

(二)西方心理学研究的主要内容

西方心理学研究的主要内容包括:

1.理论犯罪心理学。其是以解释犯罪行为产生的原因为核心而发展起来的犯罪心理

---

〔25〕 参见吴宗宪:《国外犯罪心理学的研究现状》,载《青少年犯罪问题》1998年第5期。

学。这一学派可以分为几种：精神分析学理论、精神病学理论、正常个性心理学理论、社会心理学理论等；这些都从不同的侧面对犯罪心理加以研究，取得了许多成绩，为实践提供了许多指导。

2. 实践犯罪心理学。其是犯罪心理学中有关应用的总称。严格来说，犯罪心理学并不是理论学科，而是实践性非常强的学科；它关注犯罪人的问题，尤其是犯罪人的心理问题。从国外的研究来看，这方面的研究主要有：犯罪心理和犯罪行为的预测、对犯罪现象的心理学分类、对犯罪人的心理矫正、对犯罪行为的心理预防等。

（三）西方犯罪心理学研究方法的主要倾向

目前国外的犯罪心理学研究方法很多，大致呈现以下特点：

1. 研究的跨学科化。研究者们普遍认为，犯罪行为的发生是多种因素共同作用的结果，而不单纯是由心理因素决定的。因此，只有进行多学科的、全方位的研究，才能真正揭示出犯罪行为的规律，查明犯罪行为的根源；而要预防犯罪也必须从多方面共同努力。目前，将犯罪心理学同犯罪学、经济学、心理学、精神病学、社会学、遗传学、政治学等多学科结合起来研究，是一大趋势。

2. 研究实证化。犯罪心理学研究的实证化表现为研究的模拟化和实验化。研究者让人们在模拟情景中或者实验室中对特定的犯罪问题作出反应，从而测定犯罪人真实的犯罪情况。例如，美国的卡罗尔（John S. Carroll）1982 年关于犯罪对策的模拟实验结果表明，决定实施犯罪的过程，是一个对制止犯罪的犯罪机会进行评价的过程；获益的数量是犯罪决策中最重要的因素。此外，研究者也越来越注重实际的调查研究。

3. 研究的深层次性。国外研究者一直都比较重视应用精神分析学的理论和方法来分析心理异常的犯罪人的犯罪心理，以及对有些奇特案件的犯罪动机进行分析。犯罪心理学的深层次研究，既可以为法官准确地定罪量刑提供理论依据，又可以为矫治和改造罪犯服务。

4. 研究与运用相结合。西方犯罪心理学非常注重实际应用，主要表现在以下方面：其一，帮助警察部门侦破疑难案件。一些造诣精深的犯罪心理学家帮助刑事警察分析疑难案件犯罪人的犯罪动机、个性特征等，其目的是勾画犯罪人的轮廓。其二，在法庭上充当专家证人。一些犯罪心理学家通过犯罪人的精神状况、刑事责任能力、陈述的可靠性、证人作证的能力、证人证言的准确性等，从专业角度向法庭提供证词，帮助法官和陪审团就案件事实作出正确判断。其三，在矫正机构中进行犯罪矫治工作。一些犯罪心理学家在看守所、监狱，对罪犯进行心理测验和心理咨询工作，研究罪犯自杀、逃跑、暴力行为的可能性等。

（四）西方犯罪心理学主要研究的问题

据吴宗宪的综述，[26] 西方犯罪心理学主要研究以下问题：

---

〔26〕 参见吴宗宪：《当代美英法律心理学研究概况》，载《心理学报》1991 年第 2 期；吴宗宪：《欧洲大陆法律心理学述评》，载《心理学报》1996 年第 1 期。

1. 犯罪动机。本克斯(Banks,1975 年)等的研究表明,所调查的大多数人认为,犯罪动机包括:可以不劳而获;迅速致富;进行犯罪而不受惩罚;父母对儿童没有权威。少数人认为,犯罪动机包括:人们缺乏宗教信仰;战争的效果;前途未卜。韦斯特和范林顿(West & Farrington,1977 年)对少年犯的调查表明,最常见的犯罪动机是获利动机;在破坏财物和偷开汽车案件中,犯罪动机是享乐和追求刺激。他们的研究还发现,犯罪人在法庭上陈述的犯罪动机,常常具有最大限度地减轻其罪责的倾向。

2. 犯罪决策。卡罗尔的模拟研究表明,决定实施犯罪的过程,是一个对制止犯罪的犯罪机会进行评价的过程;人们在进行这种评价时,常常只考虑某一因素;不同的人所考虑的这种因素是不同的。他认为犯罪决定包括两个阶段:(1)从四个维度(获益的必然性、获益的数量、惩罚的必然性、惩罚的严厉性)对犯罪动机的评价;(2)综合四个维度形成对犯罪机会的愿望的判断。70% 以上的被试者在决策时,只考虑其中的一个维度。根据所考虑的维度的频率,获益的数量是犯罪决策中最重要的因素。柯尼士和克拉克(Cornish & Clarke,1989 年)提出了一种理性选择理论,他们以赌博和自杀行为为例,认为犯罪是犯罪人经过理智选择之后的行为;在犯罪决策过程中,犯罪人主要考虑犯罪的机会、奖励和代价三种因素,在实施犯罪行为过程中遇到障碍时,如果不会冒另外的风险或付出另外的努力,犯罪人会选择能满足同样需要的另一种犯罪行为。

3. 犯罪预测。范林顿评论了大量的预测研究,归纳出六类各种研究中提出的最有效的预测因素:(1)早年的吵闹行为、不诚实行为、攻击行为或反社会行为;(2)有害的子女养育方式,如残忍的、消极的态度或放任不管,严厉的或无规律的惩戒,疏于监督;(3)犯罪的父母或兄弟姊妹;(4)家庭破裂和由离婚或父母冲突引起的分离;(5)社会剥夺;(6)学习失败,表现为智力低、成绩差及逃学。当代的犯罪预测主要以少年犯罪为对象,但却呈现出长期追踪观察的趋势。如韦斯特和范林顿等在伦敦进行的犯罪预测追踪研究,从被试者 8 ~ 9 岁开始,一直持续到被试者 32 岁。

此外,少年犯罪心理及其预防、矫治仍然是西方犯罪心理学界的热门课题。

思考与训练

1. 材料分析

材料 1:《孟子·梁惠王上》:“无恒产而有恒心者,惟士为能。若民,则无恒产,因无恒心。苟无恒心,放辟邪侈,无不为己。及陷于罪,然后从而刑之,是罔民也。”

材料 2:《论语·为政》:“道之以政,齐之以刑,民免而无耻;道之以德,齐之以礼,有耻且格。”

材料 3:《商君书·靳令》:“重刑少赏,上爱民,民死赏。多赏轻刑,上不爱民,民不死赏。利出一空者,其国无敌;利出二空者,国半利;利出十空者,其国不守。重刑,明大制;不明者,六虱也。六虱成群,则民不用。是故兴国罚行则民亲,赏行则民利。行罚,重其轻者,轻其重者,轻者不至,重者不来。此谓以刑去刑,刑去事成;罪重刑轻,刑至事生,此谓以刑致刑,其国必削。”

问题:请阅读上述材料,并分析其中所体现的犯罪学、犯罪心理学思想。

2. 实践运用

材料 1:2016 年 5 月 17 日,习近平总书记主持召开哲学社会科学工作座谈会并发表重要讲话。

他指出,“中国古代大量鸿篇巨制中包含着丰富的哲学社会科学内容、治国理政智慧,为古人认识世界、改造世界提供了重要依据,也为中华文明提供了重要内容,为人类文明作出了重大贡献”。他强调,“要按照立足中国、借鉴国外,挖掘历史、把握当代,关怀人类、面向未来的思路,着力构建中国特色哲学社会科学,在指导思想、学科体系、学术体系、话语体系等方面充分体现中国特色、中国风格、中国气派”。

材料2:2023年6月2日,习近平总书记出席文化传承发展座谈会并发表重要讲话。他强调,“在五千多年中华文明深厚基础上开辟和发展中国特色社会主义,把马克思主义基本原理同中国具体实际、同中华优秀传统文化相结合是必由之路。这是我们在探索中国特色社会主义道路中得出的规律性认识。我们一直强调把马克思主义基本原理同中国具体实际相结合,现在我们又明确提出‘第二个结合’。我说过,如果没有中华五千年文明,哪里有什么中国特色?如果不是中国特色,哪有我们今天这么成功的中国特色社会主义道路?只有立足波澜壮阔的中华五千多年文明史,才能真正理解中国道路的历史必然、文化内涵与独特优势”。他指出,历史正反两方面的经验表明,“两个结合”是我们取得成功的最大法宝。

问题:

(1)习近平总书记的上述重要讲话对犯罪心理学发展具有什么启示?

(2)请通过阅读课后文献、撰写调研报告、开展小组讨论等方式,就犯罪心理学学科如何体现中国特色、中国风格、中国气派这一主题展开深入思考与研讨交流。

第三章　有关犯罪原因的主要理论流派

第一节　犯罪的生物学派理论

一、犯罪生物学派理论的产生

意大利著名精神病学家、犯罪学家、犯罪心理学家龙勃罗梭是犯罪生物学派的主要代表人物。在龙勃罗梭之前，德国医生弗兰茨·约瑟夫·加尔研究了大脑和颅骨形状，认为犯罪原因存在于大脑的组织结构之中；法国学者贝内迪克特·奥古斯廷·莫雷尔创立了退化学说，认为犯罪分子就是像精神病人一样的退化现象。[1] 这些先驱的研究为龙勃罗梭提供了有益的理论准备，特别是哲学上实证主义的形成和达尔文进化论观点的传播，为犯罪生物学派提供了直接的理论前提。

1870年，龙勃罗梭在对意大利著名的土匪头目维莱拉的尸体进行解剖时，惊奇地发现其头颅枕骨上有明显的凹陷处。龙勃罗梭将其称为枕骨中窝，它的位置如同低等动物一样，恰恰在枕骨中间，且小脑蚓部肥大。这一发现使龙勃罗梭"好像一个茫茫黑夜的迷津者，猛然间看到了一条光芒灿烂的道路"[2]。之后，龙勃罗梭利用在监狱当狱医的机会，以犯罪人为研究对象，接触了大量的犯罪人和丰富的犯罪统计资料，并对监狱收押的几千名犯罪人进行人体测量和外貌考察，运用生物学、遗传学、心理学等理论对犯罪人进行研究，发现许多犯罪人在生理特征和心理反应上都显著地与常人有别，提出了著名的"天生犯罪人"理论。

龙勃罗梭的"天生犯罪人"论包括四个方面的主要内容：(1)犯罪人通过许多体格和心理的异常现象区别于非犯罪人；(2)犯罪人是人种的变种，一种人类学类型，一种退化现象；(3)犯罪人是一种返祖现象，是蜕变到低级的原始人类型；(4)犯罪行为有遗传性，它从犯罪天赋中产生。[3] 龙勃罗梭描述了天生犯罪人的异常特征：在生理特征方面，天生犯罪人具有异常大或异常小的头骨，狭窄的额头，大小不对称的耳、眼睛、颜面，突出的腭骨等；在心理反应上，天生犯罪人最基本的特征是心理上的冷漠和精神上的无知觉状态，并由此导致其同情和怜悯的道德意识衰退以及缺乏顾忌和自我良心谴责等。这些外部生理特征是人类在进化过程前期野蛮人所具有的特征，这些特性通过隔世遗传表现在

---

〔1〕 参见[德]汉斯·约阿希姆·施奈德：《犯罪学》，吴鑫涛、马君玉译，中国人民公安大学出版社1990年版，第112～113页。

〔2〕 [美]理查德·昆尼等：《新犯罪学》，陈兴良等译，中国国际广播出版社1988年版，第49页。

〔3〕 参见[德]汉斯·约阿希姆·施奈德：《犯罪学》，吴鑫涛、马君玉译，中国人民公安大学出版社1990年版，第114～115页。

现代犯罪人身上。由此,龙勃罗梭认为犯罪是一种原始野蛮阶段的返祖现象,犯罪心理活动是由犯罪人的生理特征决定的。

1876年,龙勃罗梭的名著——《犯罪人:人类学、法理学和精神病学的思考》问世,其理论基础是犯罪的生理遗传决定论。在该书中他将犯罪人分为三大类共七种:(1)"遗传的犯罪性"(atavis - lutive criminality)。这类犯罪人先天已具有犯罪本性,因而命中注定要犯罪。在解剖了383名意大利犯罪人的颅骨之后,龙勃罗梭发现210名犯罪人都有上述异常特征,其中43%的人则具有五种或者更多的异常特征。[4] 此类型又分为天生隔代遗传犯罪人、癫痫病犯罪人、精神病犯罪人三种。(2)"进化的犯罪性"(evolutive criminality)。此类犯罪性是任何无法抵御其周围不良影响的人都可能形成的;此类型的犯罪人属于法律意义上的犯罪人,故又称之为偶发性犯罪人,包括假犯罪人、有犯罪倾向者、习惯犯三种。(3)在"不可抗拒的力量"(irresistible force)支配下实施犯罪行为的"激情犯",此类型犯罪人无体质异常,精神饱满,神经和情绪都灵敏,"其犯罪非出自机体的本性,而是基于愤怒、情爱或亲情等这些通常是无私的,甚至是崇高的情感"。[5]

可见,龙勃罗梭关于犯罪人分类的核心基础是生理特征。根据他的调查,先天遗传性犯罪人约占全体犯罪人的1/3,而社会因素对犯罪的影响是非常有限的。当然,由于龙勃罗梭早年没有注意犯罪的社会与经济因素,他的观点也受到了诸多抨击和批评。后来,龙勃罗梭也开始注意对社会因素的关注,并论述了文明程度、生活状况、宗教、家庭出身等社会因素对犯罪的影响。

二、犯罪生物学派理论的发展

龙勃罗梭的理论在19世纪末20世纪初有着重大影响,至今仍有一些追随者。随着科学技术的进步,人们在他的研究基础上,对罪犯的生理因素作了广泛的探讨,不断丰富、发展和修正了龙勃罗梭的理论,形成了一些分支学说,如体型说、内分泌说、染色体变异说以及脑电波说等。

"体型说"认为,人的体格类型可以影响其心理状态,甚至会影响犯罪心理的形成。德国的精神病学家克瑞齐梅尔(Ernst Kretschmer)和美国的谢尔顿(Sheldon)是该学说的代表人物。克瑞齐梅尔在其《体型与性格》一书中,将人体体型分为瘦长型(无力型)、矮胖型、斗士型(健壮型或运动员型)三种,该书后来的版本中又增加了发育异常型(发育不良型)。他认为,在犯罪人中,一般是斗士型的多,矮胖型的少。矮胖型人犯罪缺乏规律性,初犯多,容易改过自新而重返社会;而瘦长型人犯罪的主要类型是盗窃和诈骗;斗士型人犯罪倾向较大,且物欲强,理性弱,自我控制能力差,容易实施暴力性的财产犯罪和性犯罪。谢尔顿将人的体型分为内胚层体型、中胚层体型和外胚层体型三种,并分别对应于内脏优势型、身体优势型和头脑优势型三种主要气质类型。另外,美国犯罪学家格卢克夫妇对体型与少年犯罪的关系做了研究。

"内分泌说"宣称,由于内分泌腺对人体的新陈代谢、生长发育等生理功能起调节作

---

〔4〕 参见吴宗宪:《西方犯罪学》(第2版),法律出版社2006年版,第109页。

〔5〕 [意]朗伯罗梭:《朗伯罗梭氏犯罪学》,刘麟生译,商务印书馆1929年版,第428页。

用,因此,内分泌的失调就会引起人的情绪、意志以及理智的变化,进而产生犯罪心理。在1921 年出版的《内分泌控制人格》一书中,路易斯·伯曼认为,内分泌腺的分泌状况决定着人格的类型,并据此将人格分为六种类型:(1)肾上腺型;(2)甲状腺型;(3)垂体型;(4)性腺型;(5)副甲状腺型;(6)胸腺型。例如,甲状腺亢进会引起人的情感波动,易暴躁,甚至发生粗暴攻击行为。20 世纪中期以后,内分泌说主要对睾酮、月经与犯罪的关系做了研究。性激素的过量分泌可使人性欲亢进,增强有力攻击性,削弱意志控制和道德感,容易发生性犯罪;女性在行经期间由于性激素的变化,容易焦虑、烦躁、易怒、神经紧张,情绪的波动起伏很大,并使犯罪的可能性增加。

"染色体变异说"主张,人的染色体数量异常是犯罪行为发生的原因。通常情况下,人的染色体是 46 个,其中常染色体 44 个、性染色体 2 个。性染色体又分为 X、Y 两种,X 是女性染色体,Y 是男性染色体。若性染色体的配合是 XX,即为女性;性染色体的配合是 XY,即为男性。该学说的代表人物特里西娅·A. 雅各布斯(Patricia A. Jacobs)通过比较研究发现,有些男性的性染色体出现异常,即性染色体中多了一个 X 或 Y 而成为 XYY 或 XXY 时,就容易出现情绪躁动、理智难以控制、攻击性强等特点,从而容易产生暴力犯罪和性犯罪行为,且初次犯罪的时间早。但有的研究者认为,虽然有些人的性染色体异常,但并没有犯罪;而有些性染色体异常的罪犯,暴力犯罪比染色体正常的犯罪人少得多。因此,目前在统计学上还没有足够的证据证明犯罪与染色体异常有密切的关系。

"脑电波说"表示,犯罪行为的发生与脑电波的异常有关。人类的大脑皮层存在连续不断的电活动,如果将引导电极安放在头皮上,可以记录出大脑的电活动,所记录到的大脑电活动的图形称为脑电图,通过脑电图仪记录的头皮上两点电极的电位变化,就叫脑电波。根据脑电图波形的频率和振幅的不同,可将正常的脑电图分为四种基本波形:α 波(ALPHA)在清醒、安静状态下出现,β 波(BETA)在大脑皮层处于活动状态时出现,θ 波(THETA)在情绪紧张或困倦时出现,δ 波(DELTA)在睡眠、极度疲劳或麻醉状态时出现。持脑电波学说的学者认为,犯罪行为的发生与脑电波的异常有关,特别是 δ 波与犯罪关系密切。当行为人处于情绪过度紧张或极度困乏时,δ 波出现,这时人会出现情绪波动,而此时的意识控制力很弱,会听任冲动的发生。因而,在 δ 波状态下,容易导致冲动性、爆发性的犯罪行为发生。然而,有学者对此学说提出了异议,认为脑电波的异常不能作为判断犯罪与否的标准。因为一般检查犯罪人的脑电波是在其犯罪以后进行的,怎能用事后的检测来研究行为时的犯罪心理? 这是不科学的。

此外,人们还广泛探讨了遗传、种族、生物化学以及神经生理等因素与犯罪的关系。

总体来看,犯罪的生物学派理论将犯罪心理产生的原因归结为人的生理因素,认为人之所以犯罪,是由于其生理因素异于常人。显然,这种结论是极其片面的。因为人不仅具有生物属性,更具有社会属性。犯罪心理的产生、犯罪行为的实施,虽然离不开作为物质前提和基础的生理因素,但真正起决定作用的还是社会生活条件和人的主观能动性。犯罪生物学派理论把一些局部的、间接的生理作用夸大为整体的、直接的作用,忽视和否认社会因素对犯罪心理、犯罪行为的影响,显然是不够科学的。不过,现代科学技术已经证明,人的生理因素与其犯罪行为的发生有一定的关系,但并不是犯罪的决定因素,更不是犯罪的"原动力"。特别值得一提的是,该学派采用直接观察、身体测量和身体解剖等科学实证的方法研究犯罪现象和犯罪人,创立了刑事人类学派理论。因此,犯罪生物学派无论是在犯罪学、犯罪心理学上还是在刑法学上都具有极其重要的地位,对于推动刑事法学理论的发展功不可没。随着现代科学技术的迅速发展,该学派也特别注重运用先进的科学技术对内分泌、性染色体、脑电图进行测定,其研究方法值得充分肯定和借鉴。

20 世纪末,由于科学技术的发展,生物学取向的研究获得了许多重要进展,形成了一种新的研究范式,被称为生物社会犯罪学;其分析与犯罪行为相关的生物学因素,以及与环境因素和社会因素的交互作用。生物社会犯罪学强调遗传效应、生物因素、社会影响,甚至家庭影响在反社会行为与犯罪行为原因中的重要性,其具体包括了行为遗传学、分子遗传学、生物犯罪学、神经犯罪学等领域。[6]

行为遗传学主要是研究遗传和环境对人类行为和人格特质的影响。其主要的研究方式就是双生子研究和收养子女研究。双生子学说认为,如果遗传基因会导致犯罪行为,那么只要双生子中的一个犯罪,另外一个也很可能犯罪。所以许多生物学家对双生子的犯罪一致率进行了研究,结果发现同卵双生子的犯罪一致率比异卵双生子高。因为双生子的生活环境几乎是完全相同的,因此,他们认为遗传基因和犯罪有关。收养子女研究则是试图通过研究收养子女的犯罪情况以及其亲生父母和养父母的犯罪情况之间的关系来确定遗传基因对收养子女的犯罪行为的影响。将遗传因素和生长环境分别进行检验后发现,丰富的遗传基因比收养后的环境对收养子女是否犯罪的影响要大,所以行为遗传学的研究者们认为,生物遗传和环境都可能对犯罪行为产生实质的影响。

分子遗传学的研究主要是识别可能与反社会行为相关的特定基因。例如,汉·布鲁纳(H. Brunner)对一个具有特殊行为历史的荷兰家族进行研究。这个家族的男性成员存在奇怪的攻击性,对很小的挫折和压力的反应都很疯狂,如叫喊、咒骂,甚至殴打激怒他们的人,容易产生暴力、纵火、强奸等犯罪行为。布鲁纳认为这些男性成员的身上存在一种基因缺陷,造成单胺氧化酶的低活性,导致其大脑中神经递质(多巴胺、血清素……)过量累积,从而导致了攻击行为的产生。但是需要注意的是,有关单胺氧化酶的研究成果只是表明了攻击性行为与遗传基因间的关联性,而不是代表其间有因果关系的存在。

神经犯罪学研究的是神经机制对犯罪的影响,主要集中于大脑。大脑是所有人类行为和情绪的中心,神经犯罪学研究表明对大脑某些区域的功能性探究,对于理解反社会行为至关重要。例如,创伤性脑损伤能够改变一个人的人格,会导致其攻击行为增多。对越南战争退伍老兵的研究也发现,头部受过伤的老兵比那些其他部位受伤的老兵在暴力性测试上得分更高。基于已有的研究可以确认,有额叶损伤的个体在冲突情形下更有可能使用身体威胁和暴力行为。这些都和额叶的功能有关,如眶额叶皮层与决策过程、处理奖赏和惩罚信息、理解别人的情绪、调节情绪和抑制反应等功能有关。

在生物社会犯罪学这一研究范式的影响下,犯罪生物学派的研究已经开始和社会学派理论有了融合。所以现在的遗传说强调,遗传影响并不是固定的、静止的和一成不变的,人类发展早期的环境影响,能够直接改变基因的表达,从而改变大脑功能,导致反社会和其他形式的偏差行为的发生,而环境的影响的效果可能会引起一些问题基因产生积极的改变。

---

〔6〕 参见[美]亚历克斯·皮盖惹主编:《犯罪学理论手册》,吴宗宪主译,法律出版社 2019 年版,第 98 ~ 119 页。

第二节　犯罪的社会学派理论

一、犯罪社会学派理论的产生

犯罪社会学派实际上就是从社会学的角度研究犯罪原因和探讨犯罪对策的思想流派。该学派认为,犯罪的主要原因是社会因素,犯罪心理的产生和发展无不受社会因素的制约。李斯特和菲利是该学派早期的主要代表人物。

德国的犯罪学家、刑法学家李斯特是犯罪社会学派的代表人物之一。李斯特反对龙勃罗梭的"天生犯罪人"论,他承认生理因素对人的心理、行为有重要的影响,但认为犯罪的产生是犯罪人受到外部社会环境影响的结果,大众的贫穷是培养犯罪的最大基础。因此,他认为犯罪行为的产生应包括个人因素和社会因素两大部分,其中,社会因素是产生犯罪的决定性因素。

龙勃罗梭的学生、意大利著名的犯罪学家和刑法学家菲利进一步指出,犯罪行为的产生是个人因素、社会因素和自然因素三方面共同作用的结果("犯罪三元论")。个人因素包括生理因素和心理因素;社会因素包括政治、经济状况、传统、宗教、风俗习惯、家庭结构、教育制度等因素;自然因素包括气候、季节、地形、物产、自然灾害等。菲利认为:犯罪的产生,除了行为人人格上的因素外,社会因素、自然因素对犯罪也有影响,有时社会因素对犯罪起主要作用,有时又可能侧重于个人因素或自然因素,不能过分强调某一方面因素的作用。他还同时提出了"犯罪饱和定律",即影响犯罪形成的各个因素都有一定的限度,当这种影响因素达到一定量时,犯罪就会发生,且出现对等的关系;当上升到一定量后,犯罪也就饱和了。例如,当社会因素发生变化,犯罪也就随之产生;但一旦社会因素得到改善,犯罪也就达到饱和状态,犯罪率即停留在一定的量上,不再变化。

二、犯罪社会学派理论的发展

20世纪30年代后,犯罪的社会学派理论得到了蓬勃发展,出现了一些分支学说,如社会环境论、模仿论、不同接触论、文化冲突理论、社会异常论、标签理论、控制理论、学习理论等。而20世纪特别是70年代以前的主流犯罪学理论就是社会型犯罪学理论;它们都一致认为,犯罪人是心理上正常的人,他们有违法的动机,而这些动机是由各种犯因性社会条件造成的。[7]

(一)社会环境论

"社会环境论"认为,犯罪不是由犯罪人的生理因素决定的,而是由社会环境影响的。社会环境是犯罪的培养基,犯罪人则是细菌,当细菌进入培养基后就会产生犯罪。因此,社会环境在某种意义上是犯罪产生的主要因素。该理论完全否认生理因素,也忽视人的

---

〔7〕　参见吴宗宪:《西方犯罪学》(第2版),法律出版社2006年版,第323页。

心理因素对行为的作用，把人的犯罪行为完全归结为社会环境的不良影响，显然是有局限性的。

（二）模仿论

“模仿论”是由法国著名的社会学家、犯罪学家塔尔德（Tarde J. G.）提出来的。塔尔德认为，犯罪行为的产生不是先天遗传的，而是在社会生活中受社会因素的影响而模仿出来的。人类的社会生活过程就是一个模仿的过程，由于人与人之间互相模仿，社会才得以发展并保持稳定，因而模仿是人类社会生活中不可缺少的行为源泉。他于1890年提出了模仿的规律：人们之间接触越密切，越容易互相模仿；下层人物模仿上层人物；农民模仿贵族；小城镇和农村模仿城市。当两种互相排斥的东西同时流行时，其中一种将取代另一种。他认为，“模仿”反映了人与人之间心理上的联系，犯罪也遵从一般的行为模仿规律；犯罪是社会造成的，社会因素是犯罪产生的根源，模仿则是传播犯罪的基本途径。人们正是在社会生活的互相联系、互相接触中，通过模仿学会犯罪的。后来的研究者认为，塔尔德用心理学的模仿规律来解释犯罪现象，是把复杂的犯罪现象过于简单化了。不过，塔尔德的理论批判了犯罪生物学派理论的缺陷，对后世的影响较大，同时，对犯罪社会学派理论的形成和发展也起了重要作用。

（三）不同接触论

“不同接触论”，也译为“差异结交论”“异化交往论”“不同联系论”等，是由美国著名的犯罪学家萨瑟兰（E. H. Sutherland）在1939年出版的代表作《犯罪学原理》中提出来的。该理论认为，个体所实施的犯罪行为是在与他人的交往中，向与自己关系密切的人学来的。他认为，人们学习犯罪行为就如同学习其他正常行为一样，是在社会生活中学会的。因而，接触犯罪行为的机会越多，学习犯罪行为的机会也就越多。萨瑟兰将其理论归纳为九条主要内容：犯罪行为是学习来的；犯罪行为是在与人交往的过程中，通过人与人之间的互相影响而学到的；犯罪行为的学习，主要产生在与之关系密切的社会集团中；犯罪行为的学习，包括犯罪方法、犯罪动机、犯罪技巧、态度、理由等；对于特定动机和冲动，主要通过法律规范赞同或不赞同的确定性而学得；犯罪行为的产生，是因为行为人违反法律的想法战胜了遵守法律的想法；人与人之间由于相互影响的频率、持续时间、顺序和强度的不同而影响犯罪的学习；犯罪行为的学习过程与一般行为的学习过程是一样的；人类一般欲求和价值观念的理论不能用于解释犯罪，虽然犯罪行为也是一种欲求和价值观念的体现，但非犯罪行为也同样是一般欲求和价值的体现。该理论无疑可以用来解释一部分犯罪原因，但其缺陷也是明显的，因为它忽视了人的主观能动性，无法解释为什么在相同环境下，有的人犯罪而有的人却并不犯罪。

（四）文化冲突理论

“文化冲突理论”指出，不同国家、不同民族、不同的社会团体因生活方式、价值观念和风俗习惯等方面的差异而出现文化规范的不同。犯罪即是不同社会集团的不同文化规范之间冲突的结果。该理论的代表人物是美国犯罪学家塞林（Thorstein Sellin）。他在

1938 年发表的著作《文化冲突与犯罪》中指出,在社会群体用来维护其成员一致性的各种各样的手段中,刑法占据着重要地位,而刑法是主流文化行为规范的表现,犯罪则是与主流文化相冲突的下层阶级和少数民族群体文化的产物;由于下层阶级和少数民族群体的文化与主流文化相冲突,所以,遵从下层阶级和少数民族群体的文化,就必然会产生违反刑法的犯罪行为。塞林认为,除了不同民族之间存在文化冲突外,不同阶层、不同团体、不同时期、不同地区的文化都存在冲突,所有这些冲突都可能导致犯罪。美国的另一位犯罪学家米勒(Walter Miller)也认为,犯罪是低阶层文化的正常反映,低阶层文化的核心包括诸如斗殴、酗酒、盗窃、不当性行为、爱耍小聪明、追求生活中的刺激、欣赏勇猛和坚强等。

(五)社会异常论

“社会异常论”(又称“压力论”“紧张状态论”“激发论”等)认为,犯罪是行为人由于不能通过合法手段获得社会地位和社会财富而产生的沮丧和气愤的产物。美国社会学家默顿(Robert King Merton)在《社会结构和反常状态》一书中指出,美国社会是过分重视实现目标结果的社会,成就和名利是这种目标结果的标准;美国的社会、学校、家庭和大众传播媒介都大肆宣扬竞争、个人奋斗和出人头地,把物质财富和社会地位作为实现文化目标的主要象征;但是,由于社会歧视性的阶级结构和种族等级的存在,不是所有人都能平等地得到实现这些文化目标的机会和常规手段,那些处于下层社会的阶级由于无法取得同中上层阶级竞争的优势,便会产生一种紧张状态,并导致破坏法律的行为发生。

(六)标签理论

“标签理论”(labeling theory,又称“标定理论”“贴标签论”)则主张,行为人变为罪犯的主要原因是社会给其贴上了越轨者的标签。所谓“贴标签”,就是立法者、司法者、社会舆论把某些个体定义为“越轨者”的过程。该理论的代表人物贝克(H. Becker)和利莫特(Edwin M. Lemert)认为,社会对确有一定越轨行为的人贴标签,反而刺激、加强或者促成了被贴标签者的恶性转化,从而使其实施更多的犯罪活动。

(七)控制理论

“控制理论”是指用社会控制的强弱来解释犯罪行为产生原因的一组理论,其代表人物有美国犯罪学家雷克里斯(Walter C. Reckless)和赫希(Travis Hirschi)。犯罪的控制理论假定,驱使个人进行犯罪行为的动机,是个人人性的一个部分,每个人都是潜在的犯罪人;如果放纵自己的欲望,任何人都会自然而然地实施犯罪,因此,犯罪学研究的关键问题应当是“大多数人为什么不犯罪”。人民之所以不犯罪,是由于存在抑制或控制我们不犯罪的各种力量;人民之所以犯罪,也是由于抑制和控制人民不犯罪的力量薄弱,而不是由于存在驱使他们犯罪的力量。[8]

---

〔8〕 参见吴宗宪:《西方犯罪学》(第2版),法律出版社2006年版,第381页。

(八)学习理论

20世纪50年代,美国心理学家班度拉(Bandura A.)认为,犯罪行为(特别是攻击行为)不是与生俱有的,而是后天习得的。犯罪心理的产生主要有三方面来源:(1)观察学习,包括家庭成员的影响和强化、人们所属亚文化的影响、广泛使用的宣传工具所提供的具有充分形象的范例等;(2)凭直接经验学习,行为人通过自己犯罪或错误行为结果的直接经验而形成;(3)生物学因素,适当的环境刺激激活了犯罪的神经生理机制,神经生理机制要限定攻击性反应的类型、决定感知和受影响的速度,因而它要影响犯罪心理和行为的模式。班度拉认为,观察学习是最重要的,特别是家庭成员的示范和犯罪鼓励、父母的攻击和言语表情、亚文化的犯罪率、符号示范(如宣传暴力、色情的电影、电视、书刊等)等对人们的犯罪心理和行为会产生直接影响。

此外,副文化群论、社会生态学理论等都重视和强调社会客观环境对犯罪心理和行为所产生的影响。

犯罪的社会学派理论着眼于社会生活环境,强调犯罪行为的发生主要是受社会因素制约,反对"天生犯罪人论"和"遗传决定论"的观点,具有积极的意义,是有关犯罪研究的一大进步;有的理论在某些范围还具有一定的说明力,能解释部分犯罪的原因。但这些理论由于过分强调社会因素的作用,忽视了主体生理和心理因素对犯罪行为的影响,因此都存在不同程度的片面性和局限性。

第三节　犯罪的精神分析学派理论

一、犯罪精神分析学派理论的产生

在现代犯罪学的历史上,精神分析理论一度是占主导地位的现代犯罪学理论,曾代表了现代犯罪心理学理论的主流。[9] 该学派产生于19世纪末20世纪初,创始人弗洛伊德(Sigmund Freud)在心理学领域开创的精神分析理论,在世界范围内影响极广。精神分析学派不仅扩大了心理学的研究领域,比如对无意识、梦、过失与错误等问题的研究,而且在研究人的深层次的心理上,不满足于研究精神现象的"表面价值",而是追本求源、寻根问底,对人的心理现象进行深刻的剖析;同时,在研究方法上所采用的"自由联想法"以及荣格的"词的联想法"等,都成为心理学广泛采用的方法。许多名词术语,如"无意识""文饰作用""自卑感""优越感""内倾""外倾""补偿作用""投射作用""压抑作用"等都经历了实践的检验,成为心理学的流行用语。由于精神分析学派的研究主题涉及以往没有涉猎的关于人的心理深层结构、内在心理动力以及对性问题的特殊注意,并把人的心理动力和能量都最后归结为性的问题,这就使精神分析理论本身被披上了一层神秘"面纱"。

该学派认为,人的许多行为都来源于无意识过程,是受性本能驱使的。人格的形成是

---

〔9〕 参见吴宗宪:《西方犯罪学》(第2版),法律出版社2006年版,第240页。

生物欲望发展的结果。人格结构分为本我、自我、超我三个部分,这三部分互相渗透、互相作用,充满冲突,进而产生动力作用,支配人的行为。具体而言:

(1)本我或伊底(id):一个人生来所具有的各种本能冲动的总和。它的特点是无方向性、无逻辑性、未分化性;它只根据“快乐原则”活动,是人的一切特性的基础。

(2)自我(ego):所谓“现实化了的本能”。当本我按照快乐原则进行活动时,由于本我只是混沌的欲望,无法与现实相接触,必然要通过与外部世界发生关系来实现自己的目的。在与外界相接触、相交往的过程中,追求快乐的目的行为必然受到现实社会的约束,在现实的反复教育下,认识到环境的危险,变得懂道理了,它控制本能和欲望,在现实允许的合理的生活中实现快乐的目的,即既要获得快乐,又要避免痛苦,因而从本我与现实矛盾冲突中就分化出了自我。自我按照“现实原则”进行活动,自我的作用就是要控制本我,与外界现实相接触,满足生理冲动,避免痛苦;同时,又要在超我的监督和约束下,调解本我与现实的冲突。

(3)超我(superego):以良心和批判能力为主体组合而成,是道德化了的自我,它是人格中最后形成的最文明的部分,可以说是人的一种理想。它是在自我与现实的冲突中分化出来的,并在自我不能满足现实环境的要求时,以满足个体的要求。超我包括两个方面:一方面是所谓的“良心”,这是一种是非感,谴责和惩罚违反道德行为的标准;另一方面是自我理想,这是确定道德行为的标准。因而,超我按照“道德原则”或“理性原则”进行活动。它的职责是指导自我去限制本我的活动,同时,根据社会道德规范确定道德行为标准,以及对违反社会道德标准的行为进行惩罚。

精神分析学派认为,人格结构的三部分互相冲突、互相渗透、互相作用而构成一个整体。当这三部分彼此和谐时,即为正常人;而当行为人的人格结构与需要层次不能达到彼此和谐,在“超我”又有缺陷时,其“本我”的盲目冲动就不会受到“超我”的约束、管制,因而就会产生违反社会道德的行为或犯罪行为。

二、弗洛伊德犯罪精神分析理论的主要内容

弗洛伊德的精神分析法除了上面对人的本我、自我和超我的分析外,还有其他的内容。[10]

(一)对人本性的看法

弗洛伊德是一个敏锐的学者,具有独特眼光。面对19世纪欧洲突出的神经官能症的现状,在临床实践的基础上,他大胆地提出了以无意识、性本能为研究对象,以无意识理论、性心理学理论、人格结构及发展理论、心理疾病治疗理论为核心的精神分析心理学。也就是说,精神分析的出现是以对神经官能症的治疗为出发点的;弗洛伊德对于人类本性作了实足的设想,人类的本性基本上是消极性的。弗洛伊德在《文明及其不满》中指出,人类是低级“野兽”,只有文明进程可以控制放纵的欲望和破坏性;个人的心理问题并未因社会化而解决,因为社会进程与人类本能地追求自私的趋势相抵触,它仍会继续造成不

〔10〕 参见刘建清:《三大理论流派对犯罪心理学的影响》,载《政法学刊》2004年第1期。

同程度的压力。这是对业已存在的传统心理学的巨大挑战,也是对传统观念的反叛;但它确实给20世纪以来的人类生活的各方面带来了冲击与革新,包括对犯罪学、犯罪心理学、罪犯改造的理论与实践的不可低估的影响力。

(二)对社会控制作用的态度

由上述分析也可以看出,在弗洛伊德看来,人性与文明之间有持续不断的冲突。本能激发的性欲和争斗欲并不容易被社会的要求所缓解。但是,通过提供各种方式和途径,可以使人得到多种升华的可能性;这样,在高尚情操的指引下,社会可以减缓这一冲突。抑制人类本性欲望的扩展正是家长、教育者和其他教化者的任务。社会总有约束力,它应通过为本能提供宣泄渠道从而使其调和。文明的存在和发展,正是通过对性欲和争斗欲的部分限制、部分升华而逐步实现的。

也就是说,弗洛伊德认为,社会的控制会对人的本性有抑制作用,通过这些后天的控制,人与人、人与社会是可以和谐的,并能促进文明的进步。

(三)对人类侵犯越轨行为的态度

人类之间总会有许多侵犯性、越轨性的行为,那这些侵犯行为是怎么产生的呢?弗洛伊德非常关心这个问题。他认为,人类的这一倾向是人类与生俱来的本性,是死亡本能的产物。然而,他建议通过在人们之间建立情感联系和通过加强人们的有意识的理智和控制功能,侵犯冲动可以被转向社会建设性的活动,即可以被升华。弗洛伊德认为,尽管这些可能的控制天生攻击倾向的手段存在,但对于文明制度有效对付攻击的问题,总体来说是有悲观倾向的。

(四)对心理治疗的态度

弗洛伊德把情绪问题、精神疾病看作主要是由于无意识的愿望与社会要求的矛盾所引起的植根于内部的问题,它与外显的越轨行为、违法犯罪行为之力量是同性质而方向不同而已。文明社会中的人类一直承受情感冲突及显示于各种各样行为上的紧张状况。人的内部原动力十分重要。最初,这些原动力源于本能冲动;但是,外部世界对内心运转仍然有影响,同时使其更复杂。心理治疗正是要尝试找到问题的无意识根源,也就是说,通过治疗使个体可以现实地适应内心冲动和外部环境。当然,按照精神分析的理论,其对于越轨者的心理行为矫治技术也是遵循着系统的精神分析方法进行的,只是与一般心理失调的侧重点有所不同而已,对于犯罪者的心理意向的改造更多是注重其反社会性个性、情感与行为倾向。

三、犯罪精神分析学派理论的发展

最先用犯罪精神分析学派理论来解释犯罪心理和行为的并不是弗洛伊德,而是德国犯罪学家艾其浩。他认为,本我的盲目冲动和性本能是促使一个人犯罪的原动力;犯罪人的自我不完善、不成熟,使自身对行为的控制出现弱点甚至裂痕,于是,犯罪人便可能以急躁的、紧迫状态的冲动和焦虑释放本我;犯罪人的超我不完善、有缺陷,不能控制冲动性的本我。

此外,还有人用侵犯本能说、利欲本能说、性本能说和权欲本能说来解释犯罪心理和犯罪行为。

"侵犯本能说"认为,人之所以产生犯罪心理和犯罪行为,是由于人的侵犯本能突出发展所致。侵犯本能是动物在弱肉强食、适者生存的进化过程中,赖以维持自己生存的一种本能。人是由动物演化而来的,虽然在长期的演化过程中,这种野蛮的侵犯本能已逐渐消失,但不可能完全消失。在社会的约束和监督之下,人的侵犯本能处于隐蔽状态;但在发怒和激烈争斗时,它就会不自觉地流露出来。

"利欲本能说"宣称,人的生存欲望、需求是产生犯罪心理的原动力。生存欲求即是利欲心,这是人的一种内驱力。当一个人的利欲本能长期得不到满足时,便可能谋求不正当的补偿满足,从而诱发犯罪心理和犯罪行为的产生。

"性本能说"认为,性冲动是产生犯罪心理的唯一原因,是一切犯罪的原动力。该学说甚至认为,"十个案子九个奸",有些刑事案件,虽然从表面上看是诈骗、抢劫、盗窃等财产性质的犯罪,或者是杀人、伤害等侵犯人身权利的犯罪,但是,隐藏在犯罪现象背后的真实动机却是为了满足性的冲动。

"权欲本能说"指出,人具有保存自己、追求优越、崇尚权力的欲望;当这种欲望长期得不到满足时,就会形成自卑感;犯罪就是人为了克服自卑感而进行的过度补偿的结果。

与精神分析学派有关的"挫折攻击理论"也有一定的影响。该理论代表人罗森茨韦克(Saul Rosenzweig)、多拉德(Dollard. J.)和米勒等认为,犯罪是个体受挫折后所产生的一种攻击反应行为。挫折是指个体在从事有目的的活动过程中,遭到干扰或障碍,致使其动机不能实现、欲求不能获得满足时的情绪状态。该理论认为,当一个人的动机受到挫折时,为了减轻心理紧张情绪,使内心保持平衡,其必然要通过侵犯攻击行为来宣泄内心的不满,因而侵犯攻击行为就成为最原始而普遍的一种反应。侵犯攻击行为的形式,往往受到欲求的程度、个体的人格特征以及挫折的突然性等因素的影响。一般来说,发生攻击行为之前,必定先有挫折;受挫折的强度越大,其攻击行为的强度相应亦大;反之,挫折强度越小,攻击行为的强度也就微弱。一个人受到的挫折,可以由多方面因素造成,而相应的攻击行为则可以从三个方面表现出来:一是内罚性反应,即把受到挫折的原因归咎于个体自身,自责、损伤自己,甚至做出极端的自残行为;二是外罚性反应,即把受挫折的愤怒情绪和攻击行为指向社会、团体和他人;三是不罚性反应,即不把攻击行为指向任何一方,将其局限在最小的限度,或予以忽视。该理论认为,在这三种情况中,外罚性反应最容易导致暴力犯罪行为的产生。当一个人的欲求得不到满足时,个体即通过向社会或他人实施攻击行为或报复行为来使这种愤怒的情绪得到补偿,从而求得心理的平衡。因该理论将挫折与产生攻击行为的关系绝对化了,且忽视法律、道德对人的影响,忽视个体自身的意志对欲求的控制和调节作用,因而受到了一些学者的批判。

综上所述,犯罪的精神分析学派理论将犯罪心理和犯罪行为的产生,归结为人的本能冲动,并认为人的先天本能是推动犯罪心理产生的原动力,这显然是不符合犯罪的实际情况的;该学派在研究方法上缺乏严格的科学性,并带有主观主义色彩;研究对象是精神病人而不是犯罪人,这就决定了其结论是荒谬的,它忽略了社会环境对犯罪心理和行为的决定作用，没有真正揭示出犯罪心理产生的实质。从客观效果上看，它实际上是在为犯罪人开脱罪责；因为按照该学派的观点，犯罪心理和行为的产生是无法抗拒的本能冲动，而不是犯罪人有目的、有意识的心理活动和行为表现。显然，用精神分析的观点来解释犯罪心理和行为是极其牵强附会的。然而，该理论在治理和预防变态心理者犯罪方面还是有一定实践价值的。[11]

第四节　我国学者的有关理论观点简介

一、我国大陆学者的观点

我国大陆学者对个体犯罪原因的解释并不一致，学界总结出的犯罪原因的主要观点达14种之多。[12] 自20世纪80年代以来，国内犯罪心理学界对犯罪心理成因作了深入的探讨，特别是在分析青少年犯罪的心理成因方面，提出了犯罪心理成因的理论，大体可划分为7类。

（一）内外因素论

该理论认为，犯罪心理形成的原因可以从外在因素与内在因素两方面去归纳。外在因素主要指主体所处的客观环境及其客观存在，包括与犯罪有关的社会问题、家庭不良环境、学校教育中的不利因素等；内在因素是形成犯罪心理的内因，指主体自身的生理及心理特点，包括特殊的认识结构、不良的个性品质等。有的学者提出，外在条件只起到外因作用，它必须通过犯罪者的内在因素即内因起作用，犯罪心理形成的原因在于主体心理的特殊性；还有学者提出，内因与外因不是均等与平行的，它们之间存在错综复杂的关系，区分内外两大因素论述完全是便于叙述与分析，在具体的犯罪人形成犯罪心理的过程中，内外因素所具有的地位与作用也是不同的。

（二）动力因素论

该理论以内外因素论为基础，提出外因是由外界刺激引起的矛盾；内因为心理现象的内在矛盾。它们在发生作用、影响个体犯罪心理形成时，具有一种动力性质。动力因素主要有：潜在的动力因素、转向的动力因素、激发的动力因素、发展的动力因素、定型的动力因素等。潜在的动力因素是个体在早期的生活经历中，因受到父母的不良教养和家庭中的不良气氛影响所形成的，它是促成犯罪心理产生的潜在因素；转向的动力因素是指犯罪心理的形成过程中，外界不良刺激在与主体消极的主观因素相互作用时，会发生心理和活动方式的转向，例如，各种不良兴趣的转向、交往转向、活动方式转向等；激发的动力因素是指犯罪心理外化为犯罪行为的动力因素，包括需要因素、认知因素、环境因素、情景因素等；发展的动力因素是指犯罪心理向深层次转化的动力因素，例如，各类强化因素，同伙的

---

〔11〕 参见梅传强、赖明才主编：《青少年犯罪心理研究》，成都科技大学出版社1993年版，第28页。
〔12〕 参见阴家宝主编：《新中国犯罪学研究综述》，中国民主法制出版社1997年版，第97～107页。

教唆、奖励、威胁,挫折情景因素,量刑不当及打击不力的因素等;定型的动力因素是导致犯罪心理趋于定型化的各类动力因素。该观点还认为,几方面的动力因素层次,既有先后次序,又相互联系、相互制约;既有发展的连续性,又有发展的阶段性。在个体犯罪心理形成与发展的不同阶段,总会有占有优势的主要矛盾,其往往成为相应阶段中的主要动力因素。

(三)系统模式论

有的学者在论述社会主义初级阶段犯罪心理成因的宏观模式时指出,目前,犯罪心理产生的原因和历程同样具有中国现阶段的特点。在探讨该问题时要把握三个基本方面:一是宏观社会系统,它与自然系统和思维系统相独立,是各个系统心理反应的决定环境;包括社会发展的客观条件、不良社会意识的作用机制等方面内容。二是文化环境系统,群体和环境都从属于文化环境系统,犯罪心理的产生正是个体在高级整合机构的调整下,通过社会输入的不良意识进行心理操作的结果;在文化环境系统中,与个体产生犯罪心理有关的首先是作用空间与有害环境,其次是体现各种意识形态内容的媒介或媒体,最后是以人际交往工具为表征的符号系统。三是个体因素系统,主要指个体的不良心理结构,它经常表现为主体的不良需要结构和各种反社会化的学习方式。

(四)多因素论

该理论认为,在考察犯罪人的犯罪心理形成时,要顾及社会因素和主体因素及其关系。这包括社会学因素与生物学因素、先天因素和后天因素、外因和内因,以及它们自身的基础与发展趋向。

(五)"聚合效应"论

该理论认为,影响犯罪心理形成发展的因素是多种多样的,大体上可分为外部因素和主体因素两部分;认为原因与因素概念要有区别地应用。产生犯罪心理的原因是指它们与个体犯罪之间存在一种因果关系,二者之间具有必然性;而影响犯罪心理产生的因素则是指它们有可能在特定的条件下成为产生犯罪心理的原因,而并不是在任何情况下都一定导致犯罪心理的出现。

(六)综合动力论

该理论是在设立指标进行大规模的问卷调查的基础上提出的。该理论认为,人们的犯罪意识归根结底是由其所处的社会环境决定的,各种制约人们成长的客观条件,并不直接决定人们的行为,而必须通过个体内在因素的中介、加工、转换作用才能对其行为发生影响。个体的内在因素大体可以分为内驱力系统和自控力系统,如果内在自控力体系出现缺陷,不足以正常发挥其遏制不良社会诱因并朝着正确行为导向的功能,个体就会经受不住内外诱因的冲动压力而产生犯罪意识,出现犯罪行为。

(七)综合动因论

该理论认为,个体犯罪原因是一个整体系统(母系统),这个整体系统是由若干相互联系和相互作用着的主体内外因素（子系统）所构成的、多层次、多维度的原因网络结构。作为整体系统的个体犯罪原因，具有其各主体内外因素所没有的特殊属性。由于各组成因素间的交互作用，个体犯罪原因处于一种动态变化之中。犯罪综合动因论注意个体犯罪原因的整体性、层次性、结构性和动态性，认为人之所以犯罪，是多种主体内外因素综合的互为动力作用的结果。该理论将影响犯罪心理形成的因素分为主体因素和主体外因素两大类。"主体因素"是指犯罪人犯罪心理赖以形成的生理、心理和行为发展水平等因素。生理因素是个体心理发展的物质基础，它使犯罪心理带上了个体特定的年龄、性别、神经类型以及异常的生物学因素的色彩。心理因素是指主体原有的心理结构中存在的与犯罪心理形成有密切关系的不良因素，主要包括个性倾向和性格结构中的不良因素；犯罪人通过这些不良心理因素，积极地吸收主体外的不良因素，从而内化为犯罪心理。行为因素是指犯罪人原有的不良行为特点；根据反馈原理，不良行为如果得逞，会反作用于不良心理结构，使不良心理结构得到强化和发展；恶性发展的趋势之一就是形成犯罪心理结构。"主体外因素"是指与犯罪心理形成有关的存在于主体外的客观因素，包括社会环境因素、自然环境因素和情景因素等。社会环境因素又包括政治、经济、文化、精神、法治等大社会环境因素，以及家庭、学校、工作、居住、交往、职业等小环境因素；自然环境因素包括地域、季节、时间、自然灾害等因素；情景因素包括侵害对象、现场其他人、现场条件和气氛等。〔13〕

综上所述，我国大陆学者对个体犯罪原因的探讨是非常深入和细致的，特别是对与犯罪有关的众多因素的分析更是非常全面。本书认为，关于个体犯罪原因的研究，可以归纳出以下基本观点：〔14〕

第一，个体犯罪的原因是多方面的，影响犯罪心理形成的因素也是多种多样的。这些影响因素可分为外在的诱因和主体内在的动因两大部分。外在诱因即促成犯罪心理形成和发展的诱导因素；包括自然因素和社会因素两方面。自然因素是指促成犯罪心理发生和发展的自然条件，例如，特定的作案时间，犯罪场地和环境因素，风、雨、雷电等自然现象。社会因素是指影响犯罪心理形成的社会生活条件，例如，家庭、学校、社会环境中的不良影响因素等。内在动因即促成犯罪心理形成和发展的主体内在动力因素，包括犯罪主体的生理条件和心理素质两方面。影响犯罪心理形成的生理条件主要包括犯罪人的年龄、性别、神经活动类型、内分泌、神经系统、体格等因素；犯罪人的不良心理素质则包括不良的需要、兴趣、价值观等个性倾向性，不良性格、气质、犯罪能力等个性心理特征，以及错误的自我意识等内容。

第二，犯罪的各种诱因和动因并不是均衡地作用于每一个人。换言之，在不同的犯罪主体身上，各种诱因和动因的作用是不相同的。同种因素可能对有的犯罪人起决定作用，而对另外的犯罪人则起次要作用，甚至对有些犯罪人根本没有起到促成作用。因此，我们在探讨犯罪心理时，不能离开每个具体的犯罪人的特殊情况。在教育改造罪犯、矫治其犯罪心理时，我们也必须考虑其个性特点，以及促成其犯罪的主要因素。

---

〔13〕　参见罗大华、何为民主编：《犯罪心理学》（第3版），中国政法大学出版社2016年版，第119～128页。

〔14〕　参见梅传强主编：《犯罪心理学》（第4版），中国法制出版社2022年版，第61页。

二、我国台湾地区学者的观点

我国台湾地区学者关于犯罪原因的研究,主要集中在两个方面:第一,几乎一致地认为,犯罪是一种永恒的社会现象,无论在哪一种社会形态中,犯罪始终是存在的;第二,在具体分析和研究犯罪原因时,几乎都赞同采用多元性理论。[15]

(一)犯罪是一种永恒的社会现象

我国台湾地区学者普遍认为,犯罪是一种永恒的社会现象。例如,林纪东认为,"犯罪为与社会俱来之病象"[16]。蔡墩铭教授指出,"有社会就有犯罪,犯罪对社会而言,实无法避免,然而犯罪之趋势不因社会进步而改善,反而随社会进步而恶化"[17]。林山田教授更进一步分析说:"犯罪乃社会共同生活中必然的一种社会现象,因为在任何形态的社会中,均存在犯罪的事实,没有任何例外的情况,社会结构的改变,只有影响犯罪的质与量而已,犯罪依然长久地存在。因此,犯罪虽为社会的病态表征,但就社会的结构与功能的相关性观之,实为社会的一种规则现象。"[18]

我国台湾地区学者在回答犯罪为什么是一种永恒的社会现象时,由于各人所持的依据不同,又有"社会文化结构决定说"与"生存竞争失范说"之分。

"社会文化结构决定说"认为,犯罪是一种严重违反社会伦理规范的行为,它是由一定的社会文化结构所决定的必然现象;犯罪的内容与一时一地的文化历史因素密切相关,而且常因人类生活方式及价值观念发生变异而随之发生变化。

"生存竞争失范说"主张,犯罪是随着社会生活所发生的必然现象,它是在个人生存竞争中,超越某一适当程度之范围,而由法律规定予以处罚的行为。刑罚是调节个人利益与社会利益相协调而不冲突的工具,使个人行为与社会生活理想相趋一致。该理论进一步指出,社会越开化发达,生存竞争越激烈,犯罪亦必然相对增加。

(二)犯罪原因的多元性理论

我国台湾地区学者认为,犯罪现象的存在并不是某一个体或者某种社会因素所导致,也不是某一学科或某种理论能够胜任阐释,而是由多种个体和社会因素综合而成,只能由多种学科和理论以整合的方式予以剖析。但在各自的多元性罪因理论中,由于认识的角度不同,对导致犯罪形成的多种因素及其相互关系的阐述也有一定的差异。

林纪东认为,犯罪的形成是受生理的、心理的、社会的三方面因素共同影响的结果。他指出,关于犯罪原因的研究,可分为一般研究和特殊研究。一般研究着眼于犯罪的外部原因,即研究季节、人口密度、教育文化状况等因素对犯罪的促成;特别研究着眼于犯罪人的家庭状况、经济情形、职业环境等因素对犯罪的促成;并认为,要彻底研究促成犯罪的原

---

〔15〕 参见曹子丹主编:《中国犯罪原因研究综述》,中国政法大学出版社 1993 年版,第 552 ~ 558 页。

〔16〕 林纪东编著:《少年法概论》,台北,正中书局 1972 年版,第 3 页。

〔17〕 蔡墩铭:《犯罪心理学》(上册),台北,黎明文化事业公司 1979 年版,第 1 页。

〔18〕 林山田:《刑罚学》(第 2 版),台北,台湾商务印书馆 1983 年版,第 18 ~ 19 页。

因，一般研究和特别研究同等重要。基于此种认识，林纪东将犯罪原因的研究分为：由犯罪现象看犯罪原因；由犯罪人看犯罪原因；由性别、年龄看犯罪原因；一般经济环境与犯罪原因的关系。其中，在“由犯罪人看犯罪原因”中，他指出，先天原因、出生关系、家庭环境、学校生活等，对于一个人人格品性的形成具有极大的影响；家庭、学校、社会以及文化环境中的缺陷也对人的不良人格的形成及其外化为犯罪行为起着至关重要的影响作用。然而，从总体上看，在导致个体形成犯罪心理的各种因素中，社会环境因素是最为重要的。正如他所主张的：“盖由根本处言之，犯罪本身就是一个社会概念，是社会生活失调的现象，犯罪的结构，侵害了社会安宁秩序，犯罪的发生，也由于社会的原因，怎能偏重素质的因素，忽视社会环境的因素，迹近舍本而逐末？”〔19〕

张甘妹认为，犯罪人陷于犯罪的原因，可大致分为内在的原因与外在的原因两大方面。内在的原因又可称为个人的原因或素质的原因，例如，个人身体、体质的特性，精神、心理的特性，遗传关系，性别、年龄等因素；凡因个人内部的特质足以影响犯罪行为者均属之。外在的原因又可称为社会的原因或环境的原因，例如，季节、时日、地域、经济状况、家庭环境、学校教育、婚姻关系、职业关系、文化环境等；凡社会上之各环境条件足以影响犯罪人犯罪性之形成及犯罪行为者均属之。〔20〕

林山田指出：“就犯罪原因之观点言，犯罪乃由内在与外在的因素，即遗传与环境的因素，交错影响而成的人类行为。此种内在与外在的因素是如何地交互影响？其在犯罪行为中是各占多少的分量？我们迄今还是无法客观而精确地加以测定，因为人类行为并非单纯的自然科学上的因果关系，而是心理学上的或人文科学上的因果关系，才能加以解释者。”〔21〕他认为，犯罪的形成是很多因素组合而成的一种“情况聚合”（konstellation）。这种情况聚合可分为“促进犯罪的情况聚合”与“阻止犯罪的情况聚合”。

蔡墩铭教授从犯罪心理学的研究角度出发，认为“个人所以犯罪各有其特殊原因”，这个特殊原因就是人格的差异。人格是非常复杂的，犯罪人的人格则更复杂。蔡墩铭教授指出，人格虽然在很大程度上受先天因素的影响，但绝不是与生俱来的；人格的形成来自多项因素，其中最不可忽视的是行为习惯；而行为习惯的形成，受制于个人所生活的家庭关系、邻里关系、其他社会团体关系以及学校教育、集体训练或社会风俗，“从而人格之形成实由人与人之间共同生活之结果”〔22〕。

综上可见，我国台湾地区学者比较全面地挖掘和分析了各种促成犯罪或者与犯罪相关的因素，几乎囊括了社会、个体以及自然方面的一切原因。由于各人的研究重点不同，所以，不同学者强调的因素也有差异。

此外，我国香港特别行政区和澳门特别行政区的学者也对犯罪原因问题进行了深入研究。他们都倾向于认为，犯罪（尤其是青少年犯罪）是家庭的不良影响、学校教育的缺陷，以及不良的社会因素共同作用的结果。不良的社会因素主要指不良的书刊、电视、电

---

〔19〕　林纪东：《刑事政策学》，台北，正中书局1963年版，第72页。
〔20〕　参见张甘妹：《刑事政策》，台北，三民书局1979年版，第6～7页。
〔21〕　林山田：《刑罚学》（第2版），台北，台湾商务印书馆1983年版，第18页。
〔22〕　蔡墩铭：《犯罪心理学》（上册），台北，黎明文化事业公司1979年版，第14页。

影、录像等亚文化,结交不良朋友、加入不良帮派等社会交往,以及药物滥用与药物成瘾等因素。在具体分析时,其与我国台湾地区学者的观点相类似,在此无须赘述。

思考与训练

1. 阅读下列材料并回答问题。

“惯常性犯罪人也经常表现出许多特点。这些特点可以归纳为:毛发稀少、缺乏力量、体重轻、头骨容积小、前额后缩、额窦发展明显、经常出现中前额骨缝和沃姆氏骨、早熟性骨结(特别是在前额)、颞颥弓凸出、骨缝简单、颅骨较厚、下颌骨和颧骨凸出、凸颌,眼眶歪斜、皮肤颜色较暗、毛发茂密、长着把柄状耳或者大耳、具有两种性别的特点。”

——摘自[意]切萨雷·龙勃罗梭:《犯罪人论》,黄风译,北京大学出版社 2011 年版,第 226 页。

“考虑到人类行为,无论是诚实的还是不诚实的,是社会性的还是反社会性的,都是一个人的自然心理机制和生理状况及其周围生活环境相互作用的结果,我特别注意犯罪的人类学因素或个人因素、自然因素和社会因素。”

——[意]恩里科·菲利:《犯罪社会学》(第 2 版),郭建安译,中国人民公安大学出版社 2004 年版,第 143 页。

问题:上述材料分别反映了关于犯罪原因的什么观点?两者有什么区别?

2. 出生于 1981 年的连某是家里唯一的男孩,经过努力,他取得了某知名大学法律自学考试本科学士学位,并开始在北京工作、创业。然而,在经历了被女友抛弃、创业失败、司法考试落榜等一系列打击后,已是而立之年的连某失控,将不满情绪发泄在 11 岁男孩乐乐(化名)身上。在将孩子残忍杀害后,连某进而又以绑票名义向乐乐家人索要 15 万元。

问题:结合犯罪原因的有关理论,分析连某的犯罪原因,并谈谈其对自己的启示。

3. 假设存在一个情境:你经过一间门户大开的房子,里面放着数不清的金钱,周围没有安装监控也没有人经过。你是否会从房子里拿钱?针对拿和不拿的选择进行原因分析。

第四章 影响犯罪心理形成发展的外部因素

犯罪心理与主体的反社会意识和人格缺陷有关，当主体将其反社会意识和人格缺陷外化为危害社会的犯罪行为时，其反社会意识和人格缺陷就转化为以主观罪过（犯罪的故意和过失）为核心的犯罪心理。犯罪心理学的研究已经证明，没有天生的犯罪人，犯罪心理的形成是犯罪主体与环境交互作用的产物，它是在先天素质的基础上，在某一具体环境中，受家庭、教育和文化因素的影响而形成，最终又取决于主体对行为的控制能力。

第一节 时空因素对犯罪的影响

在《论法的精神》一书中，孟德斯鸠分析了法律与气候性质、土壤性质的关系。辩证唯物主义认为，时间和空间是运动着的物质的存在形式。人的心理和行为总是发生在特定的时空中，反过来，时空因素也影响、制约着人的心理和行为；犯罪心理也是受时空因素制约的。时空因素虽然不是犯罪心理和行为形成的本质原因，但在具体的人身上，或在特定的环境中，它却为犯罪心理和行为的形成提供了一定的条件，犯罪人在作案之前，一般都要选择有利于自己作案的时空位置。这就是时空因素对犯罪心理和行为的制约作用。科恩和费尔森（Cohen & Felson，1979）提出了日常活动观点，认为犯罪不仅依赖于犯罪人，而是需要同时存在三个因素，即有动机的犯罪人、合适的目标和缺乏保护者（监管）。这三个因素在日常生活的自然节奏中一直存在。[1] 该观点认为犯罪主要集中在被害人与犯罪人的日常活动重叠的地方，三个因素同时存在增加了潜在被害人与犯罪人相互接触的可能性。

一、犯罪的时间特征

犯罪者在实施犯罪行为时，首先会选择一定的作案时间。因此，犯罪行为会在一定时间范围内表现出一定的规律性，相应地，某些犯罪类型在一定的时间范围内具有某种分布规律，如某些时候多一些、某些时候少一些。

（一）犯罪的钟点特征

犯罪的钟点特征是指在 24 小时内犯罪行为的分布特征，即一天中什么时间犯什么罪的人最多。犯罪在 24 小时以内，确实有相当的规律性。其具体情形虽因发生地域与居民

---

〔1〕 参见［美］亚历克斯·皮盖惹主编：《犯罪学理论手册》，吴宗宪主译，法律出版社 2019 年版，第 213～214 页。

习惯的不同而有一些差异,但大致会表现出相似的特点。

根据美国学者 B. 施密斯(B. Smith)的研究,强盗(抢劫)、盗窃,一般在 18 时至 24 时较多,尤以 20 时至 24 时最多;谋杀罪、重伤害罪等针对人身的犯罪,也在 22 时至 24 时最多。在 20 时至次日 2 时的 6 小时中,盗窃的发案率高达 45%,而在 4 时至 12 时的 8 小时中的发案率仅有 25%。可见,夜间的黑暗以及人们疏于防备等因素无疑给犯罪的发生带来一些方便。在西方的犯罪学研究和司法实践中,盗窃汽车、入室盗窃、抢劫、拦路强奸等犯罪通常被称为"夜间犯罪",就是因为这些犯罪主要发生在夜间。

日本及我国台湾地区的调查研究也有类似的结论。究其原因,主要有以下几点:[2] 第一,夜间人们的身心比较疲惫,自制力减退,容易受刺激而引发违法犯罪行为;第二,短时间的假睡或就寝初期,因情绪容易兴奋而滋事;第三,夜晚天黑人稀,犯罪不易被发觉,夜间休息时间人们疏于防备,犯罪行为的实施较易。

另外,研究者们还发现,扒窃、过失致死等在白天发生较多。如 9 时至 18 时,包括人们上下班的交通拥挤时间,在交通场所、车内、商店中及大街上等处的扒窃活动最多;过失致死(主要为司机交通肇事所引起的),往往发生在 12 时至 17 时,其次是 9 时至 12 时。这与上下班的交通拥挤,以及下午时司机精神较疲惫不无关系。

(二)犯罪的日期特征

有些犯罪在一个更长的时间段上(周或月)也会表现出一定的规律性。例如,交通肇事罪和因酗酒引起的犯罪往往是周六、周日和周一较多,这种现象在美、德等一些西方国家尤为明显,因为这几天是周末,开车去城外度假的人较多,所以交通事故方面的犯罪较多。另外,欧美有的国家采用的是周薪制,周末发工资,利用休息时间喝酒或举行各种礼仪,容易发生纠纷;因此,欧美国家因纠纷引起的伤害等罪较多。而日本采用的是月薪制,每月月初或月中发薪一次或两次,所以月初和月中犯罪增多。

(三)犯罪的季节特征

在一年四季中,随着气候的变化,犯罪也呈现一些规律性。大体而言,针对财产方面的犯罪,如偷窃、抢劫等犯罪,其发案率的高峰时期往往在秋季至冬季之间;而针对人身的犯罪,如杀人、伤害等暴力犯罪,以及强奸、猥亵等性犯罪,则在春季至夏季间最多。为什么会出现夏季侵犯人身权利的犯罪多,而冬季侵犯财产权利的犯罪多的情况呢?西方学者和我国台湾地区的学者往往是从直接原因的角度进行分析解释,如伤害、侮辱等暴力犯罪的高峰期常出现在七月、八月、九月,而在一月、二月、三月犯罪率较低。学者们认为主要是由以下原因所致:[3] (1)夏天气温高,人的情绪易受刺激,兴奋激动而动武;(2)夏天天气热,人与人在户外接触的机会多,故纠纷也增加;(3)夏季比冬季生活必需费用少,工作易找,赚钱较易,花钱娱乐或饮酒的机会多,因酗酒而滋事的机会也增加。

冬季侵犯财产权利的犯罪较多,如欺诈、偷窃、抢劫等,其发案率高峰在十一二月,一

〔2〕 参见张甘妹:《犯罪学原论》,台北,汉林出版社 1985 年版,第 167 ~ 169 页。
〔3〕 参见张甘妹:《犯罪学原论》,台北,汉林出版社 1985 年版,第 157 ~ 160 页。

二月次之。学者们认为其原因主要是:(1)冬季气候寒冷,人们在衣、食、住方面的需求增加,但在外劳动谋生的机会减少,会增加为生活所迫而进行的财产犯罪;(2)从节假日来看,大的节日往往在冬季,金钱及物质的需要大,易使无能力满足需要者陷入犯罪深渊;(3)冬天较夏天夜间更长,长时间的黑暗给盗窃活动提供了方便。

强奸、猥亵等性犯罪,其发案率高峰在六七月,八月后开始显著下降,十一月至次年的二月为低潮期,三月后又开始激增。学者们认为主要有以下原因:(1)春季至夏季之间因气温上升,人的性欲容易冲动;(2)春、夏季人们的服饰简化,身体暴露的部分较多,易刺激人的性欲;(3)与人的生理节律有关。

以上是暴力犯罪、财产犯罪和性犯罪三类犯罪在不同季节所表现出的特征,如果对具体地方总的犯罪情况进行研究,有时也会发现某些时间上的规律性。如我国有学者在对某地区一年四季的刑事立案情况进行研究后发现:总是一月最高,二月下降,三月、四月、五月上升,六月下降,七月、八月上升,十月下降,冬季又呈上升的趋势。形成这一起伏的具体原因是,十一月后进入隆冬,一贯是盗、抢犯罪的"黄金"季节,由于值班、巡逻及民间防范措施放松,增加了犯罪选择的空隙,致发案率上升。二月过春节,犯罪者在"冬季大捞一把回家过年"的心理支配下返家团圆,加之他们"图吉利"、忌讳春节被抓,故而暂停作案,使发案率下降。三月以后犯罪主体囊中钱物挥霍净尽,外流作案意识萌发,流动人口增多,犯罪分子容易混迹其中乘机作案,致使发案率上升。六月是龙口夺食的大忙季节,城镇流动人口相对减少,加上三夏保卫工作强化,使发案率显著下降。七月以后秋田日渐长高,有利于犯罪分子拦路抢劫、强奸,发案率上升。同理,十月是秋收季节,发案减少,进入隆冬发案率又上升。

虽然,在现代化的社会里,经济发展与社会繁荣使社会生活环境日趋复杂化,犯罪诱因增多,将使犯罪现象受季节、气候等因素的影响逐渐变小;但在未来一段较长的时间里,这种影响不会马上消失。

二、犯罪的地域特征

因地域的不同,犯罪现象在其发生数量、类型以及形态上也表现出一定的差异,这可以说是地域因素对犯罪的影响,即使在同一国内的不同区域也是如此。

(一)不同区域犯罪现象的特点

一些学者的研究表明,同一国内的不同区域的犯罪现象,因受各区域的气候,风土人情及社会政治、经济、文化条件等因素的影响,会表现出一定的差异,大致有如下的规律:气温高的地区比寒冷地区的暴力型犯罪更多;政治文化中心,尤其是经济活动频繁的地区的财产犯罪比暴力犯罪多;流动人口较多的地方,如车站、码头等,侵犯人身权利的犯罪多;工矿地区针对人身的犯罪较多;甚至不同地区居民的受教育程度、贫富程度也对犯罪种类和犯罪率都有影响。同时,地域的人口密度与犯罪的关系尤为密切,它突出地表现为农村地区与城市地区犯罪现象有较大的差异。〔4〕

---

〔4〕 参见张甘妹:《犯罪学原论》,台北,汉林出版社1985年版,第173~176页。

我国犯罪的地理分布与各地区的经济水平有直接关系。有研究显示,近年来,我国刑事犯罪率的总体分布呈现向东南沿海地区转移的趋势。不同的犯罪类型在地理分布上也存在差异。例如,发达地区的金融类犯罪发生概率高于经济欠发达地区;故意杀人、伤害等传统暴力型犯罪主要集中在中西部等欠发达地区。这种分布差异与地区经济发展水平、文化习俗、受教育水平存在密切联系。[5]

在研究同一国家不同地区的犯罪水平时,人口密度对犯罪的影响与心理学中的个人空间概念有关。个人空间是指我们周围可移动的、无形的可能不允许他人侵入的边界。这对于攻击、暴力、犯罪行为有着重要的意义。心理学研究发现人口密度过高会对人的心理产生负面的影响从而影响人的行为方式。个体距离太近容易诱发心理上的不舒适,拥挤破坏了一个主体对领域和空间的需要,扰乱正常行为。[6]

(二)犯罪的城乡差异

首先,从世界上大多数国家来看,人口稀疏的农村地区与人口稠密的城市,无论是在犯罪数量(犯罪率)上,还是在犯罪类型上都有明显的差异。如据有关统计,1920 年,日本城乡人口比例为 37:63,而犯罪比率为 55.9:44.1。第一次世界大战前,法国城市人口只占全国人口的 30%,但犯罪率却为 46%。1981 年,对于都市犯罪的比率,美国为 82%,英国为 86.4%,联邦德国为 86%。其次,从犯罪类型来看,农村地区通常暴力犯罪率较高,而城市中则以财产犯罪、性犯罪为多。此外,诸如白领等涉及的经济犯罪或滥用权利犯罪等,也是城市所特有的犯罪现象。

我国的情况也与此相似。从我国犯罪的城乡差异来看,主要有如下特征:(1)从犯罪数量上看,尽管农村有些犯罪比城市严重(如拐卖妇女、儿童罪等),但是,城市的犯罪率普遍比农村高;(2)从犯罪类型上看,城市的财产犯罪多,农村的暴力犯罪多。在城市里,贪污、盗窃、诈骗、侵占等财产犯罪较农村多;而在农村,凶杀、伤害、放火等暴力犯罪较城市多。在农村,初犯多而再犯少,相对而言,城市的再犯比农村多;城市的青少年犯罪、职业犯罪、性犯罪等都比农村多。

我国城乡人口构成特点为:城镇人口比重偏小,乡村人口比重偏大。1990 年,城镇人口占全国总人口的 26.23%(1949 年年末为 10.6%),乡村人口占 73.77%(1949 年年末为 89.4%)。近年来,城镇化比例逐步提高。截至 2016 年,我国城镇常住人口 79,298 万,乡村常住人口 58,973 万,城镇人口比重(城镇化率)为 57.35%。与其他国家一样,我国也是城市的犯罪率比农村更高。有学者统计,1989 年城市的立案率为0.21% ~0.28%,而农村的立案率为 0.12% ~0.23%。[7]

就城市犯罪率比农村高这一现象,其原因可能是多方面的:首先,城市中引发犯罪行为的刺激因素相对较多。例如,城市由于人口多,生存竞争相对激烈,人与人之间容易产

---

[5] 参见中国犯罪学学会组织编纂:《中国犯罪治理蓝皮书:犯罪态势与研究报告(2018)》,法律出版社 2019 年版,第 282 ~283 页。

[6] 参见中国犯罪学学会组织编纂:《中国犯罪治理蓝皮书:犯罪态势与研究报告(2020)》,法律出版社 2021 年版,第 42 页。

[7] 参见戴宜生:《关于犯罪与治安问题的一些思考》,载《青少年犯罪问题》1994 年第 3 期。

生利害冲突和矛盾；城市的经济相对比农村发达，商品流通量大、交易频繁，这在一定程度上会增加犯罪（特别是经济犯罪）的机会；城市的流动人口多，休闲娱乐场所多，不良人员容易混迹其中，也容易诱发犯罪；城市的交通方便，亦为流窜作案提供了可乘之机。其次，城市中传统的社会控制力相对较弱。在城市中，由于居民的流动性相对较大，居民构成情况相对复杂，多数人生活在“匿名”状态下（相互不认识），群体凝聚力相对较差，它使传统的社会控制力受到极大的削弱，从而容易导致犯罪。相比之下，农村地区则无上述各种不利因素。农村生活相对单纯，农村居民较为固定，社会活动范围相对狭窄，“抬头不见低头见”的稳定人际格局和“鸡犬之声相闻”的生活方式，导致原始的社会关系具有强大的制约力；相应地，其犯罪率就相对较低。

不过，在经济和社会发展的影响下，特别是在现代化的交通、通信、电视、广播、互联网等的影响下，人们的交流变得容易，地域的各种差异在缩小，城市和农村的犯罪差别也将缩小，其表现就是农村的犯罪率开始上升，犯罪结构也在发生变化，农村青少年犯罪也在逐步增长等。这些趋势在我国近几年中已有所表现。

第二节　家庭因素的不良影响

家庭是人们社会化的第一场所，个人与家庭发生联系最早、关系最紧密，家庭对个人的影响也最大。人的一生，大部分时间都是在家庭中度过的，尤其是幼年时期，家庭是个人生活的最主要的环境，父母则是子女的第一任老师；从人的社会化过程来看，其基础是在家庭中奠定的。因此，家庭的人际关系气氛、组成状况、社会经济地位，父母的言谈举止、教养方式等都对子女的人格发展起着至关重要的作用。一个人走上犯罪道路，特别是青少年犯罪，与其家庭的不良影响有很强的正相关。调查显示，受家庭不良教育方式影响者可能违法犯罪的危险度最大（统计学中的优势比 =13.9），缺乏父、母感情者其次（统计学中的优势比 =9.2,5.3）。缺陷家庭、不和谐家庭及低生活水平等均与少年犯罪有密切联系。

一、家庭结构的缺陷

其主要表现为家庭成员的缺损、家庭经济结构的缺陷、家庭人际关系不和谐等。从它对犯罪的影响来看，主要有四种类型。

（一）缺损家庭

缺损家庭，指由于婚姻离异或疾病死亡使孩子无父或无母或既无父又无母的家庭。早期观点认为，缺损家庭严重地损害着孩子人格的健康成长，容易在孩子稚弱的心灵上引起各种不良的反应，可能使其逐渐变得性格孤僻、褊狭、自私、冷漠、难与人相处。如果得不到纠正，任其发展下去，在一定的情况下就容易发生犯罪。如在日本长崎某监狱的犯罪统计中，有 15% 父亲早死，13% 是私生子，28% 是被父亲或母亲（或父母双方同时）遗弃的。有法国学者曾在调查后发现,巴黎2586个罪犯中私生子占据28.9%。[8] 美国犯罪学家格卢克夫妇(Sheldon Glueck & Eleanor Glueck)对500名少年犯罪人的研究表明,有302人即60.4%的人经历过家庭破裂,而500名正常少年中只有171人即34.2%的人经历过家庭破裂。在我国,父母不健全的家庭中犯罪青少年占的比例也是很高的。根据湖南省心理学会1991年的调查,在湖南省少年管教所等单位的210名少年犯中,属于家庭破裂的有87人,约占41.4%。其中,父母死亡、孩子从小无人照管的48人,父母离婚、丧失母亲造成孩子心理变态的39人。[9]

早期研究的确显示违法的未成年人更多来自缺损家庭,缺损家庭是一种风险因素。但近年来,由于婚姻观念的变化,缺损家庭的存在逐渐变得普遍,但犯罪率并没有明显增加,甚至存在下降趋势。于是,研究者们更多地开始考察其伴随因素的影响,包括儿童与监护人的关系质量、经济状况、其他人给予家庭的情感支持等。总而言之,发生在家庭内部的事情比外在结构更重要。

(二)贫困家庭

贫困本身并不是犯罪的原因,世界上许多有成就的人物均成长在贫困的家庭中。但是,生长在贫困家庭中的孩子,相对地说,从家庭中分享到的物质生活和精神温暖、正常教育等都自然少于其他家庭。这种家庭的父母终日为家庭的基本温饱而奔波操劳,无暇也往往无力教育自己的子女,甚至无能力在基本生活上满足子女的需要。这样,在缺乏基本生活保障又缺乏教养的家庭中,孩子容易和有恶习的少年交往,或受品行不良人员的诱惑,长此以往就会走上犯罪道路。有很多统计资料已证实,经济状况恶劣的贫困家庭,容易促成少年的犯罪倾向。但有趣的是,统计资料也表明,过于富裕的家庭也容易促成少年的犯罪倾向。

(三)有不道德、违法或犯罪成员的家庭

父母有不道德行为、违法行为或犯罪行为,最容易引起子女的模仿,并进而发展到犯罪。因为未成年人好奇心强,易受暗示和影响,善于模仿,可塑性大,但辨别是非美丑的能力差,控制和约束自己的意志薄弱,父母的言行对子女有耳濡目染、潜移默化的作用。所以父母的不道德行为、违法犯罪行为更容易引起子女犯罪。根据学者对某工读学校50名女生的调查,其家庭成员中已判刑的有15人,占30%;有坏作风的家长14人,占28%。在国外,常有一些关于犯罪家族的报道,这也在一定程度上证明了有不道德、违法成员的家庭对犯罪的影响。

(四)不和睦的家庭

这种家庭有两种情况:一种情况是夫妻感情不和,另一种情况是父母与子女感情不睦。夫妻不和,经常发生争吵甚至打架,夫妻间没有友好爱恋的感情,家庭气氛冷漠、紧

---

〔8〕 参见徐世京编译:《司法心理学》,上海人民出版社1986年版,第65页。

〔9〕 参见罗大华、石起才主编:《青少年犯罪心理学》,中国政法大学出版社1989年版,第44页。

张，会使子女失去温暖。长期在这样的家庭中生活，孩子就会在人格上出现缺陷，容易产生空虚、烦躁、不安和失望的情绪。长此下去，孩子对家庭感到害怕，无可留恋，就可能到其他地方寻找温暖，滑入违法犯罪的人群之中。在父母与子女不睦的家庭中，由于子女从小失去父爱或母爱，缺少正常的关心和爱护，他们感到家庭的冷漠和可怕，这对孩子人格的健康发展影响更大。严重的情况是他们甚至可能会讨厌家庭、讨厌父母，甚至产生仇恨，由于矛盾激化而采用极端手段，也会造成伤害、杀人等犯罪。

需要注意的是，在家庭结构缺陷中，缺损家庭和贫困家庭的影响在于，与正常家庭相比，可能更加无法有效地监督孩子的观念和行为方式。之所以将其作为家庭结构缺陷提出，是希望此类家庭去关注教育方式和子女的心理健康。这些家庭结构缺陷造成的风险可以由良好的教育方式进行弥补。

二、家庭教育的缺陷

在家庭中，父母对子女的管教方法不当，或教养态度、观念的错误，也足以诱发子女走上犯罪的道路。有关研究发现，青少年犯罪的原因主要在于家庭因素，尤其以家庭教育不当占绝大多数。家庭教育不当，可分为以下几类：过于严格，如拒绝、敌对、过分干涉、支配、期望过高等；过于宽纵，如溺爱、过分保护、放任、不关心等；差别对待，如偏爱；方法缺乏一贯性，如矛盾、不一致、反复无常等。

在父母缺乏知识的家庭中，父母往往不知管教子女的重要性及正确的方法，因而容易发生上述各种管教不当的情形；但在那些父母有较高知识水平的家庭中，也常因溺爱或疏忽而发生错误的管教。在管教过严的家庭中，父母对子女的过分指责、禁止、体罚或期望过高，容易使子女产生畏惧心理，形成神经质、封闭、孤立、反抗、不妥协、不顺从等异常的性格；反之，管教过宽、溺爱，容易养成儿童自我中心、依赖、放纵、逃避困难等消极的性格。管教方法无一贯性，子女无所适从，无法养成规律性。根据一些统计资料，管教过严比管教过宽更有不良后果。

从以上分析中我们可以看出，家庭对青少年犯罪的影响，主要是通过对其人格形成的影响而实现的。然而，家庭对于成年人犯罪的形成，并非毫无关系——对人格已定型的成年人，虽无法再对其人格予以重大的改变，但仍可对其行为产生明显的影响，特别是当其所实施的犯罪行为与家庭有关时。对于成年人而言，家庭虽不是人格形成发展的环境，但仍不失为行为形成的环境。如夫妻关系的恶化或夫妻不睦，都可能引起夫妻彼此之间互相猜忌、伤害等行为，从而导致犯罪。在司法实践中，夫妻之间、兄弟之间甚至父母子女之间因婚姻、家庭纠纷或财产纠纷而发生的激情杀人和伤害案件，在同类案件中往往占有较大的比重。

第三节　影响犯罪的教育因素

学校对学生的主要作用就是把社会规范、道德观、价值观以及前人所积累下来的知识、技能传授给学生。在学校生活中，学生们主要通过教师获得知识及道德教育，同时，在与多数同学相处之中学习适应共同生活的能力。正确的教育不但可以提升人的知识及能力,使人获得谋生技能,而且还可以提高人格的修养,培养高尚情操、良好品行。对青少年来说,学校是除家庭之外花费时间最多的地方,也是第二个主要的社会化机构,学校教育状况的好坏,直接影响着少年犯罪的产生与否。司法实践和相应的理论发现,不良的学校教育会诱发少年犯罪的产生,这种诱发作用表现在三个方面:(1)使学生产生挫折感。如果学生在学校中成绩不好,那么他们不仅学不到知识,还会产生挫折感和绝望心理。而现代班级教学存在一定缺陷,学校不能为每个学生提供使他们能够获得成功的课程。(2)使学生失去学习兴趣和满足感。如果学校所讲授的课程与学生的需要和志向没有联系,学生就会失去学习的兴趣。一些较差的学校通常不注意学生的兴趣,根本没有开设这样的课程。如果学生很难在学校中找到获得快乐的活动,加之学校不关心他们的学习愿望,就使其不能产生满足感。(3)使学生不能建立良好的人际关系。不善于与人建立起亲密关系的学生,在班级规模太大、人数太多的学校环境中更难建立起温暖的同学、师生关系。这些因素容易使学生心理上产生创伤,对学校产生抗拒心理和失望情绪,不愿意继续上学,不断逃学或在学校中进行不良行为而被逐出校门,流落街头。这些流落街头的学生不但学习成绩越来越差,而且对学校生活越来越不适应,从而很容易为反抗上学而进行违法犯罪活动,进而也有更多与犯罪人进行交往、接触的机会,使他们容易受他人的教唆、暗示或者由于无人管束而犯罪。

显然,若学校教育存在缺陷和问题,它作为一种条件,就与人们(特别是青少年)的犯罪关系密切。我们研究学校教育与犯罪的关系,主要是从学校教育功能发挥情况方面来进行分析,以探讨其与犯罪的关系。一般来说,学校教育工作中存在的下列缺陷和问题容易诱发学生的不良行为或违法犯罪行为。

一、思想品德教育工作薄弱

部分学校教育曾一度出现忽视思想品德教育工作、思想品德教育缺乏科学性等问题。主要表现在以下三个方面:

1. 思想品德教育简单化。一段时间以来,由于受重智育轻德育的思想影响,思想品德教育在学校教育过程中出现了简单化的现象,部分学校不能正确对待德育与智育的关系。这种简单化有如下特点:第一,思想品德教育工作的内容脱离实际,没有把培养学生的爱国主义、集体主义、共产主义思想作为工作目标,内容空洞,缺乏时代性和针对性;第二,德育工作脱离青少年身心发展特点,教育效果事倍功半;第三,工作方法简单,单纯说教多,缺乏灵活性。思想品德教育的简单化,容易导致青少年学生是非观念模糊、道德观念缺乏、法制意识淡薄,从而使其容易产生不良行为。

2. 单纯重视升学率。这种情况在中小学十分明显,其结果就是促使了“一育代三育”“一好代三好”的现象产生。一段时间以来,一些教育管理部门曾为追求升学率不恰当地将学校分为重点和非重点,这样就有可能使重点学校的部分学生沾沾自喜而放松自我道德修养,使非重点学校的学生产生升学无望的念头而自暴自弃。而不少中学又把学生分成快慢班,不同性质的班享受不同的待遇,在教学中,往往只顾快班,把快班作为提高学校升学率的重点,从而忽视慢班。这样做使快班的学生心理上自然产生一种优越感和安全感；而慢班的学生，心理上自然产生自卑感，出现较大的精神压力，自尊心遭受严重挫伤。在这种情况下，慢班的学生便会对学习失去兴趣，对自己失去信心，不健康的心理就会慢慢产生，这必然使学生犯罪的可能性增大。

3. 忽视人文素质教育。长期以来，我国大中小学教育对文化知识的传授比较重视，而忽视了对学生人文素质的培养教育。在中小学，学校片面强调学生对文化知识的掌握，以考试成绩作为衡量学生的主要标准；而在大学，则表现为对学分的强调，只要学生修满学分，大学教育也就完成。这种教育长期推行的结果就是，学生的人文素质不高，主要表现为道德感不强、责任心下降、规范意识不够等。事实上，人文素质教育对于一个人的成长具有至关重要的作用，它甚至比文化知识更能影响一个人的人生发展历程，而有效的人文素质教育对于大学生形成健康的心理更是具有不可忽视的作用。例如，科学研究表明，音乐对于唤起一个人内心深处的怜悯与恻隐之心具有积极的激发作用，它也是释放和排解内心压力的重要方式。2008 年 10 月 28 日晚，中国政法大学北京昌平校区一教室内，大四男生付某突然闯入教室，将准备讲课的教师程某残忍杀害。这就是被媒体和社会各界所称的"法大弑师案"。该案发生后，有学者提出，"当务之急是各个学校应腾出手来，尽快与切实制定培养学生的人文理念和基本的生命健康教育的课程计划，而不是就事论事，或者只是总结校园血案悲剧的负面教训而不作彻底的反思与改进"〔10〕。为此，必须积极加强对学生人文素质的教育培养，主要通过对音乐、美术、文史哲知识的传授，让学生形成健康的情操和积极向上的生活态度，进而树立起责任心和规范意识，正确处理自身所面临的各种问题。

上述现象虽在近几年来有所改善，但在我国，有许多学校仍然存在只注重学习成绩而忽视德育的情况，即只注重传授知识而不注重育人的问题，且这一问题长期以来得不到有效的解决。正如前面所述，学校的任务不仅是传授书本知识，而且包括思想政治教育、法制教育、品德教育等，如果只注重学生的学习成绩，学生就会形成以成绩决定其在课堂以及班级里的地位的观念。学习成绩差、跟不上班的"差学生"会被学习成绩好的学生看不起，往往会受到某种歧视。这些学习成绩差、被同学甚至个别老师看不起的学生在学校生活中，就容易失去自尊和自信，严重的则会自暴自弃，很容易滑到行为越轨或违法犯罪的道路上去。

一些研究也表明，大多数少年犯罪人的学校适应情况是不能令人满意的，表现为智力迟滞，学习成绩差，不喜欢学校和老师，为了逃避不满意的情境而经常逃学等。另一些研究则认为，少年犯罪与学习成绩和学习能力有关。学习成绩差使学生自惭形秽，甚至灰心丧气，为了摆脱自卑感，就有可能采取不正当手段在班上建立地位。许多少年犯罪者在学校时，其阅读能力、写作能力和口头表达能力都很差，犯罪前在学校中的表现不好。学习能力差的学生自我评价低、挫折忍耐力差，比较容易与别人发生冲突。

二、教育体制存在缺陷

我国目前中等教育仍然存在单一化的体制问题。大多数在校生接受的教育主要是普

〔10〕 刘国航：《校园血案频发警示生命权利教育迫在眉睫》，载《法制日报》2008 年 10 月 31 日，第 3 版。

通教育,技术教育和职业教育尚不发达。一方面,由于高校招生人数毕竟大大少于普通教育的学生人数,在过“独木桥”时,除部分学生升入高等学校继续深造外,仍有一些学生因未能进入高等学校而只好回家待业。相当一部分未升入大学的学生受到来自社会、家庭和个人方面的压力而往往造成心理失衡,有的行为失态,就容易诱发不良行为。另一方面,由于缺乏足够的中专、中技和职业学校,相当部分未升入大学的高中毕业生因缺乏中等专业知识教育而被闲置,也必然会增强社会安置就业的负担,因而就会给社会造成一些不稳定因素。少数学生因无所事事,就有可能结成小群体,在相互熏染下产生不良行为习惯,渐渐地就有可能演变成犯罪。当然,目前这一现象正在逐步好转。

三、教育监督管理简单化

在一些学校中,存在教育管理不当的问题。首先,不当的教育方法,如单纯的惩罚式、填鸭式单一灌输等,不但容易引起受教育者的反感,收不到应有的教育效果,甚至会使学生产生反抗心理,与老师和学校的教育进行对抗。这种教育方式难以满足青少年学生的好奇心、求知欲,学生因此产生厌学心理,甚至可能导致逃学行为。其次,在处理违纪学生时经常采用停课、停学,甚至采用劝其转学等“变相开除”学生的方式,从表面上看,学校似乎提高了生源“质量”,净化了学校风气,但实际上,这也可能带来一些不良的社会后果,致使一部分未成年的中小学生流入社会,文盲与半文盲增多。不应小看中小学生流失的问题,它与违法犯罪有密切的关系,在不少地区已经成为一个不容忽视的问题。大量流失学生使低龄犯罪人数增加,从而影响社会治安。

教育心理学的研究表明,学生厌学、逃学的主要原因往往是教师与学生的关系不融洽,老师不信任学生,对学生过分严厉或过分宽容,执行纪律的前后不一致;教材太难,学生不容易理解和掌握;老师之间随便议论学生;学校随意将有问题的学生开除出校;学校管理混乱;学生家庭困难等。这些都会影响学生的学习活动,使他们难以适应学校生活,对学校产生抵触情绪或绝望心理,看不到成功的希望,因而就会逃避学校和老师,转而到社会上寻找成功和满足,这种学生特别容易陷入少年犯罪活动。

校园的管理情况也是影响学生行为的一个重要因素。校园管理得好,可以抵制外界不良风气的渗透和影响,辅助受教育者顺利完成学业,形成良好的道德品质;校园管理得不好,不但极容易使一些学生产生不良行为,而且容易滋生内外相互影响、互相勾结的违法犯罪行为。

第四节　犯罪的不良文化特征

文化因素作为影响犯罪的社会宏观因素,它不仅包括社会的精神产品,而且还包括科学、文学艺术、新闻出版、广播电视等多种组成部分。与犯罪关系密切的是不良文化。所谓不良文化,是指与社会主流文化相偏离甚至相对立的一种“亚文化”或“副文化”。它是某一社会文化中的错误、消极部分,通常是由阶级地位、种族背景、居住地区、宗教渊源这类社会环境因素的结合构成的,并且一经结合就形成了一定功能的统一体,对有关个人产生一种综合的影响。不良文化不仅对人们的思想和行为带来不良影响，甚至还可能导致违法犯罪行为的产生。不良文化与犯罪的关系常表现为下列几种情形。

一、由多元文化的冲击形成的不良文化

在现代社会中，随着国际文化交流的扩大，在现实生活中存在不同地域性、阶级性和多样性的多元文化局面。国际的异种文化对我国的传统文化和现代文化造成了激烈的冲击。如平均主义与差别效率主义、自由与守旧、个人主义与集体主义、农耕社会的伦理观（禁欲勤勉）与产业社会的伦理观（成就效率）、勤劳与享乐等之间出现了矛盾和冲突。这种激烈的文化冲击，一方面，可能使人们的社会化更加困难，多种不同的社会规范和价值观念向人们的判断能力提出了挑战，在种种诱惑面前，他们需要有较强的自我控制力。另一方面，这种冲击也带来了一些消极影响：冲击了集体主义观念，使人们过分注重个人目标的追求；权利观念和价值判断的标准混乱，追求极端的民主、自由，导致无政府主义思潮的泛滥；生活观念发生变异，追求生活上的享受和超前消费，互相进行盲目的物质攀比，当不切实际的消费需要得不到满足时就产生对社会现实的不满。如果在激烈的文化冲击下，不能对青少年进行正确的引导和教育，就会使他们在思想和行为上脱离现行的社会规范和行为准则，甚至背离法律的要求；同时，这些消极影响也可能直接诱发犯罪行为。

随着我国改革开放的深入，社会结构变迁、社会财富分配的变化带来各种价值观的激烈碰撞，利益多元引起思想观念多元、价值评判多元。各种价值观风起云涌，对传统价值观形成巨大冲击，各种亚文化对主流文化进行缓慢侵蚀，这导致人们看待问题的视角有了新变化，对一些事情的看法不再统一。青少年对亚文化、非主流价值观往往缺乏鉴别能力，对消极思想不加考虑地接受，甚至奉为圭臬。极端个人主义、享乐主义、拜金主义、帮派主义等在部分青少年思想中占据主要地位，而传统社会中的价值观逐渐被认为是落伍的。价值观的冲突，必然导致价值主体满足需要的方式的异化，从而偏离社会正常轨道。

二、大众传播媒介中不良因素的诱导

在大众传播媒介中，一旦涉及淫秽、暴力、反动的内容，将产生极大的副作用，甚至直接成为犯罪的诱因。这是因为：(1)大众传播媒介的具体形象性，容易使人们不作分析地全面吸收，特别是不健康的影视、书刊等往往借助于艺术的感染力影响人们，极易使人上当，从而导致犯罪。(2)大众传播媒介效果上的暗示性，往往使人们产生模仿行为，特别是对社会阴暗面的揭露，对黑社会性质犯罪或恐怖事件的报道，往往使一些人，尤其是青少年从中学习到犯罪的手段、方法，并很快用于犯罪活动中。(3)大众传播媒介的商业性，导致了不健康的内容泛滥。一些文化价值不高、内容荒诞离奇，甚至淫秽下流的音像、书刊，通过流通领域进入市场，披上“合法”的外衣，从而造成人们思想混乱，给违法犯罪行为的产生埋下种子。(4)大众传播媒介表现手法的宣泄性，诱发了许多消极情绪的发泄。一些电影、电视、书刊等在性欲、物欲、占有欲和攻击性宣泄上大做文章，对人们的心理产生了极其混乱的消极影响。

在现实生活中，人们对犯罪的了解来自互联网、报纸、杂志、书籍、广播、电视、录像带等大众传播媒体。它们的形式不同，对人们的影响程度也就各不相同。但是，就其内容而

言,大众传媒对于犯罪的渲染性报道,容易使人们走入误区,因此,这对于人们了解犯罪会起着一种相当消极的作用。因为大众传媒关于犯罪行为的报道往往是有选择的,有的报道虽不是无中生有的捏造,有时却进行过分的渲染,所以,往往是不可信的,其对观众、读者所产生的负面影响也是不可低估的。由于现代社会电视、互联网的高覆盖率,其对人们的犯罪观的影响可能更大。例如,电视反映刑事犯罪活动的形式主要有新闻报道、资料、警匪片等。除了新闻报道在一定程度上值得信赖外,其余的由电视节目反映的犯罪活动基本上是有选择的、不太真实的,甚至是出于虚构的。然而,这些节目往往在黄金时间播放,观众面宽,所以对观众具有较大的影响力。这类电视节目有时无视犯罪活动的实际情况,往往依靠想象,或凭记者自己的法律知识来介绍犯罪情况。大众传媒有选择地、大量地、频繁地报道暴力犯罪,同样具有不可忽视的消极影响,甚至起到推波助澜的作用。

学者们通常非常重视传媒中的暴力和色情内容对儿童和青少年的影响。但到目前为止,学者们就传媒对未成年人的消极影响所发表的文章相对而言不是很多,现有的研究成果往往也是相互矛盾的,主要有以下几种观点:

1. 宣泄论。该观点认为,观看暴力节目可以减轻观看者主观感觉到的紧张,疏导观众内心的侵犯性。具体而言,大众传媒中的暴力描写能够削弱、宣泄观看者心中积累的攻击、好斗的情绪,即侵犯性,至少可以减少侵犯性的作用。到目前为止,这一观点无实证材料的支持。

2. 抑制论。持该观点的学者试图通过心理实验来证明,传媒报道、描写、表演暴力行为对于观众的攻击情绪和攻击行为的发泄具有抑制作用。持该观点的学者认为,电视、电影等传媒中的暴力描写、表演会使观看者心理上产生种种顾虑,从而可以减少现实生活中暴力行为的发生,但该观点至今仍没有得到实践的证明。

3. 刺激论。该观点认为,传媒中反映的暴力行为对实际生活中人们的攻击行为、攻击情绪具有刺激作用。持该观点的学者认为,攻击行为、暴力犯罪的不断增加都与传媒中对暴力行为的描写有关。刺激论有狭义和广义之分。狭义的刺激论认为,大众传媒中的暴力描写对观众内心的攻击情绪具有煽动性,具有刺激作用。广义的刺激论认为,观众通过观看大众传媒中关于暴力行为的描写、表演等,可以模仿、可以学习。这种广义的刺激论的理论基础是社会心理学上的“学习论”。而且这一观点已为许多实验和生活实际所证实。

4. 适应论。适应论则认为,大众传媒中大量的暴力描写将会影响、削弱观众感情方面的反应能力,使观众感情上的敏感性变得迟钝,导致人们较容易地接受攻击行为及其观念。换句话说,观看电视、互联网等传媒中的暴力变成了习惯,一方面会加强观众本人实施侵犯行为的倾向,另一方面观众对暴力行为滋生一种麻木不仁、反应迟钝、习以为常的态度,适应电视、互联网等传媒中对暴力行为的描写,严重时还可能失去应有的正常的反应能力。但大多数学者都认为电视、报刊、互联网等中关于暴力行为的报道、描述,只会刺激儿童和青少年的侵犯性。这是因为,未成年人正处在生长发育期间,往往控制力较差,而模仿能力极强,加上法制观念较弱,很容易在暴力恐怖和色情影视节目的影响下走上违法犯罪道路。

据有关人员在对王某明等特大绑架杀人一案进行调查时了解,王某明等人曾在广州长期包租一酒店的某号房间，案发后这伙人突然从此失踪，但“室内物品散乱且扔放着香港绑匪张某强团伙案件的书籍、杂志、报纸”。“据该团伙成员供述，他们准备仿效香港绑匪张某强，把绑架勒索作为‘发财致富’的途径，在绑架了林某武之后，已瞄准了下一个目标”。另外，由观看淫秽视频而诱发性犯罪的案例也屡见不鲜。

三、犯罪亚文化

“亚文化”概念首次提出于1886年，到20世纪30年代，亚文化已经成为社会学、政治学和文化学等学科研究的对象之一。以芝加哥大学的部分师生为代表的“芝加哥学派”对美国特别是芝加哥城的社会问题，尤其是移民问题和种族问题做了研究。[11] 在社会学领域，亚文化是一个十分重要的概念，它通常被用于分析越轨行为或者社会异常行为。在西方犯罪学理论中，从文化的视角对犯罪进行分析始于20世纪30年代。1938年，美国犯罪学家塞尔斯坦·塞林在《文化冲突与犯罪》一书中系统阐释了文化冲突理论（culture conflict theory）。在塞林看来，刑法是主流文化（dominant culture）的行为规范的反映，而犯罪则是违反主流文化中的行为规范的行为。塞林关于主流文化以及文化冲突的论述，实际上已经包含着亚文化理论的基本思想。明确提出犯罪亚文化理论的是美国犯罪学家阿尔伯特·K. 科恩（Albert K. Cohen），他于1955年在《少年犯罪人：帮伙亚文化》一书中提出了著名的犯罪亚文化理论（theory of delinquent subculture），认为少年犯罪亚文化就是少年犯罪帮伙中流行的一套价值观和行为模式，参加犯罪少年帮伙的人，都是按照少年犯罪亚文化思考问题、判断是非和采取行动的。[12]

在一个社会中，除了有为大多数社会成员及统治者所赞成、确认的占主导地位的主文化之外，还存在为一些群体所特有的不同于主文化的各种亚文化。所谓犯罪亚文化，是指犯罪亚群体在犯罪活动过程中逐渐形成并信奉和遵循的与主文化相对立的价值标准、行为方式及其现象的综合体，如犯罪暗语，犯罪亚群体及其行为规则、禁忌和仪式、文身，以及与犯罪有关的手势、图像等非语言符号。犯罪亚文化与犯罪同步产生和发展，同人类历史一样的悠久而古老，并因地域、民族和历史的差别具有不同的形式与特色，反映了犯罪亚群体自我认同的需要。犯罪亚文化主要存在于犯罪发生率较高的地区，尤其是在青少年犯罪帮伙中，更有一套完整的犯罪亚文化，其内容包括对犯罪的赞赏态度、将犯罪活动合理化的技术、进行违法犯罪活动所必需的知识和技能、处理赃物的方法、物色犯罪目标的能力、逃避司法机关侦查与惩罚的手段、寻找犯罪同伙的方法等。它们是导致违法犯罪行为的重要因素，特别是青少年走上违法犯罪道路的一个重要诱因。因为在这种亚文化中，成年犯罪者不仅给青少年树立了通过犯罪获得成功的榜样，教会了他们对犯罪要抱支持的态度和相应的价值标准，而且教给青少年犯罪人进行各种犯罪所必需的知识和技能。例如，如何扒窃、怎样销赃、怎样操纵有影响力和利害关系的人，以保障他们的行动自由和犯罪后的安全。青少年通过不同接触或差别交往而学得这些行为规范和价值观，这些规范和价值观与社会中的主文化相对立，使得青少年群体和帮伙的亚文化与社会主文化产

---

〔11〕 参见黄瑞玲：《亚文化的发展历程——从芝加哥学派到伯明翰学派》，载《国内外理论动态》2007年第11期。

〔12〕 参见吴宗宪：《西方犯罪学》（第2版），法律出版社2006年版，第362页。

生冲突;规范和价值观的冲突,使得奉行这些规范和价值观的青少年,必然产生与社会规范和法律相冲突的行为,从而形成各种越轨及违法犯罪行为。

犯罪亚文化对青少年行为的影响主要表现在以下几个方面:首先,强化犯罪亚群体的反社会性。一方面,与犯罪的反社会性相一致,犯罪亚文化属于社会中的支流文化现象,是适应、满足犯罪及其主体的需要而产生、传承、流布并得以被信奉和遵循的;另一方面,犯罪和犯罪亚文化群体也正是托庇于犯罪亚文化才得以实现和维系的。因此,就其基本的价值倾向而言,犯罪亚文化始终偏离并根本对立于社会主文化。这一特点造就其鼓动、教唆犯罪亚群体悖逆、对抗和否定社会主文化所确定的社会共同价值和规则的反社会的作用。其次,维系犯罪亚群体和同化群体成员的作用。从心理学角度来看,犯罪亚文化是罪犯的欲求、心态和本性的自然、真实流露,给罪犯的欲求、情感以寄托和补偿的对象与可能。作为罪犯亚群体的"群体意识"或"同类意识",它反映了罪犯所共有的"人生与人心"的叹息,在给罪犯以集体认同感和心理归属感的满足并提供具有精神和物质后盾意义的支持力量过程中,成为罪犯亚群体得以维系并团结一致对外的心理纽带和精神支柱。正是犯罪亚文化所提醒的这种"自己人"的感觉,使得罪犯亚群体有可能形成并对其他成员具有强烈的吸收和同化能力。倘若社会发生大规模的震荡,出现失控状态,则罪犯亚群体可以因此像滚雪球一样迅速扩散与膨胀,甚而形成犯罪黑社会。经验研究表明,诸如强奸集团、走私集团、盗窃集团或恐怖主义集团、"瘾君子团伙"(吸毒集团)等犯罪亚群体之所以得以形成和维系,正是由于具有这种共同亚文化的暗示和感召。从群体的名称到其中的暗语、行为方式、奋斗目标,都是沟通和召唤、凝聚全体成员的标志。最后,提供心理支持的作用。犯罪亚文化常常反映了其成员的畸变、歪曲的心理要求,由于与主文化对立,就会在心理上产生不安与罪恶感。一方面,犯罪亚文化可以帮助他们避免因惩罚或舆论所可能造成的价值与信念的冲突和人格分裂,从心理上赋予其"勇气",从而也就赋予其一种心理上的"安全感";另一方面,诸如暗语等非语言符号、亚群体的结构与规则、犯罪技术以及禁忌、仪式等亚文化因素,其实是罪犯适应环境、应对挑战、便利犯罪、逃避惩罚而有意建立或自然形成的自我约束手段,保证了犯罪亚群体的"安全感"。

思考与训练

1. 阅读下列材料并回答问题。

2014 年 6 月 12 日至 7 月 13 日,第 20 届世界杯足球赛在巴西举行。以下是摘录的这期间新闻媒体的几篇报道:

材料 1:据中新网报道,6 月 17 日凌晨,广西某媒体一名男主持人与其女朋友的闺蜜在南宁星湖路附近的酒吧喝酒看足球。球赛结束后,男主持人送受害人回家,并对该女子实施了强奸。

材料 2:福州新闻网报道,6 月 29 日凌晨,郭某应朋友余某的邀请到酒吧喝酒看足球,余某还叫来另外几名朋友,其中包括受害人小曦。郭某见小曦年轻漂亮便起了歹念,不停劝小曦喝酒。吃夜宵时,郭某继续和小曦喝酒,将其灌倒。随后,郭某提出由他送小曦回家,将她带到酒店,趁小曦不省人事时将其强暴。

材料 3:公安部表示,针对北京时间 7 月 14 日凌晨 3 点的世界杯决赛,全国交管部门将开展集中专项行动，全警上路，严查酒驾。据统计，世界杯开赛以来，全国已开展3次集中整治行动，共查处酒驾3万起，醉驾6700余起。其中，已刑事拘留3000人，取保候审3000余人。

问题：结合所学知识分析时间和空间对犯罪的影响。

2. 中国互联网络信息中心的报告显示，截至2016年12月，我国网民规模达7.31亿，普及率达到53.2%，超过全球平均水平3.1个百分点，超过亚洲平均水平7.6个百分点，中国网民规模已经相当于欧洲人口总量。而互联网的普及率还在不断发展，截至2023年6月，我国网民规模已经达10.79亿人，互联网普及率达76.4%。互联网在带给人们便利的同时，也影响着犯罪行为。中国预防青少年犯罪研究会的统计资料显示，在未成年人犯罪总数中，有70%的少年犯是因互联网色情、暴力内容影响而诱发盗窃、抢劫、强奸等严重犯罪。

问题：如何认识互联网与犯罪的关系？

3. 如何认识家庭因素与犯罪的关系？
4. 如何认识教育因素与犯罪的关系？
5. 请根据累积风险模型的观点，针对自身经历进行分析，在你过去的人生发展中是否存在过风险因素和保护因素，它们是如何影响了你的人生并塑造了现在的你？

第五章　犯罪心理的形成与内在因素的影响

任何犯罪行为,总是在一定的心理活动的支配下实施的,犯罪心理的形成也受主体的人格或个性因素的影响,与主体的需要、智力、情绪与意志品质、性格和自我意识有关。

第一节　犯罪者的需要

一、需要的概念

所谓需要,就是在一定生活条件下,个体和社会所必需的事物在人脑中的反映。需要的产生是由于个体内部生理或心理上存在某种缺乏或不平衡状态。例如,血液中血糖成分的下降会产生饥饿求食的需要;而水分的缺乏则会产生口渴想饮水的需要;生命财产得不到保障会产生安全的需要;孤独会产生交往的需要等。一旦个体内部的某种缺乏或不平衡状态消除了,需要也就得到了满足。这时个体内部又会产生新的某种缺乏或不平衡状态,产生新的需要。

当人需要某种东西时,便会把缺少的东西视为必需的东西。所以,需要是有机体活动的积极性源泉,是人进行活动的基本动力。人的各种活动,从饮食男女、学习劳动、创造发明,乃至犯罪活动,都是在需要的推动下产生的。需要激发人去行动,使人朝着一定的方向、追求一定的对象,以求得自身的满足。需要越强烈、越迫切,由它所引起的活动就越强烈。可以说,追求需要的满足,是人类个体和社会发展的根本动力。同时,人的需要也是在活动中不断产生和发展的。当人通过某种活动使原有的需要得到满足,人和周围现实的关系就发生了变化,又会产生新的需要。这样,需要推动着人去从事各种活动,在活动中需要不断地得到满足又不断产生新的需要,从而使得活动不断进行下去。需要是个性积极性的源泉,它常以意向、愿望、动机、抱负、兴趣、信念、价值观等形式表现出来。从犯罪心理的生成过程和机制看,无论是犯罪动机的生成,还是犯罪意识和罪过心理的形成,都与追求需要的满足有关。

二、需要的种类

人的需要是多种多样的,可以按照不同的标准对它们进行分类。最常见的是采用二分法把各种不同的需要归属于两大类,例如,将其分为生物性(生理性)需要与社会性需要,或原发性需要与继发性(习得性)需要,或外部性需要与内部性需要,或物质性需要与心理性(精神性)需要等。生物性需要是指保存和维持有机体生命和延续种族的一些需要,如对饮食、睡眠、配偶的需要等;社会性需要是指与人的社会生活相联系的一些需要,如对获得他人尊重的需要等。

最近几十年来,在西方和我国曾发生过重要影响的是美国著名心理学家马斯洛(Abraham H. Maslow)在1943年所提出的一种分类。他认为人类的基本需要是按优势出现的先后或力量的强弱排列成等级的,按其强弱和先后出现的次序,需要可以分为五种。[1]

(一)生理需要

有机体为了生存和繁衍,对阳光、水、空气、食物、排泄、求偶、栖息等的需要。其产生原因是有机体在生理方面有某种缺失感,而一旦获得满足,由缺失引起的驱力紧张状态就可减弱或消除。这些需要在所有需要中占绝对优势,如果所有需要没有得到满足,此时有机体会将全力投入为满足饥饿的服务之中。此类需要虽为人与动物所共有,但就人而言,其表现方式和满足方式受人类社会文化的影响。

(二)安全需要

人对无威胁、能预测、有秩序的生活环境的欲求,如对于稳定安全、秩序,受保护,免受恐吓、焦躁和混乱的折磨等的需要。如果生理需要相对充分地得到满足,就会出现安全需要。

(三)归属和爱的需要

个人对友伴、家庭的需要。如人们都需要朋友、爱人或孩子,渴望在团体中与同事间有深厚的关系等。如果生理需要和安全需要都很好地得到了满足,归属和爱的需要就会产生。

(四)尊重的需要

个人对自己的尊严和价值的追求。可分为两类:一是希望获得他人的尊重,如渴望有名誉或威信、赏识、关心、重视和高度评价等;二是个人对自己的尊重,如希望有实力、有成就、能胜任、有信心,以及要求独立和自由。这些需要一旦受挫,就会使人产生自卑感、软弱感、无能感。

(五)自我实现的需要

这是指个人希望充分发挥自己的才能和潜力的需要,或促使自己的潜能得以实现的趋势。这种趋势是希望自己越来越成为所期望的人物,完成与自己的能力相称的一切。如对充分发挥自己的聪明才智的需要,对认识自己与周围世界的需要,对艺术欣赏的需要等。

马斯洛认为,人在满足了生理、安全、归属和爱以及尊重需要的基础上,最终可能达到

---

〔1〕 参见[美]亚伯拉罕·马斯洛:《动机与人格》,许金声等译,中国人民大学出版社2007年版,第16~30页。

自我实现的需要。但是,为满足自我实现需要所采取的途径是因人而异的。人的需要是由低层次到高层次逐级获得满足的。每当较低层次的需要因目的达到而获得满足时,较高一层的需要就随之产生。当人类的其他各个层次的需要得到满足时,人类就产生最高层次的自我实现的需要。因此,它的理论被称为“需要层次理论”。马斯洛还认为,自我实现的需要是人类需要结构中最高层次的需要,但不是每一个成熟的成年人都能自我实现,能自我实现的人是极少数。

马斯洛的观点显然具有积极的、合理的成分和辩证的因素,对深入认识需要是有启发的。然而他的观点也有明显的机械主义倾向,看不到人的主观能动性和高层次需要对低层次需要的调节作用,并把人的需要看成个人先天潜能或内在价值的显露,甚至把自我实现也看作与生俱来的本性,而不认为是社会要求在人的头脑中的反映等。同时,该观点只看到了人的基本需要的递进关系和不同层次的需要之间的对立统一,而忽视了同一层次不同类型的需要之间的冲突;只看到了个体自身的需要之间的冲突,而忽视了个体与他人或社会的需要之间的冲突。[2]

三、犯罪者的需要特征

犯罪者的需要是多种多样的,与一般人相比,既有其自身的特点,又存在一些相同特征。但至少有一点与一般人不同,即他们在满足自己的需要时采用的手段、方式不恰当,或者违反了刑法。事实上,与其他生物相比,人的需要有一个最大的特点:永不满足。而人特有的需要决定了人必然会有完全自由的需求,人满足需要的特有方式又决定了人的自由不能不受自然和社会条件的限制。这一对矛盾决定了现实中的个人按照自己意愿的方式生活的需要,不能不以满足人类更为基本的需要为基础,不能以侵害他人的同等自由为前提,不能以破坏提高社会整体需要层次的社会主流价值为条件。[3] 例如,有些财产犯罪的需要是为了过上富裕的生活,“过上富裕的生活”这种需要在一般人身上也有,不能说它本身就是“反社会的”或“不良的”。这类犯罪人的反社会性主要在于其具有“非法占有他人财物的目的与行为”。

个体的需要与犯罪行为之间有非常复杂的关系。从个体需要的社会意义、性质及与现实的关系来看,不外乎可分为正当与不正当两种,而正当的需要又可分为可行的与暂时不可行的需要。对不正当的需要追求满足,会导致违法犯罪行为;对正当需要中的暂时不可行需要,若采用非法手段或途径来追求满足,也可能导致犯罪行为的产生。反过来说,我们在考察犯罪者的需要的特点时,也要注意这一特点。根据我们对犯罪人的一些调查及对部分典型案例的分析,可以将犯罪者需要分为以下三种情况。

(一)不良需要或不正当需要

此即需要的内容违背社会道德或其他社会生活准则,例如,吸毒的需要、畸形的性需要、剥夺他人生命的需要等。在这些需要的推动下去实施犯罪行为,其内容的社会性质与

---

〔2〕 参见梅传强主编:《犯罪心理学》(第4版),中国法制出版社2022年版,第45页。
〔3〕 参见陈忠林:《刑法散得集》,法律出版社2003年版,第10页。

犯罪行为的社会性质是一致或相近的,这是在犯罪人中所占比例较大的一类需要,即通常所说的"反社会的需要"。

(二)不现实需要

此即内容合理但在当前主客观条件下不能获得满足的需要,例如,在生理成熟超前而结婚年龄推迟的条件下,结婚之前青少年的性需要;工资收入较低而想过上现代化生活的超前消费需要等。这类需要很难说是"不良的"或"反社会的",在很大程度上还是十分合理的,只是在现阶段的社会条件下无法获得满足,或其中的有些需要对某些人来说无法获得满足。这类需要之所以导致犯罪动机与犯罪行为,主要是由两种原因造成的:(1)个人不顾客观条件的限制,对需要缺乏控制;(2)个人确定的目标和满足需要的手段不符合社会道德规范和法律规范。

(三)合理需要

此即内容符合情理和社会生活准则的需要。这类需要之所以导致犯罪动机和犯罪行为的产生,主要是在选择满足需要的方法、手段上不合理,满足需要的手段行为造成了社会危害、触犯了刑法。例如,某青年要求别人尊重自己的人格,当受到他人的嘲笑和侮辱时,一气之下将侮辱者打成重伤;某青年向一异性写信求爱,对方却将求爱信交给他人传阅,使求爱者受到伤害,因而诽谤对方或进行伤害报复;想让生活过得好一些,却抱着不劳而获的心态,用偷窃、抢劫、诈骗等方式去实现;等等。由此可见,犯罪者的需要的社会性质,并不总是反社会的。满足需要的方式和对象不当,其行为触犯了刑法也可造成犯罪。

激起犯罪动机和行为的需要通常包括以下几种:(1)维持衣、食、住、行等基本生活的物质需要和追求奢侈生活的物质需要;(2)性的需要,即作为生物本能的性行为的需要;(3)安全的需要,如消除危机感、不安、心理超负荷运行、紧张等的需要;(4)自我确认的需要,有的人甚至表现为想通过犯罪行为认识自己、证实自己的存在价值或某种特征等;(5)自我显示的需要,极端的会通过犯罪行为向别人显示自己的能力、勇敢等,以获得别人的赞赏、认可、友谊、接纳等;(6)充实自己的生活的需要,即在平庸、单调的生活中追求刺激或进行冒险的需要;(7)征服他人的需要,即通过使别人屈服来满足自己的权力欲、支配欲等;(8)爱的需要,即获得别人的爱和表达自己的爱的需要;(9)报复需要,即对伤害过自己的他人或社会进行报复的需要;(10)实现自己志向的需要,如实现自己的政治信念、理想和追求等需要,当然,自己的政治信念、理想本身也可能是错误的。

总之,犯罪者的这些需要若与不良刺激(目标、诱因)相结合,或由于认识水平低或认识错误,犯罪者选择了不法手段去实现这些需要,就可能会产生犯罪行为。人的需要具有无限性,人的需要又只能在群体或社会中才能得到满足,因为满足需要的资源有限,人在满足自己需要的时候难免与他人、社会发生矛盾(甚至发生与人民、国家整体利益严重对立的矛盾),这是犯罪心理或行为产生的根本原因,其实质是满足需要的手段方式不被社会所认可而且超出了社会心理的容忍度。只要社会的发展状况还不能完全满足人的所有需要,犯罪心理或行为就难以消除,并将在相当长的时期内继续存在。

第二节 犯 罪 动 机

一、动机的基本理论

(一)动机的概念

动机是心理学中的一个重要范畴。“动机”一词最初来源于拉丁语“*movere*”,意思是“推动”。但是这一定义过于狭窄,不能阐明动机非常复杂的过程。所以,心理学中一般对“动机”一词所作的界定是:引起个体活动,维持已引起的活动,并促使该活动朝向某一目标进行的内在作用。[4] 这种界定包括三层含义:(1)定义中所说的活动,是指行为活动。动机本身不属于行为活动,动机只是一种促使行为活动发生的内在作用。(2)对个体的行为活动而言,动机不但具有内在的促动作用,而且在促动之后,对个体行为活动还有导向作用和维持作用。例如,动物觅食活动是一种外显行为,而在该行为的背后存在一个发生内在作用的饥饿动机。动物饥饿时,它的觅食活动是有目标的,它的活动始终是朝向有食物的地方。如果觅食活动没有结果,动物的饥饿不能解除,即表明原有的动机仍然存在。在此种情形中,由动机促动的觅食活动,仍将继续进行。(3)动机是行为的原因,个体某种行为活动所持续的时间,可长可短,通常视能否达到目的而定。饥而求食,渴而求饮——由该类动机促动的行为活动可能为时较短。而对人类的学习、社交、职业活动等来说,其动机所促动的行为的持续时间就相对较长。无论行为持续时间的长短,行为背后的动机总是不可缺少的。由此可见,动机对人类行为的重要性。

(二)几种主要的动机理论

1. 驱力说

驱力说是刺激—反应(S-R)理论家所提出来的,他们以饥饿的动物做实验。这一学说认为,有机体为了降低某种内驱力状态,即降低一种不愉快的激起或唤起感,就会以某种方式作出特定的反应。例如,食物的剥夺可以引起极为饥饿的动物在笼中来回走动或到处乱跑。然后,实验者便可激起这些被唤起的动物来解决各种问题,如走迷津、操纵门闩,以及“发现”各种不同的诀窍以便能够获取食物。这里食物作为一种强化刺激,能降低饥饿的痛苦,即降低一种不愉快的激起状态或驱力状态。根据这类研究,研究者们认为,使驱力降低是行为发生的主要原因。

2. 认知说

认知心理学家认为,人之所以会被激起做出某种举动,是因为他们对某一特定情景的看法或思想。他们还认为,人的个性,包括目的、愿望、担忧,连同各种环境因素,如与目的的接近、目的的价值等一起决定着人将作何举动。美国心理学家勒温(K. Lewin)大谈心理需要,而反对S-R理论家的生理内驱力。他认为,当人的目的与环境之间出现某种不

---

[4] 参见张春兴:《现代心理学》,上海人民出版社1994年版,第489页。

平衡或“紧张”时,便会引起各种心理需要。这种心理需要的状态便会使人做出某种行动以恢复平衡或降低紧张感。勒温把自己对行为的解释概括为一个公式:B = f(P,E),B 指行为,f 指函数,P 表示人,E 表示环境。勒温的这一公式被称为预期—价值论(expectancy - value theory)。按照这一理论,人的行为取决于他在某一特定的情景中预期将会发生什么,以及他对此事结果的价值或重要性的认识。

3. 需要层次论

早在 20 世纪 30 年代,需要已成为研究动机作用而广泛使用的一个术语。许多心理学家用需要取代内驱力这一术语,并赋予它既有生理又有心理意义的含义。心理学家在尝试对人的需要作出逐一的鉴别时,发现需要的种类不胜枚举,包括成就、附属、支配、爱抚、自主、尊重、反抗、谦卑的需要等。他们努力将这些需要加以归类和组织,找到测量它们的方法,并力图提出一种能够解释人为什么在某种情况下,会企图满足某种特定需要的理论。

美国心理学家马斯洛致力于对人的动机的研究。他提出的动机作用论认为,人有五种基本的需要(参见第五章第一节),按其满足的先后依次排列成一个层次。在这一层次中,最基础的是生理方面的需要,即对食物、水、空气等的需要,在生理需要得到基本满足之后,便出现安全或保护的需要;随后出现对爱、感情、归属的需要;对尊重、价值的需要;在上述这些低一级的需要得到基本满足之后,最后剩下的便是对自我实现的需要。这就是动机基本理论中的需要层次论。马斯洛认为,人的绝大部分时间和精力都用于实现最基本但又尚未满足的需要上,当这些需要或多或少得以实现后,人才能越来越注意到更高层次的需要。马斯洛指出,“前四种需要表示有机体的一些基本缺失,或者说,出于健康的缘故必须弥补的缺失,这些需要必须由他人从外部给以满足”。

4. 强化论

现代的 S - R 心理学家不仅用强化来解释操作学习的发生,而且也用强化来解释动机的引起。事实上,在某些 S - R 心理学家(如斯金纳)看来,无须将动机同学习区分开来。[5] 这些心理学家认为,引起动机同学习行为并无两样,都可用强化来解释。他们认为,无须谈论什么内驱力、需要、目的、愿望、期望、知觉这些主观的纯属猜测的术语,只要根据可观察到的反应和强化刺激来解释行为或行为倾向就可以了。人们为什么具有某种行为倾向呢? 按照现代 S - R 心理学家的观点,这完全取决于先前这种行为和刺激因强化而建立的牢固联系。因此,在他们看来,了解操作条件作用的基本原理,对于引起动机是极为重要的。强化对改变或引起一个人的行为是如此重要,于是S - R心理学家对选择适当的强化程式做了大量的研究。强化程式可分为连续强化,即每当合乎需要的反应出现时便给予强化;间隙强化,即在合乎需要的反应出现一段时间之后才给予强化。间隙强化又可分成定比与定间隔强化,不定比与不定间隔强化。研究发现,使用连续强化,行为及行为倾向建立快,但消退也快;使用定比与定间隔强化,行为与行为倾向建立慢,但消退也慢;而使用不定比与不定间隔强化,行为与行为倾向建立极慢,消退也极慢。

尽管在心理学中有多种不同的动机理论,但是,我们仍然可以发现,各理论派对动机

---

〔5〕　参见邵瑞珍主编:《教育心理学》,上海教育出版社 1988 年版,第 322 页。

的研究存在一些共同之处,即都认为动机产生的条件包括两类:一是内在的需要;二是外在的诱因或刺激(目标、情境)。例如,有的认为需要是个体生理上的缺失状态(驱力或生理需求),有的则认为还应包括心理上的匮乏状态或失衡状态(心理需求)。当然,在现代心理学中,"需求"一词的含义已不限于生理上的应用,而扩大至心理上的匮乏状态。[6] 需要和诱因所起的作用不同:一个起着"推"的作用,其作用过程是内部失衡而生匮乏状态—需求—驱力—行为;另一个则起着"拉"的作用,有时,即使个体并无内在需求,仅有外在的刺激也会引起动机,从而产生某种行为。如因饥饿而求食是一般现象,然而不饥饿面临美食也可能会使人胃口大开。因此,外在刺激也可能成为引起动机的原因。凡是能够引起个体动机的外在刺激(包括人、事、物、情境等),都可以称为诱因。有时个体的需要和外界刺激则是共同起作用的,即需要和刺激相结合共同引起某种活动的动机。一般来说,外在条件一定时,人对某事的动机强度与内部的失衡程度直接相关;而内部条件一定时,人对某事的需要强度则随外部刺激的变化而变化。总之,人的动机性行为,是内在和外在条件交互影响的结果;人的行为并非一种机械性的反映,它因时、因地、因情及因个人内部的身心状况不同,而表现出不同的反映,所以将行为(B)定义为个体—人(P)与环境(E)交互作用的结果,即 B = f(P,E),还是较能说明行为的真正意义。

从上述基本理论中,我们还可以看到,动机和需要是紧密联系但又有差异的两个概念。一般来说,需要在主观上常以意向和愿望被体验着。模糊意识到的、未分化的需要叫意向。有某种意向时,人虽然意识到一定的活动方向,但却不明确活动所依据的具体需要和以什么途径和方式来满足需要。明确地意识到并想实现的需要叫愿望。如果愿望仅停留在头脑里,不把它付诸实际行动,那么这种需要还不能成为活动的动因。因此,处于静态的需要还不是动机;只有当愿望或需要激起人进行活动并维持这种活动时,需要才成为活动的动机。

二、犯罪动机的特征

所谓犯罪动机,是指推动或促使个人实施犯罪行为的内部动力。犯罪人之所以犯罪,从其心理方面来看,就是由于存在犯罪动机,犯罪是犯罪动机发挥作用的结果,正是在犯罪动机的推动下,犯罪人才确定犯罪目的,选择犯罪方式,做出犯罪决定和实施犯罪行为。因此,犯罪动机是推动犯罪人实施犯罪行为的直接的心理动力,是促使犯罪人处于实施犯罪行为的积极状态的内部原因。显然,犯罪动机虽然同样具有一般动机的特征,但两者又不完全相同。

(一)主观性

犯罪动机是犯罪人的主观心理活动,它是犯罪人在实施犯罪行为的过程中特有的一种心理现象,它的形成和作用都反映着行为人的主观恶性程度及行为的社会危害程度。

---

[6] 参见张春兴:《现代心理学》,上海人民出版社 1994 年版,第 491 页。

（二）相对性

犯罪动机是与犯罪行为相对的概念，犯罪动机之所以不同于一般的行为动机，就是因为它和犯罪人的犯罪行为相联系。没有犯罪行为便没有犯罪动机可言。犯罪动机引发的是具有社会危害性的犯罪行为。无论行为人的动机是多么卑鄙和邪恶，只要它引发的行为不是具有社会危害性的犯罪行为，而是一个一般的错误行为或不道德行为，那么我们就不能把它称为犯罪动机，而只能将其看作一般意义上的动机。

（三）动态性

犯罪动机是一个动态概念，它所反映的是一种动态心理过程。首先，犯罪动机往往是在动机斗争过程中形成的。在实际生活中，个体行为的动机常常不止一个，而是同时存在种种不同的动机。在各种不同动机之间会产生一定的心理冲突或斗争，犯罪动机的形成就是各种动机斗争的结果。其次，犯罪动机是不断变化的。因为犯罪动机既受犯罪人需要的决定，也受犯罪情境中许多因素的制约。犯罪动机自形成之时起，就处于不断地变化之中，这种变化或者表现为强度的增强与减弱，或者表现为因犯罪行为的结束而消失，或者为其他犯罪动机或非犯罪动机所取代而表现为具体目标的改变和社会性质的变化等。

（四）低级性

对一般人来说，其既有较低层次的生理需要，也有较高层次的社会性需要和精神需要。这些不同层次的需要，在个体身上协调统一地存在。生理需要的满足不是生活的全部，而是为了较高层次的社会性需要和精神需要，而且个人的生理需要的表现形式和满足方式也是与社会要求相统一的。但是在一些犯罪人那里，生理需要在其活动中的地位被无限夸大，生理需要、生活欲望的满足成了其生活的唯一目的；生理需要只要一产生，其就不顾人类社会的任何禁忌，不择手段地加以满足。因此，在犯罪动机中，低级的物质、生理需要引起的低级的犯罪动机往往占优势，而由较高的社会性、精神需要引起的犯罪动机的数量比较少。这主要是由犯罪人的文化教育、知识水平、生活环境以及由此形成的世界观和人生观等决定的。

（五）复杂性

在犯罪人心理上，并非只存在一种动机，而往往是多种动机并存，这些动机的内容、强度各不相同，构成了一个复杂的犯罪动机体系，其中起主要作用的是被犯罪人意识到的、强度大的犯罪动机。

三、犯罪动机的作用

犯罪动机的作用是指犯罪动机对犯罪行为所产生的影响。从犯罪动机与犯罪行为的关系来看，犯罪动机有以下作用或功能。

(一)激发作用

犯罪动机具有激起或引发个人实施犯罪行为的作用。犯罪动机是促使个人实施犯罪行为的直接原因,犯罪行为往往是由犯罪动机引起的,只有形成犯罪动机后,才有可能产生犯罪行为。推动犯罪行为的犯罪动机,有些是从犯罪人的生理需要直接转化而来的,如物质需要转化为贪利动机,性需要转化为性动机;有些则是以犯罪人的社会性需要为基础而产生的,如嫉妒、报复、怨恨等。

(二)指向作用

犯罪动机具有引导犯罪行为向某种目标或对象实施的作用。一定的犯罪动机的产生,使犯罪人有了明确的犯罪目的或目标,从而对犯罪人的思维活动以及行为活动产生约束、指导作用,使它们朝着满足犯罪人需要、实现犯罪动机的方向进行和发展,力求达到犯罪目的。这种功能发挥作用的过程,就是促使个人选择达到犯罪目的的手段、方式,预测自身行为的发展,寻找有利于犯罪的情境,排除各种干扰,实施犯罪行为的过程。

(三)维持和调节作用

当犯罪行为产生以后,犯罪动机维持着犯罪行为使其针对一定的目标,并调节着犯罪活动的强弱和持续时间。如果犯罪行为达到目标,犯罪动机促使个体终止这种犯罪活动;如果犯罪行为未达到目标,或当其偏离了预定目标时,就需要不断进行调整,使之不偏离原来的方向,犯罪动机将驱使个体维持(或加强)这种犯罪行为,或转换方向以达到某种目标。由此可见,这种功能是伴随其他功能一同发挥作用的。在实施犯罪行为的过程中,以及在实施犯罪行为之后,犯罪人会把已经取得的结果与他在行动之前确立的目标加以对比,用个人的价值观、信念及社会要求等对犯罪结果加以评价,然后再确定未来的行动。

四、犯罪动机的分类

为了更好地了解犯罪动机,可以按不同的标准对犯罪动机加以分类。

1. 根据犯罪动机形成的特点,可以将犯罪动机分为情境性犯罪动机和预谋性犯罪动机。前者是在情境因素的作用下,在较短的时间内迅速形成的犯罪动机。由于犯罪者事先没有思考、准备,所以这类犯罪动机在相当大的程度上是由具体的行为情境和犯罪人当时的心理状态(特别是情绪状态)决定的。预谋性犯罪动机则是在较长时间内通过多次思考形成的犯罪动机。这类犯罪动机的显著特点是,它从酝酿形成到付诸实现有较长时间。

2. 根据犯罪人对犯罪动机意识到的水平,可以将犯罪动机分为意识到的犯罪动机和未被意识到的犯罪动机。前者是犯罪人明确认识到其内容的犯罪动机。大多数犯罪动机都属于意识到的犯罪动机。后者是犯罪人没有认识到它的存在及其内容的犯罪动机。未被意识到的犯罪动机的概念,是新近才提出来的,对它的研究也较少。通常认为,激烈冲突下的犯罪行为的动机、犯罪人不能解释其原因的犯罪行为的动机等都是未被意识到的犯罪动机。

3. 根据犯罪动机的作用力,可以将犯罪动机分为主导性犯罪动机和从属性犯罪动机。前者是指在犯罪人动机体系中比较强烈和稳定的犯罪动机,这种动机在犯罪行为的实施中起主要作用。后者则是指在犯罪人动机体系中比较微弱的和易变的犯罪动机。从属性犯罪动机在犯罪行为过程中居于从属的、次要的地位。

4. 根据犯罪动机的内容,可以将犯罪动机分为贪利动机、报复动机、性动机、恐惧动机、好奇动机等。

五、犯罪动机与犯罪目的的关系

犯罪动机和犯罪目的都是犯罪主观方面的重要内容。所谓犯罪目的,是指故意犯罪的行为人主观上期望通过实施犯罪来实现某种危害结果的心理状态。犯罪目的只存在于直接故意犯罪中,因为只有这种犯罪,才有希望结果发生的特点。至于间接故意犯罪和过失犯罪,由于犯罪的结果并不是犯罪人希望达到的,因此,也就无所谓犯罪目的。行为目的反映着人们要达到某种愿望的意志,但是目的本身不会带来任何结果,只有通过行为才能实现,只有通过行为才能引起客观事物的改变。根据犯罪目的与危害行为的客观方面是否有必然的内在联系,可以把犯罪目的分为以下两种类型:

第一,只能通过特定危害行为才能实现的犯罪目的(如故意杀人罪中行为人期望被害人死亡的,只能通过实施能够引起他人死亡的行为才能实现)。在这种情况下,特定的危害行为是实现特定犯罪目的的唯一手段,犯罪的内容实际上就是实现刑法规定的危害结果,因而行为人期望实现的结果与危害行为的客观方面有必然的内在联系。这种犯罪目的的内容已完全包含于直接故意的意志因素中,通常在刑法条文中未单独加以规定。

第二,不一定通过实施特定的犯罪行为才能实现的犯罪目的。如赌博罪中的营利目的,行为人既可以通过聚众赌博行为从中抽成来实现,也可以通过非法倒卖国家文物等其他犯罪来实现,甚至通过合法的经营行为来实现。在这种情况下,特定行为的客观性质与特定目的间没有必然的内在联系(如聚众赌博也可以是为打发无聊而为),特定行为客观方面所包含的直接结果并不一定表现为特定目的中的结果(如聚众赌博本身并不必然给行为人带来营利的结果)。[7] 这种目的由于与特定的犯罪行为之间并没有内在的必然联系,所以只有在刑法条文明确规定的情况下,才可能成为犯罪目的。

如前所述,犯罪动机是推动或促使行为人实施犯罪行为(以满足某种需要)的内在起因。通常,特定的犯罪动机与特定的犯罪行为之间并没有必然的联系。同一种犯罪往往可能是在不同的犯罪动机促使下实施的(如贪污罪,虽然都是以非法占有公共财物为目的,但犯罪的动机却各不相同,有的是由于腐化堕落,有的是为了贪图享受,有的却因生活困难,等等),同一性质的犯罪动机也可能促使行为人实施不同的犯罪行为(如基于报复动机实施故意杀人、故意伤害,或基于报复动机而实施诽谤、诬告陷害等)。显然,犯罪动机与犯罪目的既密切相连,又相互区别。两者的联系具体表现为:

1. 产生原因相同。犯罪动机与犯罪目的都来源于行为人过于强烈的或不良、畸形的需要,是客观世界对行为人产生消极影响的结果,也是行为人对不良社会环境因素的

---

〔7〕 参见赵长青主编:《刑法学》,法律出版社 2000 年版,第 163～164 页。

反应。

2. 从对犯罪行为所起的作用看,二者都对犯罪行为有重要影响。犯罪动机对犯罪行为主要起激发作用,犯罪目的对犯罪行为主要起导向作用,二者密切相连。

3. 从表现形式看,犯罪动机与犯罪目的的区别也不是绝对的,犯罪动机往往表现为一定的犯罪目的,犯罪目的也必然是犯罪动机的反映,即在多数情况下,犯罪动机与犯罪目的是一致的,甚至可以互相转化。例如,侵犯财物的动机可以产生盗窃、贪污、受贿等犯罪行为,以非法获得金钱为目的。因此,在具体分析案情时,可将二者结合起来考虑。

4. 从相互作用看,犯罪动机与犯罪目的这两种心理因素是相互影响的。一方面,犯罪动机在形成过程中出现动机斗争时,势必影响犯罪目的的选择;另一方面,犯罪目的实现与否,也必定会对犯罪动机起强化或弱化作用。

犯罪动机与犯罪目的又有很大的区别,二者的产生时间、作用等并不完全一致。两者的区别具体表现为:

1. 从产生的时间看,犯罪动机是犯罪目的产生的原因。此即犯罪动机形成在先,犯罪目的产生在后。

2. 从意识水平看,犯罪动机是一种比犯罪目的更内在、隐藏得更深的心理成分。犯罪人对其犯罪目的的意识必定是清晰的,而对犯罪动机的意识则未必清晰。

3. 从对犯罪行为的作用看,犯罪动机向犯罪行为提供动力,回答为什么要实施犯罪行为的问题,起到推动犯罪行为的作用;犯罪目的决定犯罪行为的方向,回答干什么的问题,引导犯罪行为向预期达到的目标运行。

4. 从相互作用看,犯罪动机与犯罪目的在许多情况下是一致的,而在另一些情况下又不一致。两者的关系并非单一的,而是错综复杂的,有时同一犯罪目的可以来源于不同犯罪动机。例如,危害国家安全的犯罪目的,有可能出自金钱动机、报复动机、政治信仰动机等,但这些犯罪动机的强度须大体上与这一目的相适应。

5. 在实施犯罪过程中,常因犯罪目的的实现而使犯罪动机强化。而犯罪动机的强化,又促使犯罪目的发生递进和不断升级。例如,由贪污数额小发展到贪污数额大,由一般的入室行窃(得逞后)发展到抢劫银行等。

六、犯罪动机的形成

犯罪动机的形成是内外因交互作用的结果。但犯罪人的需要和外在犯罪诱因在各种动机的形成过程中所起的作用是不同的,因此,犯罪动机的形成一般通过三种途径,即犯罪人的需要促使形成犯罪动机、犯罪诱因引起犯罪动机和需要与诱因共同作用形成犯罪动机。

(一)一定强度的需要促使形成犯罪动机

在现实生活中,相当多的犯罪动机是犯罪人的需要的直接体现,犯罪人的需要是引起这部分犯罪动机的直接原因。一般来说,犯罪人的需要可以表现为不同的强度水平。最初的、萌芽状态的需要,仅仅使犯罪人产生不安的感觉,由于其强度微弱,所表达的信息模糊,所以还不足以在犯罪人的意识中明显地反映出来。处于这种状态的没有分化的、不明显的犯罪人的需要,就称为犯罪意向。随着犯罪人的需要强度的增加,其需要的内容逐渐被个人所意识到,这时,犯罪意向便转化为犯罪愿望(在这里,犯罪愿望是被犯罪人明显认识到其内容并企图加以实现的需要),它总是指向于未来的能够满足犯罪人需要的对象。当犯罪愿望进一步增强,所指向的对象能够激起犯罪人的犯罪行为时,反映这种对象的形象或观念,就构成了犯罪活动的动机。因此,犯罪动机就是引起犯罪人进行某种犯罪活动、指引这种活动满足犯罪人需要的愿望。由此可见,只有在犯罪人的需要不断增强并转化为犯罪愿望,促使其进行犯罪行为时,犯罪人的需要才能转化为犯罪动机。

(二)外部诱因引起犯罪动机

尽管相当大一部分犯罪动机是在犯罪人的需要的基础上形成的,但还有一小部分犯罪动机的形成则主要是由外部诱因引起的。有时,个人并无某种需要,但是由于外在的刺激或情境因素作用,也会引起犯罪动机,从而使个人进行犯罪活动。在这里,犯罪动机是犯罪人对适合于进行犯罪的诱因所作出的心理反应。在司法实践中,个人因一定情境的刺激,可以即刻产生犯罪动机而立即进行犯罪行为,激情犯罪大多属于该种情况。正如苏联犯罪学家斯·塔拉鲁欣所说:"犯罪动机可以由形形色色的原因引起。一些动机是由个人以前的不良道德造成的,这首先取决于内在因素;另一些动机在相当大程度上是由客观形成的外在情况引起并具有境遇的性质。"〔8〕

(三)内在需要与外在诱因交互作用形成犯罪动机

犯罪人的需要的产生有一个过程,在需要产生的初期,需要本身并不强烈,犯罪人还不知道具体需要什么和怎样才能满足需要,仅有一定的犯罪意向。而在此时环境中出现犯罪诱因,这一诱因就会对犯罪意向起到一种刺激作用,从而使犯罪意向变得明晰,进一步形成犯罪动机。这里,犯罪动机的形成过程实际上是内在需要与外在诱因相互作用的结果。

一般来说,犯罪动机是在犯罪者的需要和外部刺激(目标或诱因)的基础上产生的。但在实际生活中,个体行为的动机常常不止一个,往往同时存在各种不同的动机。在各种动机之间,会产生一种心理冲突,这就是动机斗争。在个体身上,复杂而多样的动机以一定的相互联系构成某种动机体系。各种不同的动机所具有的地位和作用往往是不一样的。一些动机比较强烈和稳定,另一些动机则比较微弱而不稳定。我们通常把个体身上最强烈、最稳定的动机,称作主导动机或优势动机;把较微弱的而不稳定的动机,称作辅助动机或非主导动机。显然,主导动机对个体行为具有更大的刺激作用。在其他因素大致相同的条件下,个体往往采取与主导动机相吻合的意志行为。

主导动机与非主导动机是相对的,表现在个体身上,它们不是固定不变的,而是随着个体所处情境的变化而变化,主导动机和非主导动机是可以改变和转化的。

犯罪动机的最终形成,就是主导动机和非主导动机冲突、斗争的结果。这种动机冲突或动机斗争,既表现在犯罪预备过程中,也表现在犯罪实施的过程中,以及在犯罪结束以

---

〔8〕[苏]斯·塔拉鲁欣:《犯罪行为的社会心理特征》,公人、志疆译,国际文化出版公司1987年版,第44页。

后。非主导动机,又称为反对动机,犯罪者往往慑于法律的威严、道德的谴责,或害怕名誉地位的丧失及对被害人的同情等,会产生强烈程度不一的反对动机。一般来说,在初犯中,这种动机斗争尤为激烈。违法犯罪者的动机斗争结果,取决于两种动机的强弱程度——如果反对动机成为主导动机,则犯罪动机就会受到抑制趋于消失;而如果主导动机是不良的反社会动机,个人欲求十分强烈,犯罪动机就会逐渐形成或加强。

在司法实践中,常见的影响犯罪动机冲突的因素主要有两方面:(1)外部情境的刺激。如外部情境因素与犯罪人原来的观察、设想不一致,或者突然产生意想不到的变化,就会导致犯罪动机之间的冲突。(2)行为人的内部情绪变化。例如,被害人的正义表现使犯罪人良心发现时,犯罪人就会产生内心冲突。

犯罪动机冲突的模式,也与一般的心理冲突模式相同,主要有三种:(1)双趋式冲突,即在两种犯罪利益不能同时获取时产生的冲突。例如,既想从事盗窃活动,又想从事诈骗活动,但无法同时进行两种活动时,犯罪人就会产生动机冲突,只能选择其中之一加以实施。一般来说,这种动机冲突较少发生。(2)双避式冲突,即在两种活动都很难避免时发生的动机冲突。例如,犯罪人既不想去杀害威胁他的人,又不堪忍受对方的欺负、折磨,在这种情况下,就会产生动机冲突。(3)趋避式冲突,即在既想犯罪又怕犯罪不顺利或犯罪后受惩罚时产生的动机冲突。这是最为常见的犯罪人的动机冲突形式。

七、犯罪动机的转化

犯罪动机的转化是指在准备、实施犯罪行为及犯罪后的过程中,犯罪动机在不同方面发生的变化。犯罪动机的转化主要表现为以下几种类型。

(一)不同时间阶段的动机转化

在准备、实施同一种犯罪行为及犯罪行为的结束的不同时间阶段,都可以发生犯罪动机的转化。在犯罪动机的形成阶段有一个动机斗争过程,有的犯罪者在犯罪实施以前还要进行计划准备活动,在这个过程中,内外因素的影响,使犯罪者在确定主导犯罪动机及是否实施犯罪等方面产生激烈的内心冲突,可能使犯罪动机转化。在犯罪实施过程中,犯罪情境中各因素的变化,也会引起犯罪人的动机冲突,特别是在继续进行犯罪与放弃犯罪实施、继续实施原来的犯罪与进行新的犯罪、采用缓和的犯罪手段与采用残忍的犯罪手段等方面的心理冲突,会引起犯罪动机的不同转化。在犯罪实施以后,犯罪经历、犯罪后的各种因素的变化等影响,也会引起犯罪动机的转化,特别是逃避惩罚与投案自首、弥补犯罪后果与继续犯罪等方面的内心冲突,也会引起犯罪动机的不同转化。

(二)不同发展方向的动机转化

这主要是在准备、实施犯罪的过程中,发生的所谓犯罪动机的良性转化和恶性转化。犯罪动机的良性转化,是指在准备、实施犯罪的过程中,由于内、外因素的影响,犯罪人放弃犯罪动机,停止犯罪行为,或者减轻犯罪动机的反社会性,实施危害性较小的犯罪行为的情况。犯罪动机的恶性转化,是指在准备、实施犯罪的过程中,内外因素的影响,使犯罪动机的反社会性增强或出现了更为严重的形式:一是同一犯罪动机的反社会性增强,主要表现为犯罪人最初只想实施较轻的犯罪行为，但是在实施犯罪过程中，由于不利因素的影响，犯罪动机的强度迅速恶性膨胀，导致了更为严重的犯罪行为的产生；二是在犯罪过程中产生了新的更为严重的犯罪动机，如有一盗窃犯潜入事主室内，正打算行窃，忽然见到事主是一年轻女性，而且正在熟睡中，该犯顿时产生了新的犯罪动机，对事主进行强奸，当遭到被害人强烈反抗时，又产生了杀人动机。

犯罪动机的转化与犯罪人实施犯罪所处的环境有很大关系，犯罪情境是由人（犯罪人、被害人、执法者及其他现场人员）、物、事件、时间、地点等因素构成的。当犯罪情境的各种构成要素都有利于犯罪的实施，产生推动犯罪行为实施的力量，或者推动犯罪行为实施的力量大于阻止犯罪行为实施的力量时，就会促使犯罪人迅速实施犯罪，或者实施更为严重的犯罪；反之，当犯罪情境的各构成要素都不利于犯罪行为的实施，产生阻止犯罪行为实施的力量，或者阻止犯罪行为实施的力量大于推动犯罪行为实施的力量时，就有可能促使犯罪动机向良性方向转化。

犯罪动机的转化，通常是犯罪人在犯罪动机形成后，由于主体因素变化、客观因素变化及其相互作用所带来的结果。这些主体因素和客观因素一般包括以下内容。〔9〕

1. 影响犯罪动机转化的主体因素

（1）生理状况的变化。一个人处于健康状态还是病理状态，对心理和行为都是有影响的。犯罪人在实施犯罪时，如遇疾病突发、精力不济，就可能会放弃犯罪动机而停止作案。

（2）个性的影响。违法犯罪者的个性容易促使犯罪动机转化。如在情绪特征方面，恐惧情绪的产生，既可以促成犯罪动机的恶性转化，也可以促成犯罪动机的良性转化，它具有双向性的作用。同样，意志特征也可能影响犯罪动机的转化。

（3）犯罪经验的影响。犯罪人有无犯罪经验、有何种犯罪经验，对犯罪动机转化的影响是明显的。不同犯罪经验使犯罪人面临作案现场的情境变化做出不同的反应。惯犯富有犯罪经验，大胆残忍，通常不会轻易停止作案，较难发生良性转化的情形。初犯缺少犯罪经验，遇有犯罪阻碍时，就可能停止作案；由于反社会个性还未定型，初犯遇到被害人痛苦万状时，也可能会产生恻隐之心，出现犯罪动机的良性转化。

（4）犯罪工具、手段的变化。许多预谋犯罪者，在犯罪预备时发现犯罪工具失灵或缺少，考虑到原计划的犯罪手段难以实施，其犯罪动机会暂时消失，或转变成新的犯罪动机。

（5）共同作案人的变化。与同伙一起预谋犯罪，但在接近计划的作案时间时，发现同伙未来，犯罪人一人可能感到胆怯而放弃犯罪动机，也可能因情绪受到激发而加剧犯罪动机（包括转移犯罪动机）。

2. 影响犯罪动机转化的客观因素

（1）环境的变化。犯罪人作案总是选择有利于犯罪的具体环境。但环境是会变化的。在实施犯罪时，当变化了的环境使犯罪人感到难以下手或迫使其做出新的考虑时，也会影响犯罪动机的转化。

（2）目标的变化。犯罪人总是选择了犯罪目标后再去实施犯罪。但目标是会发生变

---

〔9〕 参见邱国梁主编：《犯罪与司法心理学》，中国检察出版社 1998 年版，第 125 ~ 127 页。

化的。在实施犯罪的现场,犯罪人发现目标变化了(如财物被移动等),会影响犯罪动机的转化。

(3)被害人态度的变化。被害人态度的变化也会对犯罪人产生重大影响。被害人的反抗,对犯罪人可能起到反对其犯罪动机的作用;相反,被害人懦弱胆怯、忍气吞声,则会对犯罪人起到助长其犯罪动机的作用。

(4)突发的障碍因素。客观条件和因素是在发展、变化中的。对犯罪分子来说,在作案时会产生突发的障碍因素,这主要来自不能预见到的客观情况的变化。例如,犯罪分子在僻静处对单身妇女实施抢劫,突然有人骑车过来,或者是附近出现了警车,都会影响犯罪动机的转化。

上述影响犯罪动机转化的主体因素和客观因素,不是单向地、个别地发生作用,而是交叉地、同时发生相互作用。犯罪动机转化,是新的动机冲突的结果,这种新的动机冲突的过程,既可以延续一段时间,也可以表现为瞬间性的。

八、不明显的犯罪动机

犯罪动机虽然错综复杂,但也有一定的范围,就一般情况来说,各种犯罪都存在特定的犯罪动机,不至于相混淆。但这只是就一般情形而言的。对于一些特殊的犯罪来说,存在犯罪行为与所出现的动机不相符合的情况,如犯罪者故意伤害其心爱的人,或杀害其向来崇敬的人,在该类情形中,犯罪者所出现的动机难以让人理解,这就是所谓犯罪动机不明显的问题。对于这种情况,无法从一般犯罪动机的观点予以说明,只能从犯罪者的人格特征方面予以整体考察。从已有的相关研究来看,容易出现不明显犯罪动机的犯罪者主要有以下两种。

(一)少年犯

由于心理(或精神)未成熟,少年所实施的犯罪往往在思想上欠考虑。我们常常可以看到,少年犯罪中所出现的动机在成人犯罪中很难发现。因此,对于少年犯罪的动机,不能依照成年犯罪者实施犯罪所出现的动机观点予以理解,应当从少年心智尚未成熟这一人格特点的角度进行理解,否则就难以认清其犯罪的真正动机。

根据学者蔡墩铭的研究,与成人犯罪相比,少年犯罪中常表现出下列特有的动机:[10]

1. 好奇动机。少年由于血气方刚,富有冒险性,加之社会见识不广,容易因好奇而表现出一些大胆的行为,并因此构成犯罪。

2. 娱乐动机。少年常热衷于娱乐活动,即使该娱乐活动会给他人造成伤害,也在所不惜。只求自己欢乐而不顾他人权益,这在成人犯罪中也不乏其例,但这种情况在少年犯罪者中较多,故值得研究者注意。

3. 自我显示动机。少年容易表现出虚荣心,或想出人头地,但因受客观条件的限制,难以达到相应的目的。自我显示欲望极强的少年,一旦认为其无法以合法行为表现自己时,为了满足自我表现的需要,就可能会实施犯罪行为来达到自我显示的目的。

---

〔10〕 参见蔡墩铭:《犯罪心理学》,台北,黎明文化事业公司1979年版,第165~166页。

4. 寻求刺激动机。部分少年往往不甘寂寞，为调节自己的单调生活，不免外出设法寻找刺激。在寻找刺激的过程中，他们极易惹事，并因而构成犯罪。由于被禁止的行为对少年来说往往富有刺激性，因此，少年为满足其寻找刺激的需要时极可能实施犯罪行为。

5. 要求独立动机。随着少年的成长，往往会表现出要求独立自主的心理特点。对于少年的这种要求，若父母一味压制，则少年为满足该种需要，可能会实施犯罪行为。

另外，近些年的统计情况表明，在我国边疆地区的一些未成年人犯罪中，政治、宗教信仰型动机也占有较大比例。

学者邱国梁等人的研究也表明，青少年的犯罪动机除了具有犯罪动机的普遍性外，还具有下列特殊性：

1. 犯罪动机易受外界刺激（诱因）引起。从青少年犯罪动机的产生方式来看，其很容易受诱因的驱使，这与青少年易受暗示、喜欢模仿的特点有关。这种形成犯罪动机的方式表明，这类青少年犯罪动机具有直观性、勃发性，不是事先计划、经过预谋的。这些违法犯罪的青少年，在平时不一定已形成坏的习惯，但在外界诱因的作用下，加上青少年情绪、情感和意志方面的弱点，他们迅速产生了犯罪动机，突然实施犯罪行为。

2. 犯罪动机易变化、不稳定。青少年犯罪动机在实施犯罪行为过程中具有易变性。一方面，在作案过程中，遇到情境的变化，如碰到阻力或障碍，往往情绪一激动，就会促使犯罪动机发生转化；另一方面，在作案过程中，犯罪动机不稳定，能偷则偷、可抢则抢，遇到异性则出现流氓行为。不少违法犯罪青少年在犯罪行为的实施过程中，一遇到挫折，还会产生攻击无辜之人的举动。这种犯罪动机的变化、转移，从动机斗争过程来看，往往是较短暂的，而且这种动机斗争的过程有时也是模糊的、不明显的。

3. 产生恶性转化的情况较多。青少年的犯罪动机不但容易转化，而且向恶性转化的情况较多。从违法犯罪青少年的心理特征来看，认识的偏见和固执、情绪和意志的冲动性、性格方面的冒险性、人生观中的个人主义，都是促使犯罪动机产生恶性转化的消极因素。

4. 犯罪动机有强烈的情绪性和情感性。青少年犯罪动机的强烈情绪性和情感性表现为以下几方面：第一，情绪和情感本身成为动机因素，直接起着驱使犯罪行为的作用；第二，在犯罪的实施过程中，青少年犯罪动机带有浓厚的情感和情绪色彩，伴随激烈情感和情绪的产生；第三，青少年犯罪动机的变化和转移，容易受到情感和情绪的影响。青少年犯罪动机的这种特征，与青少年情绪和情感的特点是分不开的。

5. 犯罪动机的未被意识到的特征比较显著。从青少年犯罪动机的特征来看，未被意识到的特征要比中、老年犯罪动机显著，这是青少年的意识水平还不够高的表现。有些青少年罪犯，从犯罪动机来分析，含有未被意识到的成分，或者开始是属于未被意识到的动机，随后才发展成为意识到的动机。

（二）精神病犯

精神病发作中的行为，无动机可言；但精神病人并非在心神丧失状态中实施了犯罪行为，虽然有犯罪动机出现，但因其属于异常人格，犯罪动机不同于正常人的犯罪动机。一

般来说,精神病犯罪人在犯罪活动中常表现出以下几种动机特征:

1. 缺乏作案动机或犯罪动机。他们的许多违法犯罪行为是由意识和意志障碍引起的,是精神处于异常状态的结果。

2. 作案动机的奇特性。许多精神病犯罪人的犯罪动机常常是正常人难以理解的,主要表现为或者不合逻辑,动机与行为极不相称,或者动机不是对客观世界的真实反映,而是在脱离现实的幻觉、妄想的基础上产生的。

3. 动机所指向的目标的不确定性。他们作案大多缺乏明确的目标,犯罪行为侵犯的对象往往是个人附近或眼前的人或物体,一些精神病人犯罪行为的被害人往往是其亲属、朋友等。

4. 动机缺乏利己性。精神病犯罪人的违法犯罪行为是其病态心理的反映,他们的行动并不是为了获取什么利益而进行的;同时,在违法犯罪活动之后,他们也不加掩盖,缺乏逃跑等行为,被捕后也能如实交代,并表示悔恨。

5. 动机具有冲动性和无意识性。精神病犯罪者的情绪极不稳定,他们易受激惹,很细小的刺激就有可能引起暴怒发作,容易在一时的冲动之下进行危害社会的行为,在冲动产生与行为实施之间缺乏思考的过程,甚至本人也不知道为什么会产生违法犯罪行为。

第三节　犯罪者的智力特征

一、智力概述

虽然心理学家们对智力的确切含义众说纷纭,但绝大多数人都认可智力包含以下三个方面的能力:(1)智力是个体适应环境的能力。个体对其所生活的环境,尤其对变化莫测的新环境越能适应,即表示其智力越高。(2)智力是个体学习的能力。凡个体对新事物的学习较易、较快,又能利用经验解决新问题,即表示其智力较高。(3)智力是个体抽象思维的能力。凡个体能由具体事物获得概念,能运用符号作合乎逻辑的评价、推理、判断,即表示其智力较高。

综上所述,一般认为智力主要是指认知反应的特性。它是个体有目的地行动、合理地思考,以及有效地适应环境的综合能力。一个人智力的发展,是个体先天素质、教育和环境影响,以及个人努力和实践活动等因素相互作用的结果。

在心理学研究中,智力的高低通常是用一定的测量方法(智力测验)和智商(IQ)的概念来表示的。所谓智商即智力商数,指个人的智力测验成绩和同年龄被试成绩相比的指数。斯坦福—比纳量表和韦克斯勒量表是两种常用的智力测量工具:前一种量表采用的是比率智商,即用智力年龄(M. A.)与实足年龄(C. A.)之比乘以100,它主要适用于4岁至17岁的少年儿童。而韦克斯勒量表采用的是离差智商,它是以个人与同年龄组正常人的智力平均数之比确定的,这样智商就只表示一个人在同年龄组正常人中的相对水平,不受年龄的影响。这样一种相对值的智商可以在各种年龄的测试之间进行比较。

二、智力与犯罪

关于智力与犯罪的关系,很早就有学者对此进行过研究。如美国犯罪学家戈达德(Henry Herbert Goddard)亲自修订了比纳创造的智力测验法,于1912年测试了一些监狱里的罪犯,结果发现50% ~64%的犯罪者有智力落后的现象。他认为那些没有判断能力、不能控制自己行为的人很难理解法律并遵守法律,因而容易陷入犯罪。所以戈达德说,不法行为的主要原因在于智力低。但是与此同时,芝加哥学者W.希利(W.Healy)调查1000名违法青少年所得的结果表明,智力落后者的比率不超过10%。此后,A.F.布朗纳(A.F.Bronner)女士调查了4000名违法青少年,结果发现智力落后者只有13.5%。

这样一来,强调智力低是犯罪的主要原因的早期观点就过时了,但是关于智力与犯罪之间存在一定关系的想法还存在。

在戈达德的研究之后,数百个关于违法青少年智力状况的调查报告在美国陆续发表,这些调查表明,违法青少年的智商幅度很广,并且违法青少年的智商在逐年上升。日本的一些研究也得出了类似的结论,即犯罪青少年中智力落后者的比例逐年显著下降。以日本多摩少年院的统计为例,1924~1942年的调查中,智力落后者为31%,到1947~1949年下降为20.2%;在1971年日本全国少年院的调查中,这一比例进一步下降为9.6%。[11]除此之外,还有不少报告指出,在违法青少年与正常青少年之间,智商水平看不到明显的差异。上述这些研究表明智力(或智力低下)与是否犯罪没有必然的联系。另外,根据日本在20世纪70年代末和80年代初的调查,在监狱和少年院等改造机关的被收容者中,智力低下者所占比例,少年院的少年大约为10%,监狱的服刑者大约为5%。同时,从当时分析犯罪和智力关系的研究中,也弄清了智力低和智力高,仅在特殊案件中或许会成为犯罪和违法行为的一个原因。因此,从整体上来说,犯罪者和其他的人在智力上没有明显的差别。随着研究的深入,人们对犯不同类型罪的人分别进行了一些智力测查,发现首先纵火犯的智力较低,其次是性犯罪,而杀人、伪造公文的犯罪人大多智力较高。

智力与犯罪的关系研究在我国曾是一个薄弱环节,但可喜的是,20世纪80年代以来,我国的心理学工作者也开始了这方面的研究,其中上海市洪德厚等人的研究比较有代表性。他们在1984年曾用韦克斯勒量表对119名少年犯和77名工读生进行了智力测试,并对青少年犯罪与智力之间的关系进行了初步的探讨,其主要结果和结论如下:

1.从119名少年犯的统计资料来看,他们的智力偏低,平均属于智力中下。而且,有1/4的人属于低能边缘或智力缺陷,与工读生的智力发展情况有明显的不同。从77名工读生的统计资料来看,他们智力差异的分布以及智力的平均值都符合常态。

2.虽然少年犯的智力总的来说是偏低的,但是在不同的犯罪类型中,智力发展情况又有差异。其中,流氓类少年犯的智力较低,而在流氓类中,强奸这一分类的少年犯的智力最低(IQ平均为79.27)。在强奸这一分类中,奸淫幼女这类行为人的智力又是最低的(IQ平均为72.8)。

---

〔11〕 参见[日]山根清道:《犯罪心理学》,张增杰等译,群众出版社1984年版,第21页。

3.由于各类违法犯罪者的智力存在差异,因此不宜笼统地认为违法犯罪行为和智力发展有什么相关,而应该从违法犯罪的不同类型计算它和智力的相关性。在对盗窃、抢劫、伤害等类型犯罪者的智力发展进行相关统计分析后发现,这三类犯罪行为与犯罪人的智力水平的相关性不显著。流氓类犯罪和智力发展有些关系,但也不显著。流氓类犯罪中的奸淫幼女这一分类和智力发展有明显的负相关,即犯奸淫幼女罪的青少年的平均智力较低。因此,可以认为,从总体上来说,青少年违法犯罪行为和他们的智力发展不存在明显的相关关系。

这一研究结果与国外资料相比,有以下几点是相似的:第一,总的来说,不应将智力发展水平视作违法犯罪的主要原因或重要原因;第二,严重犯罪的少年的智力发展水平,平均比一般违法少年的智力发展水平要低;第三,犯有强奸罪的青少年的智力发展水平较差,犯有奸淫幼女罪的更差。

我国目前关于智力与犯罪的关系的研究很少,例如,虽然有学者主张,"智商的高低是犯罪行为的主要决定因素",[12]但从现有的研究来看,往往是研究少年犯罪者的较多,而且样本也很少,因此,其结论的科学性和可靠性还有待于进一步验证。总之,智力水平的高低并不决定个体是否犯罪。即使是对某些犯罪类型来说,智力只不过是引起犯罪诸因素中的一个,绝不能以此否定社会因素的作用。从大量的案件看,从高智商到低智商都有犯罪事例,只不过在犯罪类型上有所差异。但是,智力水平却与犯罪者采用什么手段密切相关。一般而言,使用特殊狡猾手段的作案人智商都较高,尤其是经济领域的犯罪,其次是某些杀人犯罪。这些应引起我们的充分注意。

现在,人们倾向于认为,智力的高低可能影响犯罪的类型、作案的方式以及侵害的对象,并在犯罪后的心理感受上表现出不同的特征。首先,智力低下者通常表现为注意力分散、思维难以集中、感知不符合实际、记忆力弱、联想机制差、缺乏兴趣等。由于智力低下、辨别能力差、行为缺乏理智,这类人常常不能理解、认识到自己行为的性质和后果,一有欲求就想立刻得到满足且不计后果,容易产生缺乏理智的行为。有的智力低下者,极易受到他人或某些客观刺激的引诱,多发纵火和性犯罪,也有的因智力低下、难以谋生而侵害公私财产,导致犯罪。他们常犯的罪行有抢劫、强奸、伤害、放火等。其次,智力障碍者由于大脑发育情况差,容易出现兴奋而不能控制的情形,缺乏一般的认知能力,且有强烈的自卑感,极易做出轻率、盲目行为;并且由于他们分不清是非好坏,容易被人教唆、诱骗和玩弄。他们侵害的对象常为老年人和儿童,且单独犯罪多,犯罪未遂多。最后,智力优秀的人犯罪时重思考、有预谋,犯罪容易得逞,之后常常毁灭罪证,犯罪不易被发现和侦破;而且他们犯罪的理性色彩较重,往往还披上一件"合法"的外衣。他们容易犯的罪行有诈骗、贪污、伪造票证、走私、偷税以及危害国家安全的犯罪等。

---

〔12〕 夏培芳:《提高青少年的智商、情商有效预防犯罪》,载《公安大学学报》2000 年第 1 期。

第四节　犯罪者的气质特征

一、气质的概念

所谓气质，是指个人所具有的典型的、稳定的心理活动的动力特征。气质使一个人的全部心理活动和行为都染上了个人独特的色彩。例如，有的人心理活动迅速敏捷，有的人则迟钝缓慢；有的人心理活动稳健有序，有的人则动摇不定等。

气质这个概念最早为古希腊医生希波克拉底（Hippocrates）和罗马医生盖伦（Galen）所提出。他们先后观察了人们行为的个别特点以后，提出解释认为，人体内有四种体液：血液、黏液、黄胆汁和黑胆汁。这四种体液在人体内的不同比例就形成了人的不同气质：多血质（血液占优势）、黏液质（黏液占优势）、胆汁质（黄胆汁占优势）、抑郁质（黑胆汁占优势）。他们认为，四种气质类型在行为方式上的典型表现如下：

1. 多血质：活泼、好动、敏感、反应迅速，喜欢与人交往，注意力容易转移，兴趣和情绪容易变换，具有外向性。

2. 黏液质：安静、稳重、反应缓慢、沉默寡言、庄重、坚忍，情绪不容易外露，注意力稳定但难于转移，具有内向性。

3. 胆汁质：精力旺盛、脾气急躁、情绪兴奋性高、容易冲动、反应迅速，心境变换剧烈，具有外向性。

4. 抑郁质：情绪体验深刻、孤僻、行动迟缓，而且不强烈，具有很高的感受性，善于觉察他人不易觉察的细节，具有内向性。

虽然希波克拉底对气质生理基础的解释是缺乏科学根据的，但他们所提出的这四种气质类型的描述具有一定的代表性，至今仍被人采用。应当说，真正给气质以科学解释的是俄国生理学家巴甫洛夫提出的高级神经活动类型学说。

巴甫洛夫根据神经活动的基本过程（兴奋和抑制）的三种特性，即强度、平衡性、灵活性，把神经活动划分为四种基本类型，对气质给予了自然科学的解释：（1）强、平衡、灵活型（活泼型）；（2）强、平衡、不灵活型（安静型）；（3）强、不平衡型（不可抑制型）；（4）弱型。并且他认为，上述四种神经系统的基本类型是动物与人共有的，因此，称之为一般类型。神经系统的一般类型是气质的生理基础。气质是神经系统一般类型的外在表现。活泼型相当于多血质，安静型相当于黏液质，不可抑制型相当于胆汁质，而弱型相当于抑郁质。

A. H. 巴斯和普洛明提出气质的 EAs 模型，确定三种气质倾向：情绪性，指个体情绪反应的强度；活动性，指个体能量释放的一般水平；交际性，指个体的人际交往特点。A. 托马斯和切斯提出儿童气质的九个维度，即活动水平、节律性、主动或退缩、适应性、反应阈限、反应强度、情绪质量、分心程度、注意广度和持久性，并据此划分三种气质类型：易教养型、困难型和缓慢发动型。

但应该注意到，气质是心理特征，高级神经活动类型是气质的生理基础，二者密切相关但不等同,因为影响气质的因素是复杂多样的。在现实生活中可以观察到具有上述四种气质类型的典型代表,但人数甚少。大多数人的气质或近似于某种气质类型,或是某两种或几种气质类型特点的混合。因此,在判别一个人的气质特点时不能机械勉强地把它归于上述四种气质中的某一种,而应客观地加以评价。

二、气质与犯罪

人的高级神经活动类型是先天的、与生俱来的,具有较大的稳定性,相应地,人的气质也具有相对的稳定性。当然,在后天环境的影响和要求下,气质也是可以改变的,但这种变化是相当缓慢而微小的。此外,气质只表明一个人心理活动的动力特征,不涉及心理活动的方向和内容。每一种气质类型既有积极的一面,又有消极的一面,因此,气质本身没有好坏之分。任何一种气质类型都不能决定一个人智力发展的水平,更不能决定其品德的高低,当然也不能决定一个人是否犯罪。从一些学者的研究来看,任何一种气质类型都有犯罪的实例。例如,苏州大学周川等人在 1982 年曾对某市少年管教所的 151 名少年犯进行了神经类型的调查,其结果是:强型占 35.7%,弱型占 15.89%,少年犯中的强型和弱型比例均高于代表全体人口的常模,有一种强弱两极分化的特点(原江苏师范学院玉文英等人对26,205 人的实验研究,得出一个常模为:强型占 24.33%,弱型占 13.2%)。他们的调查还表明,暴力犯罪者中强型较非暴力犯罪者的强型为多;盗窃犯罪者中的灵活型、安静型较多。这一点说明气质类型与犯罪类型存在一定的相关性。

罗大华等人对某省第一监狱的调查也表明,在 2921 名罪犯中,兴奋型(胆汁质)的有 714 人,约占 24.4%;灵活型(多血质)的有 1021 人,约占 35%;安静型(黏液质)的有 809 人,约占 27.7%;抑郁型(抑郁质)的有 377 人,约占 12.9%。[13]

在犯罪心理的形成过程中,气质在犯罪活动中不能起发动或制止的作用。但是,当一个人在不良因素的作用下走上犯罪道路之后,气质可能影响他们选择的犯罪行为类型、犯罪手段和方式。例如,同样是品德不良、具备了犯罪条件的主体,胆汁质的人常表现为逞强好胜、容易进行暴力犯罪,如报复杀人等激情性犯罪,多血质的人容易受他人诱惑而犯罪。另外,不同气质的犯罪人在犯罪实施的过程中也具有不同的特点,即使是在同一种犯罪行为中。例如,同样是报复犯罪,胆汁质或多血质的人由于情绪发生得快而强烈、快而多变、易躁、易冲动,因而作案时的行为特点通常是:(1)发生较快,有时因对方几句话,便怒从心起,瞬间作出反应性行为;(2)固执反应,即在情绪爆发时难于自制或自己改变这种冲动状态;(3)伴有明显的情绪过程,当情绪平缓下来、事情过后回想起来常常感到后悔。相反,黏液质的人如果起意报复,大多不动声色,周密计划,不轻易改变自己的决定,事后也不后悔,具有明显的意志特征。而在报复型犯罪类型中,抑郁质的人较少。这种人受到某种打击后,内心虽然感受强烈但不轻易外露,并多以自残的方式来解决问题。由此可见,对待同一种不良刺激,不同气质的人的反应方式也各不相同。

总之,气质是每个人最早出现并比较稳定的一种人格特征,但它并不决定人的行为性质,只影响人的行为方式。因此,研究气质与犯罪的关系,重点在于研究不同气质的犯罪

---

〔13〕 参见罗大华、石起才主编:《青少年犯罪心理学》,中国政法大学出版社 1989 年版,第 89 页。

者在不同类型的犯罪中具有哪些不同行为特点。了解犯罪人的气质差异对于侦破、审讯及改造罪犯工作也具有十分重要的意义，可以使相关部门在工作中针对犯罪者的气质特点做到有的放矢，从而提高工作效率。

第五节　犯罪者的情绪、意志特征

一、情绪的概念和分类

情绪是人对反应内容（客观现实）的一种特殊的态度体验，它具有独特的主观体验形式、外部表现，并且总是伴有植物性神经系统的生理反应。

情绪的产生是以客观事物和对象是否满足人的需要为中介的。依需要是否满足，判断情绪是否具有肯定或否定的性质：凡是能满足人的需要的事物，便引起肯定的情绪，如满意、愉快、喜爱、赞叹等；相反，凡是不能满足需要或可能妨碍需要得到满足的事物，便引起否定的情绪，如不满意、苦闷、哀伤、憎恨等。

根据情绪体验的特点，可以把情绪分为激情、应激和心境等基本形态。

激情是一种持续时间短、表现剧烈、自我控制力减弱的情绪。激情通常是由一个人生活中具有重大意义的事件所引起的。对立意向的冲突或过度的抑制也很容易引起激情。激愤、暴怒、恐惧、狂喜、剧烈的悲痛、绝望等都是激情的例子。

激情发生时有很明显的外部表现（如咬牙切齿、面红耳赤、冷汗一身、手舞足蹈），有时甚至发生痉挛性动作。处在激情状态下的人，往往会改变自己原来的观点，把发生的许多事情看得不同寻常，给以完全不同的解释，使习惯的行为方式遭到破坏；其认识活动的范围往往会缩小，往往只指向引起激情体验的对象，而较少考虑其他方面；意识清晰度降低，控制自己的能力减弱，行动完全受激情支配，往往不能约束自己的行动，不能正确地评价自己的行动的意义及后果，完全关注于自己的激情状态之中。

当然，根据激情的性质，可以将其分为两类：（1）积极的激情。这是由个人生活中高兴的事情或者具有极大的社会意义的情境所引起的激情，它能成为动员个人积极投入行动的巨大动力，促使个人对社会作出积极的贡献。对于这种激情不应过分抑制；医学观察表明，经常地制止和抑制积极的激情，对于个性的发展是有害的。（2）消极的激情，这是由个人生活中不良的甚至令人厌恶、使人愤慨的情境引起的激情，这种激情会促使个人进行危害社会和他人的行为，严重的会导致激情犯罪。因此，对于不良的激情需要动员意志力，有意识地控制自己，转移注意力，以冲淡激情爆发的程度。

激情的发展大致可以分为三个阶段：第一阶段，意识控制减弱，不由自主地离开一切无关的，甚至实际上很重要的东西。身体的变化和表情动作变得越来越缺乏意识。细微的动作由于强烈的紧张而发生紊乱。抑制越来越强烈地包围着大脑皮层，而兴奋则在皮下神经节与间脑中增大，人感到被顽固地迫使屈从于他所体验到的情感，如恐惧、愤怒等。在这一阶段，无论是成人还是儿童，一般都能控制住自己。第二阶段，人常常失去意志的监督，做出不可控制的动作和失去理智的行为。在神经系统比较健康的人身上，在不负责任地放荡与酗酒时可以观察到这些阶段——这种人与其说是处于严重激情状态,不如说是故意放纵自己,因此他们要对自己的所作所为负责。在这个阶段发生的行为,往往使个人在事后回想起来时感到羞耻和后悔。第三阶段出现在激情爆发之后,这时会出现安静和某种疲劳现象,在更为严重的情况下,会极度疲乏、精力衰竭,对一切都抱着无所谓的态度,呆立不动,有时精神萎靡,即所谓激情休克。有时兴奋持续时间很长,并周期性地加强或减弱。

应激是出乎意料的紧张情况下引起的情绪状态。在不寻常的紧张状况下,人体会把各种资源(首先是内分泌资源)都动员起来,以应付紧张的局面,这时所产生的复杂的生理和心理反应都属于应激状态。在应激状态下,人会产生一系列的生理反应变化、情绪体验和心理反应。其生理反应大致如下:当紧张刺激作用于人脑时,下丘脑产生兴奋,肾上腺髓质释放肾上腺素和去甲肾上腺素,从而增加通向脑、心脏、骨骼肌等的血流量,提高机体对紧张刺激的警戒能力和感受能力,增强能量,使机体做出适应性反应。在这些生理变化的同时往往还伴有如焦虑、烦躁、恐惧、情绪波动、好激动、发脾气,以及自卑、自罪、害羞等情绪体验。由于精神紧张,一些人常表现为注意力不集中、思维中断、记忆不佳、对外界事物过于敏感和难以做出决策等。一个人长期处于应激状态中,将会降低有机体的自动免疫能力。

心境是一种比较持久的、微弱的、影响人的整个精神活动的情绪状态。心境不是关于某一事物的特定的体验,它具有弥散性的特点。当一个人处于某种心境中,往往以同样的情绪状态看待一切事物。良好的心境使人有"万事称心如意"之感,遇事易于处理;不良的心境使人感到凡事枯燥无味,容易被激怒,甚至"草木皆兵",遇到困难也难以克服。

心境可以由对人有重要意义的各种情况所引起。工作的顺逆、事业的成败、人们相处的融洽度、健康的情况,甚至自然环境的影响,都可以成为引起某种心境的原因,但它归根结底取决于自己的立场观点。有时对过去片段的回忆、无意向的浮想也会导致与之相联系的心境的重现。虽然人对引起心境的原因并不总能清楚地意识到,但它总是由一定的原因引起的。

二、不良情绪与犯罪

(一)不良情绪的积累易导致犯罪行为

希利和布朗纳对青少年违法行为进行多年调查后,得出了这样的结论:违法行为正是源于得不到满足的愿望与欲求。这个结论颇具说服力。前面我们曾叙及需要是情绪产生的重要基础,需要是否满足,使情绪具有肯定或否定的性质。当一个人的需要受阻时,常常会出现一些诸如嫉妒、怨恨、敌视、不满等消极的情绪体验,这种不满情绪的不断产生、发展、变化和日益累积,就会使有机体处于持续的紧张状态,即所谓的"欲求不满"。人的攻击性往往是这种"不满"体验导致的反应形式之一。这些消极的情绪体验如果不能得到及时排解,就会使机体出现一定程度的心理失衡,当一个人长期对某种事物处于否定的情绪体验之中,使消极情绪的积累达到一定程度,便可能对犯罪心理的形成起着加速和催化的作用。如有的人由于仇恨、嫉妒等情绪的积累,而直接引发犯罪动机和行为,如杀人、纵火、投毒等。因为要消除这种焦虑、压抑，获得心理平衡，个体就会有意无意地出现情绪的发作，这样就容易出现上述犯罪行为。

哪些不良情绪的积累容易导致违法犯罪行为呢？根据希利和布朗纳的研究，这主要有以下几方面：(1)在爱情关系中不能得到满足而产生的强烈情绪；(2)由于自我表现的愿望，特别是由于在儿童期自我满足受损而产生的异常愿望以及青春期的冲动和愿望受到妨碍而引起的不满情绪；(3)在家庭、学校、交友、体育运动等方面出现的强烈不适应感和自卑感；(4)对家庭的不和谐以及对双亲在控制和管教中的失误所引起的强烈不满感；(5)对兄弟姐妹的嫉妒，被作为继子对待的受歧视感；(6)基于根深蒂固的内在心理冲突而产生的压抑感；(7)对幼年时期违法行为的有意识或无意识的罪责感等。

他们认为，当青少年产生上述被歪曲的情绪时，就有犯罪的可能，有些人因此走向违法犯罪，而有些人则不犯罪，原因之一就是情绪满足的差异。在没有长期的、深刻的情绪问题的情况下，个体通过社会性行为就能充分得到满足。但是，在具有深刻的情绪障碍的情况下，由于个人的自我理想和自我控制很差，不能自觉地受社会的约束和控制，因而不能抑制实施违法犯罪行为的冲动。违法犯罪行为只是对内外压力的自我反应之一，违法犯罪少年所表现出的行为中，只有极少一部分才具有违法犯罪的性质。引起犯罪的另一种因素是学习，如结交朋友，看到了特别有吸引力的情境、图书等。由于内心接受了这种违法行为，感情与活动被引向歧途，就以违法犯罪行为的方式表现出来。这些行为的根源在于非社会性的个人主义，与个人的行为相称的态度、信条、思想意识等，它们也是在社会中形成的。这一理论主要适用于少年犯罪人。

(二)两种剧烈情绪状态下的犯罪

研究表明，犯罪行为的发生及其表现常与情绪状态有关，在不同的情绪状态下，犯罪行为各有其特色。

激情状态下的犯罪，就是由于犯罪人情绪体验发展到阈限而爆发的一种危害社会的行为。激情状态下最易出现爆发性、冲动性的犯罪行为，这些行为主要有伤害、杀人、毁物、爆炸等。激情状态下的犯罪一般都没有预谋的过程，甚至表现得不合逻辑和不协调，任由激情支配下犯罪行为的发生而不计后果。犯罪人往往在行为发生后的一段时间里才逐渐恢复意识，认识到问题的严重性。但到那时，已"一失足成千古恨"，为时已晚。激情状态下的犯罪行为，通常具有极大的社会危害性和危险性，影响极坏。如某人因盛怒而杀人，杀人目的达到了却不立即停止其侵害行为，反而继续扩大其侵害的强度和范围：有的杀人后继续残害尸体；有的杀人后在盛怒的情绪状态下，又砸毁现场的设施、物品；有的杀害了自己的目标后，又伤害其他人；等等。之所以会出现这种扩大的反应，是因为犯罪人在激情状态所产生的攻击性犯罪动机的驱使下进行暴力犯罪，暴力行为的后果又助长了其狂暴的情绪状态，这种经过了加强的激情，会进一步强化其犯罪动机和行为，从而引起更严重的后果；这时除非有强大的外力加以阻止，或者其心理平衡得以实现，否则不会出现停止犯罪侵害的情况。从司法实践中的案例来看，在激情状态下，从犯罪心理的出现到犯罪行为的完成，通常有两种情况：一是当时立即产生犯罪冲动引起犯罪行为，在刺激与行为之间缺乏冷静时间或间隔时间，这是最为常见的情况。例如，正好碰见自己的配偶与他人通奸,愤而杀死通奸者。二是不良情绪的长期郁积,在一定线索的作用下将长期积累的不良情绪瞬间爆发出来,在这种情况下,犯罪人的大量行为往往是无意识地进行的。

在应激状态下的犯罪行为,有多种表现形式。如当自身受到侵害时,为应付危险情景而过失造成的严重社会危害行为(避险过当或防卫过当造成的过失);也可能是犯罪者在实施犯罪行为的过程中遇到受害者的顽强反抗或面临被揭露的危险时,突然发生的攻击性暴力行为,由第一犯罪动机转移到第二、第三犯罪动机,这往往是由强烈的恐惧感所引起的——在这种情况下,犯罪动机可能向恶性转化(如在行窃中被发现,在施行强奸时遭到受害者的强烈反抗,犯罪者可能为达到既定的犯罪目的而用暴力排除阻碍、压抑住被害人的抗拒,目的达到后,为了逃避被揭露和受惩罚的风险,就杀人灭口,甚至焚尸灭迹)。

当然,应激状态也可能使犯罪行为中止,或导致其他过失犯罪,如行为人在操纵机器或车辆行驶过程中,由于对突然出现的危险产生了强烈的紧张恐惧感,知觉和思维活动障碍,失去应变能力以致酿成过失犯罪。一般来说,在应激状态下之所以出现过失犯罪行为,主要是因为人在应激状态下对行为缺乏抑制,思维发生紊乱使意识狭窄,形成感知、记忆上的错误,进而做出不适当的应激反应。

三、情绪障碍与犯罪

情绪障碍与犯罪的关系非常密切,许多情绪障碍,如情绪高涨、欣快症、易激惹、情感爆发、病理性激情、极度抑郁等,能引起严重危害社会的行为。不同情绪障碍状态下的犯罪行为各有其特点:情绪高涨、欣快症本身不仅会引起一些人际冲突及危害社会的言行,而且有时会伴有性欲亢进,它会导致性方面的违法犯罪行为,具有该种情绪障碍的人心境特别愉快,活动增加,好管闲事,甚至会无事生非,在病理心理下,进行伤人、毁物的行为;处于抑郁状态的人,表情忧愁,言语低微,反应迟钝,自我感觉不良,常有自责自罪观念,严重的会产生罪恶妄想,自杀的危险率很高,有时甚至因此诱发扩大性自杀行为,即在本人自杀之前先杀死子女或亲属,以防他们在自己死后受罪;易激惹、情感爆发及病理性激情等,都可能引起攻击伤害行为,甚至会导致恶性凶杀案件,处于这几种情绪障碍中的病人,都会对轻微刺激产生剧烈的情感反应,甚至会暴怒发作,导致严重的危害结果。在病理性激情状态下,还伴有不同程度的意识障碍,这更容易导致冲动性破坏行为,并且往往是突然发作,经历短暂,事后不能完全回忆,这也给危害行为的预防和诊断、鉴定造成了困难。除此之外,焦虑、恐惧等情绪也与犯罪关系密切。情感障碍的人往往有高度的焦虑、恐怖情绪,感到大祸将要临头,但又不知引起这种感觉的根据,因此,在内心的不安、矛盾达到一定程度时,往往会以冲动性行为来发泄紧张情绪,恢复内心平衡。这类冲动性行为往往会造成危害社会的严重结果。

四、意志的一般概念

意志是自觉地确定目的,根据目的支配、调节行动,从而实现预定目的的心理过程。意志总是表现在人的行为中,并对行为起着重要的调节作用。这种调节作用表现在两个方面:一是发动行为去达到目的;二是抑制那些违背愿望、与目的相反的行为。

意志的特征表现为:有明确的预定目的。离开了自觉目的,就没有意志可言;当一个人对行动的目的越明确,意志就越坚定,任何冲动的行为、盲动的行为都是缺乏意志的行为。随意运动是意志行为的基础。所谓随意运动是一种受意识调节的、具有一定方向性的运动;它是意志行为的最基本单位,起基础的作用。意志行动往往与克服困难相联系。意志行动与非意志行动的区别,就在于能否发挥意识的作用去克服困难,排除行动中的障碍。具有自觉的目的,并克服达到目的的途径上的困难,是意志行动的基本特征。

五、犯罪者的意志特征

(一)行为目的选择具有反社会性

从意志选择的社会意义来看,故意犯罪者的行为目的的选择常具有反社会的性质。在意志品质中,目的性是非常重要的,行为的目的越明确、越自觉,它所要达到的这个目的所引起的意志力就越大。从意志的社会意义来看,不仅对社会有益的行为目的可以产生意志力,就是怀着极端个人主义、对社会有破坏作用的行为目的,同样也会产生推动力量,这种目的越明确,犯罪动机就越强烈,行为人就越敢于铤而走险。如某个盗窃惯犯,以偷10万元作为他的行为目的,准备靠收取这10万元的利息来过一种寄生生活,于是他进行了异乎寻常的偷窃行为。

(二)意志选择缺乏果断性

缺乏果断性是意志品质的缺陷,一方面表现为遇事优柔寡断,患得患失,在各种动机之间,在不同目的、手段间摇摆不定、迟迟难于取舍,在受到暗示和教唆后,便立即产生犯罪意识;另一方面表现为轻率、不能深刻地考虑行为目的及达到目的的正确方法,仅凭一时冲动,轻举妄动。这一特点在初犯和共同犯罪的从犯、胁从犯中,表现得尤为明显。

(三)行为选择缺乏自制力

自制力缺乏是犯罪者的又一特点,其主要原因是行为人生活目的不明确,没有形成坚强的个性,容易被外界不良刺激所诱惑,不能控制自己的行为而陷入违法犯罪。当自我意识不明确,并缺乏自主性态度时,即当行为人处于不能树立自己的理想,而且不能根据自己的责任判断来约束自己的状态时,就会出现缺乏自制力的情况。这时,选择行为的标准并不是根据自己的意志,而是按照他人的意志,很容易受他人的诱惑,或其行为被眼前的欲望所支配,也就是说,不能意识到自己内心世界的复杂需要,并且不能很好地统一这些需要。这是许多违法犯罪者的一个重要特征。

第六节　犯罪者的性格特征

一、性格的概念

性格是一个人在对现实的稳定态度和习惯化的行为方式中所表现出来的个性心理

特征。

性格是人在社会实践活动中、在与客观环境相互作用的过程中形成和发展的。当客观事物作用于个体时，人往往会对它抱有一定的态度，并且做出与这种态度相符合的行为方式。一个人对现实的各种态度在相似的情境中不断出现，并在认识、情感和意志活动的反映机构里保存、巩固下来，便构成了每个人所特有的态度体系，以及与此相适应的、通过不断地重复而习惯化的行为举止。这些对现实的稳定态度和习惯化的行为方式，就构成了人的性格。

值得注意的是，性格是指贯穿于一个人整个行为中具有稳定倾向的、经常表现的心理特征，绝不是指某些偶然的、暂时表现出来的心理特征。例如，一个人在偶然场合一反常态发了脾气，并不能认为这个人具有暴躁的性格特征。因此，只有真正了解了一个人所具有的性格特征，才能预见这个人在某种情况下会采取什么态度和将要怎样行为。

性格具有社会性，它是社会、历史、文化的产物，是个体在与周围社会环境的相互作用中形成和发展起来的。因此，从性格所包含的社会意义来说，它有好坏之分。例如，关心他人、乐于助人、谦虚慷慨、勤劳勇敢等都是社会赞扬、肯定的性格特征，而自私、吝啬、骄傲自大、无礼、奢侈、懒惰等都是社会否定的性格特征。由于人的性格主要体现在社会性行为上，因而它常常标志着一个人的品德，决定着人的行为性质。

二、犯罪者的性格特征

研究发现，犯罪行为与不良性格特征有密切的关系，但并不是所有的犯罪行为都是由不良性格引起的，不良性格仅是造成行为人违法犯罪的因素之一。例如，原华南师范学院李巨才等人对100例犯罪青少年的调查结果显示：在“不安宁、不稳定、易冲动”等性格的情绪特征方面，有极端表现的占23%，明显表现的占47%，无表现的占30%；在“胆大、不畏难、任性、难自制”等性格的意志特征方面，有极端表现的占18%，明显表现的占60%，无表现的占22%；对现实的态度，在“自尊、自高、私欲炽盛”等对己方面，有极端表现的占18%，明显表现的占58%，无表现的占24%；在“多疑喜嫉，常怀敌意”等对他人方面，有极端表现的占9%，明显表现的占61%，无表现的占30%；在“心怀不满，常寻发泄”等对社会方面，有极端表现的占9%，明显表现的占42%，无表现的占49%。可见，大多数青少年犯罪都有不良性格特征。[14]

一般认为，以下不良性格特征常易引起行为人的违法犯罪行为：

1. 对社会、集体、他人和自己都缺乏责任感，生活态度轻率，没有明确的生活动机，嫉妒心和报复心较强，对社会有种种不满。

2. 任性、鲁莽、胆大妄为，无组织纪律性。

3. 情绪不稳定、喜怒无常、心境变化多端，神经质突出；情绪体验低级、庸俗、外显；缺乏道德感和理智感，美感歪曲、以奇为美，不符合社会规范。

4. 在对待客观事物的态度和行为方式上固执，爱钻牛角尖。

此外，自我中心主义、心胸狭隘、敏感多疑、易受暗示、感情脆弱、攻击性强、对挫折忍

---

〔14〕　参见李巨才等：《青少年犯罪行为形成的心理学分析》，载《心理科学通讯》1981年第4期。

受力差等不良性格特征也常常成为犯罪的动因。当然,不同类型的犯罪者所具有的不良性格特征是不同的。例如,财产型犯罪者大多具有自私、懒惰、奢侈、图虚荣等性格特征;报复型犯罪者大多有心胸狭窄、自尊心过强的性格弱点;性犯罪者身上也往往具有放纵、任性以及冷酷无情的性格特征。

值得注意的是,以上这些不良性格特征只是多数犯罪者所具有的,并非所有的违法犯罪者都如此。但不良性格是犯罪者重要的心理动因,这是在预防犯罪、打击犯罪、改造犯罪者的过程中尤其应该注意的问题。

第七节　犯罪者的自我意识

一、自我意识的概念

所谓自我意识,是指一个人对自己各种身心状况的意识。自我意识是一种多维度、多层次的心理系统。

从结构形式来看,自我意识表现为认知的、情绪的和意志的形式。属于认知形式的有自我感觉、自我观察、自我观念、自我分析和自我批评等,统称为自我认识。例如,有些人说:"我是诚实的""我有冷静的头脑""我的脾气不好"等。自我认识主要涉及"我是一个什么样的人""我为什么是这样一个人"等问题。属于情绪形式的有自我感受、自爱、自尊、自恃、自卑、责任感、义务感、优越感等,统称为自我体验。以体验的形式表现出人对自己的态度,在同他人的比较中评价自己。这类情感是复杂的,不易用言语来表达。例如,一个人不喜欢自己的身材,因为太胖了;或很喜欢自己,因为自己很聪明。自我体验主要涉及"我是否满意自己""我能否悦纳自己"等问题。属于意志形式的有自立、自主、自制、自强、自卫、自信、自律等,它们可以统称为自我控制。自我控制主要表现为个人对自己的行为活动的调节,自己对待他人和自己的态度的调节等,如"我怎样节制自己""我怎样成为那样一个人""如何改变我的状况,使我成为理想的那种人"等。自我意识的上述三种表现形式综合、相互联系起来,便成为一个人的个性的中心内容——自我。

从内容上看,自我意识又可分为生理自我、社会自我和心理自我。所谓生理自我,是指个人对自己的身体的意识,包括占有感、支配感和爱护感。这些意识是学习的结果,是逐渐形成的。它使个体把客观事物与自己区分开来,意识到生存是寄托在自己的躯体上的。生理自我是自我意识的最初形态。随着社会化的进程,个体逐渐学习角色并实践角色,从而出现了社会自我。所谓社会自我,就是个人对自己在社会关系、人际关系中的角色的意识,包括个人对自己在社会关系、人际关系中的作用和地位的意识,对自己所承担的社会义务和权利的意识等。在社会自我出现的同时,心理自我也逐渐形成和发展。所谓心理自我,就是个人对自己心理的意识,包括个人对自己的性格、智力、态度、信念、理想和行为等的意识。个人对自己的生理的、社会的、心理的种种意识,也是密切联系在一起的。因而,每一个人都有对他自己的看法和态度的独特的形式和内容。

就自我认识中的自我观念来看,其又可分为现实自我、投射自我、理想自我。现实自我也称现实我,是个人从自己的立场出发对自己目前的实际状况的看法。现实自我即个人对自己现实的观感,不一定与想象中他人对自己的观感完全相同,两者之间可能有距离。当这个距离加大时,便会感到自己不为别人所了解。投射自我(projective self)也称镜中自我(looking glass self),是个人想象中的他人对自己的看法,如想象他人心目中自己的形象,想象他人对自己的评价,以及由此而产生的自我感。理想自我也称理想我,是指个人想要达到的完善的形象,如个人的生活目标和对将来的期待、抱负和成就,以及自己想成为什么样的人。理想自我是个人追求的目标,不一定与现实自我是一致的。理想自我虽非现实,但它对个人的认识、情绪和行为的影响很大,是个人行为的动力和参考系。

二、自我意识障碍与犯罪

自我意识障碍,是指个人不能正确认识自己的躯体状况和精神状态的一种精神病症状。例如,个人不能感知自身的存在;不能意识到自己是一个独立的单一的个体;不能把当前的"我"和过去的"我"联系起来;失去自我支配感等。理论上通常将自我意识障碍分为人格解体、双重人格、交替人格、人格转换、自我界限障碍及自知力缺失等具体形式(自我意识完全丧失仅见于昏迷状态、精神错乱状态等少数情况下)。

在现代社会,人们自我意识的障碍也会引发一定的违法犯罪行为。因为现代社会的重大特点之一,就是物质的繁荣与精神的贫乏,一些发达国家这方面的反差现象更为严重,从而造成了价值观极端混乱的现象,使个人产生自我意识障碍。一旦出现这种现象,个人就会对自己本身或者对自己的存在和行为感到不可信,也会体验到自己周围的其他人与自己的关系的不可靠性,使个人支撑自己生活的精神支柱受到动摇,在行为上也会表现出漂浮不定的现象,从而极易产生违法犯罪行为。处于自我意识障碍状况下的人,常有两种极为显著的心理与行为特征:[15](1)对周围事物缺乏兴趣、没有精神、不负责任。他们丧失自尊,不关心社会和他人,不是夸夸其谈、自我吹嘘,就是充满自卑感,用自我欺骗的方式来维持内心的平衡,因此,他们都表现出强烈的自我中心倾向和自私心理。同时,他们在面临困难时,极力回避责任,不用积极的态度去解决问题;或者虽然表示要去解决问题,但是仅仅停留在表面,不能认真踏实地去做,结果仍然以不能解决问题而告终。这类心理与行为的特征,是产生许多违法行为的基础。(2)偏重物质享受的倾向。由于不能在自己的工作中寻求满足,行为人就试图在闲暇和大众娱乐中寻求生存的道路,因此,趋向金钱价值的志向就越来越高。许多青少年一心追求金钱,为了获得金钱什么都不顾,从而导致了大量的与获取金钱、财物有关的违法犯罪行为。他们一方面无止境地追求物质享乐,另一方面又常常有贫困感,这种消费心理的持续发展,就会导致彻底的利己主义,形成进行各种违法犯罪活动的心理基础。

---

〔15〕 参见吴宗宪主编:《法律心理学大词典》,警官教育出版社 1994 年版,第 867 页。

思考与训练

1. 案例分析

2000年9月至2003年8月,杨某海曾横跨河南、河北、山东、安徽4个省的14个城市,疯狂作案26起,杀死67人,伤害10人,强奸23人。

经调查,杨某海1968年7月出生于河南正阳。兄弟姐妹共6人,杨某海排行第四,上有两个哥哥和一个姐姐,下有一弟一妹。因为家境贫穷,家里几个孩子都没有上过学,唯有杨某海一度作为家里的希望读完初中并进入高中。读高中时,其他同学在校吃饭,他带粮食来换票吃饭,13岁时寄宿至亲戚家自己做饭。亲戚家经常改善伙食,但从不让他一起吃。杨某海在17岁读高二时离家出走,之后曾先后到砖厂、饭馆打工,但经常得不到相应报酬。

1990年,杨某海因盗窃被西安市公安局灞桥分局劳动教养* 2年。1993年,杨某海因扒窃被石家庄市公安局长安分局劳动教养1年。当时,其在家乡的女朋友告诉杨某海说一定等他回来结婚,但1年后杨某海回来时,她却嫁给了别人。1996年,杨某海因盗窃、强奸被正阳县人民法院判处5年有期徒刑,在实施该起强奸犯罪时,杨某海不但犯罪未遂,而且舌头还被那名女子咬掉了一块,杨某海对此一直怀恨在心。

当问到为什么实施犯罪时,杨某海说:"我恨女人,尤其是漂亮的女人,她们看不起我。我要报复她们。"杨某海认为,父母的恩情是不可靠的,父母没有尽到教育下一代的责任,没有让自己读完高中,甚至没有钱给自己娶媳妇;兄弟的感情是靠不住的,在自己被劳动教养和被判刑后,兄弟姐妹没有一个人接济;朋友的情谊更是不可靠的,那个海誓山盟要嫁给他的姑娘,不是在自己解除劳动教养后就嫁给别人了吗？当被问到:"你出狱后,没想过走正道吗？"杨某海说:"想过,可是谁领我走正道呢？"而被问及"你觉得自己的所作所为,给社会带来了什么影响"时,杨某海回答:"社会？什么叫社会？跟我有关系吗？"

问题:

(1)对杨某海的犯罪原因应作何分析？

(2)杨某海具有怎样的犯罪心理？

(3)杨某海案件对我们加强犯罪预防有什么样的启示？

2. 思考题

(1)影响犯罪的外部因素与内在因素之间存在什么样的关系？

(2)按照与犯罪行为最终产生时间点的时间间隔,第二章、第四章和第五章中所涉及的所有因素在时间线上如何排列？

---

* 该制度已于2013年废除。

第六章 犯罪心理的主观差异

第一节 故意犯罪心理

我国《刑法》第 14 条规定:“明知自己的行为会发生危害社会的结果,并且希望或者放任这种结果发生,因而构成犯罪的,是故意犯罪。”这一定义指出,故意犯罪有两种:一种是行为人明知自己的行为会发生危害社会的结果,并且希望这种结果发生,即为刑法理论上的直接故意犯罪;另一种是行为人明知自己的行为会发生危害社会的结果,并且有意识地放任其发生,即为刑法理论上的间接故意犯罪。

刑法理论将故意犯罪区分为直接故意犯罪和间接故意犯罪两种,对司法实践的意义在于:二者的社会危害程度不同,所应承担的刑事责任亦不相同。

在犯罪心理学理论上,故意犯罪中作为罪过的故意可以从不同角度分为多种类型。对此,最基本的有如下两种划分:

第一,即时故意与预谋故意。即时故意是指行为人事先并无犯罪意图和策划,仅因突然出现的意外情景刺激,临时决意而实施犯罪的心理状态(此种故意支配下实施的犯罪称为激情犯或情景犯)。预谋故意是指行为人事前已有犯罪意图,并经过较充分的思考、策划、准备才实施犯罪行为的心理状态。一般情况下,预谋故意的主观恶性大于即时故意。

第二,确定故意与不确定故意。确定故意是指对于危害结果有确定的预见,并决意使之发生而实施犯罪行为的心理状态。不确定故意是指对于危害结果仅有概括的预见,并未考虑到发生何种具体结果而实施犯罪的心理状态。不确定故意又可分为概况故意(如行为人产生报复社会的动机,在人流密集的商圈安置定时炸弹。行为人能够认识到炸弹一响一定会伤及他人,但对于会伤及何人、伤及多少人,行为人自身并不确定)、择一故意(如行为人同样产生报复社会的动机,在自助餐厅的一瓶饮料中下毒。行为人只意图杀害一人,并且知道该饮料一定会被某一个人喝掉,但对于具体何人会喝到该饮料而中毒,行为人自身并不确定)和可能故意(如家住高层的行为人因失恋而备感痛苦和烦闷,看着楼下大街上牵手行走的恋人甚是不爽,想用手中的苹果砸向人群。对抛掷苹果能否砸到人、砸到谁,行为人自身并不确定,只具有可能性认知)。在司法实践中,划分确定故意与不确定故意的主要依据是结果发生的可能性是否本来或应该包括在行为人预见的范围之内。

一、犯罪决意阶段的心理表现

犯罪决意是由犯罪动机所推动的。犯罪动机所驱使的犯罪,在多数情况下并非即刻就可以达到目的,其中还有一个过程。犯罪人是否将以行为去实现其动机,主要取决于其是否已有决定的犯罪意志,即是否已形成犯罪的决意。

(一)犯罪决意的三种形式

所有故意犯罪均是先有犯罪决意,即先有实施犯罪行为的决心和意愿。这是故意犯罪必须具备的基本心理因素。犯罪决意因犯罪事件性质的不同、犯罪机遇的有无、侵犯对象及犯罪人个人心理品质的差异有不同的表现形式。

1. 预谋犯罪的决意

预谋犯罪即在实施犯罪行为之前,犯罪人对将针对何种对象实施何种犯罪行为,已有较明确具体的决意,并在犯罪手段、时间、地点、时机等犯罪的相关条件方面作了初步的甚至明确具体的策划。因此,预谋犯罪决意多是在对如何创造犯罪条件、选择犯罪手段的具体策划,应激对策的预备等因素的深思熟虑的分析判断之后产生的。故意犯罪的目的越明确,行为效率就越高,其犯罪的决意也就更为自觉和坚决。如在重庆周某华案件中,行为人以枪杀被害人然后劫财的决意精心准备、踩点、实施犯罪,成功犯罪多起,潜逃多年,具有极大的社会危害性。

2. 机会犯罪的决意

机会犯罪多指犯罪人虽有犯罪的思想因素,但事先并无特定的犯罪动因,亦无明确具体的侵犯目标和犯罪行为计划,但因适合犯罪的机会的刺激,使原有的犯罪思想因素急剧恶性膨胀,在短时间内形成了犯罪决意,从而实施犯罪。这种决意因不曾经过事前的固定策划、反复权衡,具有一定的突发性,故在行为上往往表现出较大的盲目性和无序性,行为结果亦常常难以达到期望目的,或出现行为人不希望出现的后果。如在广东许某案件中,行为人面对银行自动取款机故障而可轻松大量取钱的偶然机会,无法抵挡住如此强烈的诱惑,而临时产生非法取财的犯罪决意,最终实施了盗窃犯罪。

3. 冲动犯罪的决意

冲动犯罪的决意是指犯罪人本无特定的犯罪动机,但受某种因素强烈刺激而诱发的激情所驱使或因某种突发的意外局面所窘迫而临时生成的犯罪决意。激情是一种极为强烈的情感,往往发生于强烈刺激或意外变化之后。在强烈的激情驱使下,犯罪人对行为的自控能力显著下降,表现为感情的畸形激烈爆发,思维混乱无序,行为呈本能反应状态,近乎无意识的动作。如在北京大兴摔童案中,行为人因停车位置的琐事与推着婴儿车的妇女发生口角之争,在妇女不愿及时让位时,行为人恼羞成怒、气急败坏,非常凶残地将婴儿车中的婴儿高举过头顶而狠狠摔在地上,导致婴儿当场死亡。

(二)故意犯罪决意过程的心理表现

犯罪决意一般在经历了犯罪意图的萌生,对有利于犯罪和不利于犯罪的诸因素,以及犯罪行为将产生的利与弊反复权衡之后而形成。机会犯决意和冲动犯决意更系临时和突发生成,决意形成的心理过程一般较少有反复周折或无明显的阶段性界限,但其形成的心理过程同预谋犯决意一样,大致都经历了以下三个阶段。

1. 犯意的出现

犯意即犯罪的意图或欲求。犯罪的意图同一切合法意愿一样都来源于人的某种需要,但引起犯罪意愿出现的需要结构有其固有的特殊性。犯意的形成,是由于人的某种需要在不良心理因素的作用下激发出来的。因此,要弄清犯意的形成,必须从人的需要和人的不良心理因素两个方面同时进行综合分析。

人的某种需要和不良心理因素,都是一种心理现象,但二者是有区别的。需要是人一般的最基本的心理现象,而不良心理因素是特殊的个性心理现象。任何人都有最基本的需要,而不良心理因素仅存在于部分人之中。就需要的形式而言,生理需要先于社会需要。就需要的对象而言,可分为物质需要和精神需要。物质需要是人生存的前提和基础,精神需要是社会发展的产物,这两种需要互相联系又相互制约。人生活在社会中,由于接受的外界刺激不同,可能产生各自不同的需要。而超越和违反人们共同的需要结构的特殊需要则可能诱导犯罪意识的出现。对于不良的社会因素,如果没有人们的正确意志加以克服,其就会成为不良的心理因素的根源。当客观需要作用于不良的心理因素时,就可能产生犯罪意识。

2. 动机的选择

犯罪人要实现其犯罪目的,必须把犯罪的意识转变为犯罪的动机,因为犯罪动机是实施犯罪的内在动力,犯罪动机的形成过程,是主体的思想斗争过程。

(1)犯罪是一种严重危害社会的行为,除临时冲动当即实施犯罪行为或惯犯外,其余犯罪人在犯罪决心下定之前,必有一番思想斗争和反复。即使犯罪动机已经产生,是否将这种动机付诸实施,犯罪人还会经过反复的思考才能形成犯罪决意。

(2)大多数犯罪人都了解犯罪行为实施的后果,因此不可避免地要反复权衡利弊,考虑是放弃犯罪还是付诸实施。在多种内外因素的驱使下,如行为人认为弊大于利,将可能放弃犯罪动机;反之,如行为人自认为利大于弊,则将坚定其犯罪决意,并进一步考虑犯罪的方法、手段、机会及如何逃避罪责等一系列与犯罪有关的问题。

(3)许多犯罪人在犯罪决意之时,往往产生一种恐惧感和罪责感,尤以初犯为甚。这种恐惧感和罪责感有时可使行为人摒弃犯罪动机,但最终决意实施犯罪的人,则可能尽量抑制因心理冲动而出现的罪责感,并设想出种种借口进行自我辩解。

总之,动机选择取舍的焦点在于是否实施犯罪行为。由于犯罪人常常受强烈的畸形需要和不良心理因素的驱使,迫切希望以犯罪行为来满足自己的某种欲望,因此,他们大多会排斥其他反对动机而选择犯罪动机。而一旦犯罪动机居于主导地位,犯罪决意也就随之形成,犯罪行为就将不可避免地被犯罪人付诸实施。如中央电视台反腐纪录片《永远在路上》揭示了一位中共中央纪律检查委员会原官员的受贿犯罪心理产生过程。行为人在生活、工作过程中产生了迷恋于富人奢侈生活、不甘于自己相对平庸生活的心理变化。面对他人第一次给自己行贿,行为人内心也非常挣扎,想收但又担心东窗事发、影响官帽和前程,但最终物质的贪婪占据了上风,行为人几经犹豫后收受了他人财物。犯罪动机压过了守法动机,最终产生了犯罪决意。

3. 经验和客观条件的影响

犯罪人的犯意和犯罪动机出现之后,到最终决定实施犯罪,不可避免地要受过去的经验影响。

凡具有刑事责任能力的人,都懂得犯罪并非寻常的行为,都具有犯罪不仅侵害他人利益，亦将使自己成为刑罚惩罚对象的一般经验。所以，为满足自己的某种动机，行为人将尽可能采取合法手段，只有在合法手段无法满足动机的情况下，方可能产生犯罪意图。犯罪人选择任何犯罪行为，必然会依赖过去的相关经验，即使犯罪决意的形成，也会受着各种直接或间接经验的制约和影响。在犯罪决意阶段，犯罪人必先将过去的经验予以再现，对是否实施犯罪反复考虑。在对犯罪方式、机会、犯罪行为的利与弊及案后暴露的可能性等问题没有充分的策划和估计之前，犯罪人一般不会轻易形成决意。

（三）故意犯罪的心理防卫机制

1. 心理防卫的概念

所谓心理防卫，是指一种自寻理由或采取某种行为使自己摆脱某种心理状态困扰的心理活动。

故意犯罪的犯罪人大都知道自己的行为是将受到法律惩罚的。因此，他们常常感到紧张、恐惧和良心的谴责，陷入一种极端复杂的心理状态之中。为使自己能摆脱这种困扰，犯罪人总会寻找各种理由来解释自己的行为，使之合理化，或采取某种行为转移自己的注意力和思维的焦点，使这种心理得以淡化或消失。犯罪人这种心理防卫并非面对他人进行，而是一种在内心自我掩饰、辩解和投射罪责的心理活动，其实是为自己的犯罪行为及心理活动进行开脱和辩解，使之合理化和淡化。

2. 故意犯罪人心理防卫的形式

（1）犯罪的合理化

犯罪的合理化是指行为人努力使自己相信犯罪有一定的原因，实属于迫不得已，借以减轻或消除内心的犹豫和顾虑，以便能在心安理得的心境中进行犯罪活动，并在犯罪之后少为罪责所恐惧和苦恼。

合理化的理由多出于犯罪人的主观认识并与社会行为准则相悖。其实质不是为了向他人进行辩解，而是为了安定自己的心理，是为了适应社会环境而采取的自我心理防卫措施，是犯罪人力图通过合理化把社会和良心的谴责限制在最小限度所作出的主观努力。如受贿犯罪人在决意犯罪时很可能认为系他人主动行贿而非自己索贿，同时认为不少同事亦有受贿行为，以进行自我安慰。虽然这种合理化是毫无道理的，但这往往可能解释犯罪人的心理活动和行为动机。而且，深信自己的行为合理的犯罪人，无论是犯罪的决意，还是罪后的侥幸心理都比其他犯罪人更为坚定。

（2）投射

所谓投射，是指犯罪人把自己的犯罪过错或行为的趋势归咎于他人，认为自己之所以犯罪或应当犯罪是他人的行为或某种客观存在所导致的必然结果。投射实质上也是一种合理化的心理防卫形式。犯罪人常借此解脱自己的心理困扰，将自己应受社会谴责和法律制裁的行为责任，推卸于他人或某客观事物，以得到心理上的安宁。如部分盗窃犯罪人将盗窃的原因归咎于被害人将财物随意放置于公共场所且无人看管。

（3）掩饰

掩饰，即犯罪人自寻各种理由，自我辩解，认为自己的行为没有罪过或罪过不严重。如不少犯罪人以自己文化程度低、法律观念淡薄、精神压力大、生活困难等为由辩称自己无罪或者罪轻。这种心理防卫机制的实质虽属推诿、掩饰和强词夺理,但这表明犯罪人尚承认并非所有行为都为道德、法律所允许,所以这类犯罪人改恶从善的可能性较大。

(4)转移

转移,即犯罪人将自己决意犯罪或实施犯罪所产生的情绪有意识地转移到其他方面,以获得紧张心情的减轻或消除,使自己能在犯罪活动中和案后进入轻松的心境,保持情绪上的稳定。如不少青少年人犯罪后都通过沉浸于电子游戏、喝酒等方式以消减不安或紧张情绪。

二、实施犯罪阶段的心理表现

犯罪决意形成后,并非都会立即引起犯罪行为的实施。犯罪人还可能着手进行犯罪的准备或等待时机,并可能因与犯罪有关的情况的变化,作出提前或延缓甚至放弃犯罪行为实施的决意。单纯的形成犯罪决意或者产生犯罪意图还仅仅属于行为人的主观想法,因为还没有具体犯罪行为的实施(此时称为"思想犯"),所以还不构成任何犯罪。唯有人在犯罪决意支配下实施了具体的危害行为时,才可被认定为犯罪并被定罪处罚。就行为阶段而言,实施犯罪的行为可分为预备阶段行为、实行阶段行为、实行终了行为,其中,有的犯罪人会在犯罪过程中放弃犯罪。

(一)犯罪预备阶段的心理

犯罪预备是对将要实施的犯罪的准备,是犯罪决意的客观表露。犯罪决意还仅限于主观意图,并非行为;而犯罪预备已有犯罪的行为(刑法上称为预备行为),已构成犯罪。

犯罪预备仅见于一定类型的犯罪中,许多故意犯罪并无犯罪的准备行为。如冲动犯罪因一时激情迸发而实施,并无犯罪的预备行为。

除有些犯罪预备行为本身就构成独立的犯罪外(如为杀人而盗窃枪支),预备行为还不是犯罪的正式实施。但这个阶段各种心理活动的复杂程度并不亚于其他阶段。

1. 犯罪预备的主要内容

犯罪预备的主要内容一般有:(1)准备犯罪工具;(2)学习犯罪技术;(3)收集有关情报;(4)熟悉作案环境(俗称"踩点");(5)排除实施犯罪的障碍;(6)勾结或教唆他人参与犯罪;(7)制订犯罪行动方案等。

2. 影响犯罪预备的心理因素

犯罪人为保证顺利地达到目的而不致暴露,总是在自认为准备充分后才实施犯罪。对犯罪人来说,准备程度如何,从某种意义上讲是"成功与失败"的关键。准备得越充分,达到目的的可能性就越大,自信心就越强。准备的质量,取决于犯罪人的知识、能力、性格、经验及其他有关的主客观条件。

准备过程往往是通过对现场和侵害目标的观察及凭借以往的经验,对可能出现的情况的假设、推理、预测,以便选择那些既不会被发现,又能达到目的的最好实施方案。方案确定后,犯罪人便决定付诸行动。单个犯罪人的预备和共同犯罪人的预备是有区别的。单个犯罪人的犯罪意图不为他人所知,如其预备行为不具备明显的犯罪特征,则不易为人洞其端倪;而多人共同预备犯罪,由于需要互通情况,协调行动,了解彼此间的准备是否顺利及犯意坚决程度等，其犯罪活动暴露的可能性较大，从而会增加各个犯罪人的紧张心理。

3. 促成犯罪预备行为实施的外界刺激因素

虽然在决意状态中的犯罪可能随时进行犯罪的准备和实施活动，但行为是否进行，有时还将取决于某种刺激是否存在或发生。如没有某种外界新因素刺激，虽有决意，但可能仍没有行为；而一经发生新的刺激，并同已有的犯罪因素相联结，将迅速促成犯罪人的犯罪预备行为的实施。

促成犯罪预备行为实施的外界刺激因素主要有：(1)被害人突发的行为，如被害人提前出现，或将要长期外出，或将另寻途径处理自己的财物等；(2)与犯罪无关的第三人无意识地为犯罪人提供了犯罪的方便条件，如提供犯罪工具、情报，擅离职守，排除了犯罪行为的障碍等；(3)犯罪人急于实施决意中的犯罪以达到其他目的，如杀死本欲除掉的仇人以便谋夺其将要处分的财物；(4)共犯之间互相促进，参与共同犯罪的每一犯罪人多会注意其他共犯者的行为，如其中有的共犯者率先按预谋实行预备，将会刺激其他共犯者积极实行犯罪的预备，并形成相互促进、愈演愈烈的状况。

(二)实施犯罪的心理和行为

1. 实施犯罪的心理和行为的主要内容

犯罪的预备和犯罪的实施均为犯罪动机和犯罪决意所推动，但犯罪预备的目的仅限于达到犯罪预备的完善，在此阶段，虽出现犯罪的机会，犯罪人也多会放弃。如已进入实施阶段(刑法上称为实行行为)，犯罪人不仅不会放弃现有的机会，还会主动寻找、创造行动的机会，以期将决意付诸实施，实现犯罪目的，满足犯罪动机。因而在实施犯罪阶段，犯罪人的心理和行为的主要内容是：积极侵犯客体，实现犯罪目的；严守防御计划，不留犯罪痕迹；预防意外，随时准备应急；伪装现场，干扰侦查。

2. 实施犯罪的心理状态

在犯罪实施过程中，犯罪人的心理状态是积极的、主动的，由于受特定的作案现场的刺激，犯罪人始终处于复杂多变、难以完全自控的心理状态之中。一般而言，主要有以下表现：

(1)恐惧。恐惧是犯罪人实施犯罪时的基本心理特征，这是一种表现为自我保护的激进的心理状态，是一种难以抗拒的心理现象。恐惧常表现为面色苍白，浑身无力，声音颤抖，情绪慌乱，思维散漫等。尽管犯罪人在犯罪前进行了准备，但犯罪的社会危害性和应负法律责任的严重性使犯罪人始终处于欲罢不能、行而生畏的矛盾的心理状态之中。在实施犯罪前，作案的动机占主导地位，支配犯罪人实施犯罪；而在实施犯罪时，担心罪行败露的恐惧心理则占主导地位。因此，在尽可能实现目的的前提下，迅速结束犯罪活动是犯罪人心理活动的核心。恐惧一般会使犯罪人的思维和能力受到抑制，导致行为的慌乱和效率的下降。但恐惧达到极端之际，也可能导致犯罪人犯罪意念的恶性转化和体能的超常发挥，造成极其严重的后果。如抢劫犯罪人在抢劫过程中因被害人的大声呼救而极度恐慌，将原本不欲杀害的被害人杀害。

(2)兴奋。犯罪人在实施犯罪行为之际，常陷入一种兴奋亢进的状态，对行为的后果毫无顾忌,甚至认为自己预定的防御计划过于保守、胆怯,而不顾一切地为所欲为。犯罪人在行为实施过程中,如受激情的支配,则更容易进入高度的兴奋状态之中,常能调动身心的巨大潜力,造成严重的后果。如在聚众斗殴犯罪中,犯罪人极易基于行为人的情绪亢奋而不顾后果致人重伤或死亡。

(3)欣喜。犯罪人实施犯罪时,如行为十分顺利,或得到了意外收获,常常会产生得意和欣喜的心理状态。这种意外的强烈刺激,易使犯罪人呈现出强烈的兴奋状态,从而走上两种极端:一是容易出现行为上的疏忽,留下破绽。如侵害财产犯罪轻松得逞而得意忘形,犯罪人将作案工具或个人生物信息遗留在现场。二是欣喜的心理也可使犯罪行为的暴烈程度升级。如劫财犯罪顺利得逞后犯罪人进一步劫色。

(4)绝望和愤怒。犯罪人在实施犯罪过程中受到挫折,如机会的丧失、遇上强烈的反抗、行为的败露、同伙的不配合、自己行为的失败等,即可产生绝望和愤怒的情绪。这种情绪制约下的犯罪人极易发生动机的急剧恶性转化,孤注一掷、铤而走险,实施更为严重的犯罪行为。如绑架犯罪中行为人被警方包围后陷入绝望而杀害被绑架人后自杀。

(5)冷静。犯罪开始时,犯罪人的心理一般都处于兴奋状态;有的犯罪人则可能因某种因素的刺激,在兴奋之余,出现异常的冷静,惯犯更是如此。他可以冷静地对犯罪的各个环节进行准确的分析判断,使犯罪动机得到最大限度的发挥,并思索作案过程,发现漏洞,予以弥补,策划如何逃避侦查。有的犯罪人还会冷静理智地控制犯罪行为的后果,不使之扩大和恶化,甚至自动中止犯罪。

3. 变更原定计划实施犯罪的心理

犯罪行为一般均受计划的支配。犯罪目的达到犯罪行为即行终止,犯罪动机满足犯罪决意则随之消失。但是,如果出现下列情况,犯罪人则可能临时摒弃原计划,改变犯罪目的,形成新的犯罪动机,并采取相应的行为方式:

(1)犯罪人在实施犯罪过程中突遇意外的障碍。犯罪人在实施犯罪中突遇意外障碍的原因很多,如被害人对犯罪人犯罪动机的错误估计、强烈的反抗、犯罪环境突出的变化等。犯罪人对突然的变化,常常会缺乏精神上的准备,恐慌之际失去冷静。因犯罪人个性特点的差异,行为常表现出两个极端:一是停止犯罪行为,任凭捕捉,不敢反抗;二是凭借暴力孤注一掷,企图排除障碍而得以脱逃或者更加疯狂地犯案,如行为人盗窃过程中被财物主人发现,为逃避抓捕,行为人用随身携带的匕首将财物主人捅成重伤。

(2)犯罪人在实施犯罪过程中突发新的犯罪动机。这种情形多见于以犯罪为常业的惯犯。之所以出现这种情况,一般是由于犯罪人的犯罪意志坚定,犯罪欲望旺盛,再加之犯罪行为实施顺利,犯罪机遇较好。客观条件和犯罪人贪婪的心理结合,促使犯罪人胆大妄为,横生犯罪动机与决意,或继续加害同一犯罪对象,或扩大其攻击范围。如行为人入室盗窃成功后发现女主人独身躺在床上睡觉,于是临时产生强奸动机,进而实施了强奸行为。

(三)放弃实施犯罪的心理

1. 放弃实施犯罪的心理实质

决意犯罪后,由于受新的主客观因素的影响,行为人一改初衷,放弃犯罪实施,这在实

践中并不鲜见。促使行为人放弃犯罪的因素固然十分复杂多样,但究其心理实质,基本上可分为以下两种情形:

(1)因某种顾虑被迫放弃。对于犯罪恶习不深的行为人,不仅犯罪前要反复权衡利弊,决意是否实施犯罪,在着手预备犯罪和实施犯罪的过程中,仍不时存在犯罪与反对犯罪的动机之间的冲突。如行为人认为犯罪得不偿失,虽仍有犯罪的意愿,但也可能为保全自己、避免付出重大代价而被迫放弃犯罪。如行为人受社会伦理道德、宗教教义、迷信观念的制约,在准备实施犯罪时主观上认为犯罪事态严重,产生重重顾虑,而动机冲突的结果是反对犯罪的动机渐居主导地位,虽然被压抑的犯罪动机并未彻底消失,但行为人亦可能被迫放弃犯罪。如在拐卖儿童的过程中,行为人在警方以及民众强大的围捕攻势下不得不主动释放被控制的儿童。

(2)因客观条件被迫放弃。受客观条件阻碍和限制,犯罪已无法顺利实施了,迫使行为人放弃实施犯罪。犯罪人行为时所处的客观环境,有时可能阻碍和限制其实施犯罪。例如,自然现象的变化、地理环境的改变及社会情势的变化等,使行为人意识到犯罪行为的继续实施已不可能,而考虑放弃犯罪。有时亦因行为人所接触的被害人的态度和行为的刺激作用,使行为人认为非但犯罪目的不可能顺利实现,而且可能因自己的犯罪行为伤害自身,于是也可能放弃犯罪的实施。如在非法捕猎犯罪过程中,相应动物因自然环境的改变或迁徙或减少导致行为人无法有效捕猎而被迫放弃犯罪。

2. 行为人心理冲突使其主动放弃实施犯罪

行为人在犯罪决意和动机形成、预备和实施犯罪的一系列过程中,始终不间断地有犯罪动机和反对犯罪动机的冲突。当前者占主导地位时,行为人将决意犯罪并付诸实施;而当二者相互易位时,犯罪的决意和动机则将削弱甚至消失,从而主动放弃实施犯罪。在这种场合,犯罪的机会和客观条件虽仍然存在,但行为人主观上已无犯罪意念和动机,故此时放弃实施犯罪应视为主动放弃。如在故意伤害他人过程中,行为人因被害人苦苦哀求而产生恻隐之心后主动停止了伤害行为。

3. 放弃犯罪的情绪表现

放弃实施犯罪最主要的因素是动机的转化和消失。同时,行为人在行为过程中所产生的各种情绪也能直接或间接地影响其行为。这些因客观环境及其他刺激所产生的情绪,有时可促成行为人放弃犯罪,包括:

(1)失望。行为人在准备犯罪行为的过程中,遭受挫折,进展不顺利,对犯罪成功的可能性失去信心,因为心灰意懒而放弃犯罪决意和预备行为。

(2)恐惧不安。行为人在准备犯罪行为的过程中,恐惧心理增加,尤其当意识到犯罪的责任和后果严重而体验到恐惧不安情绪时,可能抑制犯罪动机,动摇犯罪决意,促使自己放弃犯罪的预备行为。

(3)悔悟。已经或将要准备犯罪时,由于受到社会或家庭等各方面积极因素的影响,行为人猛然悔悟,从而放弃犯罪准备行为。

(4)厌倦。行为人在预备或开始实施犯罪过程中,由于行为时客观外界环境的多种刺激,内心需要和欲求发生变化,对自己的行为产生厌倦情绪。如这种情绪对实施行为有显著影响,可使行为人放弃犯罪。

导致行为人放弃犯罪的心理因素还有很多,如共犯之间因分歧严重而分道扬镳、犯罪人对被害人忽生恻隐之心等。

三、实施犯罪后的心理表现

实施犯罪后,犯罪人的理智一般有一定程度的恢复,开始冷静地回忆自己实施犯罪的过程,查看有无行为漏洞和暴露的危险,并开始着手进一步的逃避侦查的活动。这时犯罪人心理的主要特点是消极、被动的。犯罪后果的严重性、侦查工作的群众性和隐蔽性,常使犯罪人终日惶恐不安,情绪的惊恐和紧张程度不亚于实施犯罪的时刻。其主要表现又因犯罪未遂和既遂而有较大差异。

(一)犯罪未遂时犯罪人的心理

1. 犯罪未遂的心理实质

犯罪未遂是指犯罪人已着手实行犯罪,由于犯罪人意志以外的原因而未能完成犯罪的行为。这里所说的犯罪人意志以外的原因,既包括客观原因,也包括主观原因。客观原因即客观障碍和客观条件的限制;而主观原因并非指犯罪人主观意图的改变,而是指客观情况所造成的主观上违背本意的决断。因此,这两个方面的原因应具有不以犯罪人意志为转移的实质。正是这些原因使犯罪人被迫放弃犯罪或无法实施犯罪。

根据司法实践经验,造成犯罪未遂的原因有以下几类:

(1)外界的障碍和阻力。此即客观障碍使犯罪行为无法进行下去,或使预期的结果无法发生,如被害人的发现及反抗、他人的阻止、群众及保卫人员的及时抓捕、自然力的破坏等。例如,行为人在实施强奸过程中,因被害人系“女汉子”,行为人被被害人及时擒获;又如,行为人在实施诈骗过程中已经被被害人及时识破,但被害人觉得行为人甚是可怜因而仍然给了行为人相应的财物,由于行为人取得财物的结果并非诈骗行为直接导致,也即客观上并未发生预期的结果,所以仍然是未遂。

(2)自身行为能力的欠缺。此即犯罪人自己身体方面的原因,使犯罪行为无法再进行下去,或使预期的结果无法发生。如犯罪人能力、体力、经验范围、技能的欠缺等。例如,行为人有晕血症状,在其实施杀人过程中,砍一刀下去后见被害人血流如注便一下晕倒过去,等醒来时自己已被警察控制;又如,行为人枪法不准,欲杀人但开数枪后均未打中被害人。

(3)主观认识上的错误。此即行为人对外界事物的认识出现偏差,导致出现了违背行为人主观意志的结果,如对犯罪对象、犯罪工具、犯罪结果是否已经发生等方面出现的错误认识。比如误把假枪作为真枪实施杀人、误把男人当作女人实施强奸。

2. 犯罪未遂时犯罪人的心理状态

犯罪未遂时犯罪人的主要心理特点是为自己失策、无能或机遇不好而痛悔。因此,犯罪人常有以下心理状态:

(1)懊恼。犯罪人因犯罪手段失误而后悔不及,为自己手段不够谨慎、大胆,客观障碍的不期出现而未达到期望的目的而懊恼。这种失策后悔的心理将延伸犯罪人继续犯罪的侥幸心理或被捕后的抵触心理。

(2)悔恨。如实施犯罪前曾有人规劝、阻止或出谋献策遭犯罪人拒绝和蔑视,犯罪未遂后,犯罪人则可能产生悔恨的心理。有的犯罪人痛悔未听从规劝,坚持实施犯罪,结果触犯法律。这种犯罪人因有比较明显的悔罪心理,故而易为法律感化。有的犯罪人则痛感事前出谋划策者的影响,自己如依计行事,当不致失败,因而悔恨自己不该一意孤行,存有较强的侥幸心理。这种犯罪人一遇机会,很容易重操犯罪旧业。

(3)愤怒。犯罪人为客观原因的障碍,同伙和自己的无能、失策而导致的失败所刺激,愤恨不已。例如,未遂的原因是他人行为所致,犯罪人还可能迁怒于该行为人,寻机报复泄恨;又如,因被害人的行为导致犯罪未遂,犯罪人也可能寻机对其施加更严重的攻击。

(4)恐惧。由于犯罪未遂多是意外的,由不以犯罪人意志为转移的原因所致,故犯罪人在犯罪过程多有直接暴露;另因无暇顾及伪装和清扫现场,更有间接暴露的可能。故临场脱逃的犯罪人因其即将受到目标明确的侦缉,较之既遂的犯罪人,其恐惧心理更为严重。在这种心理的驱使下,自感罪不可恕的犯罪人多有极端行为,如弃家远遁,不顾一切采取冒险行为去完成未遂的犯罪甚至自杀等。

(二)犯罪既遂后犯罪人的心理

犯罪既遂后,大多数犯罪人因目的达到而停止犯罪行为;犯罪动机得到满足,犯罪决意也随之消失。在这一阶段,犯罪人的心理状态大致有如下几种:

1. 满足。犯罪人达到了预期的目的,其在物质上和精神上得到了一定程度的满足,因而欣喜若狂。或肆意挥霍犯罪所得财物,或在同伙中哗众取宠自我吹嘘,以求得物质和精神上的享受。犯罪人对自己犯罪成功一般都有满足感。这种满足感常常会强化犯罪恶习,滋生新的犯罪动机,导致犯罪行为的不断发生。

2. 弛缓。犯罪活动一般都是处于一种兴奋的状态中,犯罪实施成功后,紧张、恐惧减弱,兴奋状态随之消失,犯罪人则会陷入弛缓状态。

3. 精神紧张、联想混乱。初犯、偶犯的这种心理现象特别突出。这常常表现为情绪反常,行为无序,惶惶不可终日。这时犯罪人对外界舆论格外关心,常将他人的无意之举、寻常的无关事物同自己的罪行联系在一起,认为罪行暴露在即,难以掩饰、控制自己的慌乱、紧张情绪。有的犯罪人甚至产生错觉、幻觉,出现被害妄想等精神症状。一些大案、要案的惯犯和累犯,虽能以种种方法转移、掩饰这种情绪,但在心理上、行为上难免有许多反常现象。

4. 悔悟。有的犯罪人实施犯罪后,对其行为及其后果痛悔、自责,甚至企图自杀。这种心理状态多见于初犯和大要案犯。他们为复仇、泄愤、物欲、嫉妒等动机所驱使,在情绪极度冲动时实施了犯罪,理智恢复后,深感对被害人的恻隐、怜悯之情,威慑于法律制裁,听从各方的规劝而悔悟,产生有罪感。这类犯罪人多能自动投案,或听从规劝而自首。

5. 犹豫。实施犯罪后,犯罪人常有强烈反复的思想斗争,在何去何从的问题上犹豫不决。处于犹豫状态中的犯罪人,常为如何选择出路举棋不定,十分苦恼。这种犯罪人视外界因素的刺激及内部心理反应的不同,最终将作出抉择,如投案自首、弃家远遁、坐等观望、畏罪自杀等。因而对这种犯罪人,外界因素的影响至关重要。

四、故意犯罪的行为方式

在任何一种故意犯罪中,犯罪人总是希望寻求最合意的方式。但是,采取何种行为方式并不完全以犯罪人的意志为转移。犯罪行为方式既取决于犯罪的性质,又受客观环境及犯罪人自身主客观因素的制约。同时,与犯罪有关情况的不断变化,还会迫使犯罪人相应改变预定的行为方式。

(一)制约犯罪行为方式的主要因素

1. 犯罪的性质

不同类型的犯罪如杀人、强奸、盗窃、诈骗等,会制约犯罪人采取相应的行为方式,这自不待言。即使同类型的犯罪,亦因性质不同而对犯罪行为方式起着制约的作用。如同为杀人犯罪,仇杀与图财杀人二者的行为方式通常都会有很大差异。

2. 犯罪的客观环境及条件

犯罪的客观环境及条件主要是指犯罪事件发生的时间、地点及周围情形,侵犯目标本身的特点及现存的和将要发生的情况,犯罪人只有充分考虑这些情况,方能对行为方式作出选择。如被害人所处的地点、活动规律、防卫意识和能力、财物的存放保管情况等,都对犯罪行为方式的选择起着直接的制约作用。

3. 犯罪人自身的主、客观条件

犯罪人自身的主、客观条件主要是指犯罪人占有的物质条件,如时间、身份、犯罪工具、凶器及其他辅助性物品以及犯罪人的体力、能力、知识经验、智力技能等主观条件。例如,犯罪人本欲实施暴力抢劫财物,但因自身体力显然不敌被害人,又不具有足够威力的犯罪工具、凶器及同伙的协助。在这种情况下,犯罪人如仍欲实施犯罪,则将不会选择暴力犯罪的行为方式,而选择下药、灌酒等非暴力手段劫取财物。

(二)故意犯罪的主要行为方式

通常的犯罪行为方式有秘密的、公开的、欺诈的、威胁的、暴力的、共谋的等多种。每种犯罪方式各有其特点,但在一种犯罪中常常表现出几种行为方式。因为有时一种方式即可使犯罪得逞,而有时则必须使用多种行为方式,有的行为方式则本身即具有几种行为方式的特点。犯罪行为方式虽是犯罪行为的外部表现,但因其能反映犯罪性质、社会危害程度及犯罪人在多种因素制约下选择行为方式的复杂心理活动,故研究犯罪行为方式有其特殊的意义。

1. 秘密的犯罪方式

所谓秘密的犯罪方式,是指犯罪人采取自认为不为被害人或第三人发现的方法实施犯罪行为。犯罪人一般认为秘密的犯罪方式既能达到目的又不为人知,可逃避惩罚,故多采用这种方式犯罪(如贪污受贿、盗窃犯罪多属秘密实施)。

秘密的方式使犯罪的预备、实施、逃避打击等一系列过程很少为人直接了解,故他人无法阻止其决意的产生及行为的实施,若犯罪人决意犯罪,则犯罪行为及犯罪后果很难避免。但是,秘密的犯罪方式同时又予犯罪人以较大制约,使其不可能随时都有机会随心所欲地实施犯罪。犯罪人要采取这种方式,必须选择适当的犯罪时间、地点及犯罪对象。同时,秘密的犯罪方式仍是可以从犯罪后果、行为痕迹、因果关系等方面为司法机关间接甚至直接认识的,因此,所谓秘密的方式仅是就行为方式本身相对而言的。

2. 公开的犯罪方式

公开的犯罪方式就是在被害人或其他人在场的情况下公然实施犯罪的方式。任何一个犯罪人在实施犯罪时都会尽量避免采用这种方式,只是由于犯罪意志无法抑制才为之。因为这种方式得逞的可能性相对较低,而罪行被揭露的可能性又相对较大。尽管如此,采取公开方式犯罪的情况并不少见。首先,不少犯罪就其性质便决定了其方式必然是公开的,如抢劫罪等;其次,在犯罪人同被害人在有他人在场的情况下正面冲突,当场实施侵害的情况下,犯罪人已无选择其他犯罪方式的可能;最后,由于秘密犯罪方式受挫,犯罪方式本身即公开化或迫使犯罪人采取公开方式实施犯罪,如入室行窃,被事主发觉,犯罪人转而采取公开的方式抢劫甚至杀伤事主。

采取公开的犯罪方式一般反映出犯罪人犯意坚定、动机强烈、控制行为能力较低,因而犯罪后果常常较为严重。

3. 欺诈的犯罪方式

欺诈的犯罪方式即以各种虚构的事实和手段掩盖行为的犯罪动机和性质,诱使被害人受骗,乘机实施侵害行为的犯罪方式。这种方式就其表现形式而言多是公开的,就其行为性质、动机而言是秘密的,只有当行为后果为被害人或第三人察觉后,其犯罪性质才告明朗,因而防止和抑制这类犯罪比较困难。同时,犯罪人的犯罪方式和动机也很少转变,即使罪行败露,也很少向恶性犯罪方向发展。

4. 威胁的犯罪方式

威胁的犯罪方式,主要是指犯罪人使用胁迫或要挟的手段,使受害人不敢反抗或放弃反抗、被迫接受侵害的犯罪方式。这种犯罪方式的表现形式很多,如扬言当场或今后实施暴力相威胁;利用职权、从属关系或抚养关系相威胁;以揭发被害人隐私相威胁;以破坏、夺取被害人婚恋、家庭关系或财产相威胁;利用被害人的某种需求关系相威胁;以对被害人违法犯罪进行控告相威胁等。总之,这种方式的实质是犯罪人利用被害人的某种需求或弱点,迫使其就范,答应其犯罪要求,而后实施犯罪行为,达到犯罪目的。

5. 暴力的犯罪方式

暴力的犯罪方式,是指犯罪人直接使用暴力或以暴力相威胁实施犯罪行为的方式。犯罪人是否使用暴力的犯罪方式,同犯罪性质密切相关。有些犯罪本身即具有暴力特征,如强奸罪、抢劫罪、故意伤害罪和暴力干涉他人婚姻自由罪等;而有些犯罪则本身不具备暴力特征,如诈骗、贪污、行贿、受贿等。

犯罪人采用的暴力手段亦与犯罪方式密切相关,而且不仅仅限于直接使用暴力。例如,以暴力为后盾相威胁;犯罪人本人不直接使用暴力,而是利用其他物品或动物展示或施加暴力,如利用猎犬、腐蚀性药物、毒物、电击、火烧等手段,亦应视为暴力手段。此外,行为人通过暴力伤害自己以威胁被害人的,亦属暴力。如行为人在被害人面前先砍自己一刀恐吓并威胁被害人,被害人被迫交出财物,行为人仍构成抢劫罪。总之,犯罪人如使用足以使被害人感受到肉体上的痛苦或精神上的极度恐慌的手段,均应视为暴力的犯罪方式。

6. 共谋的犯罪方式

共谋的犯罪方式主要是指两个或两个以上的犯罪人事先通谋的共同犯罪的行为方式。犯罪人事前即有共同犯罪的决意和动机,共同制订了犯罪计划,并有共同的预备、分工等犯罪活动。

这种犯罪方式,由于事前拟定有犯罪计划,犯罪能量较大,不仅相对被害人有力量对比的优势,还使共犯者有明显的安全感。因此,犯罪多是依既定方案行动,在主犯的指挥、协调下进行,犯罪更容易得逞,社会危害性较单独犯罪更大。

第二节 过失犯罪心理

一、过失犯罪心理概述

我国《刑法》第15条规定:"应当预见自己的行为可能发生危害社会的结果,因为疏忽大意而没有预见,或者已经预见而轻信能够避免,以致发生这种结果的,是过失犯罪。过失犯罪,法律有规定的才负刑事责任。"这一规定表明,人们的某些过失行为是可能构成犯罪的,应当依法追究其行为人的刑事责任。过失犯罪虽无明确的犯罪动机、目的,亦无犯罪的决意,但作为一种犯罪行为,其复杂的心理现象和过程,是犯罪心理学研究的重要课题之一。

依法追究过失犯罪人的刑事责任,其目的在于加强和完善社会主义法制,建立和维护正常的生产、生活秩序。这是保障国家建设的需要,是完全符合广大人民的利益的。

《刑法》分则有关条文规定的过失杀人、过失伤害致人重伤、失火等行为,都表明只有过失行为造成严重后果时,才依法追究刑事责任。因此,确定过失犯罪,必须查明行为人的行为是否引起了严重后果。

《刑法》第15条的规定表明,过失犯罪中的过失有两种类型:一种类型是行为人应当预见自己的行为可能发生危害社会的结果,因为疏忽大意而没有预见,以致发生危害社会的结果,这在刑法理论上叫作"疏忽大意的过失";另一种类型是行为人已经预见到自己的行为可能发生危害社会的结果,但是轻信可以避免,以致发生这种结果,这在刑法理论上叫作"过于自信的过失"。

1. 疏忽大意的过失

(1)疏忽大意的过失的特征

疏忽大意的过失有两个特征:一是行为人应当预见到自己的行为可能发生危害社会的后果;二是因为疏忽大意而没有预见。凡具备上述两个特征,即构成疏忽大意的过失。比如,行为人驾驶汽车在行驶过程中只顾低头刷微信朋友圈,根本没有注意到车前方有行人过马路,而径行将行人撞死。对行人之死,便属典型的疏忽大意的过失。

(2)判断行为人对自己行为的危害后果是否应当预见的心理标准

第一,客观标准。这是指在某种具体情况下,一般理智正常的人能够预见的结果,行为人就应当预见到;但如对该种结果的预见需要有一定的专门知识,那么只要对这种专门知识具有一般正常水平的人所能预见到的结果,则行为人就应当预见到。但是,确定一个人是否构成疏忽大意的过失,应根据行为人的个人特征来判断其是否应当预见到某种危害结果。而客观标准没有估计行为人的个人特征,它只是用一般人的水平要求每一个具体的人。因而确定行为人是否有疏忽大意的过失,不能以客观标准为主要依据。客观依据仅仅是定性时初步判断的参考依据。

第二,主观标准。这是指在某种具体情况下,根据行为人的主观条件,如年龄、发育状况、知识水平、经验范围和技术熟练程度,能够预见自己行为的危害后果,那么对行为人来说,就视为应当预见。由于主观标准是依据个人的特征来判断行为人是否应当预见到自己的行为会发生危害社会的结果,因而在认定行为人是否应当预见自己行为的危害后果时,应主要依据主观标准。

2. 过于自信的过失

(1)过于自信的过失的特征

过于自信的过失也有两个特征:一是行为人对自己的行为可能发生某种危害社会的结果有预见性;二是轻信能够避免,以致发生这种结果。也就是说,行为人已经预见到危害结果可能发生,但轻信可以避免这种结果的发生,而实际上却未能避免。具备上述两个特征的,即是过于自信的过失。例如,行为人驾驶汽车超速行驶,在100米外已经看到有行人横穿马路,行为人自视自己属老司机、驾驶技术高超,认为即使不减速也可有效避免碰撞行人,便未减速而继续行驶,未料行人在马路中间突然因腿麻而停了下来,汽车活生生将行人撞飞致其死亡。行为人的此种心态便属典型的过于自信的过失。

(2)过于自信的过失与间接故意的不同心理特征

过于自信的过失与间接故意的共同心理特征在于:第一,二者都预见到了行为的危害结果,而且都只预见到危害结果发生的可能性;第二,二者对危害结果的态度,都是不希望其发生。

二者的心理特征的主要区别在于:第一,过于自信的过失,行为人轻信危害结果可以避免,如行为人认为凭借自己的技能、经验、有效的预防措施,有利的客观条件及他人的支持等,完全可以避免危害结果的发生,而实际上行为人过高地估计了自己的力量或客观有利条件,以致危害结果终于发生。而间接故意的行为人对自己的行为可能引起的危害结果,在主观上不是轻信可以避免,而是采取漠不关心的态度,有意放任、无意防止,发生了也不违背其意愿。第二,过于自信的过失确实具有可能防止危害结果发生的相关因素或条件,如行为人自身过硬的操作技能、外在存在防止结果发生的客观条件;而间接故意则根本不存在防止危害结果发生的任何因素或条件。

在司法实践中,必须严格、准确地把握过于自信的过失与间接故意的心理实质和特征,否则就不能准确地定罪量刑。

二、产生过失犯罪的心理原因

任何过失行为的形成,都不是偶然的,都有其固有的心理原因。而且引起过失行为的往往不是一种原因,而是多种原因复合作用的结果。

(一)决意不当

人的任何行为都是由外界某种刺激引起行为人产生行为的决意而发生的。行为可分为应当实施和不应实施两类,前者是社会允许的,后者则为社会所禁止。如行为人对应当实施的行为无行为决意,或对不应实施的行为有行为决意,均属不当决意。从过失行为的法律含义不难看出,不当决意是过失行为的重要心理因素。

不当决意的形成,其主要原因有以下几点:

首先,受过于自信心理的影响。行为人自认为其能力足以克服障碍、避免危险,而不顾一切冒险,实施实际上超越其能力的行为,结果导致危害后果的发生。亦有一些行为人对自己的技能、经验过于依赖,从而对困难估计不足,忽视危险的存在,最终酿成事故,如驾驶员自视驾驶技术娴熟边开车边频繁低头刷短视频而未及时观察路面情况引发交通事故。

其次,受强烈情绪的影响,行为人本应实施正当行为,由于强烈情绪的影响,例如,陷于恐怖、惊慌、愤怒或悲伤的状态,多无法及时决意实施其应当立即实施的行为,从而造成事故。这种不为自己应为行为的情况,即构成过失行为。又如,工人在施工作业过程中因生活琐事烦闷不安致精力不集中,进而操作不当引发责任事故。

最后,强迫观念的影响。有些行为人受某种强迫观念的影响,实施自己本不欲实施的行为。这种因强迫观念而实施的行为,即为强迫行为。强迫观念对行为人的行为决意有极大的影响,往往促使其实施某种不当行为,如这种行为涉及注意义务和社会公共利益,则将构成过失行为。例如,信奉迷信者听信算命先生的话冒险实施危险的“改运”行为,进而致他人人身伤害。

(二)过失与注意义务的违反

过失行为必须有违反注意义务的事实存在方能成立。法律对注意义务的要求因个人特征的不同而有所不同。对于有责任能力的人所共同要求的注意义务,即是普通注意义务,如用火必须小心失火等。对于从事专门业务的人有相应的特殊要求的注意义务,即特殊注意义务。对于从事任何专门业务工作的人,除必须遵守普通注意义务外,还必须遵守本行业从业人员的特殊注意义务。如果违反这些注意义务并造成危害结果,则构成过失行为。

注意义务视不同的性质,可分为以下两种:(1)预见危害的注意义务。依照因果法则,有危害原因的出现或存在,就可能有危害结果的发生。行为人如有预见某种行为将导致某种危害结果发生的可能性的注意义务,但并未预见,并实施这种行为,如果导致危害结果的发生,则行为人即因违反预见危害的注意义务而构成过失行为。(2)避免危害结果的注意义务。对于可能发生的危害结果,应注意避免其发生即为避免危害结果的注意义务。行为人如对某种行为可能导致危害结果的发生已有预见,且在客观上尚有避免的可能,但仍实施这种行为,自信这样足以避免危害结果发生,以致引起危害结果最终发生,则行为人即因违反避免危害结果的注意义务而构成过失行为。

（三）过失与意识状态不佳

注意时必须集中意识，否则便不能引起注意。行为人在负有预见或避免危害结果的义务时，应当保持良好的意识状态，否则将难以形成应有的注意，以致引起危害结果的发生。

对意识状态的变化，任何人均不可能完全随意控制。因为种种自然的、人为的因素均可能引起意识状态的变化，如疲倦、饥饿、醉酒等都可使人的意识削弱或丧失。但是，负有一定注意义务的人，当其必须尽其义务之际，应当采取相应的措施，使自己处于最佳的意识状态，否则将难以预见或避免危害结果发生。如果行为人不做这种努力，或者故意陷入不佳意识状态，而违反注意义务导致危害结果发生，将构成过失行为，如汽车驾驶员酒后开车肇事即是常见的不良意识状态引起的过失行为。

（四）过失与行为态度

为满足各种欲望及解决日常生活或工作中发生的问题，个人均形成不同的态度。例如，对自己所追求、喜爱的事物持良好的态度；而对自己憎恨、忌讳的事物，则持厌恶的态度。态度对行为有直接的影响，使行为形成某种倾向。对某些行为，态度的影响不会导致严重后果；而对某些行为，特别是具有一定危险性、须高度集中注意力的行为，如行为人持不当态度，则将导致严重后果的发生。

1. 不满和怨恨的态度

行为人对自己从事的工作没有正确的认识，不喜爱自己的职业，或自认为受到不公平的待遇，或因同领导和同事就应否改变目前的工作方式有激烈的冲突等，都可能使行为人产生不满和怨恨的态度。在这些心理态度的影响下执行职务时，行为人常常显得消极，缺乏应有的热忱，精神不振，注意力分散，因而极易发生事故。

2. 敌对抗拒的态度

行为人对自己的上级、雇主或其他能对自己有管理、监督权的人不满、愤恨、嫉妒，则可能产生敌对抗拒的态度。在这些心理态度的影响下，行为人在执行职务中常会缺乏工作的主动性和应有的责任心，从而忽视或遗忘自己应负的注意义务，实施容易引起事故的行为。

3. 冷漠和轻率的态度

行为人厌倦自己从事的职业，对个人利益的关心超过了对公共利益的关心，对自己的行为缺乏责任心，以冷漠和轻率的态度对待自己应尽的义务，容易因疏忽大意而酿成事故。

4. 骄傲自满的态度

行为人自身的知识技能、经验等方面的能力本来尚有不足之处，或对客观情况尚未作准确分析和充分的了解，但过高地估计了自己的能力和客观有利条件，或者过低地估计了可能遇到的障碍和困难，以致本来应该预见并可以避免的危害结果最终发生。

5. 偏颇的态度

行为人不依据客观事实和实际经验，却对他人或事物持有某种特殊的感情或见解，即为偏颇的态度。偏颇的态度常来自各种社会因素冲突所产生的种种不合公理的观念。受偏颇态度影响而实施某种行为,其决意和行为的倾向性十分明显,常常导致行为人忽视其应尽的注意义务和不为应作为的行为。

三、过失犯罪的认识特征

(一)过失犯罪与认识

凡有意识实施的行为,行为人对其行为及可能引起的后果,均先有认识。过失行为的行为人也是在意识状态中实施其行为的,因此,对其所实施的行为或行为可能引起的后果是有所认识的。

过失行为的行为人不希望有危害结果的发生,但最终仍出现了危害结果。从其认识分析,有两种不同的情况:一是行为人对危害结果的发生有预见,有认识;二是行为人对于危害结果发生的可能性毫无预见、无认识,只对行为本身及可能产生的合法结果有认识。犯罪心理学将第一种情况称为有认识的过失,将第二种情况称为无认识的过失。无论哪一种过失,都有其复杂的心理机制,就一般情况而言,过失行为同以下心理机制有密切的关系。

1. 行为人的行为目的与行为结果不一致

人的行为除自动行为与习惯行为外,均有为行为人所认识的明确目的,过失行为亦不例外。行为目的是行为人实施行为所欲达到的目标,行为结果则是因为行为的实施而发生的客观事实。因而行为目的与结果的关系实质上是行为人行为的主观愿望与行为引起的客观事实之间的关系,即行为目的是行为人希望实施某种行为而达到某种目标的主观愿望,行为结果则是实施行为后的实际结果。人们实施任何意识行为,均有其目的,但其目的是否能达到,则不完全由行为人的意愿所控制。行为人以实现其目的而选择的行为所产生的结果与行为目的是否一致,是衡量目的是否完全达到的主要标志。

过失行为的行为人都希望行为的结果与行为的目的一致。在这种心理状态的主导下,行为人将选择并实施某种行为,因而此时的行为选择即成为成败的关键。如果行为人错误地选择了行为结果与行为目的将不可能一致的行为,则属过失行为,如果引起严重危害结果,将构成过失犯罪。例如,客车司机开快车,其目的本是将乘客顺利、快速送达,但车速过快,造成交通事故,结果事与愿违,目的不曾达到,反造成严重危害结果。

2. 行为人的知识经验与判断

人们有意识的行为都是以过去所获得的知识经验为基础实施的,即借助过去的知识经验并加以演绎或归纳使认识深入未知的领域。这一过程实质上是理解各种行为或自然现象的性质及其发展的可能性,并考虑用何种方法引起或阻止某种事态发生的过程。

过失行为之所以形成,常常同行为人的知识经验有关。过失行为常常是由于行为人演绎、归纳及利用其知识经验的错误,以致未能洞察行为与结果之间的必然因果联系,或行为人不具备避免结果发生的能力。这种情形大致有以下两种形式:

(1)行为人欠缺必要的知识经验:某些行为依照与其有关的正常知识经验判断,应知其具有高度危险性,但行为人欠缺实施这种行为应必备的正常知识经验,并未认识到其中的危险性，贸然采取行为，以致引起危害结果的发生。

（2）行为人对知识经验的不当借鉴：行为人自认为过去所处的情况与现在所处的情况相同，而过去并未发生过危险，以旧经验为依据，盖然判断此次行为亦无危险。有时亦因行为人认为别人同样的行为未引起危险，自己所处的情况与别人的相同或更为有利，于是得出行为不具危险或危险完全可以避免的结论。

3. 行为人的遗忘

行为人因遗忘而构成过失犯罪，多表现为以下两种形式：

（1）行为人记忆的欠缺：为避免事故的发生，行为人本应将容易造成事故的经验、常识保存于记忆之中。如行为人不重视事故的防止，对于有关危险的经验、常识无良好的记忆，面临危险则无法及时回忆并引起相应的注意，以致无法及时预见和避免危险的发生。

（2）行为人再认的困难：对曾经感知过的事物再度感知时，确知是以前感知过的，即为再认。再认是否可能，主要取决于过去对该事物的感知质量和记忆准备性的高低，该事物再现时，外在的相似点多少及质量高低，行为人对二者本质相似点归纳的程度及联想是否能及时形成。如行为人对危险的经验已经遗忘，虽然面临发生的危险事件与过去所经历的危险事件实际上颇相类似，但仍因上述种种原因，无法对此再认，因而不能注意到危险即将发生并及时设法避免。

（二）错觉与过失行为

错觉就是对客观外界事物不正确的知觉。错觉可能是由生理和心理等多方面原因引起的。同一分析器内部的相互作用、不同分析器所提供的信号不一致、当前的知觉与过去的经验相矛盾或者思维推理上的错误等，都是造成错觉的原因。

1. 错觉的分类

人是在过去经验的基础上知觉当前事物的。但是一旦多种分析器的协同活动受到限制，当前情景又跟过去经验相矛盾，错觉就很容易发生。人的各种分析器的活动都可能发生错觉，如嗅错觉、听错觉、触错觉和视错觉等。但感知空间对象产生的错觉最为常见。在诸种错觉中，视错觉同过失行为的关系也最为密切。视错觉形式很多，很难一一列举，常见的有几何图形错觉、空间定向错觉、倒置错觉等。总之，错觉同人的知识经验、认识事物的共同规律、分析器的状态等多种生理现象密切相关，并因不同的客观情况有不同的表现形式。

2. 错觉产生的原因

现代心理学普遍认为，错觉一般是由以下原因所致：

（1）对象的客观环境变化。即错觉的出现，大都是在知觉对象的客观条件有了一定变化的情形下产生的。如知觉对象增加了附加成分，或置于某种背景之中，或客观参考标志的消失和变换等，故不难推出，错觉的产生总是与一定客观条件的变化相联系的，并不是任意想象的结果。

（2）同一分析器内或不同分析器之间的相互作用。分析器同时接受不同刺激时，这些刺激所产生的作用不同，必然影响信息的传递和加工，使知觉出现错误。不同分析器之间相互作用也能引起错觉。如在倒置错觉中，平衡觉和压觉依然提供身体位置正常的信号,视觉失去参考标志难辨上下,受平衡觉和压觉的影响,则产生将上知觉为下的错觉。

(3)过去经验的影响。知觉是在经验的基础上进行的,当前的知觉与过去的经验发生矛盾时,过去经验的影响常常是错觉产生的原因。

(4)年龄因素的影响。某些错觉的产生与年龄有关。视错觉被认为是儿童知觉的特点之一。随着年龄的增长,一些错觉的可能性减小,另一些错觉的可能性则不断增大。

3. 错觉与过失行为的关系

由于错觉同人的知识经验、认识事物的共同规律、分析器的状态等多种生理、心理现象密切相关,而许多过失行为又与错觉有一定联系,因而,分析错觉产生的具体原因,对于研究过失犯罪的心理是具有积极意义的:

(1)确认行为是否具有过失的性质。人们引起严重危害后果的行为,并非都具有过失。认定有无过失,应根据相关的主客观情况分析判断。有时,对错觉的分析还是衡量有无过失的标志之一。例如,某些现象的出现是否会引起人们普遍的错觉,某种情况对于行为人来讲是否足以引起错觉或行为人是否有责任防止这种错觉的产生。

(2)确定过失行为人的责任程度。某些现象的出现,极易使行为人因产生错觉而导致判断和行为的失误。根据引起错觉的现象分析,即可发现错觉原因,明确行为人是否负有责任或责任的大小。

(3)避免和减少过失行为的发生。某种情况容易使人产生错觉,进而导致判断上和行为上的失误,因此,分析和掌握错觉的心理机制,就不难采取相应的措施加以避免和防止,从而减少和防止因错觉导致的过失行为。

四、注意与过失犯罪

(一)注意概述

1. 注意的概念

注意是心理活动对一定对象的指向和集中。所谓注意的指向,就是在同一时间内,把心理活动有选择地指向于一定对象,而同时离开其余对象。由于心理活动对一定对象有选择地集中,这些少数对象就被清晰地意识到,而同时作用着知觉器官的其他对象,就导致没有意识到或意识比较模糊。因此,注意总是心理活动对某些对象的集中。集中注意的对象是注意的中心,其余对象或处于注意的边缘,或处于注意范围之外。一般来说,注意中心与边缘是经常变化着的,新的形象不断变为注意中心,原注意中心的对象可能退到注意的边缘,甚至完全不被注意了。

注意的对象既可以是外部世界的物体和事件,也可以是人的行为或观念。注意不仅表现在认识过程中,也表现在诸如情感体验、意志行动等其他心理过程中;同时,注意也是和个性特征分不开的,因为注意属于主体方面,一个人的兴趣、能力、气质和性格都会使注意表现出个性的倾向性。

2. 注意的分类

根据注意时人的积极性,注意可分为三种,即无意注意、有意注意和习惯注意。

(1)无意注意,即不随意注意。它是事先没有既定的,也不需要作意志努力的注意。

无意注意往往是在周围环境发生变化时产生的，是一种定向反射，即由于环境中的变化所引起的有机体的一种应急性反应。无意注意表现为在某些刺激物的直接影响下，不由自主地立即把自己的知觉指向这些刺激物，并试图认识它，以便能在这个环境中确立活动方向；无意注意的形成主要取决于客观刺激本身的特点及人的个体倾向性和内部状态两个方面的作用。

(2)有意注意，即随意注意。它是一种自觉的、有目的的、在必要时还需要一定意志努力的注意，是人所特有的心理现象。有意注意是在意识控制之下，由第二信号系统调节支配的。因而，人不仅能够通过具体事物的存在，而且还能通过言词来按一定任务确定自己的活动，注意于一定的事物或活动。引起和保持有意注意是人的许多行为所必需的条件。而有意注意的引起和保持主要取决于以下四个条件：明确活动的任务；克服内外干扰，防止注意分散；保持稳定的间接兴趣；根据当前的任务有效地组织有关活动。

(3)习惯注意，即随意后注意。这种注意是在有意注意后产生的。对同一刺激反复发生有意注意时，将逐渐形成行为习惯。这种注意一旦形成习惯，即使并无意识活动，亦能知觉即将到来的刺激。所以，习惯注意对于从事具有危险性质活动的人的意义十分显著。

(二)不注意与认识错误

引起不注意的原因很多，其中最重要的就是认识错误。因为，如果人们已认识到某种危险因素存在与发展，就必然会引起注意；而当认识错误，未能意识到危险发生的可能性时，注意就不会引起，从而形成不注意。

认识错误，除涉及对危险本身的认识之外，亦包括对危险有关因素的认识。如某行为本已充满危险，或行为人所处环境已出现危险现象，但行为人却认为无危险，继续实施其行为，则将使危险无法避免。

对危险及有关因素的认识错误，必将进一步导致对危险的不注意。反之，如无认识错误，即会引起行为人对危险的发生的有意注意或由开初的无意注意立即转化为有意注意。但由于行为人认识错误，其就会欠缺这种有意注意，即不注意。

(三)不注意与判断错误

人们除了认识事物，还要对事物进行判断，所以判断同认识一样，对注意活动有直接影响。人们对于刺激物是否注意，一般先经过对其发生、发展的可能性的判断，而后才开始予以有意注意。

行为人如对危险结果有所预见，但经判断认为发生的可能性不大，在主观上自然不会重视，因而对可能发生的结果，多不会产生有意注意，判断时甚至不自觉地代替了人们对客观事物的知觉，或成为知觉以外的逻辑补充。由此引起的错误，显然不是认识错误，而是判断错误。

引起不注意的判断错误，通常表现为行为人对危险是否存在作出否定判断，或认为危险发生的可能性极小，危险程度极低。此时的行为人，通常会忽视可能发生的危险，以致危害结果最终发生。相反，对危险发生的可能性及危害程度过高的估计判断，虽亦属于判断错误,但这种判断错误不仅不会导致不注意,反而会引起行为人高度集中、持久的有意注意,使危险不会产生。

(四)不注意的心理基础

一个人的注意,可以由外部某种事物引起,也可以由内部刺激因素引起。当事物对人有一定意义时,就会引起注意;反之,就不易引起注意,甚至不注意。同时,外界的刺激物是否能为主体感知,除与刺激物本身的特点有关外,还与主体的主观条件有密切关系。主观条件欠缺,虽有足以引起注意的刺激存在,主体仍无法感知,也可形成不注意状态。

1. 行为目的不明确

有意注意是服从于一定的活动任务和行为目的的。因为明确行为的积极意义,理解任务完成后将产生什么结果,以及达到目的的愿望,都是引起有意注意的重要因素。对目的的意义理解越透彻,完成任务的愿望越强烈,与行为相关的一切事物也就越能引人注意。相反,对行为目的不明确,就不容易引起有意注意,或使已经形成的注意难以持久,转为不注意状态。

2. 无意注意的干扰

有意注意一般需要克服一定的困难去促使注意指向和集中于某种目标。如果对行为的目的不甚明确或缺乏兴趣,不仅不容易引起有意注意,而且还随时可能受其他现象的刺激而产生无意注意,使有意注意受到干扰和转移。

长时间从事枯燥无味的活动或工作,行为人又没有作出相应的意志努力,那么此时行为环境的任何刺激强度只要稍强于正在注意的事物的变化,都容易引起行为人的无意注意和一些下意识的举动,这就可能导致意外情况的发生。

3. 注意的转移不当

注意的转移是指有意识、有计划地调动注意,从一个对象迁移到另一个对象。对有些行为,注意的转移是必要的。如火车、汽车驾驶员和从事金属切削加工的工人,必须随时高度集中注意情况的变化,以便及时处理紧急情况。如果没有注意的及时转移,是不可能做到这一点的。

注意转移的快慢和难易,取决于原来的活动吸引注意的强度,以及引起注意转移的新事物的性质。原来的注意程度越高,新的事物或新的活动越不符合引起注意的条件,注意的转移也就越困难、越缓慢;反之,就越容易、越迅速。因而,当行为人并不具备及时有效转移注意的能力,或在工作中对操作行为漠不关心,甚至同时从事自己更感兴趣的活动,将难以对可能发生的危险产生及时的注意,或在危险即将发生的瞬间来不及转移注意,以一些下意识的行为徒劳地试图阻止,以致危险最终发生,甚至酿成更大的危害。

4. 注意的分配不当

注意分配是指在同一时间内把注意分配到两种或两种以上的不同对象上或活动上。同注意的转移一样,人的许多活动以注意的适当分配为必要条件。适当地分配注意是完成任务和提高工作质量的积极因素,而注意的不当分配则是许多过失行为的重要心理因素。因为行为人能否在同一个时间内把注意分配到几种活动上,必须依靠一定的条件,这些条件包括:

(1)同时进行的诸种活动必须有一种活动是已经熟练和自动化的。如行为人不顾这一客观规律,盲目相信自己的能力,同时进行两种生疏和困难的活动,一时注意集中于此、一时注意集中于彼,必然会顾此失彼,因而使行为的失误和发生危险的可能性大大增加。

(2)同时进行的诸种活动之间的关系也是很重要的。如果它们之间彼此不相联系,甚至互相排斥,同时进行就很困难。因此,只有经多次反复训练已经形成了某种反应系统的行为,注意才可能适当分配,使行为成功。如行为人并未通过训练形成这种反应系统,或又在行为的同时增加了其他要分配注意的行为,就可能导致其中的某种行为或同时进行的所有行为的准确性大大降低,从而增加发生意外情况的可能性。

5. 注意的分散

注意的分散表现为注意的动摇和注意缺乏稳定性。这是注意在被动地不由自主地转移。导致注意分散的因素很多,如注意对象贫乏单调,变化小而且形成雷同;注意对象与外部行动缺乏密切的结合;注意过程中缺乏相关的积极思维。

注意分散还常常和人的主体状态有关,例如,在失眠、疲劳、疾病、厌倦及对正从事的活动缺乏兴趣等,注意就容易分散。注意分散是一种消极的心理现象,对任何工作都是有害的,特别是一些要求注意高度集中的、精细或危险的活动,即使短时间的注意分散,也会严重影响工作的质量,甚至造成危害结果。

6. 注意的范围狭窄

注意的范围又叫注意的广度,它是指在同一时间内注意所指向对象的数量。人的活动除少数需要缩小注意范围外,更多是要求扩大注意范围。注意范围的大小首先取决于知觉对象的特点和知觉者的活动。首先,有意义的对象的注意范围要比无意义的对象大;其次,对于同样的知觉对象,由于知觉任务的不同,注意范围亦不相同。这是决定注意范围的客观外部条件。

注意的范围在客观外部条件相同的情况下,则取决于人的知识经验及把注意对象联合成组的能力。例如,有经验的汽车驾驶员,不但能注意到近距离的交通信号、行人、障碍物等,而且能注意前方来车、路况、车后及两侧的情况。初学开车的人,注意范围就比较狭窄,所以往往十分紧张,常常在意外情况即将发生时,缺乏应变能力,惊慌失措。但随着经验的积累,其注意范围即逐渐扩大。

五、过失犯罪与其他心理因素

(一)过失与智能

智能即利用过去的经验以适应新环境的能力。它包括分析、理解、推理和判断等能力,是一种综合性的能力。智能的高低同过失行为的发生有一定关系。大多数过失行为的发生是因为行为、相应的行为器具及行为环境具有一定的危险性,因而,行为人若不具备相应智能,是无法在上述环境中使用某种器具成功实施某种行为的。一方面,智能较低者,若自不量力,冒险实施行为,则极易发生危险;另一方面,智能较高者可能自视其智能颇高,而容易忽视危险的存在及危险发生的可能性,轻率地行动,进而也可能出现过失行为。

由此可见,智能固然是导致过失行为发生的一种心理因素,但不是决定因素。不能以智能的高低来判断过失行为发生的可能性大小。

(二)过失与情感

情绪和情感是人对客观现实的一种特殊的反映形式,是人对于客观事物是否符合人的需要而产生的态度体验。一定行为的发生总是伴随某种情感,情感必然对行为造成某种影响,有时甚至还会改变行为的性质。因此,情感是研究过失犯罪心理时应予充分注意的心理因素。

情感的表现形式是多种多样的,根据情感的强度、速度、持续时间的长短和外部表现划分,可分为激情、心境和应激三种基本表现形式。第五章第五节对其有简单介绍,此处主要说明其与过失的关系。

1. 激情与过失行为

如前所述,激情是一种猛烈的、迅速爆发而短暂的情感体验。同时,激情在很大程度上也反映个体的机能状态。积极的激情与理智和坚强的意志相联系,能激励人们克服艰险,成为正确行动的巨大动力。消极的激情对有机体的活动具有抑制的作用,常使人的自制力显著降低,引起冲动行为与言辞。

处于激情状态下的人常常不能意识到自己的行为,难以控制自己,不能预见行为的后果,不能评价自己的行为,故难免有激烈的动作与言辞。但是,人在激情状态下,并非完全不能意识到或控制自己的言论与行动。人们可以避免激情发生或控制其强度。但行为人如缺乏相应的思想修养、知识经验、优良的道德品质和坚强的意志,则难以避免激情的爆发,在激情状态下也难以保持头脑清醒,不能理智地控制自己的行为,从而容易引发事故。如甲惊闻自己买彩票中了头奖500万元,顿时异常兴奋,抱着自己的妻子在自家二楼阳台狂舞,不料动作太大,不小心将妻子摔下地面而致妻子重伤,这便属于典型的基于激情引发的过失行为。

2. 心境与过失行为

心境能在一段时间内影响一个人的全部行为,使人的言行带上一定的情感色彩。心境的显著特点在于不具有特定的对象,即不是关于某一种事物的特定体验,而是弥散性的情感状态。心境产生的原因极为复杂:个人生活中的重大事件、事业的成败、活动的顺利与否、人际关系、有机体的健康状况、自然界的事物,甚至对过去经历的回忆等都有可能导致与之相联系的心境出现。

心境对人的心理活动、行为方式有重大的影响。积极的心境使人振奋愉快、精力充沛,有克服困难、完成任务的坚定信心。消极的心境则使人颓废悲观,同样的工作也会感到枯燥无味,使其以冷漠的态度对待工作,对外界的刺激反应迟钝,没有工作的责任感和必要的紧张。此时,行为人常常对可能发生的危险及外界事态的变化漠不关心,使本可防止的危险事故,因其消极的行为演变为危害结果的事实。如乙近期因失恋而郁郁寡欢、意志消沉、无精打采,某日,乙骑着电动车在马路上行驶时,忧郁之情使他完全没有注意到前方的行人而径直撞上去致行人重伤,便属于典型的忧郁心境导致的过失行为。

3. 应激与过失行为

在应激状态下,人们的行为可能有两种表现:一是目瞪口呆,手脚忙乱,陷入窘境,这种情形下很容易出现过失行为;二是急中生智,及时行动,摆脱困境。应激较之一般的激情,机体的激动水平更高、认识范围更小,有时,人们很难使自己的行动符合预定的目的。因此,在应激状态下发生过失行为的概率较高。例如,出租车司机丙在驾驶过程中,前方道路突然出现障碍物,丙猛打方向盘致汽车翻滚至路边的深沟中,导致乘客死亡,这便属于典型的应激情形状态下的过失行为。

(三)过失与意志

意志是人们自觉地调节行为去克服困难以实现预定目的的心理过程。意志对于人的行为有调节作用,即对行为有发动、修正和制止的作用。有认识的过失行为之所以应负责任,就在于行为人未能发挥意志的调节作用去阻止其行为的实施。在对危险的发生已有预见,或者应当预见而未能预见的情况下,行为人仍不顾一切地实施行为,虽然在实施行为之前并无违法意图存在,但行为人仍应对其所引起的危害结果负责。

大多数过失犯罪人的意志品质都较低下。他们明显地具有同自觉性、果断性、坚持性、自制性和独立性相反的意志品质。如有的人意志薄弱,缺乏自觉性和果断性,在紧急关头犹豫不决,坐失良机;或不独立思考,人云亦云,不顾自身实际,机械地模仿他人,自不量力地采取行动;或仅凭一时激情,草率鲁莽行动,酿成大祸;或明知事不可为,但禁不住侥幸成功和私利的诱惑,冒险行为,导致危险的发生;或完全不听信善意的劝阻,轻信自己的行为正确无误,一意孤行,以致引起灾难事故的发生。有时亦可因情绪、认识、判断的影响,或外部困难的障碍,动摇和销蚀行为人的意志,并引起情感的冲动、认识及判断的错误,进而引起过失行为的发生。

(四)过失行为与性格

性格是指一个人对周围现实的一种稳固的态度以及与之相适应的习惯的行为方式。例如,遇到危险时,有的人经常表现为勇敢、机智、冷静、沉着、果断地采取正确的防范或解救措施,有的人则经常表现为震惊、恐惧、慌乱、冲动,不顾一切地消极逃避或盲目徒劳地抵御。具有后种性格的人,更易实施过失犯罪行为。性格也总是表现出一个人独特的、稳定的个性特征。例如,有些人一贯细致认真,在未对时局作认真、全面的分析之前,从不妄下结论,不贸然行事,对行为可能遇到的困难或险情常有充分的估计,并有预定的应急心理准备。一遇意外情况,他们能有条不紊、正确有效地应对。而有些人事前对行为性质、方案、后果常无细致的分析,对行为的困难和可能发生的后果未作充分的估计,一旦意外发生,便会陷入束手无策、惊慌失措的窘境。

性格是一个人本质性的、独特的、稳定的心理因素的总和。性格之所以是一个人本质的、在个性中具有核心意义的心理因素,主要在于其贯穿于人的全部行为之中,它具体地表现出一个人的品德及人生观。所以,根据个人性格的差异,完全可以分析一个人在一定条件下的行为倾向。因而,性格品质的优劣具有直接的社会意义。例如,富于责任感、职业道德的性格,对完成任务并保证其质量具有积极意义;而做事鲁莽、马虎、缺乏耐心和细致等特征的性格,常常是过失行为发生的源泉。

思考与训练

1. 如何认识过失犯罪人的犯罪心理?
2. 故意犯罪和过失犯罪的心理有何差异?
3. 如何认识故意犯罪中的心理防卫机制?
4. 分析案例并回答问题。

被告人朱某某(男)与被害人陈某(女)系租房邻居。2005 年 8 月 2 日 23 时许,朱某某路过陈某住处,见陈某独自在房内睡觉,遂产生强奸念头,并准备了老虎钳一把及袜子一只。次日凌晨 1 时许,朱某某用老虎钳将陈某住处防盗窗的螺丝拧下,从窗户进入室内,把袜子塞入陈某嘴内,又从室内拿了一根绳子将陈某捆绑,并将陈某拖至隔壁自己的住处内实施了奸淫。后朱某某又将陈某捆绑,因害怕陈某报警,便用手掐、用毛巾勒其颈部,意图灭口,因发现陈某面部恐怖,心生恐惧,不忍心下手,遂解开被害人手脚上的绳子,逃离现场。

问题:请结合所学知识,分析被告人朱某某的犯罪心理。

5. 情景运用。

李某系大货车司机(持 B 照),因为没有找到工作而一直在家待着,许久未能出去跑业务。一日中午,李某在家中喝了较多的酒,本想酒后在家休息,但以前工作的老板突然打电话,让李某救急帮忙出趟车去送一批货物(A 照对应车型)。因为以前工作时两人关系不错,所以李某明知道自己喝了酒不能开车上路,也知道自己驾驶证不符,但不好意思拒绝,同时,其自认为系老司机、即便酒后开车亦能安全驾驶,就答应了下来。因酒精的作用,李某驾驶过程中操控能力减弱且因观察不到位,致未能及时减速避让一横穿马路的行人而径行撞击该行人致其死亡。李某被以交通肇事罪判处刑罚。李某后悔不已,其称若当初不是那么"好面子"且不是那么盲目自信、能坚决拒绝前老板的要求,便不会有后面的酒后驾驶,更不会构成交通肇事罪。

(1)在现实生活中,我们在很多时候与场合都会身处类似李某面临选择的境地——要"面子"还是要"里子"?要了"面子"很可能便没了"里子"(会违反规则、苦累自己、伤害他人等),而要了"里子"便可能没了"面子"(会被人嘲笑、讥讽等)。作为社会化的人,我们每个人都有"面子"意识,其本身具有合理性、不应遭受非议。但我们需要在"面子"与"里子"间保持平衡,不能过度追求"面子"而违反规则、伤害自己与他人。请思考并具体实践:如何让自己不过度受累受伤于"面子"、实现"面子"与"里子"的平衡兼顾。

(2)在现实生活中,有很多人都有类似李某般轻率冒失的人格特征与行为表现乃至引发很严重的后果进而构成过失犯罪。我们每个人都应当自信自立自强,但不应该盲目自信、轻率逞强,可以有信念或目标上的远大理想、敢闯敢拼,但更要有具体行动上的脚踏实地、细致谨慎。请思考并具体实践:如何做到自信但不盲目自信、勇敢的心与细致谨慎的行为间的兼顾统一。

第七章　犯罪心理的年龄差异

第一节　不同年龄犯罪心理差异概述

年龄既是一个人生理成熟程度的标志，又是其社会阅历深浅、社会经验多寡的标志；同时，它还是影响犯罪的重要因素之一。各年龄阶段的人因其生理特点、生活条件、婚姻状况、受教育程度以及职业环境等差异，其实施社会行为的方式也就不尽相同，从而在犯罪的数量、类型、作案方式，以及在犯罪过程中的表现等均有较明显的差别。因此，研究犯罪的年龄差异，比较不同年龄阶段的犯罪心理特点，对于有针对性地预防和治理犯罪，以及提高对罪犯的教育改造质量等都具有重要的理论和实践意义。

一、犯罪率方面的年龄差异

犯罪率的高低在不同年龄段的人口中呈不均衡分布，即一定年龄的人口在社会总人口所占的比例与该年龄段的犯罪人口在犯罪总人口中所占的比例有所不同，两者之间的比例关系可能表现出三种情形：其一，一定年龄阶段的人口在社会总人口中的比例高于该年龄段的犯罪人口在犯罪总人口中所占的比例；其二，一定年龄阶段的人口在社会总人口中的比例与该年龄段的犯罪人口在犯罪总人口中所占的比例大致相当；其三，一定年龄阶段的人口在社会总人口中所占的比例明显低于该年龄段的犯罪人口在犯罪总人口中所占的比例。第一种情形被称为犯罪的低发年龄段，而第三种情形则属于犯罪学和犯罪心理学研究中应予以重点关注的犯罪高发年龄段。

犯罪的高发年龄段是一个动态的年龄阶段。不仅在不同文化背景和历史条件下，其具体的界定不尽相同；而且在相同的文化背景和历史条件下，由于男女性别的差异，男性和女性的犯罪高发年龄段也有所不同。

从男性的犯罪高发年龄段看，现代几个典型国家的情形大致如下——日本：30～40岁；美国：25～29岁；德国：21～25岁；法国：18～21岁。在上述统计中有一个值得注意的现象：美、德、法三国男性的犯罪高发年龄大致上处于同一年龄层，而日本男性的犯罪高发年龄段则明显滞后。理论上对此有不同解释：欧美学者趋向于认为，日本虽然也是工业发达国家，但由于有着东方文化的背景，其传统的家庭制度和团体精神犹存，家庭及社会对青少年的教育仍然十分关注，因而青少年犯罪的比例较低，犯罪的高发年龄也较其他西方国家推后；而欧美国家的家庭制度早已解体，青少年与家庭的联系较为松散，加之推崇个人自由的传统，社会难以对青少年进行有效的管束，因而青少年犯罪突出，犯罪的高峰年龄也相应提前。日本学者则认为，这一现象固然与日本传统的家庭制度有关，但同时还由于日本30~40岁的男性正处于工作十分繁忙的年龄段,在社会的各个部门里拼搏劳动,因而犯罪率也随之相应增高。[1] 言下之意,该年龄段的日本男性是其社会生活中最为活跃的群体,他们在工作及日常生活中与他人和所处环境发生矛盾和冲突的机会最多,犯罪率也就随之增高。上述见解固然有相当的理由,但除此之外还应指出,这与《日本少年法》的规定也有着较直接的关系。依据《日本少年法》第2条之规定:"本法所称的少年,是指未满20岁的人;所说的成年人,是指20岁以上的人。"可见,日本把20岁作为少年期的最高年限,这明显比世界上大多数国家所界定的少年期要晚,由此其犯罪的高峰年龄段也相应被推迟。

从女性犯罪来看,其犯罪高发年龄段一般比男性要晚,如日本为40~50岁,法国为30~40岁,较之男性的高发年龄均推移了10年左右。在我国,据某市对255名女性犯罪者的统计,犯罪的高峰年龄相对集中于26岁以上,其次依次为:19~25岁、16~18岁、14~16岁;另据对115名女性杀人罪犯的统计分析,其平均年龄为34.5岁,16~20岁年龄组仅占1.7%,所占比例最大的年龄组分别是36~40岁、31~35岁、26~30岁。这些抽样统计也同样表明了女性随着年龄增长犯罪反而出现上升的趋势。对于这种现象,有的学者侧重于从身体素质方面作出解释,认为女性犯罪的危险原本比男性小,40岁以后为女性特征丧失时期,故犯罪的女性随年龄的增长而增多。这种解释虽有一定的道理,但于今日的女性犯罪显然缺乏充分的说服力。在现代社会,由于生活质量的普遍提高和医疗保健的极大改善,40岁左右的女性往往依然"女性十足",并未见明显的中性化。纵然从生理学角度考察,女性犯罪的高峰年龄之所以后移,大体上也应归因于40岁左右的女性已开始步入生命周期中的更年期,内分泌系统一定程度的紊乱容易导致一些异常的心理现象,如情绪不安、烦躁、失眠、易冲动等,从而对罪前情境更具敏感性,易于引起与他人的纷争和实施侵害行为。但是,犯罪本质上是一个社会概念,是社会生活矛盾的表现,对犯罪现象的深刻理解,只能着眼于社会生活本身。女性犯罪高发年龄的推迟,主要是由于女性社会经历和社会地位发生了改变。因为在少女时代和少妇时代,有来自父母和丈夫的庇护、关怀和约束,过着较为单纯和宁静的生活,参与社会生活的范围相对狭小,与人发生纠纷和冲突的机会也少;而年届中年时,女性开始承受更多的生活艰辛(家庭的变故、子女的抚育、生活的稳定、事业的追求等),并随着生活范围的扩大和生活阅历的增长,发生冲突的概率增加,加之此时女性的情感体验已不如年轻时代那样敏感,胆怯、羞涩、顾虑心理也大为减弱,遇有冲突往往不肯退让。尤其就职业女性而言,中年时期是其职业、生活的高峰,所涉及的社会生活的深度和广度都远非青春时代可比,不仅在工作和日常生活中与人发生冲突的机会大大增加,而且实施犯罪的机会也相应增多。这些因素的存在,使女性随着年龄的增加反而更容易沦为罪犯。[2] 值得说明的是,以上关于女性犯罪年龄的统计数据,多为20世纪80年代中期以前的。事实上,自20世纪80年代末期以来,女性犯罪的始发年龄和高峰年龄也在提前,女性青少年犯罪(尤其是少女违法犯罪)已成为当前的社会热点问题之一(详见女性犯罪心理部分)。

---

[1] 参见[日]菊田幸一:《犯罪学》,海沫等译,群众出版社1989年版,第35页。
[2] 参见张远煌:《现代犯罪学的基本问题》,中国检察出版社1998年版,第128~134页。

在各年龄组的社会群体中,青少年犯罪率较高,这是现代众多国家所面临的一个普遍问题。尽管各国对青少年年龄段的界定不尽相同,但大致处于初具责任能力至成家立业之前的这段时期(十三四岁至25岁左右)。此青少年年龄大体属社会学和心理学意义上的界定,各国在法律和其他官方层面可能存在不同的年龄界定。比如,我国《中长期青年发展规划(2016—2025年)》将青年的年龄界定为14~35周岁。就人类的生命周期而言,这一时期正处于生命运动中的青春期,这一时期的个体虽然在身体和生理机能方面已得到充分发展,并在生理和心理上已产生了某些与成年人相同的欲求与冲动,但从正常的社会化过程看,却仍然处于初级社会化阶段,人格体系尚未最终定型,社会的文化观念和情操与个人的需要和能力尚未合二为一,个体生理和心理上存在种种矛盾、冲突(详见青少年犯罪心理部分)。加之现代社会生活中的各种不良影响(如价值观念的多元化、大众传播媒介的不良诱导等),以及青少年所特有的好奇、冲动和不够成熟的反叛精神,在与同龄群体的交往中,他们往往形成自己的亚文化,有着可能与成人社会大不相同的行为规范和生活态度,所有这些因素都有可能导致青少年的正常社会化过程的中断或扭曲,从而步入与主导文化相对抗的歧途,走上违法犯罪的道路。正因如此,青少年犯罪率较其他年龄阶段的犯罪率明显偏高。

从相关学者的统计数据来看,在青少年犯罪第一阶段,"青少年(14—25岁)成为犯罪的主体,其犯罪总数一度占到了全国刑事犯罪总数的70%到80%。但是,随后,这一比例开始逐年下滑。在上世纪90年代,青少年罪犯占全国罪犯的比例由1990年的57.35%下降到1999年的36.7%,十年间下降了20.7个百分点。'十五'初期,这一趋势仍然延续,2000年,青少年罪犯占整体罪犯的比例为34.54%,2001年为33.96%,2002年为31.05%,但是2003年起发展轨迹出现了细微变化,这一比例回升到31.22%,2004年上升到32.55%"。[3] 2015年,原中央社会治安综合治理委员会预防青少年违法犯罪专项组重点工作推进电视电话会议通报的统计数据显示,我国青少年和未成年人的涉案率、犯罪率已经连续8年有所下降。然而,即使我国青少年犯罪的相对数量减少了,但青少年犯罪的绝对数量仍然很高,如2011~2013年,我国14~25周岁青少年罪犯分别为282,429人、282,992人、265,439人,占全国刑事犯罪总量的比例分别为26.9%、24.1%、22.9%。[4]

但值得注意的是,近年来,随着犯罪防治与社会综合治理能力和效果的提升,我国未成年人犯罪量及其在整体犯罪量中的占比均有相应下降。相关统计数据反映,未成年人(14~17岁)犯罪量在整体犯罪量的占比已经低于该年龄段人口量在总人口量中的占比,进而表明未成年人已经不属于犯罪的高发年龄段。2017~2021年,全国检察机关受理审查起诉未成年犯罪嫌疑人数分别为59,593人、58,307人、61,295人、54,954人、73,998人。[5] 对应年份,全国检察机关提起公诉分别为1,694,202人、1,692,846人、1,818,808人、1,572,971人、1,748,962人。[6] 据此,被审查起诉的未成年人在全部审查起诉人员

---

〔3〕 鞠青:《中国青少年犯罪演进的定量分析》,载《青少年犯罪问题》2007年第5期。

〔4〕 参见徐伟:《我国青少年犯罪的统计分析及其预防对策——基于1997~2013年的统计数据》,载《青年探索》2015年第6期。

〔5〕 参见最高人民检察院发布的《未成年人检察工作白皮书(2021)》。

〔6〕 参见《最高人民检察院工作报告》(2018~2022年)。

中的占比分别为3.51%、3.44%、3.37%、3.49%、4.23%。而相关人口统计数据显示,我国14~17岁未成年人总数在全国总人口数中的占比为5%左右。[7] 可见,近年来,我国未成年人已不属于犯罪高发年龄段,而属于犯罪低发年龄段。

二、犯罪类型方面的年龄差异

不仅犯罪率的高低与年龄有关,而且犯罪类型与年龄也有联系。不同年龄阶段的人,由于生理发育状况、心理特点及生活阅历和活动技能等方面的差异,实施犯罪行为的类型往往也有差别。

少年犯的身心发育尚未成熟,体力与生活经历都还相当有限,多犯有简单盗窃、寻衅滋事罪及其他相对轻微的罪行。到了20岁左右的青年期,随着活动能力的增强和各类需求的日益旺盛,实施抢劫、强奸、伤害等暴力性犯罪及其他较严重的侵犯人身权利的犯罪的现象大为增加,但此时由于青年期的人生活阅历较浅、活动技能较低,尚难以实施诈骗、伪造、制毒贩毒、职务犯罪等各种专业性较强的犯罪,而这些犯罪类型对于生活经历较为丰富、活动技能趋于成熟的中年犯罪人而言往往"得心应手"。但值得注意和警惕的是,近年来,受网络使用的低龄化和不良信息等因素影响,未成年人利用信息网络实施诈骗、侵犯公民信息等犯罪有高发趋势。进入老年期,随着体力和思维能力的减弱,老年犯罪人参与社会活动的范围与深度日益缩小,容易出现诸如固执、幼稚、偏激和多疑等异常心理,从而在犯罪方面出现相应的变化:实施犯罪的侵害对象多为反抗力微弱的儿童、妇女、有生理残疾或精神疾病者;在犯罪类型方面,多实施与其生活经历、体力和思维能力大致相适应的窝藏、教唆、奸淫幼女、传授犯罪方法、投放危险物质及纵火等犯罪行为。

三、犯罪手段方面的年龄差异

不同年龄阶段的行为人,由于其体能和社会经验的不同,因而表现在犯罪的手段和方式上也有差异。例如,对于同样的财产犯罪,青少年易犯抢劫、入室盗窃等罪;中壮年人易犯诈骗、贪污、挪用公款等罪;而老年人则容易窝赃、销赃,"顺手牵羊"犯盗窃罪或利用封建迷信进行诈骗活动等。对于同样的性犯罪,青少年易犯强奸、轮奸、卖淫、嫖娼等;中壮年人可能是通奸、嫖娼或利用职权进行诱奸等;而老年人则可能利用职权或教养关系进行诱奸,且老年人侵害的对象多为幼女和精神病患者。在杀人犯罪方面,青少年伴随情感冲动和矛盾激化而实施杀人的居多,因而在实施犯罪的时间、地点和方式等方面都很少顾及和选择,没有预谋的激情犯罪较多;中老年人即使勃发出杀人的动机,但仍可能藏而不露,对由动机转化为实际侵害的条件往往有所考虑,并反复权衡利弊,因而实施谋杀的可能性最大。总之,青少年的犯罪手段和方式往往带有情景性、冲动性、体能性、团伙性、缺乏预谋性等特点;中壮年人的犯罪手段和方式往往带有预谋性、欺骗性、智力性等特点;而老年人的犯罪手段和方式往往带有非体能性、单独性和情景性等特点。然而,值得注意的是,近年来,青少年的犯罪手段和方式也逐渐显现出成人化和智能化的趋势。

---

[7] 2010年与2020年两次全国人口普查数据显示,14~17岁年龄段人口占总人口的比重分别为5.51%、4.28%。

第二节　青少年犯罪心理

青少年违法犯罪问题已成为一个非常严重的社会问题。青少年犯罪已呈现犯罪低龄化、手段成人化、性质严重化的趋势,成为我国当前和今后一个时期的严重社会问题之一。加强对青少年犯罪原因的研究,加强对青少年犯罪的预防,根据青少年犯罪的特点,加紧制定一系列适合青少年的配套法律,借助社会各方面的力量和科学的理论,规范、挽救失足青少年和改造青少年犯罪分子,逐步从根本上解决青少年犯罪问题,是实现社会治安根本好转的重要措施。

一般来说,犯罪行为是在个体自身的犯罪心理支配下发生的,而犯罪心理的产生则是个体周围的外在不良因素和个体自身的内在不良因素相互作用的结果。由于青少年所处的是一个从幼稚走向成熟的时期,其心理水平的发展不能完全适应生理的急剧变化,自控能力差,在不良的条件和环境下,易产生犯罪心理和行为。

一、青少年犯罪的身心基础

按照发展心理学中比较通用的划分标准,青少年时期是指少年期(十一二岁至十四五岁)、青年初期(十四五岁至十七八岁)和青年晚期(十七八岁至二十四五岁)的统称;其中,少年期和青年初期又合称为“青春发育期”(或简称为“青春期”)、“未成年期”等。根据我国现行《刑法》第 17 条的规定:(1)12 周岁以下为完全不负刑事责任的年龄,其对所有危害社会的行为均不负刑事责任;(2)已满 12 周岁不满 16 周岁为相对负刑事责任的年龄,其中又具体分为已满 12 周岁不满 14 周岁以及已满 14 周岁不满 16 周岁两个年龄段:已满 12 周岁不满 14 周岁的人仅对犯故意杀人或故意伤害罪、致人死亡或者以特别残忍手段致人重伤造成严重残疾且情节恶劣同时经最高人民检察院核准追诉的行为负刑事责任;已满 14 周岁不满 16 周岁的人,只对故意杀人、故意伤害致人重伤或者死亡、强奸、抢劫、贩卖毒品、放火、爆炸、投放危险物质罪负刑事责任;(3)已满 16 周岁为完全负刑事责任的年龄,其能成为《刑法》中所有犯罪的适格主体;(4)从轻或减轻刑事责任的年龄,考虑到已满 12 周岁不满 18 周岁的人为未成年人,其辨认与控制能力相对成年人有相应降低,且基于对未成年人犯罪“教育为主、惩罚为辅”的刑事理念,所以对这部分犯罪人应当从轻或者减轻处罚。

(一)青少年时期的生理发育特点

从儿童发育到少年、青年,伴随第二性征的出现,进入青春发育期,人的生理方面迅速发育,急剧变化,主要表现在三个方面。

1. 形态发育

形态发育主要体现在以下几个方面:

(1)身高和体重的迅速增长。身高是身体发展的典型指标,体重是身体发展的量的指标。身高和体重在青春期开始后明显地比以前增长得快。身高增长速度的高峰,男性为12岁,年增长值平均为6.6厘米;女性为11岁,年增长值平均为5.9厘米。体重最高增长出现的年龄,男性为13岁,增长值为5.5公斤;女性为11岁,增长值为4.4公斤。正是由于身高和体重的迅速增长,少年才会出现成人感,由此而引发身心冲突,同时,也就具备了实施犯罪的体能基础。

(2)第二性征出现。进入青春期,第二性征的出现,使整个身体明显地表现出男女两性的差异。男子第二性征包括长出体毛(胡须、腋毛、阴毛)、变声、阴茎和睾丸的发育、精液的分泌、骨骼变硬、肌肉发达、出现男性特有气味等;女子第二性征包括长出体毛(腋毛、阴毛)、子宫和卵巢的发育、月经初潮、乳房隆起、骨盆扩大、皮下脂肪增加、出现女性特有的气味等。第二性征的出现,既增加了少年成长的烦恼和矛盾,同时,又大大地扩展了青少年的需要范围,无论是生理上的需要还是心理上和社会上的需要,都较儿童期有质的飞跃。有的青少年正是由于其需要从正常途径得不到满足,才走向邪路,实施违法犯罪行为。

2. 内分泌变化

个体发育速度在青春期由缓慢转向迅速,而青春期的发育要受到一系列内分泌变化的影响。在青春期以前,内分泌的变化很小。随着青春期的到来,下丘脑促进性腺释放因子分泌量的增加,下丘脑的变化影响着附近的脑垂体前叶,促使性腺激素分泌增加,从而又造成卵巢或睾丸的形态上的增长,以及分泌的性腺激素的水平也相应地提高。这一系列反应和变化,反过来又作用于下丘脑。

在青春期,下丘脑与垂体前叶分泌的激素迅速增长,与成人相差无几。这些激素主要有:(1)脑垂体前叶分泌的促卵泡成熟激素、促黄体生成激素、促肾上腺皮质激素、促甲状腺素和生长素等;(2)甲状腺分泌的甲状腺素;(3)卵巢或睾丸,以及肾上腺皮质分泌的相应的性激素,其中,卵巢分泌雌激素、孕激素和少量雄激素,睾丸分泌雄激素及少量雌激素,肾上腺皮质除分泌肾上腺皮质激素外,还产生雄激素。以上各种激素的系统作用,引起青春期身体的发育和性发育;同时,青春期的情绪变化也是受激素支配的。

3. 机能发育

机能发育包括:

(1)脑机能。由于在青春期之前,脑的重量和容积已相当于成人的95%,因此到了青春期,脑的重量和容积的增加是有限的。其中,主要是皮层细胞的机能在迅速地发育着。同时,13~14岁时,脑电波又出现一次"飞跃"现象(第一次"飞跃"现象出现在6岁左右),表明机能方面的成熟。但神经系统由于受到甲状腺机能旺盛的影响,表现出不稳定性、易疲劳。

(2)肺、血管和心脏的机能。在青春期,肺活量、血压和脉搏方面都显示出男女差异。男性的肺活量和血压的增长高于女性;而脉搏的频率随年龄增长而逐渐下降,男性的递减次数要高于女性。

(3)肌肉机能。肌肉的增长以15~18岁为最快,肌肉的力量也随年龄而增长。握力在15~18岁阶段增长最快,弹跳力在10~12岁阶段增长最快,背力在12~15岁阶段增长最快。通常,到了青春期,女性的这三种肌肉力量明显低于男性。

(4)运动能力发展。随着青春期到来,运动能力明显增加,如跑、跳、投掷、游泳等各项运动的一般能力，主要涉及体力、持久力、爆发力、敏捷性、柔软性、平衡性等。运动能力受身体形态、机能发育的影响。在青春期，男子的体力、持久力和爆发力均高于女子；在敏捷性方面，男女的性别差异不明显；相应的，女子在柔软性、平衡性方面优于男子。正是由于男性的体力明显高于女性，所以，在暴力犯罪中，男性青少年所占的比例远远高于女性青少年。

（二）青少年犯罪的心理分析

青少年不仅是“社会学习者”，还是“社会参与者”。他们不仅要学习、掌握社会的知识、技能、价值标准和行为规范（人被动地“社会化”）；也要介入社会生活，参与社会关系系统，对已有的社会经验和社会观念进行再生产和再创造（人主动地“创造化”）。实际上，青少年的社会化过程是被动性和主动性、个性和社会性冲突融合的过程，在这个过程中，青少年会产生各种各样的心理和生理上的需求，如亲情需求、个性发展需求、认同需求和生理需求等，如果这些需求不能得到有效平衡，青少年就容易产生各种心理问题，甚至走上违法犯罪的道路。

1. 亲情满足失衡

青少年的社会化始于家庭，家庭是承担青少年初次社会化的天然的第一环节。人的基本技能的掌握、社会规范的接受、生活目标的确定、生活方式的形成以及社会角色的培养，最初都是在家庭中形成的。因此，家庭是个人生活和成长的第一课堂，家庭环境如何直接决定和影响子女的健康成长和发展。青少年亲情满足失衡主要表现为两方面：一是由于家庭结构缺损而造成青少年亲情失落，当前，我国存在较为突出的留守儿童问题，数量庞大的留守儿童，尤其是农村地区的留守儿童面临明显的家庭结构缺损或不健全问题。2013 年，全国妇联发布的《我国农村留守儿童、城乡流动儿童状况研究报告》指出，全国 17 岁及以下的农村留守儿童有 6102.55 万人。[8] 由于统计口径的优化以及城乡经济的快速发展，近年来留守儿童数量有一定下降，统计显示，截至 2018 年 8 月底，全国共有农村留守儿童 697 万人，与 2016 年农村留守儿童摸底排查的数据 902 万人相比下降了 22.7%[9]。但这一数量仍旧十分庞大，未成年人家庭教育与关爱不足问题仍然突出。二是家庭溺爱或高压而造成青少年人格的缺陷。在青少年成长环境的不足中，青少年父爱或母爱的缺乏或泛滥是导致青少年违法犯罪的主要家庭诱发因素。

2. 个性认知失衡

心理认知失衡包括性格缺陷、随意盲目等。青少年的心理尚处于发育期，尚未完全成熟；同时，人生观和价值观也没有完全形成，思想简单，判断能力较低，因此，其正处在心理“断乳期”和行为“危险期”。此外，青少年相对比较敏感、好奇、喜欢模仿、爱冒险，喜欢吸收新事物。受这些心理特点影响，青少年自我控制能力比较脆弱，加上社会经验比较少，

---

〔8〕 参见李菲：《全国妇联：单独居住的农村留守儿童高达 205.7 万》，载中国政府网，https://www.gov.cn/jrzg/2013-05/10/content_2400061.htm。

〔9〕 参见林晖、罗争光：《全国农村留守儿童数量下降》，载中国政府网，https://www.gov.cn/xinwen/2018-10/30/content_5335992.htm。

在一定内外因素作用下,容易走上与社会相对抗的犯罪道路。青少年在犯罪案件中表现为犯罪动机简单,作案没有明确目的,一般没有事先预谋,多属一时感情冲动,带有很大的盲目性和随意性。这些特点在青少年犯罪群体中也得到了充分体现。所以青少年犯罪以激情犯罪、一时冲动为主,不仅在闲散青少年身上体现,而且在中小学生违法犯罪人员中也非常明显。

人的性格是由先天和后天两种因素造成的,它具有相对稳定性。性格缺陷指与社会要求不相容或者妨碍个人社会化的一种消极性格,如固执偏激、狭隘自私、轻率鲁莽、暴躁易怒、敏感多疑等。青少年走上违法犯罪之途往往和其性格缺陷有着不可分割的关系,从一定意义上说,性格缺陷是各种致罪因素在一个人身上起"化合反应"的催化剂、溶解剂,如造成校园血案的马某爵、药某鑫、林某浩等人。同时,很多青少年由于文化素质较低,分辨是非的能力较差,其涉世的无知性、盲目性使其很难应付来自社会各方面的人员和影响,经不起诱惑,很容易被别人拉拢、利用,或控制不住自己的情绪,意气用事,不计后果等,从而走上犯罪的道路。

3. 多种需求失衡

当从少儿时期进入青春时期,青少年原先的自我同一性遭破坏,进而原先平静的内心平衡被打破,自我出现分裂和危机,进而出现种种不良行为反应。并且,青少年既想挣脱父母亲人的羁绊,又找不到相对独立可行的归属,因此,前所未有的心理矛盾和心理冲突使青少年常常处于精神困惑、矛盾和不可自拔的心理冲突之中,使其需要选择一定的行为来投射自我及实现自我价值。一些进入违法犯罪团伙的青少年,之所以会实施团伙性违法犯罪,一个很重要的因素就是他们在这里找到了失衡的群体认同感和归属感。

在青少年成长过程中,会产生各种新的需求,如认同需求、经济需求和生理需求等基本需求,但这些需求却不能完全得到满足,所以青少年易由此产生多种问题,甚至走上犯罪的道路。一般而言,青少年为满足自我实现,会追求一定的群体归属感,也就是青少年会通过相互认同获得自我认同,通过群体的共同性获得情感的相互依赖。这个时候的青少年,在心理上正处于重新建构阶段,会产生人际交往和社会参与的需要,因此需要一定的经济投入,而这种经济方面的因素,还不是青少年个人能完全承受或者解决的,加上社会上普遍存在的盲目攀比和追求超前享受消费等陋习,很容易导致青少年在经济方面失衡而进行违法犯罪,财产型违法犯罪一直是青少年违法犯罪的主要类型就是明证。

(三)青少年时期的身心矛盾与犯罪的关系

青少年时期,心理上的发展与生理上的急剧变化、突飞猛进的发育不能协调、同步,易表现出较明显的身心矛盾。心理发展相对滞后与生理发育相对超前的矛盾,可能使青少年陷于不安、苦恼、忧虑、矛盾的状态,而这些矛盾冲突就可能成为青少年犯罪的动因。

1. 精力旺盛与调节能力低的矛盾

青少年生理机能的迅速发育,使他们的活动量增大,日常的生活、学习之余仍有大量的剩余精力、体力,而大脑对其活动的调节、控制能力又相对薄弱。因而,旺盛的精力常常用之不当,当受到外界不良因素影响时其就可能被用于暴力性的犯罪活动之中。如未成年人严重暴力犯罪常年高发,2017 年至 2021 年,全国检察机关受理审查起诉未成年人涉嫌故意杀人、故意伤害致人重伤或死亡、强奸、抢劫、贩卖毒品、放火、爆炸、投毒等8种严重暴力犯罪占全部犯罪人数的比例分别为33.48%、30.76%、29.65%、28.63%、28.49%。〔10〕

2. 兴奋性高与控制能力低的矛盾

青少年时期，内分泌系统的迅速发育对青少年的生理和心理都会产生重大影响，特别是对情绪的影响更大。这是由于青少年腺体的发育，内分泌非常旺盛，大脑常常处于兴奋状态，导致青少年的情绪兴奋性高，容易冲动；但由于青少年的大脑皮质尚未完全成熟，自我控制能力低，容易出现冲动性和情景性犯罪。如具有明显兴奋性、冲动性特点的聚众斗殴罪与寻衅滋事罪在未成年人犯罪中占比较高，2021年全国检察机关审查起诉未成年人聚众斗殴罪与寻衅滋事罪占未成年人全部犯罪的比例分别为12.2%和9.3%。〔11〕

3. 性发育成熟与道德观念缺乏的矛盾

青少年时期，随着身体的发育，性机能逐渐发育成熟，从而产生了强烈的性意识和性感，有接触异性的要求，有了性的欲望和冲动；然而，他们又缺乏组建家庭和负担家庭的法律道德责任与经济能力，从而产生了性生活的生物性和社会性的矛盾。如果在这一时期的青少年不能正确处理好这对矛盾，那么，他们就不可能正确对待两性关系，就可能放纵自己，对自己的行为不加约束、控制，从而强化这对矛盾，进而导致性方面的违法犯罪，如广西一少年沉迷于色情影片不能自拔，对一名幼女实施了强奸。在现代社会中，随着营养状况的好转，青少年的生理有普遍早熟的现象，而结婚年龄却相对推迟，这就更加激化了这对矛盾，使青少年的性适应期延长。有的青少年在黄色、淫秽的电影、录像、书报杂志的刺激下，为了发泄生理性冲动，不惜实施强奸、轮奸等性犯罪；或者为了嫖娼而不惜实施抢劫、盗窃、诈骗等财产犯罪。总之，在青少年犯罪中，性犯罪的比例是相当高的。如学者的一项针对2010年全国未成年犯罪的抽样调查显示，未成年强奸、猥亵妇女犯罪占全部未成年犯罪总数的17.2%，位居第二。〔12〕

（四）青少年时期的心理冲突与犯罪的关系

青少年时期是一个人从幼稚走向成熟、从依赖走向独立的时期。如上所述，在这个时期，青少年会出现许多身心矛盾冲突。不仅如此，在青少年时期，人生的许多重大问题（如升学、就业、恋爱、婚姻等）也需要解决，因此，不可避免地也会产生许多心理上的矛盾冲突，如果这些矛盾解决不好，就可能成为青少年犯罪的心理基础。

1. 孤独感与强烈的交往需要的冲突

随着成人感的增强，青少年有许多内心秘密、思想、感情不愿轻易向他人吐露，表现出明显的心理闭锁，由此而产生孤独感。青少年心理闭锁的形成，一是由于自我意识的变化，对自己、对他人的认识不便诉说；二是由于成年人有时过多指责、批评、讥讽、嘲弄青少年，不能正确地对待青少年，使青少年觉得若将自己的内心秘密告诉别人不仅无济于事，

〔10〕 参见最高人民检察院发布的《未成年人检察工作白皮书（2021）》。

〔11〕 参见最高人民检察院发布的《未成年人检察工作白皮书（2021）》。

〔12〕 参见关颖：《未成年人犯罪特征十年比较——基于两次全国未成年犯调查》，载《中国青年研究》2012年第6期。

反而自取其辱,所以,不如将其压抑在心底。这种闭锁性即青少年在心理上与成年人产生隔阂,不愿互相交流思想、感情,因而产生孤独感。但这种孤独感并不是青少年所希望的,他们渴望被人理解,希望与人(特别是同龄人)交往,希望在人际交往中有一定的地位,希望能在同龄人中出类拔萃以维护自尊,因而人际交往的需要较为强烈。这种在心理上既感到孤独又渴望交往的矛盾,可能使青少年陷入苦恼的境地,他们不愿意与父母和老师沟通,却希望与同龄伙伴拉帮结伙,有的甚至离家出走,外出寻找"友谊"。由于社会阅历浅,在复杂的社会生活中,他们容易被人引诱,稀里糊涂地就加入犯罪团伙,不知不觉地就走上犯罪道路。

当前,留守儿童犯罪是值得社会高度警惕和关注的现象。最高人民法院有关部门在2013年的一份统计显示,全国留守儿童犯罪率约占全部未成年人犯罪的70%,而且还有逐年上升的趋势。而引发留守儿童犯罪量高发的一个重要原因便在于,家庭结构的不健全、父母亲情关怀和教育的缺失,使大量留守儿童产生极大孤独感,引发强烈社会交往需要,而在交往过程中其又极易受人引诱、蛊惑以及沾染不良习性,进而实施违法犯罪行为。

2. 独立性与依赖性的冲突

随着成人感的产生,青少年对自己估计过高,强烈要求独立与自主,想从心理上改变过去依赖成人和受成人监护的状态,即青少年试图从心理上割断与父母的依赖关系,离开父母的管束,完全独立;但由于他们大多没有经济来源,且社会生活经验欠缺,不能适应错综复杂的社会环境,因此,青少年在生活上还得依赖于父母,在社会上还得依赖于其他成年人。这种在心理上想独立,而在实际生活中又不得不依赖父母的矛盾,可能激化子女与父母的冲突,使代沟裂痕加大。在现实社会中,有的青少年因对父母的严格管束十分反感,进而实施家庭暴力,甚至杀害家庭成员的案例也屡见不鲜。比如,2013年5月,河南省鹿邑县人民法院原院长及其女儿被其亲生儿子雇凶杀害案件引发极大社会关注。还在读高中的儿子狠心雇凶杀害父亲和姐姐,原因便在于行为人长期受到父亲和姐姐较为严格的管教,于是产生了反叛和报复动机,以期通过将父亲和姐姐杀害而获得自由和解脱。

3. 好奇心强烈与辨别能力相对较低的冲突

青少年对一切都感到新奇,对自己不了解的现象、不理解的问题都表现出强烈的好奇心和求知欲,但由于他们的社会经验不足、认知能力差,其对许多社会现象和科学的准则还没有自己定型的见解和观点,容易受暗示而模仿,自觉或不自觉地受一些不良因素的影响,看问题时以偏概全、固执己见,自己认为正确、符合自己兴趣爱好的知识就瑕瑜不分地吸取,以致受到不良的社会风气和一些宣扬暴力、色情的不良文化的影响而走上犯罪道路。

4. 情绪冲动强烈与理智控制较弱的冲突

青少年时期,情绪的兴奋性高,情绪的两极变化大,具有极大的冲动性。这既表现为热情、活泼,强烈而不稳定,又表现为容易急躁、激动、感情用事。有时,个人的需要受到限制而不能得到满足时,其就会产生挫折感,因而产生强烈的不满情绪。这时,理智的控制能力却显得无能为力,青少年可能为满足自己的需要而采取简单、粗暴的方法,完全不顾及社会危害性及行为可能造成的后果;或不择手段,向有关当事人或无辜群众实施攻击行为，进行报复。在这种强烈情绪下产生的违法犯罪行为，行为人的理智很难控制，造成的后果也非常严重，但事后他们往往为此后悔不已。正因如此，在青少年犯罪中，激情犯罪、冲动犯罪较为普遍。

5. 理想与现实的冲突

青少年时期是人生中的美丽春天，他们对未来充满了憧憬、向往和希望，因此，青少年的愿望非常多，理想很远大。随着抽象思维的发展，青少年的想象力非常丰富，当个体的需要不能得到满足时，他们往往靠想象来营造未来的蓝图，靠幻想来构造将要达到的目的，以求得心理上的平衡。一旦这种不切实际的幻想破灭，美妙的境界被打破，青少年往往陷入不安与苦恼之中。有的青少年很难从幻境中解脱出来，导致精神上出现病变；有的甚至把这种苦恼与不安转化成对现实社会的不满情绪发泄出来，误认为自己理想的破灭是社会或他人造成的，因此，他们就寻找机会侵害社会或者他人，从而产生犯罪行为。如广东一高中生虽家境贫寒，但从小立志高远、刻苦学习，在义务教育阶段学习成绩一直优异。但进入高中后，面对更繁重的学业任务和更激烈的竞争，其心态未能保持稳定，成绩持续下滑，考上优异大学的希望日益渺茫。在不断的现实挫败中，其理想不断破灭，进而心态扭曲，对成绩比其优异的同学产生敌意，进而在校园中持刀砍死同学，致多人伤亡。

二、青少年犯罪的行为特征

20 世纪 80 年代初期以来，我国的青少年犯罪，不仅类型广、数量多、成员复杂，而且影响恶劣。在现实生活中，大案、要案、恶性刑事案件等，常常是青少年所为。正因如此，青少年犯罪问题已成为社会各界普遍关注的热点问题。青少年的犯罪与其身心的特点是分不开的，青少年时期固有的心理和生理特点，决定了他们的犯罪行为具有以下特征。

1. 模仿性和易受暗示性

模仿和受暗示是青少年的一种典型的行为方式。青少年（尤其是 18 周岁以下的未成年人）很容易模仿他人或受他人暗示而发生违法犯罪行为。例如，电影、电视、录像、小说和现实生活中的某些暴力、色情的情节，极易成为青少年模仿的对象，从而发生模仿性犯罪行为。在现实生活中，很多青少年的犯罪手段、方法、侵害对象的选择，以及反侦查的措施等确实都是从电影、录像、不良书刊中模仿和学习得来的。此外，青少年也容易在他人的暗示下发生犯罪行为，这种暗示既可以是言语暗示，也可以是面部表情暗示或手势动作暗示。正是基于未成年人易受暗示的特点，所以，成年人教唆未成年人犯罪容易得逞。不仅如此，在青少年团伙犯罪中，相互暗示现象也普遍存在。由于群体犯罪的环境气氛的影响，青少年犯罪人的行为会相互感染，相互影响，以致加重犯罪的危害性。比如，18 岁的洪某辍学在社会上以打零工为生，经常混迹于网吧。一日，洪某在上网过程中浏览到一段非常详细的抢劫金店的犯罪视频，便萌生了按照视频中同样的手段和方式抢劫金店的念头。在接下来几天，洪某完全按照视频内容准备犯罪工具、踩点现场、具体实施抢劫，但其在抢劫金店现场便被抓获。

随着信息网络日趋便捷和发达，各种不良信息包括违法犯罪信息也不断被夹杂、涌现而出，日益引发“网络模仿症”，尤其是不少青少年开始模仿各种网络中的不良行为而实施违法犯罪。如何有效规范网络信息和净化网络空间,以减少和预防青少年违法犯罪,值得社会各界共同关注和努力。

2. 情境性

青少年的情绪容易受具体情境所激发,与此相适应,青少年的犯罪行为往往是由具体情境引起的。"情境"是指有利于犯罪行为发生的环境和气氛。由于青少年的犯罪动机容易为外界诱因所引起,因此,当外界存在适宜的犯罪环境和机遇时,就容易促使青少年产生犯罪动机。情境性特征表明青少年初次犯罪多是偶发的。犯罪机遇的出现,诱发了他们的犯罪动机,这一过程比较短促,使犯罪行为的发生缺乏详细、周密的预谋和计划。如14周岁的初中生曾某和其室友15周岁的黄某,密谋趁自己班主任午休期间翻窗进入其卧室中实施盗窃。正当二人成功盗窃财物准备离开房间时,正午休的班主任因响动而醒来,看到拎着财物欲离开的曾某和黄某。二人原本未打算伤害班主任,但担心班主任会在今后的学习生活中给予报复,于是就地取材,二人用班主任厨房的菜刀和地上的木棒将班主任当场杀害。曾某和黄某杀害被害人的行为便是偶然因素引发,属于典型的情境犯罪。

3. 戏谑性

青少年时期,人的好奇心特别重,正因如此,那些新颖、奇特、刺激的游戏对青少年具有很强的吸引力,可以成为他们的行为动机。有些青少年人由于道德水平低下,精神生活贫乏,对正当的学习、工作和娱乐活动缺少兴趣或不能持久参加,往往觉得精神空虚,生活无聊。在这种情况下,为了追求刺激,他们会置道德和法律于不顾,不计后果地去实施犯罪行为,被人称之为"游戏型犯罪"。青少年的戏谑性犯罪行为,较多地表现为强奸罪、寻衅滋事罪、盗窃罪、毁坏财物罪、抢劫罪、杀人罪等。这些青少年犯罪人对自己的戏谑心理缺乏调节和控制,以侵害他人为乐,从而满足自己低下的精神欲求,因此危害性大,特别是团伙性的戏谑性犯罪行为,其后果更为严重。例如,2006年7月末在福建省某市曾发生过一起恶性刑事犯罪案件,两个少年为了锻炼胆量而模仿电视剧中的黑社会行为持刀抢劫游戏机店,并杀死一名无辜者。在现实社会生活中,常见的中小学生或其他未成年人的"施暴"现象、"欺凌"事件,大多数带有戏谑性。

4. 情绪性

青少年时期,人的情绪非常复杂、丰富,由于理智缺乏,对行为的控制力较弱,因此,青少年的行为表现出明显的盲目性和冲动性特点。青少年犯罪常常可能由冲动所致,在冲动性犯罪行为中,某种强烈的情绪体验起着动机作用。在冲动性犯罪行为产生的过程中,青少年对行为是否会触犯法律、会造成什么后果等缺乏考虑,侵犯行为多在意识水平低或是未意识到的状态下发生,只感觉到愤怒、恐怖、嫉妒和怨恨情绪达到极点,唯有立即向引起其情绪的客体直接发泄或转向无关当事人进行发泄才能使心理紧张有所减轻。这种冲动性的犯罪行为,往往导致极为严重的社会危害性。例如,日常生活中的投毒、爆炸、伤害等案件大多是青少年所为。

5. 反复性

青少年犯罪行为的反复性表现在三个方面:一是他们往往会连续作案,特别是作案成功后,有了需要获得满足的体验,有了犯罪的经验,犯罪动机得到了强化,会继续寻找机会实施更严重的犯罪行为；二是青少年犯罪人在刑满释放或解除矫治教育后，由于意志薄弱，经不起外界不良因素（如“哥们儿义气”、他人歧视、物质诱惑等）的刺激，而重新走上犯罪道路；三是青少年犯罪人在服刑或矫治教育期间，容易产生“交叉感染”，即青少年犯罪人从其他犯罪人处“学习”“借鉴”新的或者“更成功”的犯罪类型、技巧和经验，从而形成新的犯罪动机或者强化既有的犯罪动机，以致在重返社会后更熟练、更多花样地实施犯罪。青少年犯罪行为的反复性，主要与其人格发展不成熟、意志薄弱以及不良习癖等因素有关。

6. 暴力性和团伙性

青少年凭借自己精力充沛、体格强壮的优势，在犯罪的手段和方式上，多采用与体能相关的手段，如抢、打、杀等。在司法实践中，由青少年实施的抢劫、强奸、轮奸、伤害、杀人、绑架等严重的暴力犯罪所占比例较大。此外，青少年时期，由于交往需要十分强烈，青少年容易合群，喜欢拉帮结派，形成团伙犯罪。原中央社会治安综合治理委员会预防青少年违法犯罪专项组办公室和中国青少年研究中心联合组成的“流动青少年权益保护与犯罪预防研究”课题组在 2007 年对全国 8 省市总共 3427 名违法犯罪青少年的调查统计资料显示，高达 72.9% 的违法犯罪青少年称其在校读书期间经常或偶尔有与同学拉帮结派的经历。[13] 近年来，出现了一些青少年团伙所为的重大、特大刑事犯罪案件，如广东吴川少女被 12 名青少年轮奸案、湖南邵东小学女老师被 3 名未成年学生劫杀案、辽宁“6·29”特大团伙制毒贩毒案、“徐玉玉”案、山东“辱母”案等。

三、网络对青少年犯罪心理形成的影响

随着科技的发展，互联网也迅速发展。网络渗透到我们生活的方方面面，尤其是对接受新生事物非常快的青少年产生了诸多不良影响，导致青少年滋生犯罪心理。网络可能对青少年引起不同程度的交往障碍，可能导致孤僻、不合群，缺乏责任心，甚至欺诈心理等。网络使青少年减少了现实交往的时间，甚至疏远了现实实际及与人交往的环境。网上虚拟世界的交往并不能代替现实生活，但在很大程度上减少了青少年与社会互动、交往的密度和强度，使得青少年本应得到强化的人际交往能力大大降低。并且，沉溺于网络使青少年产生孤独与压抑感，加之本身心理不成熟、调适能力差，这种情况很容易让他们产生心理危机和人格障碍。

网络对青少年的早期社会化产生的消极影响主要是，让青少年把绝大多数业余时间都放在互联网上，相应地大幅度减少了他们接受家长和老师对其教育的时间，减弱了家庭、学校培养他们树立正确的价值观的影响。严重沉溺网络的青少年，甚至排斥和脱离原有的生活环境，荒废学业，厌学、弃学，导致早期社会化面临严重危机。

互联网为我们提供了大量的信息，使我们的生活更加丰富，而且使信息交流更加方便；但同时，互联网中的信息也并不完全健康，一些信息对青少年的心理影响并没有多少好处，甚至还会使青少年的心灵被毒化。在现实生活中，因为受到互联网的不良影响而

---

〔13〕 参见“流动青少年权益保护与犯罪预防研究”课题组陈卫东、陈云凡：《我国 8 省市青少年违法犯罪状况调查报告》，载《中国青年研究》2009 年第 2 期。

犯罪的案例,可以说是不胜枚举。特别是青少年强奸、抢劫、绑架、制毒贩毒、诈骗等犯罪,很多是受到了互联网的不良影响。因此,要预防青少年犯罪,除了家庭、学校等方面采取措施外,还必须加强互联网管理,净化互联网环境,彻底清除垃圾信息对青少年的毒害。

第三节　中壮年犯罪心理

从发展心理学角度看,中壮年期是壮年期和中年期的统称,年龄阶段是25周岁以上至60周岁以下。从犯罪形态看,中壮年人犯罪是整个犯罪现象中的典型形态;从犯罪数量来看,中壮年人犯罪在全部刑事犯罪中仍占有较大比例,虽然中壮年人犯罪的案件数量没有青少年犯罪数量多,但是,中壮年人犯罪的社会危害性却可能远远大于青少年犯罪和老年犯罪。中壮年人犯罪,特别是职务犯罪,直接关系到党风和廉政建设问题,因此,加强对中壮年人犯罪心理的研究,不仅有助于加强一般犯罪的预防,而且对于有效防治国家公务人员犯罪、树立良好的社会风气等,也都具有重要意义。

一、中壮年人犯罪的身心基础

中壮年人犯罪的特征,与其所处年龄阶段的生理发育、心理发展等是分不开的。

(一)中壮年期的生理发育特征

进入中壮年期,人的生理发育完全成熟,并保持较高的机能水平。随着年龄的增长,各种器官会逐渐衰退。特别是人到中年,精力不如青少年旺盛,体力不如青少年强壮,这就决定了中壮年人犯罪更多是依赖智力和经验,而不像青少年那样过分依赖体力。进入更年期,内分泌的减少,甚至有些内分泌腺体逐渐枯竭,停止分泌激素,导致女性绝经,中壮年人有可能出现更年期综合征,表现出心理烦躁、失眠、盗汗等特征。在这种不良的心理状态下,行为人有可能为一些生活小事而发怒,甚至产生过激的违法犯罪行为。在现实社会中,有些家庭暴力案件和邻里纠纷案件的发生,与当事人正处于更年期有直接的关系。

(二)中壮年期的心理发展特征

进入中壮年期,人的心理发展已经成熟,知识经验丰富,情绪较稳定,理智控制能力强,个性发展基本定型,因此,具有不同于青少年时期的心理特点。

1. 认识特征

与青少年相比,中壮年人的认识范围更广,理解能力更强。除了受教育较少或没有受教育,生活和心理发展有缺陷以及经济贫困造成社会化缺陷等因素外,大多数中壮年人具有较为广泛的认知范围。其除了具备所从事的专业技能外,对于上至国家大事,下至民情风俗,都有一定程度的了解。由于认识内容丰富,他们能根据自己的人生观、价值观及所形成的思维模式,判断、识别所遇到的各种问题,得出自己的结论。同时,由于他们积累了较多的知识和经验,所以能很快地学会一些犯罪的手段和技术,实施新的犯罪行为。如果中壮年人在认识方面知行不一,错误观念牢固,就可能成为惯犯、累犯和确信犯。例如,因错误的政治信仰或封建迷信而犯罪的中壮年人,具有与社会传统观念相背离的人生观、价值观、是非观,但他们确信自己的观念是正确的,并在这些错误思想观念的支配下,“确信”犯罪“有理”。例如,宗教型恐怖主义犯罪是典型的“确信犯”,即行为人笃信某些被歪曲了的宗教教旨教义并遵照实施客观上错误但自以为正确的极端行为。值得注意的是,一些青少年也被恐怖组织灌输错误、极端思想进而被“洗脑”,心甘情愿地沦为恐怖分子,使得一些青少年也成为确信犯。

2. 情绪情感特征

中壮年人的成熟也表现在他们的情绪方面。中壮年人的情绪较为稳定,有较强的克制能力,较少出现冲动行为,因此,中壮年人犯罪的理性色彩较重。但是,由于社会化程度及个性差异,中壮年人在情绪方面也表现出较明显的个别差异。一些平时少言寡语、较为内向的中壮年人,如果长期压抑自己的紧张、愤怒情绪,就有可能因某一诱因的出现而产生与其平常表现截然不同的暴怒性激情发作,导致极为残忍的暴力行为,造成严重的犯罪后果。同时,中壮年人的情感深沉、强烈、责任感较重,对自己向往的事物充满理智感,但是,如果情感对象违背了他们的意志,妨碍他们正常的生活,他们的美好情感就会丧失殆尽,代之以冷酷无情从而成为穷凶极恶的犯罪者。

3. 意志特征

中壮年人由于经受了长期的生活锻炼以及挫折和困难的磨炼,因而意志坚定,这与青少年时期的意志薄弱形成鲜明对比。表现在犯罪行为上,即当中壮年人确定某种犯罪目的后,其就会不惜一切代价,以不懈的努力去实施这种目的,不达目的誓不罢休。正是由于中壮年人的意志坚定而顽固,所以,一旦他们形成了错误的思维方式和坏习惯等,就不容易改变。正因如此,对中壮年犯罪人的教育改造要比对青少年犯罪人的教育改造更困难。

4. 个性特征

中壮年人的个性特征基本定型。首先,在个性倾向性方面,中壮年人的需要复杂多样,既有衣、食、住、行、性等方面的生理需要,又有躲避危险和痛苦,追求安乐、健康和幸福的安全需要;同时,还具有组建幸福家庭、与人交往、获得亲朋好友的爱等归属需要;追求一定的社会地位和名誉、获得社会赞许与承认、追求权力,以此来获得自尊的需要;以及发挥聪明才智、最大限度地挖掘潜力,以此来满足自我实现的需要。由于这些需要广泛而复杂,加之中壮年人正处于“上有老,下有小”的时期,社会负担较重,如果正常渠道和手段不能满足以上需要,那么,有的中壮年人就有可能以非法的手段来获得满足,甚至不惜以犯罪的方式来满足个人私欲。例如,财产犯罪、经济犯罪、性犯罪,特别是职务犯罪等在中壮年人犯罪中都比较普遍。在动机特征方面,中壮年人更容易比青少年产生动机冲突。这是因为中壮年人在社会生活中已经有一定的地位,扮演着多种角色,思想也远比青少年成熟,因此,他们出于不同的个人需要、基于不同角色的要求,往往会产生多种多样的动机,而这些动机之间又往往会彼此发生矛盾冲突。中壮年人的世界观、人生观、价值观等都已形成并逐渐定型,如果中壮年人(特别是领导干部)在这些观念上存在错误、消极、腐朽的认识,那么,就可能激励其实施犯罪行为。

其次,在个性心理特征方面,中壮年人的性格特征逐渐定型,对自己、对他人、对社会等都有明确的态度,并且具备了与此相适应的行为方式;同时,在家庭、社会、工作单位中还承担着相应的社会责任。如果中壮年人的性格不良或有障碍,也容易推动其实施犯罪行为。在能力特征方面,中壮年人由于受过多年的学校教育和职业训练,大多具有一技之长或兼有多种技能,这种能力特征使其在从事多种活动时,均显得得心应手。如果中壮年人将其能力应用于犯罪活动,则犯罪容易得逞。正是由于中壮年人的能力强、知识经验丰富,所以,他们的犯罪手段非常隐蔽、高明,具备智能化特征。例如,利用计算机、信用卡,或其他高科技手段和技术,进行诈骗、伪造、贪污、走私、预谋杀人等犯罪。正因为中壮年人犯罪的智能化程度高,所以,其社会危害性常常比青少年犯罪更严重,特别是在经济领域里的犯罪,其损失动辄就是几百万元、几千万元,甚至上亿元。

此外,中壮年犯罪人的自我意识也常常存在缺陷,他们对自己的看法和评价不客观、不真实。他们总喜欢与人攀比,进而产生自我失落感,甚至为了自己的所谓面子、自尊,而不惜以身试法。

二、中壮年人犯罪的特征

近年来,由于市场经济观念的冲击,人们的价值观念和思想意识发生了较大变化,加之不良社会风气的影响,社会生活中各行各业都可能存在腐败现象。如经济和金融领域里的犯罪十分严重,触目惊心;国家工作人员(特别是领导干部)利用职务之便,以权谋私、贪污腐化、违法犯罪的现象也时有发生,引起了党和政府以及社会各界的普遍关注。以上犯罪的主体,绝大多数都是中壮年人,因此,中壮年人犯罪呈现出以下态势和特征。

(一)数量特征

从犯罪的数量上看,中壮年人犯罪虽然不及青少年犯罪多,但危害性更大,影响更恶劣。特别是贪污、受贿、造假等犯罪,不仅会严重败坏党风和社会风气,而且,给国家和人民的财产及生命等会造成巨大损失,如轰动全国的重庆綦江彩虹桥坍塌案、湖南省湘西土家族苗族自治州凤凰县堤溪沱江大桥坍塌案、三鹿奶粉案、天津港重特大火灾爆炸案等。

(二)类型特征

从犯罪类型上看,中壮年人犯罪的类型广泛、种类繁多,但主要集中在经济(财产)方面以及与腐败有关的犯罪。中壮年人犯罪,其类型可以涉及刑法分则所规定的所有类型,其中,又以财产犯罪、经济犯罪、职务犯罪等为主;而且,数罪并犯、交叉犯罪的现象比较突出。例如,通过贪污、受贿获得大量不义之财后,又腐化堕落、吃喝嫖赌,然后又收买杀手杀害知情人或其他人。

(三)犯罪手段特征

从犯罪的手段上看,中壮年人犯罪多带有隐蔽性和智能化的特征。他们在实施犯罪行为之前,精心策划,积极伪装,表现出较大的隐蔽性;在犯罪过程中,毁灭证据、转移作案现场;犯罪后,对如何应付侦查、审问等都进行了积极的准备。在选择犯罪的手段和方式上，中壮年犯罪人一般要反复权衡、认真比较，他们会尽可能选择非暴力的手段，运用现代化的科学技术、交通工具、通信设备，以及其他智能手段来达到犯罪目的。例如，在现实社会中，利用高科技手段犯罪、金融诈骗犯罪、伪造货币和证件、走私等犯罪，绝大多数都是中壮年人所为，如厦门远华特大走私案、“e 租宝”集资诈骗案、昆明泛亚有色金属交易所诈骗案、广西一号传销案等。

(四)犯罪行为特征

中壮年人犯罪，在行为上具有典型的预谋性、独立性和功利性的特点。中壮年人在实施犯罪之前，大都经历了一个从产生犯罪动机、明确犯罪目的，到犯罪决意形成、着手实施犯罪预备的过程，其犯罪的预谋性较为突出；他们不仅在犯罪之前就有周密计划和准备，而且能明确意识到为什么犯罪、要达到什么目的。正因如此，中壮年人犯罪的成功率较高，也不易被侦破。由于中壮年人有主见，自我意识较强，凡事都有自己的想法，因此，他们较少因为模仿别人而犯罪，多是按自己的意图去实施犯罪行为，且由于自制力较强，在犯罪中较少互相感染，所以，中壮年人的犯罪行为具有独立性特点。不仅如此，与青少年犯罪的戏谑性和情境性不同，中壮年人的犯罪还带有明显的功利性，他们常常将犯罪行为作为达到其他目的的手段；如果不能从犯罪中得到某种利益，他们不会选择犯罪，更不会把犯罪本身当成刺激和戏谑活动。

第四节　老年犯罪心理

随着社会的进步、生活水平的提高，卫生保健事业的发展，人类寿命逐渐延长，老年人在社会总人口中的比例逐渐增加。如今，老年问题已成为世界各国普遍性的社会问题之一。进入老年期，人的身心会发生一系列质的变化。如果老年人不能有效地调节和适应这些变化，那么，就可能出现歪曲的解脱方式，甚至产生违法犯罪行为。老年人犯罪，不仅严重地损害了我国老年人的良好形象，而且加深了社会遗毒的代际传播，给家庭及其子女带来心灵上的阴影。老年犯罪有很强的“再生”或“繁殖”能力，因此，尽管这类罪犯人数不多，但影响极其恶劣，尤其是对社会主义精神文明建设有特别的破坏作用。可见，研究老年犯罪心理，对于预防和治理老年人犯罪问题、搞好社会主义精神文明建设、树立良好的社会风气、使老年人安度晚年等，都具有重要的理论和实践意义。

按照国际标准，60 岁以上人口占总人口 10% 以上，或者 65 岁以上人口占总人口 7% 以上，都属于老年型人口结构的国家，该结构下的地区相应被称为老龄化社会。根据国家统计局资料，早在 1995 年，我国已达到了老龄化社会的标准，且我国人口老龄化问题日益突出。我国 2020 年第七次全国人口普查结果显示，我国 60 岁及以上老年人口 26,402 万，占总人口的 18.7%；其中 65 岁及以上人口 19,064 万，占总人口的13.5%。人口老龄化使社会出现新的特点，也给社会带来种种问题，其中就包括老年人犯罪问题。

什么是老年人犯罪？多大年龄才算是老年人？所谓老年人犯罪，概括来说，就是指 60 岁以上的人实施犯罪。这是一种以年龄为标准对老年人犯罪所下的定义，即为老年人规定一个起点年龄,达到这个起点年龄的人即为老年人。尽管年龄标准具有个体差异,不能反映每个人进入老年期的时间,但它整齐划一,便于掌握,因而被广泛运用于社会科学研究领域。

最早从年龄结构研究出发定义老年人的是瑞典学者桑德巴,他把老年人的起点年龄定为50岁。当今各国老年人的起点年龄并不完全一样,挪威、瑞典等国规定67岁以上才算老年人。1956年,联合国的一项研究报告曾将老年人的起点年龄定为65岁,1982年联合国在不否定65岁标准的情况下又提出以60岁作为老年人的起点年龄。我国若以退休年龄为界限,则男性60岁以上、女性55岁以上已基本步入老年人的行列了。1996年10月1日起施行的《老年人权益保障法》第2条规定:"本法所称老年人是指六十周岁以上的公民。"该法将我国老年人的起点年龄定为60周岁,这个标准便于正确估量老年人口变动对社会经济的影响,更适合我国国情。一般来说,在整个社会的犯罪中,老年人犯罪的比例是很低的,在整个老年人口中,犯罪的比率也是很低的。可是,随着人口老龄化的进程,老年人犯罪问题也会变得越来越突出。老年人犯罪具有自己的独特之处。因此,对老年人犯罪进行探讨和研究非常必要。

一、老年犯罪的身心基础

老年犯罪的方式、手段、类型等,是与老年期的生理、身体变化以及心理发展规律相适应的。因此,研究老年犯罪心理,必须先探讨与之相关的生理和心理变化规律。

(一)老年期的生理变化特征

老年期的心理和行为的变化,在很大程度上受制于生理的变化,主要表现在以下几个方面。

1. 运动系统的变化

进入老年期,人们肌肉水分减少,收缩和舒展能力都降低,关节不够灵活,肌肉容易疲劳。因此,老年人在外观上表现为动作迟缓、乏力、拙笨,动作幅度小等特征,这就决定了老年人的活动范围越来越窄,活动方式越来越单一。70岁以上的老人还容易出现运动障碍,如老年帕金森病、亨廷顿氏舞蹈症、平衡障碍等。正是由于老年人的运动系统功能退化、体能下降,他们不可能像青少年那样实施暴力性犯罪。即便使用暴力,他们侵害的对象也多为儿童或其他老人。

2. 感觉系统的变化

进入老年期,特别是65岁以后,各种感觉系统的结构和功能都会发生退行性变化,但每种感觉系统的退行速度并不均衡。在视觉方面,视觉适应性和视敏度等都显著降低;在色觉方面,老年人对蓝色、绿色的感觉能力下降较大,而对红色、黄色的感觉能力变化不大。在听觉方面,其对高频率声波的感知能力下降较多,对音调低的声音的感知能力下降较少,对声音的分辨和识别能力显著下降。嗅觉和味觉方面也有明显变化,即老年人通常对咸味比较敏感。此外,老年人的触觉、痛觉和温觉等皮肤感觉也有一定程度的减退和迟钝。正是由于老年人感觉系统的衰老,其感知觉和记忆能力的衰退或降低,老年人一般不能进行智能型犯罪,也不能实施需要精心的作案准备和高度紧张的作案过程的犯罪,其犯罪过程一般比较简单;这种特点还使老年人容易产生各种被害猜疑——由于耳聋眼花,经常将与自己无关的言谈错误地理解为对自己的责骂或侮辱,因而有可能在这种被害猜疑的驱使下实施报复性犯罪行为。

3. 神经系统的变化

进入老年期,神经系统也会发生相应的衰老变化。这主要表现为神经信息的传导时间延长、调节和支配内脏器官活动的植物性神经功能下降、脑的重量减轻、脑电图慢波化、大脑皮质的诱发电位的反应潜伏期延长、脑血管自我调节机能减弱等。这些变化说明,进入老年期后,大脑反应的速度和准确性都有一定程度的衰弱,甚至还可能由此而发生老年性智力障碍,如衰老性痴呆。正是由于老年人神经系统的功能降低,其认识可能发生错误。例如,一些老年人错误地认为,老年人违法犯罪不会受到追究或者会重罪轻判,因而目无法纪、倚老卖老。还有一些老年人认为自己来日不多,而子孙们却来日方长,所以宁可牺牲自己的名声、自由,也要尽力满足子女的各种要求,在这种错误认识的支配下,其实施各种以权谋私或者贪污、受贿等犯罪行为。实践中,不少国家公职人员持"有权不用,过期作废"的不当心理,在即将退休时或退休后进行"最后的疯狂""最后捞一把",使退休之际的贪腐犯罪较为高发。

4. 性机能的变化

传统的观念认为,老年期由于性激素的枯竭、性器官的形态变化,没有性欲求,更无性行为。其实不然,新近的众多研究有力地批驳了以上论调,纠正了以上误解。生理学和医学的研究表明,进入老年期后,由于新陈代谢的减弱,性激素的减少枯竭,会导致女性闭经、男性精液分泌量和精子产生量的减少,并由此而导致性欲在某种程度上的减退、性生活频率的降低、性反应的迟缓,但这并不意味着老年人的性欲和性生活的丧失。事实上,在老年犯罪类型中,性犯罪一直是比较突出的类型。江苏、重庆、广东等地司法机关的统计显示,老年人强奸、猥亵等性犯罪的案件量处在老年人所有犯罪前三名位置(侵财类犯罪、职务类犯罪、性犯罪整体位于老年人犯罪的前三位,不同地区的具体位次有所不同),而且还有增多趋势。

5. 其他方面的变化

老年期除了在神经系统、感觉系统、运动系统和性机能等方面的变化外,其他方面的生理机能也会呈衰退下降趋势。例如,内分泌系统的活动明显降低,激素的分泌量显著减少,有的内分泌腺甚至枯萎;循环系统的机能也会下降,心脏的活动能力逐渐减弱,肺活量减少等。总之,进入老年期后,整个新陈代谢的活动水平都会降低。

(二)老年期的心理变化特征

老年人由于生理上的衰老,以及社会关系、社会地位、社会角色等的变化,必定会产生一系列的心理变化。

1. 智力的变化

老年期智力变化的总趋势,是各种基本的认识能力逐渐下降衰退,但衰退的速度并不一致。例如,知觉能力的衰退最快,50～69 岁下降为 76%,70～89 岁下降为 46%;记忆能力衰退次之,50～69 岁为 83%,70～89 岁为 55%;思维能力(比较与判断)衰退较缓慢,

50～69岁下降为92%,70～80岁尚能保持68%。老年人智力的衰退,并不意味着他们学习能力的终结,“活到老,学到老”已成为人们的口头禅,学习对于缓解智力衰退具有重要意义。但是,如果老年人对周围发生的事漠不关心,毫无兴趣,不随时使用大脑,就可能发生老年性痴呆或出现言语障碍,特别是70岁以上的老人患这些病的比例较大。智能有障碍,就可能是非不分而出现违法犯罪行为。

2. 情绪情感的变化

心理学的研究表明:进入老年期,人的情绪与情感要发生相应的变化,主要表现为:

(1)容易产生消极的情绪情感。老年人由于生理上的老化、心理机能的衰退,以及社会交往、社会地位的改变,容易产生消极的情绪和情感体验,如孤独感、凄凉感、嫉妒感、失落感、寂寞感、老而不中用感、忧郁感等不良情绪。通常情况下,年龄越大,孤独、抑郁、多疑、焦虑感等也越严重。老年人中存在的这些不良情绪,如果不能有效地进行自我调节,长期积压,就可能激发老年人的违法犯罪行为。

(2)情绪体验强烈。由于老年期中枢神经系统有过度活动的倾向和较高的唤起水平,老年人的情绪体验较为强烈。尤其是随着老年人适应环境的能力和应变能力降低,其消极情绪体验的强度反而有所上升。这就使得一些老年犯罪带有激情性和冲动性。特别是因家庭纠纷或邻里纠纷而犯罪的老年人,其情绪的冲动性表现得尤为明显。

(3)情感需要经常得不到满足。老年人由于身心衰退和生活环境的改变,因而在情感方面产生了许多新的需要。例如,对扩大交际范围、丰富晚年生活的需要;对子孙的感情依赖,要求老伴理解和安慰的需要;以及丧偶者对再婚的需要等。但由于老年人的适应能力差,以及社会对老年人关心不够等原因,他们的这些需要往往得不到满足,从而产生挫折感,并以紧张、焦虑、敌视的情绪表现出来,严重的则会在挫折感的驱使下,实施攻击性犯罪行为。

3. 意志特征的变化

与中壮年人相比,老年人的意志较薄弱。首先,表现为控制能力降低,尤其表现为对性冲动的控制力减弱,有些老年人明知奸淫幼女要犯罪,且对幼女的身心健康会产生极大的摧残,但就是控制不了自己的冲动而犯下大罪。其次,表现为不良行为习惯、行为方式难以改变,具有极强的守旧性、习惯性和固执性,正因如此,老年犯罪难以矫正,复发率高。

4. 性心理的变化及再婚心理

老年人的性机能衰退,可能导致性欲下降或性活动的方式发生变化,但并不意味着老年人就没有性欲求。性并不只意味着性交。观看异性的容姿、裸体,电影或电视里的色情镜头,接吻,手淫,阅读色情小说等都可以称为性活动。由于自身生理的限制,老年人的性活动可能多数转向于非性交活动。正是由于老年人存在性欲求,以及寻找精神寄托、寻求生活上的互相照顾等,丧失配偶的老人对再婚问题表现出较迫切的要求和向往。如果老年人(特别是老年男性)的性欲始终得不到满足,长期受压抑,就可能以间接或直接的形式表现出来。间接表现,如人格变异、丧失生活的兴趣、莫名其妙的忧愁、家庭矛盾加剧等;直接表现,如观看色情电视录像,欣赏报刊中的色情描述和图片,手淫,甚至会发展到猥亵、奸淫幼女,公公觊觎儿媳而引起家庭冲突等,由此而产生一系列与性有关的违法犯罪行为。

5. 人格的发展变化

据日本心理学家长岛1977年的研究,老年期的人格特征主要有以下五点:(1)自我中心性:顽固、任性;(2)猜疑性:胡乱猜测、嫉妒怪僻,这是感觉能力的衰减所造成的对外界认识的困难;(3)保守性:讨厌新奇的东西、偏好旧习惯,原因在于记忆能力和学习能力的减退;(4)疑病:过分关注自己的身体变化,而对外界事物的兴趣减弱;(5)牢骚:由于把握不住现实,总爱发牢骚、喋喋不休,好回忆往事。[14] 此外,人格测验的结果还表明,老年人的疑病、歇斯底里、抑郁、妄想症、孤独感、焦虑感等倾向较明显。如果这些人格障碍没得到较好的调适,那么就可能导致老年人的人格变态或精神异常,并可能由此而产生违法犯罪行为。例如,有些老年人性格敏感多疑,常因被害妄想而发生防御性的犯罪行为,即在加害行为没有出现时就先侵害别人。也有的老年人自我中心倾向十分严重,并以任性、固执的形式表现出来。因此,他们特别关注自己的身体状况、情绪变化,十分固执地维护自己的日常起居习惯和交际方式,不允许子女加以干涉,或者经常为自己贮存一些衣物、食品,直至腐烂变质也不让人处理。老年人的这种自我中心和固执态度常常容易引起家庭矛盾,造成人际关系的紧张,进而可能导致激情犯罪或预谋犯罪的发生。

此外,老年期还容易出现一些常见的精神障碍如老年期脑器质性精神障碍、老年期功能性精神病、老年期神经症等。在以上各种精神障碍状态下,老年人都可能出现危害他人或自我毁灭(如自杀)的行为。

二、老年犯罪的特征

随着社会环境和个体因素的变化,我国的老年犯罪有上升趋势,尤其是在人口老龄化程度日益加重背景下,我国老年人犯罪有进一步增多变恶的势头,值得社会高度重视。学者的调研数据反映了老年人犯罪上升的趋势:如针对浙江省老年犯罪的统计资料显示,1995年,61岁以上老年犯罪人共182人,占全部刑事犯罪人数的3.56%;到了2005年,该年龄段犯罪人数升至608人,占比达到5.38%。[15] 重庆市巴南区老年人犯罪在2006~2010年呈逐年上升之势。河南省社旗县老年人犯罪占全部刑事犯罪量的比例由2010年的2.98%上升至2014年的6.92%。[16] 国家权威部门的统计数据亦反映出老年人犯罪不断增长的趋势,如国家统计局网站中“司法统计”数据显示,2017~2020年,我国年满60岁以上的新增罪犯人数占当年全部新增罪犯人数的比例分别为2%、3.09%、3.19%、3.35%。由于自身的体能下降、精力不足、心理功能衰退、智能衰弱,老年人犯罪与青少年犯罪和中壮年人犯罪都有较大区别。

---

〔14〕 参见[日]井上胜也等编:《老年心理学》,江丽临等译,上海翻译出版社1986年版,第158页。

〔15〕 参见张应立:《人口老年化进程中的老年犯罪问题初探——以浙江省老年人犯罪为例》,载《吉林公安高等专科学校学报》2008年第1期。

〔16〕 参见李应敏:《论老年人犯罪案件的特点、成因及预防对策——以近年来办理的老年人犯罪案件为样本》,载《公民与法(法学版)》2015年第4期。

(一)犯罪手段的非暴力性

老年人犯罪,不像青少年犯罪那样残忍、不顾后果、充满暴力;而是在作案前有准备,在作案中有节制,留有后路。从犯罪手段看,老年人由于年老体衰,所实施的犯罪多为非暴力性的。例如,伪造、诈骗、侮辱、诽谤、纵火、赌博、奸淫幼女等,这些犯罪以不需要很大体力、身体危害性较小为特征。而那些需要爆发力的故意杀人罪、伤害罪、抢劫罪等,一般也是以不太需要体力和大幅度的活动方式进行的,如趁被害人毫无防备或熟睡时进行犯罪。老年犯罪不仅手段多样、缺乏暴力,而且动机还比较隐蔽,给自己留有退路。例如,当前老年犯罪中的一种主要类型就是性犯罪,老年性犯罪多数或基本上不使用暴力或以暴力相威胁,而是诱骗或以自己的权势、地位或教养关系相胁迫。案情一旦暴露,他们只承认是通奸而不承认是强奸。

(二)犯罪形式的单独性

老年犯罪的组织形式以单个犯罪为主,极少有老年结伙犯罪,这与青少年或中壮年人的团伙犯罪是有区别的。安徽省淮南市人民检察院官网上2016年刊载的一份统计资料显示,当地老年人犯罪中单独作案的占比64%,共同作案的占比仅36%。老年人犯罪的单独性是由于他们敏感多疑、不相信他人。他们不仅不相信同事、子女、亲友、邻居,也不相信犯罪同伙。老年罪犯有自己比较丰富的社会经验,通常在犯罪时不与人合作,这是为了犯罪行为的隐蔽性和逃避打击而采取的“天知、地知、我知”的单独作案方式。一个老年被告在审讯中吐露:“我如果多与一个人在一块作案,就多一个暴露目标,我一个人做坏事一个人清楚,你们掌握我多少罪行,我心里也明白。”这说明有些老年犯罪心理是很狡诈的。

(三)犯罪类型的相对集中性

由于受体力的限制,老年人通常无法实施暴力犯罪行为。从犯罪类型上看,老年犯罪主要是财产犯罪和性犯罪。财产犯罪主要包括盗窃、赌博、贿赂、窝赃、诈骗等;性犯罪的侵犯对象主要是幼女或有生理缺陷(如聋哑、痴呆)的妇女。有的老年人也可能因为容留妇女卖淫而构成性犯罪。

(四)弱势群体常常成为老年人的犯罪对象

老年人生理、心理等的变化,使他们能侵害的对象也受到一定的限制。老年罪犯经常把儿童、妇女、智障者、残疾或生病者作为侵害对象。与此紧密相关的还有,老年人的犯罪对象往往是他们比较熟悉的人。他们经常是预谋已久,通过较长时间的交往骗取对方信任之后再进行作案。在老年人针对弱势群体的性侵犯犯罪中,这一点表现得尤为明显。

(五)主体日益高龄化,受教育水平低

八旬以上老年人犯强奸、盗窃等类犯罪早已不是什么新鲜事,犯罪主体的高龄化是我国和各国老年人犯罪的一个突出特点。在我国的老年人犯罪人群中,除了年龄大外,在受

教育程度方面，中、小学及以下文化程度的占六成以上，所以相较而言，受教育水平低是我国老年人犯罪的特点之一。

（六）农村老年人犯罪多

据有关部门统计，在犯罪的老年人中，农村户口的占 55.3%。这与我国农村的实际状况有关。在我国农村地区，老年人都是依照自己的经验和当地的风俗习惯为人处事，对于法律非常陌生，法律知识缺乏，法制意识淡薄。当前，我国正在进行的普法宣传工作，往往忽略了对老年人，尤其是针对农村老年人的宣传教育，这是导致农村老人法制意识淡薄的重要原因。一方面，老人由于对法律不了解，经常因为不懂法而犯法；另一方面，由于法制意识淡薄，老年人自我约束能力差，存在侥幸心理，也容易出现知法犯法的情况。当然，城镇地区的老年人犯罪也占相当的比例，尤其诸如职务犯罪、财产类犯罪较为突出，不容小觑。

（七）老年女性犯罪主体人数急剧下降

与老年男性相比，老年女性随着年龄的增长，相比老年男性犯罪率更低。在所有年龄阶段的犯罪中，男女犯罪量的比例大致为 9∶1，而老年女性犯罪所占比例整体上要更低。同时，老年女性犯罪量有明显下降。根据 2002 年天津市社会转型时期犯罪主体性别构成调查报告，老年女性犯罪的比重下降较快，与 1993 年的 2.2% 相比，2002 年仅占0.8%。另据统计，2002 年女性罪犯犯罪时最大年龄为 59.69 岁，而男性则为 76.61 岁，这说明女性 60 岁后犯罪极少，与老年男性犯罪形成强烈对比。这都和女性、男性的生理、心理特点有很大关系。而随着年龄的增长，他们的这些变化也使他们的行为有很大不同。

三、老年犯罪的心理分析

（一）老年犯罪的动机分析

尽管老年犯罪的情形是多种多样的，但究其动机，主要有以下几种：

1. 追求享乐，欲壑难填。有的老年人为了追求金钱物质享受，不惜以偷、骗、搞封建迷信活动，甚至以行凶杀人来满足个人的需求。

2. 心胸狭窄，斤斤计较。有的老年人遇事易产生心理郁结，常为一件小事而计较，产生对立情绪，逐渐走上犯罪道路。在现实生活中，有些家庭不和睦，婆媳关系紧张，有的老年人在受到媳妇的冷嘲热讽、白眼之后，一气之下，投毒杀害家庭成员。

3. 精神空虚，无所事事。有的老年人离（退）休后为了解脱精神空虚，借用各种方式打发余生，如聚众赌博，观看黄色录像或书刊后为了寻求不健康的精神刺激而奸淫幼女等。

4. 不堪虐待，以身试法。有的老年人由于在家庭中受虐待，生活无着而产生逆反心理，以犯罪方法残害家人，做出诸如杀人、投毒、伤害、纵火等报复行为。

5. 维护尊严，铤而走险。有的老年人由于长期以来处于发号施令、左右他人的地位，离（退）休后，不能有效地转换角色，当自以为“权威”受到影响时，便不惜铤而走险，以服他人。

6. 恶习较深,重操旧业。一些恶习较深的老年人顽固不化,犯罪意识已无法遏制,有机会便重操旧业,如组织反动会道门、引诱容留妇女卖淫、教唆他人犯罪等。

7. 倚老卖老,藐视法律。有的老年人依仗自己岁数大,以为别人奈我不得,遇事置法律于不顾,进行各种违法犯罪活动,最后弄得身败名裂。

8. 革命"吃亏",伺机补偿。有的老干部在退休或退居二线前后,便借改革开放之机,不惜用经济犯罪的手段来发财致富。这些人清廉一生,但晚节不保,最后追悔莫及,影响极坏。

9. 老无所养,生活无着。现实生活中也有一些老年人生活无着落,为了求生,便采取盗窃、诈骗等手段来满足自己的生活需要。[17] 还有部分老人,基于家庭养老缺位、社会保障不健全的原因,而想通过犯罪实现在监狱内"养老",被称为"犯罪求养"。[18] 尽管该现象并非十分普遍,但仍值得社会重视。

(二)老年罪犯到案后的心理分析

老年罪犯在案发被捕之后,普遍存在对刑罚的抗拒心理,给审讯和改造工作造成了一定的困难和麻烦。这主要表现在以下方面:

1. 不认罪。老年罪犯由于社会经历丰富,对于自己的行为及后果有充分的思想准备,因此不肯轻易认罪,对于法庭和监管所都采取无所谓的藐视态度。有的老年犯"倚老卖老""一顶、二赖、三狡辩",所交代的供词,或者残缺不全,或者前后矛盾,或者不真实。劳动改造也是软磨硬顶,较难对付。

2. 自卑心理。老年犯罪年龄都在60岁以上,有的已是古稀之年,少数已是"耄耋老人"。他们犯罪后感到无颜见人,更不好向子女后代交代,加之自己年老体弱多病,风烛残年"吃官司""蹲大牢",怕没有活着出去的一天了。于是,他们便表现为自责、自卑、绝望、混天度日、精神不振、行为懒散、装聋作哑、无病呻吟、不服改造。

3. 心神丧失。老年罪犯由于年龄大,思维迟钝,被判处刑罚后,心理压力过重,加剧了他们自身的各种器官功能的减退,影响神经系统的正常活动,因而失去了正常的认识能力和判断能力,表现出一种间歇性或经常性的心神丧失的精神状态。有的干脆装疯卖傻,扰得监狱不安宁,监管干部遇到这种罪犯最伤脑筋,不仅一般的管教方法无效,更严重的是影响群犯的情绪,给管教工作带来许多麻烦和困难。

4. 希望宽大处理。多数老年罪犯还是能认罪服法,他们在失去自由的铁窗生活中回顾自己漫长的一生,痛恨自己不守晚节,更加思念自己的家庭和亲人,因此渴求假释、保外就医、监外执行等,希望通过不断地提出要求,遵守监纪监规来求得宽大处理。

四、老年犯罪的预防措施

老年期生理和心理衰退的特殊情况,决定了对老年犯罪的预防不同于对青少年犯罪

---

〔17〕 参见甘元新、万锋:《老年人犯罪原因初探》,载《人民公安报》1990年8月24日。

〔18〕 参见李英锋:《老年人"犯罪求养"是谁的罪与罚》,载《中国老年报》2014年4月28日。

和中壮年人犯罪的预防。在后文的“治理论”中将要探讨的犯罪预防，主要是针对青少年犯罪和中壮年人犯罪而言的，因此，关于老年犯罪的预防问题，本书在此进行探讨。老年犯罪的原因是多种多样的，既有客观因素的不良影响，又有主体自身的缺陷。要预防老年人犯罪，就必须从老年人主观方面，以及家庭和社会等客观方面入手。

（一）老年人的自我预防

老年人可从以下方面预防犯罪：

1. 发挥余热，积极为社会作贡献。老年人由于体力和精力衰退，不得不离（退）休，但这并不意味着“老不中用了”。事实上，老年人的智慧、实践经验等是一笔宝贵的社会财富。老年人应积极发挥余热，为社会作出新贡献。这一方面有益于社会；另一方面又有利于老年人自身健康心境的保持，使之感到老有所为，老有所用，心情愉快，精神有寄托。在这种情况下，老年人很少会去从事违法犯罪活动。

2. 培养健康的兴趣、爱好，参加有益的活动。老年人从繁忙的工作岗位退下来后，最容易感到空虚、无所事事。如果能培养起健康的兴趣、爱好（如养花、养鸟、钓鱼、打门球等），多参加有益的社会活动（如参加关心下一代工作委员会所组织的活动），那么，老年人的精神生活就充实了，就不会因为空虚无聊、悲观失望而走上违法犯罪道路。

3. 活到老，学到老，提高认识水平。有的老年人不学习知识，不学习法律，随着年龄的增长，老年性痴呆发病率上升。老年性痴呆表现为记忆衰退，判断力失常。加上离（退）休后与社会联系减少，使一些老年人对法律上的认识模糊。例如，他们虽然知道强奸要判刑，但对强奸罪的犯罪构成并不了解，有的老年人认为与幼女“在外面碰碰”只是不道德行为，而不知道是犯罪行为；也有的老年人认为，与精神病、低能、痴呆妇女发生性行为是出于女方同意，甚至是女方主动的，属通奸行为，而不是强奸。在老年人性犯罪中，属于认识错误的占有相当大的比例。

（二）家庭预防

在我国的家庭伦理道德中，历来都提倡尊敬老人、赡养老人。然而，在现实生活中，确实存在有些老年人因家庭矛盾激化而走上违法犯罪道路的现象。家庭在预防老年人犯罪中应注意以下几个方面：

1. 要大力弘扬尊老爱幼的传统美德，树立良好的家风。古人云：“家人有严君焉，父母之谓也。父父，子子，兄兄，弟弟，夫夫，妇妇，而家道正。正家而天下定矣。”其意思是说，家有严父慈母，父母像父母的样子，子女像子女的样子，兄弟、夫妻等各自身份明确，家庭和睦、安定，家庭兴旺发达则天下安定。在团结、和睦的家庭气氛下，老年人受到尊敬，会感到精神充实、老有所依。为了给后代树立良好的榜样，老年人会严格约束自己的行为，不会轻易实施违法犯罪行为。同时，子女应在物质和精神上给予老年人足够的关爱，多陪伴父母，减少老人的“空巢”现象，变“空巢”为“爱巢”，减轻老人的孤独、寂寞、无助感，进而减少老人的违法犯罪。

2. 要坚决贯彻执行《老年人权益保障法》。依法保障老年人的合法权利，严肃处理歧视、虐待老年人的事件。让老年人学法、懂法，知道如何用法律手段来维护自己的合法权利,而不是用非法的手段来报复家人或维护尊严。

3. 子女对丧偶老年人的再婚问题应予以理解和支持。老年人丧偶或离异后,晚年生活孤独寂寞,单调乏味,精神空虚,很多丧偶或离异的老年人迫切希望能再婚,找一个伴侣。老年再婚,既是精神寄托的需要,也是性生理和性心理平衡发展的需要。因为老年性生活是晚年精神生活的重要组成部分,大多数的老年人对性生活感兴趣。老年人丧偶或离异与老年性犯罪有密切联系。子女应理解父母的苦衷,绝不能将老年人再婚看成是"老不正经""老色鬼"等。在现实生活中,有的老年人就是因为再婚问题得不到子女的理解和支持而精神压抑、苦闷,最后走上违法犯罪的道路。

(三)社会预防

对老年犯罪的社会预防,可从以下方面着手:

1. 要建立和完善养老保险制度和社会救济制度,使老年人老有所养,老有所依,生活有着落,不至于为了生计而实施违法犯罪。

2. 要加强对离(退)休人员的管理工作。各单位应设立专门的机构加强管理离(退)休人员,不至于使他们处于放任自流、无组织约束的状态;同时,还应组织老年人参加各种有益的社会活动,丰富老年人的精神生活。

3. 要加强对老年人的法制宣传教育工作,提高老年人的认识水平,使老年人知法守法。

思考与训练

1. 阅读下列材料并回答问题。

材料一　小黄原系中学在校生,因家庭疏于管教,私自辍学,在网吧上网时结交了两个社会上的"朋友"。在"朋友"的唆使下,小黄拦路抢劫了一辆自行车,三人将车卖钱后在网吧挥霍一空。

2013 年 7 月,14 岁的扈某持刀将同学捅成重伤。在其后不足 5 个月的 2013 年 12 月 1 日,扈某再次持刀将另外一名同学捅死,而此时上次的案子还在鉴定期。2014 年 12 月 30 日,东营市中级人民法院判处扈某有期徒刑 17 年。东营市人民检察院提出抗诉,后人民法院改判扈某无期徒刑。

中国青少年犯罪研究会的统计数据显示,25 岁以下的犯罪人数超过总犯罪人数的三成还多。14~25 岁是儿童向成年过渡的特定阶段,即人一生中最重要的青少年期,在这个时期一个人能否健康成长将直接决定一个人一生的走向。数据显示,20 世纪 80 年代以后,青少年犯罪率逐步上升,并且犯罪年龄不断下降,平均年龄只有 15.7 岁。青少年犯罪在世界范围内已是继吸毒贩毒、环境污染之后的第三大公害。

问题:青少年犯罪呈现什么心理特征?你认为青少年犯罪的主要原因有哪些?

材料二　第七次全国人口普查数据显示,60 周岁以上老年人人数已达 2.64 亿,占全国人口总数的18.7%,65 周岁以上老年人人数已达 1.9 亿,占全国人口总数的 13.5%。随着老龄化社会的到来,老年人犯罪也日益成为社会关注的话题。统计数据显示,老年人犯罪类型相对集中,男性多涉嫌故意伤害、盗窃、猥亵、强奸等犯罪,女性则以侵财型犯罪为主,如诈骗、盗窃等。

日本警察厅 2015 年的数据显示,65 岁及以上的人中因为犯罪行为被捕的人数占被捕总人数的比例高达20%，被捕总人数接近4.8万。近十年来，日本老年人因为犯罪被捕的人数翻了一番。警察厅的数据显示，1995年至2005年，这个比例为每10万人中平均80人，而2005年至2015年，比例变为每10万人中平均162人。

问题：老年人犯罪呈现什么心理特征？如何认识老年人犯罪的原因？

2. 知识运用。

近年来，电信网络诈骗高发，严重侵害了民众的财产安全以及社会的稳定和谐。帮助信息网络犯罪活动罪（以下简称帮信罪）是电信网络诈骗活动中的一类犯罪，主要指行为人明知他人利用信息网络实施犯罪，为其犯罪提供互联网接入、服务器托管、网络存储、通讯传输等技术支持，或者提供广告推广、支付结算等帮助的犯罪行为，其是电信网络犯罪的重要"帮凶"。帮信罪的案发量持续上升，仅2022年上半年全国检察机关起诉帮信犯罪行为人便达6.4万人。从涉案人员年龄看，低龄化现象突出，30岁以下的占64.8%，18～22岁的占23.7%。犯罪嫌疑人中，低学历、低收入群体占多数，初中以下学历占66.3%、无固定职业的占52.4%，犯罪行为主要表现为非法买卖"两卡"。同时，大学本科以上学历、民营企业尤其是科技公司收入较高者涉罪人数持续增加，犯罪行为主要表现为开发软件、提供技术支持。在起诉人员中，近90%没有犯罪前科，系初犯。涉案人员中有较大比例的在校学生。一些在校学生受老乡、校园周边不法分子蛊惑，出售、出租"两卡"，沦为"工具人"；也有在校园里招揽同学收购"两卡"，发展为"卡商"的。例如，某大学学生涂某长期在校园内外收购他人银行卡，提供给不法分子使用，同时唆使其女友万某（在校学生）向同学收购8套银行卡后出售。这些银行卡被用于实施电信网络诈骗犯罪，21名被害人向银行卡内转入被骗资金207万余元。

青少年成为帮信罪主力的现象值得多方警醒与反思。作为青少年，尤其是作为在校学生，要进一步学会辨事明理慎行。一要认真学法守法，要明了哪些行为属于违法犯罪，对于"两卡"即便是自己的电话卡、银行卡也绝不不当地提供、贩卖于他人，不要因无知而错失大好前程、悔恨终身。二要端正财富观念，成功与财富的获取除了脚踏实地与合法的劳作外没有其他捷径，切莫贪图小便宜，更勿要产生自己属于幸运儿能获得天上掉下来的"馅饼"的幻想。脚踏实地且合法获取的财富才是真实的真正属于自己的财富，投机取巧尤其是违法犯罪所得的财富只是过眼云烟，迟早要连本带息的偿还。三要学会拒绝他人，在面对他人各种不当的游说、蛊惑、引诱时，在辨事明理的基础上应当学会妥当地拒绝他人，即便是面对亲朋好友、邻里同事等具有亲密关系的他人时，该当拒绝时仍要坚决地说"No"，宁要拒绝他人一时之不乐这一短痛而勿要犯错违法犯罪之长痛。

第八章　犯罪心理的性别差异

第一节　性别差异及其对犯罪的影响

男女两性在性别上的差异是非常突出的。造成性别差异的原因首先是在生理的基础之上接受了客观外界因素刺激,从而影响男女两性不同的心理特点。女性犯罪心理的形成,也正是在其生理发展的基础上,通过与外界因素的相互影响、相互作用产生的。因此,对女性心理的研究离不开对女性心理产生的基础——生理的研究,也离不开与男性的对比研究,只有这样,才能做到对女性心理的科学研究。

一、女性的生理发展

个体在出生后,随着年龄的增长,其生理要经过一系列的发展变化。在儿童时期,身高、体重、生理机能、神经系统等方面处于平稳发展的时期。进入青春期后,这是人一生中生理、心理发展的关键时期,也是男性、女性的性别差异在生理、心理上发展最明显的时期,可以说是一个质的飞跃。对于女性,这种变化首先反映在体态上:皮下脂肪的增加,使女性体态丰满;内分泌系统的发育,促进女性的大脑、身高、体重以及身体其他各部分的生长与发育。生理机能的发展变化,使女性的肺活量、运动能力有所发展,但与男性相比,有一定的差距。在其他生理指标方面,如血压、脉搏、体温、血红蛋白等方面,男、女基本相同,但有些指标男性稍高于女性。在性发育方面,以性成熟为主要特征,包括性器官的发育成熟和性机能的发育成熟,特别是女性月经初潮的来临,是女性开始成熟的标志。随着性器官的发育成熟,女性的第二性征开始出现并日渐明显,乳房的发育、增大,阴毛、腋毛的长出,骨盆变宽,臀部变圆,使女性更富有线条美。进入更年期后,身体各系统、器官相继衰退,女性开始绝经,性机能衰退,步入人生的晚年阶段。

二、男女两性的心理差异

女性生理发育的特点,特别是女性在青春期生理的迅速发育,使其在生理机能、体态、内分泌、性机能等方面都有明显异于男性的地方,这种生理急剧而迅速的发育,使女性在这一时期无论在认识能力、情绪情感、个性特征上都经历了一个不平静又充满矛盾的时期,产生苦恼、焦虑、不安、适应环境困难等消极心理。因此,研究在生理基础上发展起来的女性心理特征对研究女性犯罪心理的形成有重要意义。

(一)认知特征

一般情况下,女性的形象思维能力较强,而男性的抽象逻辑思维能力较强,因而女性的思维特点偏重形象性、具体性；女性的语言表达能力、感受性和知觉比男性强，女性对声音的感知优于男性，女性善于辨别色彩而男性善于辨别图形，女性的机械识记能力强，观察仔细，而男性观察事物时易注意整体而忽略细节，其数学能力和空间想象力比女性强。

（二）情感和意志特征

青春期的女性情绪情感丰富，感情细腻，富于内心体验和敏感性，容易因一些小事引起强烈的情感，特别是对否定性质的情绪体验深刻，情绪的稳定性差，行为举止容易受心境的影响，使她们长时间处于被情绪感染的体验中；从而情绪情感的起伏性大，多种性质的情绪体验交错刺激，使她们容易陷入情绪之中，被情绪所左右，因而引起内心的强烈冲突和矛盾。而且，情绪体验深刻，在内心深处引起强烈的情感，容易受情绪的感染、支配而感情用事，因而女性极易受暗示，由于意志力薄弱，控制不了情绪的爆发而成为感情的俘虏。

（三）个性特征上的差异

根据心理学家麦克林和杰克林的性别差异心理学理论，男女两性在个性方面的差异有：

1. 攻击性。这种攻击性包括生理上的攻击行为和语言上的攻击行为。男性往往比女性更富于攻击性。当受到刺激时，男性表现出愤怒，甚至大动干戈，而女性则表现为焦虑不安，甚至自责。由于男女两性在社会化中的性别角色差异，女性逐渐懂得如果自己富于攻击性会遭大家的嫌弃，而男性却正相反，会因此受到鼓励。如男孩调皮捣蛋会受到褒奖，而女孩却会受到惩罚；男孩总是模仿影视中富于攻击性的男子汉，而女孩却模仿缺乏攻击性、受到保护的女性。教育现状的影响：幼儿园、小学中女教师占多数，小女孩比男孩的自我认同感高，因此，同样来自女教师的惩罚，对女孩的攻击性有制止作用，但对男孩却往往使他更富有攻击性。

2. 支配。这是指遇事能够自我决定，有主见。男性比女性更具有支配欲，具体表现为能够自我决定，遇事有主见、果断。

3. 自信。男性具有较高的自信，往往夸大自己的实力，而女性相对缺乏自信心，并且有强烈的恐惧成功感。由于女性的自信心不足，因而在事业上、成就上更易受到不利影响。

4. 移情作用。这是指一个人感受到他人正感受着的情绪。与男性相比，女性更容易产生移情作用。女性容易动感情，富于同情心，稍微触动，潸然泪下，而这正是产生利他行为的原因。

5. 暗示。女性比男性更容易受暗示。女性比男性更多地考虑别人对自己的反应和态度，对团体的压力更为敏感，因而女性易受他人影响，受到暗示，产生从众心理。

三、犯罪的性别差异

（一）犯罪数量上的差异

在犯罪数量上，女性犯罪远远少于男性犯罪。中华人民共和国成立后的较长时期，我国女性犯罪的数量均非常少。但从20世纪70年代末80年代初期开始,随着改革开放、农村剩余劳动力的增加、城市下岗职工的增多、人口流动性增强、女性社会生活参与度的提升,女性犯罪呈现不断上升的态势。尽管女性犯罪数量增长较快,但从总的发展趋势看,女性犯罪数量仍明显低于男性犯罪。当前,我国女性犯罪占整个刑事犯罪的比例上升至10%左右,个别地区可达20%~30%。

其实,女性犯罪数量大大低于男性犯罪数量并不是中国特色的犯罪现象。在不同的社会制度和历史条件下,女性犯罪人在犯罪人总数中所占的比例都明显低于男性。但同时,这种犯罪数量的性别差异又存在较大的不确定性,在不同国家或不同地区其差异的程度较大。犯罪统计学的先驱者——比利时的阿道夫·凯特勒19世纪的实证研究结论是,男性犯罪比女性犯罪多4倍多;根据美国联邦调查局的统计,该国1969年女性犯罪的百分比比男性少6倍多。进入21世纪90年代,西方主要发达国家的女性犯罪比例大致介于15%~25%之间。其中,女性犯罪比例最高的德国和美国,1990年分别为24.5%和22.6%;法国女性犯罪的比例相对较低,并且较为稳定,1990年为15.1%,1992年为14.48%,1993年为14.3%。[1] 从统计资料看,在20世纪60年代,我国女性犯罪人数在犯罪总人数中所占比例要低于西方国家,为10%左右,最高的年份为12%~15%;但近十年来,女性犯罪的增长速度超过了男性。据统计,与20世纪五六十年代相比,我国青少年犯罪增加了2.5倍,女性犯罪增加了近10倍。某市提供的一份调查报告比较典型地说明了近年来女性犯罪的上升速度:1991年、1992年、1993年,女性犯罪分别比1990年增加了37%、62%、244%,且目前仍呈上升趋势。[2] 尽管我国的女性犯罪数量和犯罪率都比男性犯罪低,但是,由于女性犯罪的上升趋势十分明显,上升的绝对数很大,这已引起了社会各界的普遍关注。

至于为何在犯罪数量上会出现较明显的性别差异?对此问题有各种解释。有的理论从伦理学角度出发,认为犯罪是违反道德的行为,女性的道德观念比男性为重,故女性犯罪较少;有的理论侧重于心理学方面的解释,认为犯罪多需主动的心情和积极行为的能力,而女性既缺乏主动的心情,又缺乏行动的实力,故女性犯罪较少;还有的理论偏重社会学方面,认为犯罪是反社会的行为,犯罪率与行为人参加社会生活的程度呈正比关系,女性在家庭的时间较多,参加社会生活甚少,因而女性的犯罪率较低。

上述诸说虽都有一定的道理,但比较而言,第一种观点较为勉强。与其一般性地说女性道德观念比男性强而较少犯罪,不如说女性的天性较为柔顺、服从,不如男性富有竞争性和攻击性,更容易受传统观念的约束和羞耻心较重。女性在行动上顾虑更多和更为审慎,因此,女性较少犯罪。

(二)犯罪类型上的差异

女性在体格、体力、体能方面的限制和心理特点的局限,使她们在犯罪类型的选择上不同于男性。男性在犯罪类型上多选择与体力、智力相当的暴力性、攻击性、智力性强的

---

〔1〕 参见张远煌:《现代犯罪学的基本问题》,中国检察出版社1998年版,第122页。

〔2〕 参见李兰芝编著:《青少年犯罪:预测、预防、综合治理》,航空工业出版社1994年版,第247~248页。

犯罪,如盗窃、杀人、抢劫、强奸、伤害等重大暴力犯罪;而女性则多利用其生理特点进行犯罪,如卖淫或组织、强迫、介绍、容留他人卖淫等性罪错行为,以及利用社会对女性的尊重和信任进行犯罪,如利用姿色抢劫、诈骗、偷盗、拐卖人口等犯罪。此外,从总的方面看,男性犯罪所涉及的类型非常广泛,而女性犯罪的类型却相对集中。我国在这方面尚未见详尽的官方统计资料。不过,从各地的调查统计看,女性犯罪的种类主要集中于与其社会生活联系较为密切的财产型犯罪、婚姻家庭相关的犯罪和性罪错方面的犯罪,例如,盗窃、诈骗、重婚、杀人、卖淫等;而实施危害国家安全或公共安全等方面犯罪的比例则很低。然而,值得注意的是,近年来女性犯罪的领域不断扩展,除以前的几类典型犯罪外,还涉及更多犯罪类型。例如,金融诈骗、非法经营、贪污贿赂、走私、贩毒、伪造发票与证件、侵犯知识产权等犯罪,犯罪类型向多方面发展。整体而言,侵财型犯罪、故意伤害类犯罪和性犯罪仍是女性犯罪的主要类型。

以下是学者对2011年不同类型犯罪中男女比所作的统计(见图8－1)(负号仅用于改变图表方向,对数值本身无特殊含义),能较为直观地反映男女犯罪在类型上的差异。

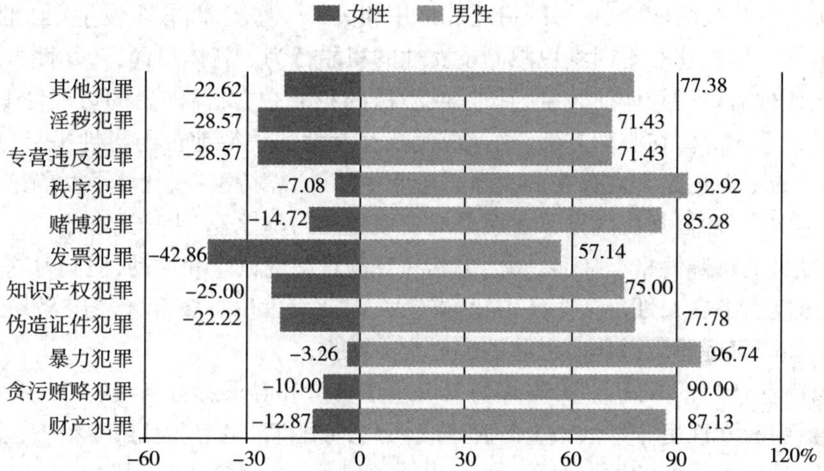

图8－1　2011年不同类型犯罪中的性别比

资料来源:熊谋林:《生命周期研究:性别、年龄与犯罪》,载《青少年犯罪问题》2013年第1期。

在其他地区和国家,男性犯罪与女性犯罪也存在类型上的差异。例如,我国台湾地区学者林纪东在《刑事政策学》一书中作过如下归纳:(1)女性几乎完全不发生的犯罪,为强盗、强奸、恐吓、强制猥亵、过失伤害、渎职等;(2)女性犯罪数甚少的犯罪,为脱逃、暴行、伤害、骚扰、伪造有价证券、盗窃、诈骗等;(3)女性犯罪率甚高的犯罪,为放火、失火、杀婴、遗弃等。上述分类的方式和出发点是可取的,但是所涉及的具体犯罪种类似乎只能适用于妇女社会地位极为低下的社会环境,而不能准确反映现代社会中女性犯罪的特点。在当今社会中,女性所涉及的生活领域与男性已相差无几。因此,很难说哪种犯罪女性绝对不能实施,并且,女性犯罪在一定程度上还有向“男性化”特征转化的趋势。尽管如此,男女两性在犯罪类型上的差异还是客观存在的。例如,法国警方1993年的犯罪统计资料表明,男性在犯罪总数中所占比例(男女性别比)最为突出的犯罪是:危害国家基本利益罪占98.95%;爆炸罪占98.33%;盗窃机动车占98.07%;猥亵占97.45%;非法携带武器占96.94%;工地上的盗窃占96.7%;违反驱逐令或禁止入境令占96.64%;盗窃货车上的货物占96.38%;强奸罪占96.03%。而女性在犯罪总数中所占比例(女男性别比)最为突出的犯罪是:有关违反青少年监护方面的犯罪占64.37%;残害婴儿罪占57.41%;签发空头支票占35.94%;其他违反支票管理规定的犯罪占35.35%;违反禁止在银行从业规定的犯罪占33.90%;盗窃高级陈列物品占31.39%;侵犯人身的犯罪占17.69%。[3]

关于男女两性在犯罪类型上的差异之原因,有学者从以下几方面予以解释:[4]

首先,女性的权力意识和公共生活的关注兴趣一般要逊于男性。就人类的需要而言,借助于一定手段支配和影响他人的权力欲望并非男性的专利,事实上,权力意识构成了人类活动的基本社会动机之一。但在现实生活中,由于受传统文化的约束和广大女性尚有待克服的自身偏见的影响,权力领域在很大程度上仍然是逻辑性的一块"世袭领地"。女性参与权力生活往往只能由占据社会生活中心的男性去安排,这就是为什么在各级党政要员的任命和选举中一定要规定女性占一定的比例,以确保女性最低限度的参政议政之权。与女性追逐权力意识的弱化相适应,女性参与社会生活的广度和深度整体上不及男性,由此决定了与政治信念、权力的追逐和运用相关的一些犯罪,较少发生在女性身上。

其次,某些体质和心理因素也限制了女性的犯罪行为。就体质而言,女性可谓犯罪中的弱者,在各种需要以身体的力量为条件或后盾的犯罪中,女性涉猎的可能性明显较少,如抢劫、暴力杀人等。在心理方面,尽管现代社会女性的法律地位与男性平等,但两性之间社会分工的不同也是客观存在的。除了职业生活外,操持家务、抚养子女仍是女性日常生活的基本内容,加之女性因母子关系形成发乎自然的母性爱,使其具有比男性更为突出的忍耐和献身的特殊性格。从而,女性更容易克制自己的欲念和冲动,但同时这也说明了由于日常家庭事务在女性生活中所占比重较大,由此引发的冲突和矛盾容易导致相关犯罪的发生,如因家庭矛盾激化而引起的家庭暴力案件。

最后,就业余生活方式而言,男性更具有富于冒险和寻求感官刺激的心理特征。男性在业余生活中较女性更容易沾染上各种不良习气,如酗酒、赌博、吸毒、斗狠等,显然,这些不良习气正是诱发犯罪的重要原因。

本书认为,以上分析有一定的道理,但是,犯罪类型的性别差异并不是绝对的。男性与女性在犯罪类型上所表现出来的某些差别,是与其身体、生理、心理等特征密切相关的,主要还是由其身心差异决定的。

(三)犯罪手段上的差异

男女两性在生理结构、心理机制和社会角色等方面的不同,决定了两者在犯罪手段上也呈现差异。与男性犯罪相比,女性犯罪较为突出的特点有:

1. 作案手段的非暴力性。女性由于体力不足而往往"扬长避短",利用自己女性的魅力和不易引起人警觉和怀疑的社会心理,去实施各种与其"身份"相适应的犯罪。例如,在财产犯罪方面,女性一般所涉及的主要是扒窃、盗窃商场小件物品,或以性别掩护实施

〔3〕 参见张远煌:《现代犯罪学的基本问题》,中国检察出版社1998年版,第123页。

〔4〕 参见张远煌:《现代犯罪学的基本问题》,中国检察出版社1998年版,第125页。

诈骗、色情抢劫、麻醉抢劫等犯罪形式,而很少撬门扭锁入室行窃或公然暴力抢劫。

2. 犯罪行为的隐蔽性。与女性内在情感体验较强、不轻易表露心声和行为较为谨慎的一般人格特点相适应,女性实施冲动性犯罪的甚少,女性犯罪的手段较为隐蔽、间接。女性在犯罪意图的产生与犯罪行为的实施之间有一个较男性更为明显的动机斗争过程。犯罪行为的过渡是其反社会性日益强化,最终战胜适应社会动机的逻辑结果。也正因如此,女性犯罪前大多精心准备,反复策划,具有较强的预谋性。例如,在女性杀人犯罪中,其预谋性就表现得十分突出。据原某劳改农场对其关押的 180 名女杀人犯的调查,属于激情杀人的只占 5%,绝大多数犯罪都是经过深刻的动机斗争后,通过适当的方式和手段实施的。女性多采用下毒,或趁被害人熟睡、昏迷等失去反抗能力时实施犯罪行为;这与男性杀人的直接、面对面的实施手段是有区别的。从理论上讲,正是女性犯罪的隐蔽性,有可能增加女性犯罪的隐案量,同时加大查处女性犯罪的成本投入。例如,据天津市有关部门统计,在 1990 年入狱的 88 名女犯中,每个女犯被抓获的平均时间值为 1 年 8 个月,而当场作案被抓获的只占 3.8%。[5]

3. 女性犯罪具有较明显的逆变倾向性。所谓逆变倾向,是指女性在初次犯罪遭受制裁之后,人格的自尊比较难以恢复,“破罐子破摔”的心理倾向较为突出,且犯罪后的改造难度大。出现这一现象的原因,除了与女性犯罪的预谋性较强有关外,主要是由于女性的自尊感较男性强烈而又脆弱。刑事责任的追究意味着对行为人不良人格进行最严厉的社会谴责,因而在刑事制裁之下,女性自尊感的丧失远比男性为甚。这就在相当程度上动摇了女性改恶从善和追求新生的原动力。同时,不容忽视的一个社会现象是,女性犯人受到的社会歧视往往比男性犯人更为严重。当她们重新步入社会生活时,其在婚姻的缔结、家庭的重建、职业的选择、事业的追求以及自我形象的重树等方面都面临严峻的压力,从而使其重新适应社会的过程较男性更为艰难。

综上可知,男性在犯罪手段上多采用具有主动、进攻性的暴力手段,而女性由于体力上的限制、社会经验的不足,以及缺乏胆量、自身的忍耐性等特点,在犯罪手段上具有被动性、欺骗性、非暴力性、隐蔽性的特点,且在犯罪中多利用女性的性别特点作掩护。不过,值得注意的是,近年来,女性犯罪的暴力性倾向也逐渐增加,诸如杀人、抢劫、伤害等暴力案件上升势头明显,且有些女性的犯罪手段也是极其残忍的。

(四)在共同犯罪中的地位和作用的差异

一般情况下,在共同犯罪中,男女两性的地位和作用有所不同:男性一般都处于主导地位,是犯罪集团的领导者、组织者和具体实施者;而女性在共同犯罪中则处于从属地位,她们常常扮演“黏合剂”的角色。即一些犯罪集团在没有女性加入之前,一般都是临时性的、松散性的,当女性加入后,团伙成员男女鬼混,花天酒地,乌烟瘴气,通过腐朽的生活方式巩固了团伙成员之间的联系,使犯罪团伙逐渐稳定、巩固。如果女性成员又以自己的性别特点作掩护,拉拢、引诱其他女性加入,那么,又以这些女性为纽带,将带动更多的男性加入犯罪集团。这样,犯罪集团就像滚雪球一样,逐渐由小变大,甚至逐渐发展成黑社会

---

〔5〕 参见张远煌:《现代犯罪学的基本问题》,中国检察出版社 1998 年版,第 126 页。

组织。

此外,在共同犯罪中,女性犯罪人常常起到男性犯罪人起不到的作用。例如,在绑架儿童的案件中,往往是女性犯罪人去欺骗和引诱被害人。在色情抢劫、诈骗等案件中,也常常是由女性犯罪人去引诱被害人。窝赃、销赃等犯罪活动中,女性也比男性更适合。

可见,女性在共同犯罪中虽然处于被动、从属地位,但是,她们对于犯罪集团的巩固和发展,却起到男性犯罪人不能起到的作用。尽管她们当中很多人都有一个从受害到害人的发展过程,然而,女性在集团犯罪中的腐蚀性和消极作用却是十分明显的。

(五)犯罪处遇上的差异

由于人类的某些共通理念,人类社会对犯罪行为的反应也存在不同程度的性别差异。即男女两性在犯罪上所受到的处遇是有区别的。这种趋势主要表现在两个方面:其一,在大致相同的犯罪条件下,女性遭受逮捕和起诉的比例常常低于男性;其二,在处罚上女性适用缓刑和轻刑的机会也较多。这是因为,我国有关法律明确规定对相应女性犯罪人予以从宽或优待。例如,死刑不适用于怀孕的妇女;女性在怀孕、哺乳期间,监禁刑可在监外执行。有些女性利用这一法律规定“钻空子”,企图逃避惩罚。国外的情形也大抵如此,例如,据日本的调查统计,在1963~1972年,日本男性疑犯和女性疑犯被起诉的平均比例分别为67.3%和45.6%;被判处缓刑的,男性犯罪人与女性犯罪人的平均比例为51.1%和72.5%。[6] 可见,社会对女性犯罪的处遇要比男性轻缓些。

第二节　女性犯罪概况

一、我国女性犯罪概况及基本特征

从历史上看,无论是我国还是其他国家,犯罪人数都是男性高于女性。中华人民共和国成立初期,女性犯罪的比例很低,在很多地方,一年中没有一个被判刑的女青少年犯,因而很长时间都未把女性犯罪列入研究领域。自20世纪70年代末80年代初,女性犯罪有所增多。近年来,女性犯罪在整个刑事犯罪中的比例增大,且具有一些新的特点。

(一)女性犯罪率呈上升趋势

我国的女性犯罪率在很长一段时期内都非常低。1953~1996年的相关研究数据显示,妇女在所有犯罪者中的比例始终低于5%,其犯罪量很少。[7] 但自20世纪80年代以来,女性犯罪率逐步上升,特别是25岁以下女青少年的犯罪率上升明显,在很多年份中,女性犯罪增长率高过了全部犯罪的增长率。例如,上海市某区1999~2001年的女性犯罪相较于1998年的增长率分别为25%、37%和43%;北京市第一中级人民法院2006年公布的一份女性调研报告显示,2003~2005年,该院审结的女性犯罪案件量分别占当年全

---

〔6〕 参见张远煌:《现代犯罪学的基本问题》,中国检察出版社1998年版,第127页。

〔7〕 参见王金玲:《社会转型中的妇女犯罪》,浙江人民出版社、浙江教育出版社2003年版,第160~161页。

部刑案的12.7%、13.9%和15.4%，连续三年，女性犯罪增长率均超过男性。[8] 2015年的一份统计数据显示，在过去10年，中国男性囚犯人数增加了10%，而女性囚犯增加了46%，[9]特别是大中城市的女青少年犯罪率持续较快增长，已成为一个令人瞩目的社会问题。

（二）犯罪类型以性罪错为主

从犯罪类型上看，以前的女性犯罪多为一般刑事犯罪而政治方面的犯罪较少，在刑事犯罪中以杀人、盗窃、诈骗、重婚等犯罪类型较为多见；而近年来，女性犯罪的领域扩展了，除以前的几类犯罪外，还涉及多种犯罪类型，如经济领域的犯罪、侵犯财产罪、贪污贿赂罪等，犯罪向多方面发展，其中，女性在性方面的违法犯罪仍居主要地位，如卖淫，组织、强迫、介绍、容留他人卖淫，基于婚外情引发的刑事犯罪等。

（三）犯罪手段以非暴力性为主

女性由于生理构造的差异，在犯罪中非暴力性犯罪多，暴力犯罪少。在非暴力性犯罪中，女性多利用生理、心理特征，进行不必使用体力或使用体力较少的犯罪，如性犯罪、毒品犯罪、诈骗犯罪、拐卖人口犯罪、赌博犯罪等，其进攻性、主动性方面相对于男性较弱。

（四）犯罪低龄化趋势加剧

随着世界性的女性早熟，女性违法犯罪的年龄也逐渐向低龄化方向发展，犯罪的高峰年龄由以前的24岁、25岁向17岁、18岁降低，特别是近年来，低龄少女实施犯罪行为有增多的趋势，且以性方面的行为为主。

二、女性犯罪的心理与社会成因

女性犯罪，同其他犯罪现象一样，其犯罪心理都是人的大脑神经系统活动的产物，除了受生理因素的影响外，还受社会因素的影响。对女性犯罪来说，其犯罪心理的产生、形成和发展，首先是在其生理基础上，性别差异带来了女性异于男性的心理特征。因此，女性生理特征和心理特征的发展规律，是研究女性犯罪心理的基础。

（一）女性犯罪的心理成因

1. 认识能力低

女性，特别是女青少年，在其青春期，由于认识能力低下，还没有树立起正确的道德观念，缺乏辨别是非、好坏、善恶的能力，容易受外界不良影响，因愚昧无知而上当受骗。而且有的女青少年对法律的意识淡薄，当受到不法侵害时，不是诉诸法律、依靠法律来保障自己的合法权利，而是忍气吞声、甘愿堕落，“破罐子破摔”，或采用报复的手段，采取违背

---

〔8〕 参见陈英芳：《初探女性犯罪》，载《山西省政法管理干部学院学报》2002年第3期。

〔9〕 参见《数说中国女性犯罪：从女性犯罪特征看两性差异》，载网易新闻，https://www.163.com/lady/article/DRBC4HAT00267VA9.html，最后访问日期：2022年12月25日。

国家法律和社会规范的行为进行报复。

2. 畸形发展的个人需要

一个人的需要反映出他的世界观和道德评价,一般来说,人能够在社会中在社会规范之内自觉地调整并满足自己的需要。而女性青少年罪犯的需要往往是脱离现实条件去追求物质需要、精神需要以及追求低级情趣的生理需要。她们贪图享乐,爱出风头,好逸恶劳,贪图钱财和舒适享乐的生活,追求超前消费,对高档的生活用品从羡慕到向往,而个人的物质需要同其经济收入、社会需要处于相对立的地位,为了达到目的,于是不择手段,以身试法。同时,在青春期,女青少年性意识的萌发导致性冲动的出现,但由于性知识缺乏,不懂得性的社会责任且法制观念淡薄,她们把性生理冲动引起的性心理冲动,误认为是性爱心理,导致性的放纵,盲目追求情趣低下的生理需要,把追求这种需要当作她们生活的目标。

3. 强烈的依附心理

由于生理特点的不同,女性在体力、臂力、腕力上不如男性,参加社会活动的范围和活动能力也不如男性,缺乏社会经验,缺少胆量,迫使她们的犯罪活动要依靠他人的帮助才能达到犯罪目的。在这种情况下,她们或组成团伙以增加自己的胆量,增强安全感;或寻找靠山,依附男性,寻求保护。男性罪犯也利用女性罪犯的依附心理,合谋作案,将女性作为诱饵进行其他刑事犯罪。例如,拐卖人口犯罪往往利用社会对女性的信任和尊重,以女性出面哄骗、诱拐,从而不会引起他人的注意,以达到拐卖的目的。又如,重庆一赵姓女子,因对其公司男老板产生依恋,对其言听计从。男老板利用赵姓女子色诱当地官员并发生性关系,偷录性爱视频后对涉事官员实施敲诈勒索。该案便属男性有效利用女性的强烈依附心理实施犯罪的典型例证。

4. 意志控制力的薄弱

意志是人在控制、调节行为,克服困难,达到目的时所表现出来的一种心理活动。而犯罪女性的意志往往受情绪的影响较大,一旦受到外界诱因的刺激,很容易产生冲动,控制能力弱;在行动中缺乏主见,容易被说服而受到暗示,盲目听从别人的安排、指挥,任人摆布;在正确的意志方面又显得十分脆弱,在改恶从善时表现出反复性大,没有力量去克服自身的冲动和畸形的需要,因而一般悔改很困难。

(二)女性犯罪的社会成因

1. 性别角色的社会化

性别角色是因为性别上的差异而获得的社会地位和身份。性别角色的最初影响是在家庭中获得的。在家庭中,因性别的不同而受到不同的对待使人们了解了自己的性别身份。男性、女性在与父母和其他家庭成员的交往中学会和掌握了性别角色的社会意义和行为规范,并不断调整自己的言行举止以符合社会对性别角色的要求,并将这种角色固定在意识中,如男孩懒散一些也会被原谅,而女孩若不修边幅会被人讥笑。因此,性别角色在家庭中得到充分的发展。

对性别角色社会化影响最大的因素是社会文化。由于人们所处的社会地位、阶层不同,接受的外来文化信息的影响不同,因此不同阶级社会、不同社会阶层的人,其性别角色也就有所不同,特别是性别角色的刻板印象对女性的影响很大。社会刻板印象是指人们常常将人分为若干种类,而对每一类人都有一套或强或弱的固定看法,这种未必有科学根据的看法或印象,就称为社会刻板印象。社会中,男性在性别上的定向是成就定向、工作定向,而女性则是情感定向和家庭定向。对男性要求征服、冒险、竞争、刚毅和野心勃勃,对女性则要求柔顺、服从、被动和富于自我牺牲,违背这些规范的,将承受违规的巨大压力。而且社会中,人们偏向认为女性应具备的优点是温柔、善良、有耐心、细心、开朗、大方。在职业的分工上也有传统的模式:男耕女织。男性总是与干大事业、有成就相联系;女性总是与活动范围较小、服务性的工作联系在一起。现实生活中家庭的分工也多循着男主外、女主内的模式,这种性别角色的概念普遍地渗透到生活的各个领域,使人们对男性、女性的性别角色有了一个固定的看法。

在社会文化中,对性别角色社会化影响的另一个因素是我国的传统文化。我国是有着两千多年封建历史的国家,以儒家思想为主文化的传统文化对我国的影响很大。儒家思想所提倡的"三纲五常"、"三从四德"、恪守妇道,对女性进行了明确的等级限定和行为规范限定,以致"重男轻女"的意识根深蒂固,至今还影响女性在升学、就业上的选择。在我国部分文化落后地区以及贫穷的农村,这种重男轻女的现象影响到生育、读书等方面,如果妇女生女孩便遭歧视、虐待,女孩接受义务教育的权利在有的地方也被剥夺。

随着科学技术的发展和社会的进步,我国也颁布了一系列保护妇女权利的法律,女性的地位有了翻天覆地的变化,女性的政治、经济、社会地位比以前有了很大的改变,女性在政治、经济上获得了与男性平等的权利,越来越多的妇女走上社会,参与社会生活,男女两性的性别角色有了新的含义,女性在人际交往、社会经验、个人能力、智力等方面与男性的差异逐渐缩小。改革开放以来,妇女就业机会增多,特别是农村妇女从相对贫穷的山区农村进入大城市,城市的各种政治、经济、文化信息、生活习惯对她们的刺激很大,而传统的性别角色对她们的限制,使她们很难适应城市生活,因而产生矛盾,使妇女犯罪的机会增加。随着男女平等的广泛实行以及从事较高地位工作的妇女的增加,女性不断进入新的领域,也不断向决策管理层渗透,这不仅是对旧的性别角色分工的挑战,而且也使女性在经济领域、金融领域的犯罪机会增加。

2. 不良文化的影响

伴随对外开放,西方不良文化也对我国政治、经济、文化不断渗透,表现在几个方面:一是西方资产阶级所宣扬的"性解放""性自由"思潮对女青少年的影响很大,一些女青少年盲目追随西方思潮,在异常性爱心理的支配下,把自己的身体作为资本和商品进行卖淫活动,以满足其性欲并获取钱财;二是电影、电视、录像、书刊等文化作品宣扬暴力、色情和腐朽的生活方式给人以强烈刺激,直接教唆并诱发女青年犯罪;三是文化市场管理不善出现的漏洞。夜总会、影剧院、录像厅、舞厅等娱乐场所成为播放、宣扬黄色文化的场所,而管理部门对这类场所的管理往往不尽如人意。

3. 不良家庭教育的影响

无论是从教育学还是从心理学的角度来说,家庭对人的教育作用是其他任何教育不可取代的。家庭环境是对人进行启蒙教育的最佳场所,也是塑造性格的最佳环境,所以说家庭对人的个性的形成起着基础性的作用,因而它对女性犯罪心理的形成、发展也起着重要作用。家庭中的不良因素对女性犯罪的影响主要表现在:家庭教育方法不当、家庭结构发生变化带来的不幸、家庭成员中有不道德行为或违法犯罪者、家庭重男轻女的观念等,这些不良因素都可能诱发女性犯罪心理的形成,成为形成犯罪动机、实施犯罪行为的诱因。

4. 不良人际交往的影响

社会生活离不开人与人之间的互相联系、互相交往,在交往中人们通过互相传递信息、情绪感染和行为影响,实现其在思想意识、兴趣爱好、个性性格等方面的交流。因而人际交往对人的一生起着极其重要的作用。良好的人际交流可以对青少年的社会化起到积极的作用,而不良的人际交往,其所起的坏作用也非常大。处于青春期的女性青少年由于生理、心理特征的影响,比男性更喜欢交际,渴求友谊。但如果交友不慎,结交坏朋友,不良人际交往就会成为导致女性犯罪的一个重要因素。特别是女性与异性朋友交往,如果因为家长或教育者的原因,不根据其生理、心理发展规律一味批评、阻挠,甚至责骂,女性在这种压力下只得屈服,但这会给其身心的发展带来不利的影响。而有的女青少年在正常交往受到阻碍、挫折后,对异性的好奇心、神秘感反而增强,于是将与异性的交往转入秘密进行。在交友中难免有好朋友或有劣迹行为的朋友,稍有不慎,其就会被腐蚀、威胁参加犯罪活动,比如,与有不法行为的异性朋友交往,被同化后其可能就会参与犯罪。女性罪犯不良的人际交往有以下表现:(1)在不良交往中被同化。有的女性青少年是在与坏朋友的交往中,自觉或不自觉地接受其不良的思想意识、价值观念,模仿、学会一些坏习惯、不良行为,并在自身的心理中产生主观认同从而走上犯罪道路。(2)在不良交往中"交叉感染"。不良朋友间的互相影响、感染可以成为犯罪的直接动机,而且还会对犯罪动机起强化作用。因为互相交往时,彼此可以产生一种情绪感染,在犯罪过程中如果有人出现恐惧、紧张心理,彼此可以互相壮胆,同时还会消除紧张感,增强安全感,减轻罪责感,强化犯罪动机。(3)在不良交往中传授犯罪知识、交流犯罪经验,学习犯罪方法、手法,使犯罪技能越来越熟练,犯罪手段越来越高明,后果越来越严重,社会危害性加剧。

第三节　女性犯罪的心理分析

一、女性性犯罪心理

女性性犯罪是女性犯罪的主要形式之一。女性性犯罪心理形成的主要原因是生理发育的提前、早熟与心理发展滞后的矛盾。在青春期,女性随着性机能的迅速发育,第二性征出现,性激素分泌量增加,月经初潮来临,标志着女性性生理的成熟。随着社会的发展进步、人类物质生活水平的提高,饮食营养的改善,女性生理的发育和成熟普遍提前,而性生理发育的年龄越小,对心理的影响越大,因为性生理的成熟给女性生理上带来了较强的性冲动,随之产生对异性的爱慕、好奇、神秘、思恋等情绪,进而产生性意识和性要求,而青春期的女性对性生理的成熟缺乏心理准备,一是因为此时女性的认识能力较低,不能正确认识性的生理特点和性的社会责任,对于提前成熟的性心理不可能有正确的认识;二是缺乏控制能力和抵制各种诱惑的能力。在社会日益发展的今天,各种信息对女性的刺激增大,在接受了外界的各种诱惑、刺激后,却缺乏综合能力去辨别好坏、美丑、荣辱,表现出心理发育滞后。

(一)女性性犯罪的心理特征

女性性犯罪呈现出以下心理特征:

1. 异常的性意识。伴随女性性生理机能的成熟,女性的性意识相应产生。但作为一个社会成员,在满足生理需要的同时,更重要的是要符合社会需要、受社会条件制约,只有这样,才能成为一个社会的人。女性性意识的萌发、产生是随着性生理的成熟而出现的,由对异性的好奇、神秘,逐渐发展为受异性的吸引、爱恋,想接近异性,出现"单相思""早恋",从异性身上寻求精神寄托和安慰,并将青春期性的萌动当成性爱,并试图对这种性的冲动进行尝试,从而与他人发生两性关系。有的女性受到色情文艺作品的不良影响而盲目模仿、学习,从而产生错误的性意识、性道德;有的女性在对待恋爱问题上,对性的社会责任、性道德缺乏正确认识,错误理解两性关系就是用性欲来满足双方,从而以身相许,以表忠诚,将性欲当成了性爱。例如,一女性行为人在与男友及其女闺蜜三人一起游玩过程中,男友企图奸淫女闺蜜,在遭遇反抗时,男友要求行为人帮助控制被害人,行为人为了让男友高兴并表达对男友的爱,竟帮助男友强奸了闺蜜。[10]

2. 畸形发展的性需求。性需求是人类性行为的基本动力。性的需求是人类社会发展过程中维持个体生命和延续种族发展的源泉,性需求不仅是一种生理需要,也是一种社会需要,这种需要既要受人类自身性道德意识的约束、限制,而且还要受社会生活条件的制约,只有在这种条件下,个体自身性的需求才可能获得满足,也才能得到社会承认。性犯罪的女性,往往有着畸形发展的性需求,一方面不懂得什么是正确的情爱,受性欲的驱使,玩弄男性,诱骗男性,随心所欲发泄性欲;另一方面把追求性的放纵、满足性欲作为人生追求的目标,以满足生理性的需要作为人生最大目的,从而纵情恣欲,大搞淫乱活动。例如,近年来有一些私生活糜烂的女性官员被查处,这些女性官员被通报"搞权色交易、钱色交易""在婚姻存续期与他人发生不正当性关系""与他人通奸""生活腐化,贪图享乐""放纵糜烂不检点"。这些女性或直接沉迷于性行为的享乐中,或利用性行为换取不当的权力、物质等利益,进而构成相应的违法犯罪,体现了较为明显的畸形性需求。

3. 缺乏控制的性意志力。性犯罪女性的意志薄弱是其心理特征的又一表现。由于缺乏起码的道德、伦理规范的约束,加上自身强烈的性需求,她们一有冲动,就想得到满足,而不顾社会的谴责、法律的制裁。有的女性把自己的生理特点作为满足性欲的资本,频繁的性生活使她们产生强烈的性冲动,也使她们的异常性心理得到巩固和强化,从而逐渐形成一种生理定势,意志力的控制显得脆弱、无能为力,无法控制、调节强烈的性欲求。

4. 图慕虚荣的性格缺陷。性格是对现实的稳定态度以及与之相适应的惯常的行为方式的个性心理特征。性犯罪女性在性格上的缺陷主要表现在:愚昧无知,分不清善恶、荣

---

〔10〕 参见《女子帮男友强奸闺蜜》,载南海网,http://www.hinews.cn/news/system/2010/10/27/011358048.shtml。

辱,举止轻浮、行为不检点,虚荣心强,好吃懒做,自尊心太弱。为了显示自己,喜欢出风头,引人注目,以引起异性的注意;喜欢听别人毫无根据地吹捧逢迎,夸大优点,掩饰缺点,靠吹牛来满足自己的虚荣心;总想在异性面前显示自己的漂亮、魅力,以能赢得异性的喜欢,以对异性有吸引力来满足自己的虚荣心,性格上的缺陷使她们只要能满足自己的虚荣,可以做自己不愿做的事,可以让人任意摆布、支配。正是性格上的这些弱点,使她们走上犯罪道路。如一大一女生因为家庭条件不好,自己又爱慕虚荣、盲目攀比,进而开始做兼职。在此期间,其经受不住金钱的诱惑,开始卖淫。其认为卖淫既能感到身体舒服又能快速挣钱,进而沉迷其中不能自拔、自甘堕落。[11]

(二)女性性犯罪的社会危害性

女性性犯罪具有以下危害:

1. 严重摧残了女性的身心健康。女性性犯罪使女性的身心健康受到摧残。女性性犯罪不仅在生理上使女性受到损害,其心理也不能健康地发展。例如,使其染有各种性器官疾病和妇科疾病,而且形成畸形发展的性意识,贪图虚荣、追求性刺激、好吃懒做,通过性犯罪来获得生理快感,并且以追求这种刺激作为人生的最大目标,一有冲动,立即想得到满足,从而逐渐堕落,道德沦丧,严重影响自身的生理和心理健康。不仅如此,女性的性犯罪还影响未来一代母亲的道德面貌,她们由于自身道德沦丧,缺乏正确的世界观、人生观,当她们组成家庭时,无法担负起教育好下一代的任务,而且女性在家庭中往往起模范榜样的作用,子女耳濡目染,模仿、效法母亲的不法行为,会影响子女的健康成长,甚至会使其走上违法犯罪的道路。

2. 具有极大的腐蚀性。这种腐蚀性表现在三个方面:首先是女性对同性的腐蚀诱惑作用;其次是以性犯罪作为一种媒介,诱发其他犯罪;最后是女性在同伙中的"黏合剂"作用,增加犯罪恶性程度。从女性性犯罪的事实来看,女性之间在交往上和接触上没有障碍,在兴趣、爱好、思想感情上的许多一致,使她们易于互相交流情感体验,产生心理上的共鸣,一旦一位女性误入歧途,很容易使经常与之交往的其他女性受到感染而堕入犯罪,而且这种感染、诱惑像滚雪球一样,影响面越来越大,越陷越深不能自拔。有女性成员参加的犯罪,特别是团伙犯罪,团伙成员一方面互相玩弄、荒淫无度,互相寻找强烈的刺激,另一方面在犯罪手段上,利用女性的姿色、生理特点进行其他犯罪。例如,利用女色诱惑、勾引男性,进行抢劫、贪污、行贿、诈骗、盗窃、敲诈勒索,达到侵吞财物的目的;利用女色进行杀人、强奸、伤害、流氓等犯罪危害公共安全。总之,以性作为一种媒介、作为一种手段,不仅进行性犯罪,而且还诱发其他犯罪,可见女性性犯罪的严重腐蚀性所在。

此外,女性的支配地位对团伙有一种"凝聚"力量,这种力量能使团伙成员紧紧"团结"起来,增加团伙成员的向心力。而女性罪犯也利用自身的生理特点,赢得异性的欢心、羡慕,利用异常的性意识,紊乱的性关系来达到支配、控制异性的目的,将团伙成员牢牢地控制在她周围,使团伙成员间的关系由松散到逐步稳定,逐渐形成一个以性为纽带聚

---

〔11〕 参见《大学女子卖淫9000元一次生意火爆,事后称:身体舒服又能赚钱》,载网易新闻2019年4月13日,https://www.163.com/dy/article/ECKT251H0517P44N.html,最后访问日期:2022年12月28日。

集起来的团伙组织。在这种情况下,有的男性为了在女性面前争强好胜,显示“男子汉”的威风,而进行暴力犯罪,或为了讨女性的欢心,而不惜铤而走险。因此,女性以性作为手段,不仅增强了团伙成员的“凝聚力”,而且也增加了犯罪的恶性程度。

3. 严重影响了社会风气。许多学者认为,女性犯罪是衡量一个社会道德风貌的标志,特别是女性性犯罪对社会的影响更大。首先,这会造成家庭关系紧张、破裂,离婚率增加,使家庭解体,家庭失去教育子女的职能,子女或离家出走,或成为流浪儿,在他们社会化还未完成前,过早流入社会,又不具备辨别是非的能力且无经济来源,从而成为犯罪的“后备军”;其次,女性利用色相诱惑、腐蚀、勾引、拉拢其他人进行性犯罪,或为满足其畸形膨胀的物质需要进行财产犯罪,或在团伙中挑唆,引起流氓斗殴、聚众闹事,危害社会治安;最后,女性性犯罪,为炫耀自己的性行为,满足生理需要,强烈地追求感官刺激,并“言传身教”,极易使一些青少年因受到腐蚀和毒害而进行性犯罪,其所作所为,不顾人格、国格,不顾廉耻,极大地腐化了社会风气,影响整个社会的道德风貌。

二、女性杀人犯罪心理

女性犯罪的类型虽然以性犯罪和侵犯财产罪居多,但由这两类犯罪引起的其他暴力性犯罪也对社会有巨大的危害,如女性杀人犯罪。尽管女性杀人犯罪的比例没有性犯罪和侵犯财产犯罪的比例大,但由于其社会危害性大,特别是有些大案、要案对社会的负面影响性大,因此,研究女性杀人犯罪的特点有其重要意义。女性杀人犯罪的心理特点主要包括以下几个方面。

1. 认识狭隘,报复心理严重。多数女性杀人犯道德认识水平低劣,法制观念淡薄,心胸狭窄,虚荣心强,有时为恋爱婚姻中的矛盾、纠葛而杀人;或夫妻为家庭琐事发生矛盾、争吵,一时情绪冲动而杀人;或为工作中的不公正待遇而杀人;或贪慕虚荣,贪图享受,好逸恶劳,为追求权势、金钱、性欲的满足而杀人;或遭受虐待时,不是诉诸法律,以法律来保护自己的合法权益,而是采用杀人的方法图谋报复,以解心中压抑之恨;或充当第三者,与人发生不正当性关系,破坏他人家庭;或与奸夫合谋,谋害其夫或对方妻子。由于道德认识上的低劣,她们在情绪冲动时会因心胸狭隘而进行犯罪,有的女性在犯罪后悔恨交加。据调查,85%的女性攻击犯罪是基于报复动机。

2. 杀人起因多为情欲纠葛。女性犯杀人罪,原因多为如下几类:(1)因家庭、婚姻纠纷,矛盾激化引起的杀人:或是婚姻没有感情基础,婚后性情不和;或婚前以貌取人,一见钟情;或看上对方的财产、住房等,婚后感情不和,影响家庭生活,且法院不判决离婚;或一方不同意离婚,极易感情冲动,理智被情感所代替,贸然行事,走上杀人犯罪的道路。(2)男女一方或双方奸情暴露而杀人:或喜新厌旧,一方或双方有外遇;或女性与人通奸,引起男女不满;或妻子不堪丈夫的虐待,出外寻求同情、温暖而与人通奸;或妻子婚前行为不端,婚后恶习不改而与人勾搭成奸等,从而引起奸情杀人。(3)报复杀人:或对领导不满,或因邻里纠纷对邻居不满,或因贪慕虚荣,嫉妒心强,对他人财产不满而报复杀人。(4)因过失而杀人。从以上四方面看,女性杀人犯罪的产生,多是与婚姻、家庭方面的纠纷有关系的,被害者多为与她们的家庭生活联系密切的人,因这方面起因而杀人的占女性杀人犯罪的大部分比例。所以,女性杀人犯罪呈现出非常显著的“杀熟”“杀亲”的特征。

如根据学者的调查,女性在实施报复犯罪中,与被害人相识且早有矛盾的占48.3%(男性为34.9%)。[12]

3. 女性杀人犯罪前及犯罪过程中心理活动激烈。女性犯罪前往往心理矛盾剧烈,动机斗争激烈,在爱与恨、做与不做,以及得失方面的考虑较多。由于被害者多为自己的亲属,甚至就是自己曾经最爱的人,或因有小孩夹在其中,她们在是否杀人的问题上心理矛盾复杂、激烈。在犯罪过程中,心理活动往往受情绪、情感的影响较大,冲动、疯狂,意志的控制能力相当薄弱,情感冲动代替了理智,犯罪常表现出情绪冲动、残忍、不计后果的情绪特点。

4. 女性杀人犯罪的手段隐蔽,欺骗性大。女性杀人犯罪往往蓄谋已久,计划周密,杀人前处心积虑,考虑再三,表现出隐蔽、含蓄的特点;有的甚至具有欺骗性,表面上夫妻关系正常,甚至妻子对丈夫关心、体贴,温情脉脉,实则暗藏杀机,伺机下手,欺骗性很大。

三、女性财产犯罪心理

随着社会发展,越来越多的妇女走上社会,从事许多社会工作。我国实行改革开放后,妇女就业机会增多,特别是许多农村妇女从田间地头走向城市,成为城市的打工一族。由于商品经济的发展,受丰富的物质财富的刺激,部分女性在现有的物质生活与自身经济承受能力方面发生矛盾,当这种矛盾发展到不可遏制时,为了获取财富,满足自己日益膨胀的需要,她们可能会进行财产犯罪。女性为获取财产的犯罪形式多种多样,如盗窃、诈骗、卖淫、拐卖人口、走私犯罪等形式;有的女性因职业关系,通过贪污、受贿、偷税、漏税等犯罪形式获取财产。总之,女性在各自的活动领域内可以通过各种形式的犯罪活动,达到获取财产、满足畸形需要的目的。财产类犯罪在女性犯罪中占相当高的比例,据调查,女性犯罪人中以钱财为动机或目的的占57.7%。[13] 从女性自身的生理、心理特点来分析,在满足需要方面女性的犯罪方式大致有两种类型:

1. 通过经济犯罪的方式。人的需要,按照美国心理学家马斯洛的需要层次理论原理,分为五个层次,这五个层次的需要是一个有组织的复杂系统,各层次间互相联系,合理地调节人的需要;但当一个人的某种需要得不到满足,受到阻力或遭到挫折时,其就会把这种需要作为追求的主要内容,将一般性的需要上升为追求的主要内容,从一般性的需要上升为追求的中心目的,从而采用各种方法去满足,当通过正常的手段、方法不能得到满足时,其就可能采取非法的犯罪手段去满足。女性经济犯罪中的物欲型需要就属于此种类型。此类女性由于认识水平低下,在自私自利的人生观以及利欲心理的驱使下,好逸恶劳,贪慕虚荣,贪图玩乐,追求物质享受,崇尚"金钱万能"的人生观,为了获取财物,或利用工作、职务之便进行贪污、受贿、走私等犯罪,或进行诈骗、盗窃等犯罪。有的女性是为了自身能受人尊重,引起别人的羡慕,可以穿高档时装,生活上高消费,满足虚荣心;有的女性是为了家庭的稳定,如子女上学,或为了获取丈夫的爱,或为了讨公婆喜欢,做个贤妻良母而进行财产犯罪,其目的都是满足日益膨胀的对物质需要的贪婪欲求,为了达到对财

---

〔12〕 参见周路主编:《当代实证犯罪学新编:犯罪规律研究》,人民法院出版社2004年版,第107页。
〔13〕 参见周路主编:《当代实证犯罪学新编:犯罪规律研究》,人民法院出版社2004年版,第107页。

物的占有,从而不择手段地进行各种犯罪活动。

2. 通过性犯罪的方式。这类女性为满足对物质、金钱的占有欲望,信奉“有钱就有一切”的人生观,丧失了伦理道德观念和法制观念,往往利用自身的生理特点以获取财物,认为女性身体就是本钱,以出卖肉体获取钱财,只有这样,才能满足其对钱的欲望。因此,有的女性认为,出卖肉体是无本万利的事,既可以及时行乐,满足生理需要,又可以挣钱,钱赚得多、赚得快,可免去进行其他工作所需的辛苦,这是一举两得的事情。在强烈的对财物占有的需要上,女性在性犯罪中大多处于主动地位,只要能满足物质上的要求,甘愿出卖肉体,出卖灵魂。因而许多卖淫妇女,由于其性行为频繁,性冲动强烈,毫无伦理、道德可言,并形成一种畸形的性心理,淫乱成习,恶习难改,有的屡犯不止,不以为耻,反以为荣。女性以自身的肉体做交易来满足对物质财产的占有,这种行为对社会的危害性大,并影响社会治安和社会风气。

思考与训练

1. 阅读下列材料并回答问题。

材料:在我国,女性犯罪主要是财产型犯罪、暴力型犯罪和性犯罪。据统计,女性侵犯财产的犯罪占女性犯罪的45% ~50%;侵犯人身权利的暴力型犯罪约占女性犯罪的20%,性犯罪和其他犯罪占25% ~30%。据报道,在深圳市因涉嫌犯罪被检察机关提起公诉的人员中,2006 年至 2008 年,女性所占比例比较稳定,约为 7%;2009 年女性所占比例已近 8%;而 2010 年至 2011 年,女性所占比例已超过 9%。在数量方面,2006 年至 2008 年,深圳市检察机关每年提起公诉的女性涉嫌犯罪人员约 1400 人,而 2009 年已上升至近 1800 人,2010 年至 2011 年连续两年均为 2200 人左右。

问题:

(1)男性犯罪和女性犯罪存在哪些差异?

(2)女性犯罪的主要类型有哪些?

(3)女性犯罪呈现出哪些典型的心理特征?

(4)不少女性犯罪人同时也是家庭暴力或者其他违法犯罪行为的受害人,如何认识这一现象?

2. 情景运用。

在现实生活中,很多女性因为错误的婚恋观而丧失自我、良知与人性,走上违法犯罪的不归路。例如,江西的劳某因迷恋男友法某的“英雄气概”而对法某言听计从,多次共同抢劫杀人,犯下累累血案。在黑龙江孕妇猎艳杀人案中,谭某为了讨丈夫的欢心而主动利用自己孕妇的身份骗取好心女孩搀扶自己回家,以便丈夫性侵该女孩,并在事后伙同丈夫共同杀害女孩,给被害人与社会造成极大的伤害。湖北的袁某,因丈夫有婚外情,袁某曾多次找到丈夫的情人李某谈话,奉劝李某离开其丈夫,但遭李某拒绝。最后一次谈话时发生争执,袁某一气之下挥刀将李某砍死。此类为了错误的爱而不惜违法犯罪的“错付”案件并不少见,这些女性犯罪人基于错误的婚恋观既让自己的身心遭受伤害,更让他人与社会遭受伤害,值得人们警醒反思。

基于男女两性的身心特点与社会角色差异,女性较男性更注重情感体验,情感更细腻和丰富,更会被情所困所伤也更会因情而沉醉和犯罪。作为女性,一方面,应当树立更健康的婚恋观,在评价与识人择人上不唯财、不唯帅、不尚戾,更应注重责任感、上进心、正直度、互尊性、守法性等人格品性,同时要不断提高自我的独立性、修养与能力,唯有更好的自己才能匹配更好的另一半;另一方面,应当把"己所不欲勿施于人"等基本的社会准则和行为规范内化于心外化于行,不因自我情感的沉醉与冲动而伤害他人、违法犯罪,同时在遇人不淑、发现对方有不良习性尤其是有明显悖情违法要求时应学会主动且合理地拒绝、放弃、远离,为了错爱而违法犯罪的"错付"实属不值。作为男性,对女性的爱应当建立在更加尊重、保护、友善的基础上,切莫基于女性的多情善感而有意伤害她或者欺骗、利用女性去伤害其他人,因为女性爱之更深的同时也更容易恨之更切,不少女性犯罪的事实也进一步告诫男性,将女性作为被害人施以伤害迟早也会让自己成为她的被害人而且会伤之更重。

第九章　犯罪心理的经历差异

心理学的研究理论证明,人与人之间存在差异,这是个体的生理特点和心理特征所致,如个人在能力、气质、性格以及兴趣、爱好等方面都有差异,使个人在不同的年龄阶段表现出其特有的心理特征。同时,社会文化背景、社会地位、职业、性别等不同,也使人与人之间有不同的心理表现。在犯罪心理学的研究中,基于犯罪人在行为时的心理差异和犯罪行为深度的差异,可将犯罪人分为初犯、累犯和惯犯,这主要是根据犯罪人在年龄、性别、智能、性格、气质等方面的特点,分析犯罪人在受不良社会环境的影响,沾染恶习的深浅,犯罪动机和目的、犯罪手段和行为,以及对犯罪后果的考虑等方面的差异。所以,犯罪人由于犯罪的经历不同,或初次犯罪,或以犯罪为常业,形成犯罪恶习,因而其所表现出的犯罪动机的取舍、犯罪后的体验、犯罪手段的选择等方面都有不同的特点。

第一节　不同犯罪经历犯罪人的一般特征

一、初犯、累犯、惯犯的概念

初犯是指第一次实施违法犯罪的行为人。它是相对于累犯而言的。不过值得注意的是,犯罪心理学上所讲的初犯与刑法学上所讲的初犯有些差别。刑法学上的"初犯"是指第一次受到有罪判决的人,即实施了符合犯罪构成要件的行为并受到相应刑事制裁的人;而犯罪心理学上的"初犯"是指第一次实施违法犯罪的人,它可能是第一次受到刑罚惩罚的人,也可能是尚未受到刑罚惩罚的人。例如,未达到刑事责任年龄的人实施刑法规定的危害行为后属于犯罪心理学上的"初犯"但不属于刑法学上的"初犯"。对比可知,犯罪心理学上的"初犯"是相对行为而言的,而刑法学上的"初犯"是相对法律制裁而言的,两者之间既有可能同一,也有可能存在差异。

关于累犯的概念,我国《刑法》第 65 条、第 66 条作了明确的规定。根据以上法条规定,累犯是指被判处有期徒刑以上刑罚的犯罪分子,刑罚执行完毕或者赦免以后,在 5 年内再犯应当判处有期徒刑以上刑罚的故意犯罪(普通累犯)。第 66 条还规定:危害国家安全犯罪、恐怖活动犯罪、黑社会性质组织犯罪的犯罪分子在刑罚执行完毕或者赦免以后,在任何时候再犯上述任一类犯罪的,都以累犯论处(特别累犯)。可见,普通累犯的构成必须符合三个条件:其一,罪质条件,即前后两次犯罪行为都是故意犯罪,具有初犯经历;其二,刑罚条件,即前后两次犯罪,都应被判处有期徒刑以上的刑罚;其三,时间条件,即后罪是在前罪的刑罚执行完毕或者赦免以后 5 年内实施的。特别累犯则没有刑罚条件以及时间条件的限制。

惯犯是指反复实施同类犯罪,已经形成犯罪恶习的犯罪人。惯犯与累犯不同,累犯已受过法律制裁,具有监禁体验,而惯犯不一定受过刑罚惩罚,也不一定有监禁体验;普通累犯不限于实施同一类犯罪,而惯犯原则上是实施同一类犯罪;惯犯一般是将犯罪行为作为谋生的手段,而累犯则不一定是以犯罪为生。在现实生活中,常见的惯犯有盗窃惯犯、抢劫惯犯、诈骗惯犯、赌博惯犯、卖淫惯犯等。

二、初犯、累犯、惯犯的年龄特征

初犯大多发生在青少年时期。18～25岁是青少年初犯集中的一个阶段,相对中年、老年来说,初次犯罪所占的比例甚小。随着我国青少年犯罪的增加,特别是近几年来,青少年犯罪问题已成为我国的一大社会问题,刑事犯罪年轻化、低龄化趋势明显,青少年犯罪在整个刑事犯罪中所占的比例呈持续上升的态势,出现了一个前所未有的犯罪高峰。随着高峰期的出现,青少年初犯的犯罪率也随之增加,每年都有相当数量的青少年初犯加入犯罪行列。近几年来,十五六岁这一年龄段的初犯人数不断增加,并且青少年初犯的人数越来越多,青少年初犯的低龄化趋势也越来越明显,违法犯罪的最小年龄向前移了1～2岁,由15岁、16岁、17岁这三个年龄期向14岁、13岁、12岁的初犯年龄前移,有的省、市的调查材料表明,违法的最小年龄仅为10岁、9岁。因此,犯罪成员中初犯年龄偏小已经成为刑事犯罪的一大特点。而中年人、老年人的生理、心理发展成熟、稳定,虽然也有初次犯罪者,但其初犯比例大大低于青少年初犯。

三、初犯、累犯、惯犯在犯罪手段方面的特征

对于初犯来说,由于受社会不良风气和自小形成的自私自利、好吃懒做、小偷小摸等不良行为习惯的影响,其犯罪前往往缺乏心理准备,缺乏预谋,犯罪手段一般较为简单,大多借助于犯罪工具,犯罪时心慌意乱,动机斗争激烈,缺乏犯罪经验、犯罪技术,作案过程中留下许多痕迹物证。青少年初犯由于势单力薄,不具备犯罪技术,其犯罪后果的社会危害性也相对较小。但有的青少年初犯往往借助于犯罪团伙或有不良行为习惯的松散组织来达到犯罪目的。一般在其初次犯罪后,通常可以找到比较具体的刺激犯罪的诱因。

对于累犯和惯犯来说,由于有犯罪的历史,经历了初犯甚至再犯的阶段,犯罪意识强烈、反社会心理严重,其形成了根深蒂固的反动信念。由于多次作案,累犯和惯犯从失败与成功的体验中、在与同伙的交流中,逐渐积累了犯罪经验,已具备一定的犯罪技术,因而犯罪时有计划、有预谋、心狠手辣、冷酷无情,甚至有的犯罪人在犯罪过程中表现出残忍至极的态度,犯罪时,犯罪手法干净利落,现场留下的痕迹物证很少,并具备反侦查经验,犯罪后为转移侦查视线,转移赃物,破坏现场,以图逃避惩罚。

四、初犯、累犯、惯犯在情绪方面的特征

初次犯罪时,犯罪人通常情绪紧张,动机斗争激烈,随着不良欲望的增长,虽想克制但由于认识能力低下、意志控制能力差,克制不住不良需要的畸形发展;虽想通过犯罪达到目的,但恐惧心理突出,惧怕法律的惩罚;同时,是非观念、道德、情感尚未完全消失,因而

初次犯罪时情绪的波动、起伏大,如果对其施以正确的引导,其犯罪行为完全有可能防止。初犯情绪的另一个特征表现在初犯的激情犯罪较为多见。特别是青少年初犯,血气方刚,情绪情感极易被外界诱因所激发,稍有不如意之事,如一句话、一件小事,就可能使其产生强烈的激情,而激情一旦产生,自身很难控制住情绪的猛烈爆发,容易在激情的支配下,做出自己事后也后悔不已的事情。

累犯、惯犯的情绪特征往往表现为缺乏人与人之间正常的感情交流,缺乏怜悯和同情心,因而表现在犯罪过程中,不会像初犯那样轻易被情感所左右,而是犯罪意志坚定,犯罪时残忍、野蛮,冷酷无情,对别人的生命毫不珍惜,没有人性,表现出凶残、粗暴的特征。

第二节　初犯心理

一、初犯的心理特征

从犯罪心理学理论的角度讲,初犯的范围要比刑法上所界定的范围广得多,它是指第一次实施违法犯罪行为的人,包括轻微的违法行为以及受刑罚处罚的犯罪行为。虽然二者的法律性质不同,但行为人在其犯罪心理的产生、形成、发展上具有一致性,也就是说,第一次违法犯罪行为的产生,行为人有其共同的心理基础。

第一次犯罪,往往要经历许多矛盾,既有对犯罪所要达到的目的的追求、向往,又惧怕法律的惩罚,同时,作为人所具有的道德、良心仍存在,因而呈现出一种复杂的心态。

(一)初次犯罪的心理状态

1. 恐惧

这是大多数初犯所表现出来的最普遍、最主要的一种心理状态。行为人在第一次实施犯罪时,因为没有作案经验,害怕被人发现、被抓获乃至受到法律的惩罚,所以犯罪前犹豫不决、胆怯心慌,草木皆兵、情绪无常,但是如果不做,其不良需要又不能得到满足,因而这种恐惧法律的心理又被一种勇气所代替。初次犯罪的行为人往往要经历作为与不作为、做与不做的心理斗争,如果不良需要占据主导地位,犯罪行为就可能发生。

2. 侥幸

行为人的初次违法犯罪,往往希望成功,希望达到个人目的,满足自己的不良需要,所以有的行为人第一次比较自信,认为自己的犯罪行为不会被人发现,抱着试一试的心理去做;还有的行为人认为,自己没有前科,是第一次犯罪,对犯罪对象和犯罪的时间、地点都考虑周密,并制订了行动计划,可保万无一失,对成功估计过高,侥幸心理突出。

3. 悔过

大多数的行为人在第一次犯罪后,总感到社会舆论的压力和对法律的恐惧,同时还没有丧失一般人所具有的良心,因此在犯罪过程中表现出犹豫、恐惧、怯懦、怜悯的心理状态,犯罪后又后悔不已。所以,行为人在犯罪后惶惶不可终日,疑神疑鬼、草木皆兵,非常胆怯,非常后悔自己的所作所为。

(二)初次犯罪时的动机

行为人在第一次违法犯罪时,常常有强烈的动机斗争。在犯罪前表现为恐惧与侥幸、作案与不作案的动机斗争。因此,实施犯罪行为时,行为人既想满足自己的不良欲求,同时又受法律、道德的约束和良心的谴责,在动机的取舍上犹豫不定,在做与不做、犯罪与否的抉择中斗争激烈。当其不良欲求膨胀,驱使其实现犯罪目的的这种动机占据主导地位时,行为人就可能实施违法犯罪。

同时,由于第一次犯罪,行为人犯罪心理还不成熟,思想较幼稚、单纯,行为具有盲动性。因此,初次犯罪,其动机往往较简单。

1. 好奇

这种动机特征,在青少年初犯身上表现明显。青少年由于年轻好胜,血气方刚,冒险心理严重,加之对社会事物理解不深,往往出于好奇而实施大胆行为,因而构成犯罪,其行为常常带有盲目性和盲动性。行为人的自尊心强,总想有所作为,因而遇强好胜,好表现自己而自我显示。但由于客观条件的诸多限制,行为人的愿望很难满足,一旦他们通过合法的行为无法表现自己时,为了满足自我表现的需要,就可能采用犯罪的方式,通过实施犯罪行为来达到自我显示的目的。

2. 寻找刺激

有的行为人不安心于普通人的平静生活,认为普通人的生活呆板、枯燥,毫无生气,为了调节生活,不甘寂寞,出外寻找刺激。在出外寻求刺激的过程中,其极易惹是生非,寻衅滋事,违法犯罪。

3. 要求独立

这也是青少年初犯的又一动机特征。在青少年自我意识开始确立时期,青少年有了独立自主的要求,不喜欢父母一味地包办、代替、压制,不喜欢父母啰唆,希望有自己的人格、自己的见解、自己的生活方式、自己的喜好。如果父母不考虑青少年这些心理、生理发展带来的变化,一味地强迫青少年适应自己所设想的前途、生活方式,对他们管得过多、过宽,其结果可能使有的青少年为了满足独立自主的需要而摆脱父母的束缚,进而出外寻求所谓的“独立、自主”最终走上违法犯罪的道路。

二、初犯的主要犯罪类型

初次犯罪,特别是青少年初犯,多数由于法制观念淡薄、是非观念不明、认知能力低而犯罪;或由于激情迸发、情绪冲动而犯罪;或由于好奇,产生试一试的心理而犯罪;或由于恶作剧而酿成大祸。一般来说,青少年初犯以盗窃、抢劫、强奸罪以及性罪错的案件居多。近几年来,青少年初犯参与犯罪团伙,实施盗窃、抢劫、杀人、强奸、贩卖毒品、电信网络诈骗、寻衅滋事等方面的犯罪也常有发生。青少年初犯在团伙中大多处于从犯地位,或被胁迫、被教唆进行犯罪。女性初犯由于自身生理特点和心理特征,初次犯罪以性犯罪较多,与男性合谋参与杀人、抢劫、盗窃、敲诈勒索、贪污等犯罪的也较为常见。

三、初犯的心理转化及预防

初犯大多反社会意识不强，或因法制观念淡薄而失足，因而作案后，大多有紧张、不安、恐惧、悔恨的心理表现，自我责备、自我反省，害怕见到以前熟悉的朋友、同学、邻居，羞愧之心尚存，受道德谴责的心理压力大。这类初犯，一般能知罪悔改，认罪服法，重新做人。但重要的是要防患于未然，对在思想、品德、行为习惯等方面表现出不良苗头的青少年，根据其生理、心理特点，加强法律教育、品德教育和政治思想教育，树立共产主义理想和社会主义核心价值观，养成自尊、自爱的美德和高尚的情操，养成良好的行为习惯，建立起学校、家庭、社会三结合的教育管理体制。中小学教师、家长对孩子的教育要循循善诱，以教育为主，做好榜样的模范作用，减少不良的教育方法对青少年的影响。同时，要创造良好的社会环境，形成良好的社会风气，努力减少或消除犯罪心理产生的环境因素，做到防微杜渐，预防犯罪，以使青少年已形成的犯罪心理向良性转化。

有的初犯，第一次犯罪后或因未受到法律惩罚，侥幸逃脱法律的制裁，或因犯罪后虽然受到处罚却无重新做人、改恶从善之念，反而变本加厉，使犯罪心理向恶性转化。所以，有的行为人初次犯罪后，尝到犯罪的"甜头"，也有了犯罪的体验，又侥幸逃脱了惩罚，不良需要不仅未能受到抑制，反而进一步畸形膨胀了，为了满足日益增长的不良需要，就可能再次犯罪。而当经历了初次、再次以至多次犯罪后，犯罪意识由弱转强，犯罪恶习由浅到深，进而初犯时的畏罪、悔恨心理消失，代之以胆大妄为，由初次犯罪时动机斗争的激烈演变为动机斗争趋于平缓。这时他们已积累了一些犯罪经验，犯罪技术也日益提高，具备一些反侦查、反审讯经验，犯罪心理向恶性转化。针对这类犯罪人，要采取惩罚与感化并用的手段：一方面通过惩罚，使他们在参加劳动改造的同时洗心革面，明确认识自己的罪行，认罪服法，重新做人，改变犯罪习惯，转化犯罪意识，消除不良的犯罪欲求，使其犯罪心理得到矫治；另一方面对他们要"动之以情，晓之以理"，实施教育、感化、挽救的方针，关心他们的健康成长，对他们的思想、生活、劳动严加管理，帮助其改正错误的思想意识，淡化犯罪体验，割断与外界不良环境的联系，使其心理朝着健康的方向转变。

第三节　累犯心理

根据我国《刑法》的规定，累犯，是指受过一定刑罚处罚，并在刑罚执行完毕或赦免以后一定时间内又再行犯罪的罪犯。犯罪心理学上所研究的累犯概念，比刑法学上的累犯概念在所受刑罚处罚的种类、犯罪的时间间隔以及再犯罪名等方面都要广，没有刑法学上累犯的概念严格。这里，累犯的概念主要是相对于初犯而言的。

一、累犯的人格特征

行为人初次违法犯罪受到法律惩罚后，有的经过强制劳动改造，认识到了犯罪的社会危害性，并愿意改邪归正，因而出狱后能过上正常的社会生活；有的却不能弃恶从善、重新做人，反而变本加厉，恶性恶行更多更重。这与其人格特征有关，主要表现在以下方面。

(一)好逸恶劳

有的行为人由于从小没有养成劳动的习惯,厌恶劳动,不愿用劳动所得过正常的社会生活,为了生计,采用不正当的手段满足自己的需求,必然铤而走险。同时,累犯有了犯罪的经验,并在关押期间结交犯罪同伙,学到了犯罪技能,形成"交叉感染";在强制劳动中没有矫正其犯罪心理,更没有养成良好的劳动习惯,出狱后必然再次犯罪。

(二)意志薄弱

有的犯罪人在监狱接受劳动改造时,还是认罪服法,愿意改恶从善,接受劳动改造的。但其刑满释放后,由于意志薄弱,经不起内心不良欲求的冲动发作和外界不良因素的诱惑,同时,难以适应正常的社会生活,很快又会重新犯罪,成为累犯。

(三)再社会化困难

有的犯罪人刑满释放后,其家庭和社会对他们冷眼相待,甚至加以歧视,由于感受不到天伦之乐和社会的温暖,忍受不了别人的冷嘲热讽,他们就可能离家出走,流落各地,从而结交不良朋友,为了生活需要,则以犯罪谋生。

二、累犯的心理特征

(一)强烈的反社会意识

犯罪人由于认识水平低,对道德、法纪的认知愚昧,观念模糊,是非不分,不仅不认为自己的犯罪行为可耻,反而对人民、对社会怀有强烈的不满,认为犯罪是有理的,犯罪是"被迫的",坚持与人民、与社会为敌,反复犯罪对社会进行报复,用以发泄自己的复仇情绪。他们分不清真善美与假恶丑,认为胆子大、敢拼命就是真正的英雄,"哥们儿义气"就是友谊,"想干什么就干什么"就是自由,他们的精神支柱就是吃喝玩乐的享乐观和狭隘的哥们儿义气。他们的这种反社会意识,对他们的犯罪行为起着决定性的作用。反之,犯罪行为的实施强化了反社会意识,使他们的犯罪意识更顽固。

(二)情绪喜怒无常,控制力差

累犯的情绪情感波动大,极不稳定,表现为情绪变化多端,喜怒无常,感情用事。一件小事也容易促使他们产生激情,当激情爆发时,往往不顾后果,任其兴致所至,造成极大的社会危害性。另外,有些累犯爱虚荣、好逞强,就更容易激起感情冲动,一冲动,就控制不住自己,不达目的誓不罢休,自我控制力很差。

(三)动机斗争的复杂性

累犯在实施犯罪前往往有一个复杂的动机斗争过程。犯罪人受满足私欲的迫切性的驱使极想作案,但以往犯罪成功的经验和失败所带来的痛苦又使他们考虑再三、权衡利弊。特别是想到违法犯罪可能被查获,重新过失去自由的监狱生活,被抓获后影响个人前途,加之家人、亲属的规劝,又不敢作案,但一想到犯罪成功所带来的满足感以及满足私欲的迫切性,犯罪人内心会发生强烈的冲突,当物质和精神的满足所带来的喜悦大于内心的恐惧不安时,并且侥幸、冒险的心理占据主导地位时,他们犯罪的决心和信心就会更“坚定”。另外,由于累犯被判过刑、坐过牢,在狱中没有认真接受劳动改造,没有养成良好的劳动习惯,反而对社会不满,认为社会对他们不公,对社会、对人民产生强烈的抵抗情绪,因此,这种不良情绪极易成为他们出狱后实施犯罪行为的报复动机。

三、累犯的经验

因为服过刑,接受过劳动改造,因此,与初犯相比,累犯具备犯罪经验、反侦查经验、反审判经验及抗拒监管改造经验。

(一)犯罪经验

累犯由于有前科,有多次犯罪的经历,因而具有犯罪经验。其中既有犯罪成功的经验,尝到犯罪后得到的“甜头”,也有犯罪失败后尝到的“苦头”。累犯之所以再犯,一方面,与以前犯罪成功的体验有关;另一方面,累犯面对各种客观刺激缺乏抵抗力,经不起诱惑,从而丧失反对动机而实施犯罪行为。此外,这也与累犯自身的心理因素有关,主要表现在以下几个方面:

1. 自暴自弃。犯罪人刑满释放以后,在社会上受人冷落,遭人白眼,甚至觉得连家庭、亲戚朋友也看不起自己,即使有改恶从善的愿望,但客观因素促使他们对自己的前途、未来失去希望,以致自暴自弃,再行堕落。

2. 同流合污。犯罪人在服刑期间,不免与其他犯人为伍,结交一些恶性深重的犯人,学习一些犯罪技能、经验。因此,刑满释放后,由于难以结交正当的朋友,他们自然与监狱中所认识的人来往,由于彼此同病相怜,极易同流合污,共同犯罪。

3. 执迷不悟。犯罪人由于有多次犯罪的经历,因而将犯罪视为平常之事。而且,有的罪犯进监狱劳动改造期间,仍然不思悔改,偷鸡摸狗,欺哄骗诈,无所不为。所以他们出狱后毫无悔改之意,难免再犯,成为“二进宫”“三进宫”人物。他们的犯罪经验也促使他们再次犯罪,这样恶性循环,以致恶性越来越深。

所以,犯罪人由于有多次犯罪实践,从各次犯罪中逐渐积累起一套适合于自身的犯罪手段、方法、技术,具备了犯罪经验,也使犯罪更容易得逞。

(二)反侦查经验

犯罪人多次反复地实施犯罪行为,在犯罪中积累了一套反侦查经验。比如,他们犯罪前要经过周密的计划、反复的考虑,以逃避公安机关的侦查。因此,累犯在作案前对作案手段与途径,作案方式的选择,作案对象的物色,作案工具的准备以及作案时间、路线的选定都有充分准备;实施犯罪过程中沉着冷静、行动迅速、毁赃灭迹、破坏现场、转移视线、不留痕迹,干扰公安机关的侦查活动;犯罪后,努力回忆现场留有的痕迹物证、可能出现的疏忽和遗漏、可能暴露的蛛丝马迹,并逐一采取措施予以弥补,千方百计逃避公安机关的视线。

（三）反审判经验

大多数累犯在犯罪后都熟知审判程序，对于法院、检察院处理犯罪案件的过程，如何回答法官、检察官的讯问，如何在法庭上进行自我防御，为自己的行为进行辩解，对于所犯罪行应科处的刑罚以及如何逃避惩罚，避重就轻回答讯问，都有一整套的经验。因此，在审判过程中，累犯一般都有周密的防御计划，事先大胆地筹划和实施对策，蓄意颠倒是非，隐瞒罪行而不畏惧法律的威严；或是寻找空隙主动出击，或是用狡辩、否认、抵赖、翻供、装疯卖傻的方法对抗侦查或审判；或是跟同伙订立攻守同盟，死不认罪或避重就轻，导致审判以及侦查工作陷入被动局面。

（四）抗拒监管改造经验

对初犯来讲，由于他们犯罪经历短，对于劳改场所的劳动、生活情况一无所知，对于被剥夺自由、因生活方式需要受到严格限制而感到绝望和恐惧。而对于有前科的累犯来说，由于有服刑的经验，他们对被限制自由、强制劳动等情况都了解，所以能很快适应监管生活。有的累犯在服刑期间表面上伪装老实，规规矩矩，暗地里抗拒改造；或拉帮结伙，破坏监规监纪，给管教工作制造障碍；有的甚至摆出一副好好改造的模样，伪装积极，察言观色，投机取巧，拉拢腐蚀管教干部，以求减刑或假释，逃避劳动改造。

第四节　惯 犯 心 理

惯犯，是指反复多次地实施同类违法犯罪行为的罪犯。我国刑法学对于惯犯的概念没有一个统一的解释，只是在刑法分则中对几种犯罪行为如多次盗窃、抢夺、抢劫、敲诈勒索、以赌博为业等降低了入罪的“门槛”（如多次盗窃、抢夺、敲诈勒索的行为不需达到数额较大亦构成犯罪）或者规定要从严处罚（如多次抢劫的加重处罚）。犯罪心理学所研究的惯犯与刑法所研究的惯犯在概念范围和着眼点上有所不同。犯罪心理学所研究的惯犯主要是指反复多次地实施同类犯罪行为，以犯罪为常业，并且形成了犯罪习惯，将犯罪作为一种谋生的手段，或以犯罪所得为主要生活来源的犯罪分子。如张某集团持续多年以杀人抢劫度日、胡某林大半生以“神医”自居非法行医、周某华多年以抢劫为生，便属非常典型的惯犯。

一、惯犯的心理特征

（一）反社会意识的顽固化

惯犯的犯罪观，主要表现为反社会性强，坚决与社会为敌。他们将对社会制度的敌视用重大、恶性犯罪的方式来发泄，以宣泄自己内心强烈的不满；他们不以犯罪为耻，反以犯罪为荣，并将犯罪作为谋生的手段，以犯罪所得作为腐化生活的来源。因而这些人犯罪时往往心狠手辣、疯狂残忍、不计后果，社会危害性极大。而且犯罪行为的多次实施，又不断深化他们的反社会意识，使他们对社会的敌视情绪不断加强，进而导致他们的反社会意识更加顽固。

（二）需要结构的畸形化

需要是人的心理结构中最主要和最基础的因素，是激发人的积极性和推动人的行为的活动动力。但是，人的需要受客观条件的制约，满足需要的方式也必须符合社会发展规律。而惯犯的需要结构往往是对需要无休止地、贪婪地追求、索取。每一次犯罪的成功，都使他们的不良需要得到满足，从而强化其不良的需要结构，膨胀出新的需要，进而一次又一次地犯罪。同时，由于惯犯的犯罪行为多次重复，犯罪行为习惯化，也使其需要结构出现泛化现象。即，一方面，他们的不良需要结构不断膨胀；另一方面，他们又把犯罪活动本身作为一种需要，并且只有通过犯罪活动才能达到满足。因此，许多惯犯的犯罪行为不仅仅是为了满足畸形需要而犯罪，还是为了犯罪本身，将犯罪作为满足需要的方式，犯罪的需要结构畸形发展。

（三）犯罪习惯的自动化

犯罪人由于多次重复地实施犯罪行为，犯罪对于他们已经不像初次犯罪那样只是作为满足某种需要的手段，而是成为他们调整心理平衡的一种需要。在他们的心理上已形成一种牢固的动力定型，即犯罪已成为谋生的手段，或者犯罪已成为习以为常的行为，并且犯罪习惯在犯罪时是自动化、习惯性地出现。例如，一富家女盗窃成瘾，其不愿偷也不需要偷，可偏偏控制不了自己，大学 4 年疯狂盗窃 280 次。惯犯这种犯罪习惯自动化的形成，与罪犯自身的心理结构以及外界不良客观环境的影响有直接的关系。犯罪人反社会意识及不良需要结构的形成、犯罪成功带来的喜悦与满足，都会强化其犯罪心理，使他们的犯罪心理逐渐稳定下来。同时，多次反复地实施犯罪行为，使他们的犯罪经验不断增多，犯罪意识不断强化，犯罪欲求更加强烈，犯罪习惯就渐渐形成。每当有了犯罪机遇，在犯罪条件成熟时，犯罪行为自然而然就会实施。而此时惯犯的动机斗争已不像初犯的动机斗争那么激烈、尖锐，而是趋于平缓，犯罪行为的实施往往出现自动化、习惯化的特点，而这种自动化行为对惯犯本身来讲也难以摆脱，所以这种犯罪行为的习惯化反过来又进一步强化了犯罪心理，不断把他们的犯罪行为推向更加严重、更加危险的境地。

二、惯犯的行为特征

（一）犯罪行为的连续性

惯犯由于反社会意识的支配，与人民、社会为敌，犯罪动机强烈，犯罪欲求畸形发展，又具有一定的犯罪经验，因此，他们经常连续作案。一旦有犯罪机遇，就绝不放过；即使没有犯罪机遇，他们也会创造条件进行犯罪。并且，惯犯在每次犯罪前都会制订周密的行动计划，选择作案对象、时间和地点，还有一整套犯罪中应付紧张情况、对付公安机关侦查手段的办法。所以，他们往往多次犯罪、连续作案。对于有的团伙犯罪，由于成员之间心理相容性的调节作用，团伙成员在心理、意识上互相影响、渗透、感染、传习，从而加重了犯罪恶性,使他们在短时间内连续多次进行犯罪活动。

(二)犯罪行为的残忍性

由于惯犯有多次犯罪经历,犯罪经验丰富,从而使其犯罪行为习惯化、自动化,也促使其人格特征犯罪化,表现为实施犯罪行为时心狠手辣、冷酷无情、野蛮残忍,毫无同情之心,毫无人性可言,有的惯犯甚至用被害人的痛苦取乐,以被害人痛苦的哀号、呻吟作为一种心理满足,这种畸形的人格使惯犯在实施犯罪行为过程中残暴、歹毒,对社会、对人民的危害性极大。

(三)犯罪行为的疯狂性

由于惯犯畸形的犯罪人格,其通常仇恨社会主义制度,仇视人民,极度贪婪与自私,因而他们的犯罪行为带有极度的疯狂性。主要表现为胆大妄为,不计后果,敢于玩命,心狠手毒,不仅连续多次犯罪,而且敢于做大案、要案、特大案件,产生轰动效应,施以恶性大的暴力行为,动辄杀人,视人命为草芥,而且还对受害人施以惨无人道的摧残、折磨,并将受害人杀死后毁尸灭迹等。其行为野蛮、残忍,令人发指,具有极度的疯狂性,如甘肃白银高某勇连环强奸杀人案、河南杨某海系列杀人强奸抢劫案、湖南段某诚变态强奸杀人案。

三、惯犯的习惯及对策

(一)惯犯的习惯

习惯是指由于重复或练习而巩固下来的,并变成需要的行为方式,其生理基础是动力定型。动力定型是指大脑皮层由于经常接收到按一定顺序出现的刺激物的作用,因而形成某种与之相应的暂时联系系统。动力定型形成后,一旦有关刺激物出现,在大脑皮层中形成并巩固下来的条件反射就会自动出现,只要构成行为方式的前一部分动作完成,就会自动引起下一部分动作的进行。整个动作从开始到完成,不需要大脑有意识地去控制,而是自然而然、自动化地实施出来。正是动力定型的建立,才使一系列动作能够按照一定顺序自动化地、一个接一个地实现。

由于惯犯在其长期的犯罪生涯中,学会了犯罪技术,这些技术通过多次有目的、有意识的练习后,就由不熟悉到熟悉,由不巩固到巩固,形成一整套犯罪的技术和方法,其犯罪的次数越多,犯罪技术也就越熟练、越巩固,并形成自动化、习惯化的动力定型系统。而这些习惯化了的行为方式,当行为人在从事犯罪活动时,自然而然地随着犯罪活动而流露出来,不必由大脑事先有意识地考虑,而是自动地从事犯罪活动,在完成动作的过程中也不必有意识地控制。

(二)矫治惯犯恶习的对策

惯犯养成犯罪恶习不是一朝一夕之事,而是多次犯罪的结果。因而在预防、教育、改造、矫治惯犯恶习的过程中,应着手从以下几个方面考虑:

1. 净化社会风气,改善社会环境。诸多惯犯都初犯于青少年时期,并且犯罪动机和习性不断累积和增加。所以,惯犯的源头治理在于有效预防青少年犯罪。而社会风气的好坏,直接关系到青少年的健康成长。许多罪犯不良心理、不良习惯的形成,就是受到社会上不良风气的影响,从而形成不良的需要结构。当有了对犯罪的初次尝试,又没有受到应有的惩罚时,就会有第二次、第三次乃至多次犯罪。因而改善社会环境,净化社会风气,消除或减少形成犯罪心理的不良因素,是减少青少年犯罪、减少惯犯的根本出路。

2. 贯彻惩罚与教育相结合的方针。贯彻这一方针,既要对惯犯的犯罪行为予以坚决、严厉的惩处,以抑制、震慑惯犯的嚣张气焰,同时又要针对其犯罪恶习进行矫治。一方面,通过劳动改造,使其认识到劳动的价值,逐渐通过劳动改变其犯罪习惯;另一方面,要防止罪犯间互相传授犯罪经验,避免"交叉感染"和恶性发展,对犯罪恶习较深的惯犯最好是隔离监管,同时,辅之以良好的行为习惯教育、思想教育和法制教育,以改变其原有的犯罪恶习。

3. 社会各方面加强综合治理,避免重新犯罪。家庭、学校、社会三方面要结合起来,共同做好犯罪分子重新回归社会的工作。要发挥综合治理的作用,需要做好的工作主要体现在:首先,要割断或改变犯罪分子原有的环境和联系,杜绝其对昔日的不良伙伴的勾引、诱迫;其次,家庭、学校、社会要接纳他们,不歧视他们,帮助他们树立重新生活的目标和信心并解决一些实际生活中的具体困难,使他们彻底新生,不走回头路;最后,家庭、学校、社会要给予机会,逐渐使他们形成良好的行为习惯,并加以巩固,形成良好的需要结构,正确的法制观念、是非观念,逐渐破除他们的犯罪恶习,使其犯罪习惯得以矫治。

思考与训练

1. 材料分析

某大学社会心理学系李老师在回家路上遇到一个小伙子。这个小伙子个头不高,面相憨厚,衣着朴素。突然,小伙子用刀抵住李老师的胸口,低声说:"快把你的钱包给我!"李老师淡定地说:"你不就是要钱吗?我给你就是,别伤人。"说罢,李老师从包里取出1000元现金递过去,小伙子一把将钱夺了过去,而拿刀的那只手却抖得很厉害。两个人的眼光碰撞了一下,小伙子赶紧低下了头。李老师诚恳地说:"你有困难可以跟我聊聊,先拿着我的名片,有事打电话,帮得上忙的话我一定帮你。"李老师话音未落,只听见"铛"的一声,小伙子手中的刀落在了地上。接着,他蹲下身子,开始抱头哭泣。原来小伙子的父亲在一场事故中下肢瘫痪,他没钱给父亲治伤,出来打工又被骗,走投无路之时想到了抢劫。后来,李老师帮小伙子的父亲联系了医院,又给他介绍了一份工作。小伙子无比感激李老师,保证今后一定会好好做人、好好工作。

问题:

(1)如何认识行为人初次犯罪的心理特征?

(2)初次犯罪、再次犯罪、多次犯罪在心理特征上存在什么差异?

2. 情景运用

我国惯犯、累犯等再犯罪人员有较高的比例,主要呈现出财产犯罪比例最高、文化水平较低、无业或工作不稳定人员居多、共同犯罪比例高、年轻化等特点。再犯罪的原因主要包括:社会歧视与排斥度很高,刑释人员劳动技能欠缺、再就业困难,监狱服刑期间易"交叉感染"、释放后易聚集,家人的不良影响或冷漠排斥,与社会脱节难以重新回归社会等。社会对犯罪人的各种歧视与排斥是产生再犯罪非常重要的因素与背景,如何减少对犯罪人的不当歧视与排斥,值得社会各界的认真反思。

就个体而言,最理想的状态便是远离任何犯罪,不再犯更不初犯。社会对犯罪人会贴上各式各样的“标签”,对犯罪人予以多种形式的歧视与排斥,即便其中存在有失合理性、“一刀切”、过度歧视或排斥的观念与做法,但作为个体的犯罪人只能被动接受、遭受合理与不合理的各种歧视与排斥。在全社会对犯罪与犯罪人的评价与态度未产生显著改变之前,犯罪人很难完全不遭受不合理的歧视与排斥,进而作为促成再犯罪甚为重要的客观诱发因素将始终存在。因此,欲避免遭受过度、不利于重新回归社会的歧视与排斥进而避免再犯罪,最根本、最有效的方式便是远离任何犯罪、不初犯。保持无犯罪“标签”之身,是我们每一个人为人处事的底线,同时亦是值得所有人都珍视与追寻的荣光。

第十章　犯罪心理的组织形式差异

第一节　概　　述

一、犯罪心理的组织形式差异的概念

犯罪心理的组织形式差异,是指在共同犯罪中,因实施犯罪行为人数的不同、犯罪成员之间相互关系的差别而表现出的犯罪人在心理活动和行为特征等方面的差异。

关于犯罪的组织形式的分类,我国《刑法》第 25 条第 1 款规定:“共同犯罪是指二人以上共同故意犯罪。”第 26 条第 2 款规定:“三人以上为共同实施犯罪而组成的较为固定的犯罪组织,是犯罪集团。”可以看出,犯罪的组织形式可分为一般共同犯罪和有组织犯罪两大类。其中,二人以上共同故意犯罪是一般共同犯罪;犯罪集团所实施的犯罪是有组织犯罪,即三人以上参加的、具有一定组织形态的共同故意犯罪。有组织犯罪又可细分为组织松散或临时纠合在一起实施的一般性质的有组织犯罪以及人数较多、人员相对稳定、组织严密、有计划、有分工、经常实施某种或多种犯罪的有组织犯罪。

值得注意的是,在司法实践中,根据犯罪学和犯罪心理学的研究,曾经有过“犯罪团伙”和“团伙犯罪”的提法,但该种提法不仅缺乏明确的法律依据,现行《刑法》已经对犯罪集团有明确的定义,而且学界也从未将“犯罪团伙”和“团伙犯罪”作为学术研究的基本概念,“一个有趣的现象是,竟没有发现一篇将团伙犯罪与有组织犯罪联系起来的文章。这不能不引起我们的深思”[1]。因此,本书赞同今后不应再使用“犯罪团伙”和“团伙犯罪”的称谓,而应将其统一为“犯罪集团”和“有组织犯罪”的称谓,这也是“刑事一体化”的必然要求。

二、共同犯罪的行为特征

(一)一般共同犯罪的行为特征

共同犯罪行为是指各共同犯罪人的行为都指向同一犯罪事实,彼此联系、相互配合,与犯罪结果之间都存在因果关系。可见,各共同犯罪人所实施的行为,必须是刑法意义上的行为,即必须达到严重程度的社会危害性;且各共同犯罪人的行为形成相互配合的统一的犯罪活动整体。如果共同实施的犯罪是结果犯,在发生犯罪结果的情况下,每一共同犯罪人的行为都与犯罪结果之间存在因果关系。一般共同犯罪的行为特征有以下表现。

---

〔1〕 谢勇、王燕飞主编:《有组织犯罪研究》,中国检察出版社 2005 年版,第 59 页。

1. 实施犯罪行为的共知性

实施犯罪行为的共知性是指各共同犯罪人在实施犯罪行为前,不仅知道自己的行为会造成危害社会的结果,而且也知道其他共同犯罪参与人的行为会发生危害社会的结果。也就是说,实施犯罪行为是共同的故意,而非过失;如果一方是故意,另一方是过失,则不构成共同犯罪。可见,在共同犯罪中,无论是主犯还是从犯,对其行为的意向和目的追求,都具有共同的认识。

2. 犯罪行为危害的共同性

无论共同犯罪的参与人在共同犯罪中扮演何种角色,所起作用大小有何不同,他们都共同造成了社会危害,对犯罪行为的后果承担共同责任。即使是帮助犯、教唆犯,虽未直接实施犯罪活动,仍然因其提供犯罪工具、察看犯罪地点、排除犯罪障碍、帮助窝赃销赃、教唆他人实施犯罪等行为,在不同程度上对社会造成了危害。

3. 对犯罪后果的追求性与放任性

共同犯罪的意志因素是希望还是放任,刑法理论上一直存在争论。一般认为,共同犯罪人在大多数情况下是希望共同犯罪行为所引起的犯罪结果发生的,但在个别情况下也可能是放任危害结果的发生。因此,共同犯罪多属直接意向,以其所分担的犯罪行为企盼、追求犯罪结果的发生。少数共犯在共同犯罪活动中放任自己的犯罪行为,有时虽无直接意向却仍有间接意向,即明知自己的行为可能发生某种危害结果,仍放任这种结果的发生。

(二)有组织犯罪的行为特征

有组织犯罪不同于单个个体犯罪,也有别于一般共同犯罪。

1. 纠合性

有组织犯罪是以多人参加的,采取群体纠合的共同犯罪行为。这就决定了犯罪集团必须先有纠合和组织化的过程。纠合性犯罪不仅容易达到犯罪目的,而且还具有蔓延性广、网络性强、社会危害性大等行为特点。纠合性、蔓延性、网络性是有组织犯罪赖以存在和发展的重要条件。一些劣迹斑斑、规范意识的人纠合在一起,就会很快相互传染、影响,形成犯罪组织。在有组织犯罪中,成员之间相互学习、“交叉感染”、老带小、旧带新,一茬接一茬,使有组织犯罪迅速发展蔓延起来。

2. 盲目性和冒险性

有组织犯罪依仗人多势众,加之成员之间相互刺激,比强显能,因此,作案时敢于下手、敢于冒险。由于犯罪人的感情冲动,放纵不羁,即使作案时有计划和预谋,也很难完全按策划进行,往往是只要有人出一个主意,一句话或稍微暗示、挑动,就很可能一哄而上,说打就打,说抢就抢,表现出较大的盲目性、偶发性和冒险性等行为特点,尤其以青少年为主的犯罪组织表现得更为明显。

3. 野蛮性和残忍性

在有组织犯罪中,成员之间相互壮胆,加上罪责扩散心理的作用,决定了有组织犯罪比单个个体犯罪和一般共同犯罪更加野蛮、残忍,成员胆大妄为、心狠手辣。在目前的刑事案件中,大案、要案以及恶性案件,犯罪集团所为者居多数。

4. 腐蚀性和传染性

在有组织犯罪中，成员之间很容易相互熏染，相互学习和模仿，犯罪行为的腐蚀性和传染性非常明显。特别是在犯罪集团中有了异性参与后，其违法犯罪行为往往是集盗窃、抢劫、赌博、斗殴、诈骗、勒索财物、卖淫、嫖娼、吸毒、贩毒等于一体，腐蚀性、传染性更强，社会危害性更大，对社会风气的污染、对社会意识的毒化、对社会治安的破坏等都十分严重。正因如此，必须对有组织犯罪进行严厉打击。

三、不同共同犯罪人的心理特征

在共同犯罪中，行为人不止一个，而且通常不同的人在共同犯罪中的作用不同，甚至有严格分工，因此，各自的犯罪心理也具有很大差异。在我国刑法中，按照犯罪人在共同犯罪中的作用大小不同，可以把共同犯罪分为主犯、从犯和胁从犯。此外，还有一种按照共同犯罪分工而划分的类型，即教唆犯。

（一）主犯的犯罪心理

主犯是在共同犯罪中起主要作用的犯罪分子。主犯大多具有一般成员所不具有的个性特征，突出表现在：犯罪动机和主动性比其他参与者更为强烈，有较强的犯罪冲动；犯罪欲望促使主犯组织、劝说其他人参与共同犯罪，是犯罪的策划者。

（二）从犯的犯罪心理

从犯同其他法律概念一样，是人们为了应付纷繁复杂的共同犯罪而创设并逐步发展、完善起来的，是一定社会生活的征表。根据各国立法，总的来说，从犯具有以下基本特征：首先，它是共同犯罪人的一种，是人们依据一定标准对共同犯罪人进行分类的结果，是人们对具有一定特征的共同犯罪人的抽象；其次，从犯是在与其他共同犯罪人的对立比较中展现其全部内涵的，离开了刑法对于其他共同犯罪人的规定，从犯也就不存在了，其判定也会成为无源之水、无本之木；最后，从犯在共同犯罪中不起主导作用，是不居主要地位的共同犯罪人，一般不决定共同犯罪的发展方向，并且在大多数情况下，对主要的共同犯罪人具有一定的依附性。

一般情况下，从犯在共同犯罪中起次要或辅助作用，按照其在共同犯罪中的心理积极性程度的不同，其心理可以划分为胁从、顺从和盲从。

1. 胁从心理

在共同犯罪中，从犯主要是协助主犯完成犯罪。胁从即自愿配合、帮助主犯实施犯罪行为。胁从犯一般与主犯有直接利益关系，与犯罪关系密切，如出于哥们儿义气帮朋友报复杀人等。虽然帮助者在犯罪中并不起关键的决定性作用，但从犯罪的主观方面考虑，胁从者的积极性是非常高的，他们的犯罪动机是主动地、积极地去作为。

2. 顺从心理

在共同犯罪中，从犯对犯罪是有认识的，但往往出于和主要犯罪分子有某种关系还是实施了犯罪，如和主犯是朋友、亲戚、上下级等关系，而随之参与犯罪，这在很大程度上是由于他们过多地在乎不去帮助实施犯罪会给自己带来不利的影响，如朋友之间面子上过不去、上下级之间的利害关系等,从犯有可能出于各种动机而实施犯罪。但从犯的这种顺从心理在整个犯罪过程中很矛盾,有很大顾虑。这类犯罪人在心理上缺乏独立性,往往有很强的依靠心理,表现为容易顺从别人的意志。

3. 盲从心理

在共同犯罪中,有的从犯实施犯罪的时候,并没有考虑太多的后果。他们之所以会参加犯罪,是由于自己的认识能力比较低下,愚昧无知,被主犯所利用。甚至有的人就是为了起哄,寻找点刺激。这类人对自己的行为和后果缺乏判断力,容易受到他人的诱惑而盲目地实施犯罪。

(三)胁从犯的犯罪心理

胁从犯是我国刑法特有的共同犯罪人种类,指的是被胁迫参加犯罪的人。我国《刑法》第28条规定:“对于被胁迫参加犯罪的,应当按照他的犯罪情节减轻处罚或者免除处罚。”这一规定体现在定罪上,就是原则上将被胁迫参加犯罪的人全部纳入刑事追究的范围;体现在量刑上,就是将胁从犯与主犯区别开来,实行处罚上的区别对待。

对胁从犯的处罚不同于其他的犯罪分子,还在于胁从犯的犯罪心理和其他的犯罪分子的犯罪心理不同。这类犯罪人是在受到胁迫、威胁、要挟的情况下,不得已而进行的犯罪活动。他们对于犯罪行为的性质、意义和后果有清楚的认识,但苦于受到胁迫、自己利益面临受到损害,两者权衡比较,为了保护自己的利益,只好违心服从。从这个角度来看,胁从犯的主观恶性并不大,甚至没有犯罪动机。在犯罪过程中,胁从犯的情绪紧张,实施完犯罪后,常伴有深深的悔改之意,因此从教育改过自新的角度看,也较其他的犯罪分子容易。

第二节　一般共同犯罪心理

我国《刑法》第25条规定:“共同犯罪是指二人以上共同故意犯罪。二人以上共同过失犯罪,不以共同犯罪论处;应当负刑事责任的,按照他们所犯的罪分别处罚。”可见,共同犯罪的构成必须符合三个要件:其一,从犯罪主体要件看,行为人必须是二人以上,且各参与人都必须达到刑事责任年龄、具备刑事责任能力;其二,从犯罪的客观要件看,各共同犯罪人必须有共同的犯罪行为,当然这里共同的犯罪行为并不是指相同的犯罪行为,而是指犯罪行为具有共同的犯罪指向;其三,从犯罪的主观要件看,各共同犯罪人必须有共同的犯罪故意。共同犯罪从组成形式上可分为一般共同犯罪与特殊共同犯罪。一般共同犯罪是指在共同犯意的支配下,行为人共同参与的犯罪,其成员之间没有组织形态的约束;特殊共同犯罪是指行为人按照一定的组织形态而结成的较为稳固的犯罪组织,以犯罪集团的方式实施的共同故意犯罪,有组织犯罪即为特殊共同犯罪。本节探讨的共同犯罪心理即为一般共同犯罪的心理特征。

共同犯罪的成立,要求各共同犯罪人必须有共同的犯罪故意,即各共同犯罪人通过意思联络,认识到他们的共同犯罪行为会发生危害社会的结果,并决意参与共同犯罪,希望或者放任这种危害结果发生的心理态度。一般共同犯罪心理具有一些基本特征。[2]

一、共同意向性

共同意向性是共同犯罪心理的前提和基础。各共同犯罪人在实施犯罪前要意识到不是自己一个人单独犯罪,而是与他人互相配合,共同实施犯罪。共同犯罪人不仅能认识到自己的行为引起的结果,而且也能认识到其他共同犯罪人的行为会引起某种犯罪结果。共同犯罪人还能预见到共同犯罪行为与共同犯罪结果之间的因果关系。因此,在心理上,必须存在共同的犯罪意向,才可能构成共同故意犯罪。正因如此,共同意向性是共同犯罪的本质特征。

二、目的统一性

共同犯罪必须存在共同的犯罪目的,其行为是为了促使犯罪目的实现,这是维系共同犯罪的内在动力。当然,目的统一性必须有分担的行为,由于分担行为的不同,其角色和地位也各不相同。例如,分担策划与组织行为的,为主犯;分担实施行为的,为正犯;分担帮助行为的,为从犯;进行教唆的,为教唆犯。但是,他们的共同目的都是实现共同希望获得的犯罪结果,因而具有目的的统一性。这就要求,“共同犯罪人之间必须存在意思联络(或称意思疏通)。意思联络是共同犯罪人双方在犯罪意思上互相沟通,它可能存在于组织犯与实行犯之间,教唆犯与实行犯之间或者帮助犯与实行犯之间”[3]。如果实施共同犯罪的行为人之间没有共同实行犯罪的意思联络,或者故意的内容不同,则不成立共同犯罪。例如,甲以伤害的目的,乙以杀人的目的,共同加害于丙,且乙的行为是导致丙死亡的关键因素,那么,甲不构成故意杀人罪的共犯而只承担伤害罪的刑事责任。

三、心理趋同性

在共同意向产生过程中,主导犯罪动机与统一犯罪目的形式,是心理趋同的结果。因为在实施共同犯罪前,各共同犯罪人的动机和目的可能有差异,有时甚至是互相矛盾的。只有通过合谋,即通过动机的调整、取舍、统一,形成共同犯罪目的,并对有关事项取得大体一致认识后,才有共同犯罪的实施。而在这个过程中,心理趋同性是必不可少的关键一环。如果没有心理趋同性,就不可能有统一意志和统一的犯罪行动。

四、心理相容性

心理相容性是指各共同犯罪人之间,在犯意、犯罪动机、犯罪目的以及与之相关联的兴趣、能力、情绪情感、心理状态等方面,彼此相互悦纳或能够接受,通过相互影响,渗透、感染、传递、统一,能够形成共同的犯罪心理。

此外,在意志因素方面,行为人认识到自己的行为难以独立完成犯罪,需要与他人合作共同实施犯罪时,经过意志选择,决意与他人一起共同犯罪,是共同犯罪故意的意志因

---

〔2〕 参见罗大华主编:《犯罪心理学》(2003 年修订版),中国政法大学出版社 2003 年版,第 302 ~ 303 页。

〔3〕 高铭暄、马克昌主编:《刑法学》(第 3 版),北京大学出版社、高等教育出版社 2007 年版,第 180 页。

素的最初表现。各共同犯罪人希望或放任自己的行为引起的结果和共同犯罪行为会发生某种犯罪结果,是共同犯罪意志的具体表现。正是由于存在共同的犯罪意志,各共同犯罪人在犯罪过程中才有可能相互支持、相互配合。

第三节 有组织犯罪心理

一、犯罪集团的特征

有组织犯罪是犯罪集团实施的犯罪,因此,在探讨有组织犯罪及其犯罪心理之前,有必要先探讨犯罪集团的特征。本书从犯罪学和刑法学角度来阐述犯罪集团的特征。[4]

(一)主体特征

对犯罪集团人数的下限,刑法没有明确规定,但根据刑法理论和司法实践,通常也主张以三人为下限。我国历来有三人为众的说法,《晋律》即有“三人为之群”的解释。《刑法》将犯罪集团的最低人数规定为三人,比一般共同犯罪的人数下限高,说明犯罪集团比一般共同犯罪可以聚集更多的犯罪分子。从司法实践看,犯罪集团有朝大型化发展的趋势,多的可达数十人、上百人,三人以上只是最低标准。

(二)结构特征

犯罪集团是共同犯罪中的最高形式,除具有复杂共犯和事前有通谋的共犯及必要共犯的共同属性外,还表现为较强的稳定性和较严密的组织性。

1. 较强的稳定性

《刑法》第26条所说的“较为固定”,即指这种稳定性。犯罪集团的成员不是临时纠合,随聚随散,而是较长时期的犯罪同伙,一个犯罪行为实施后又继续其他的犯罪行为,犯罪的组织形式不因犯罪实施完成而解散。有的贩毒集团长期经营,甚至提出“丈夫抓了妻子干,父亲死了儿子干”的口号,虽然屡经打击、摧毁,暂时销声匿迹,但不久又死灰复燃。

2. 较严密的组织性

犯罪集团是一种犯罪组织,各共同犯罪人之间不仅有分工的不同,而且在身份上有高低之分和领导与从属的关系,既有组织、指挥者,也有一般的成员。较为固定的犯罪组织是犯罪集团的另一个重要特征。如果三人以上共同实施了某种具体犯罪,但犯罪完成之后,随即散去,并非固定组织,则只是一般共同犯罪,而非犯罪集团;相反,如果三人以上确系为实施犯罪形成了较为固定的犯罪组织,即使尚未实施具体犯罪行为,也不影响犯罪集团的成立。

---

〔4〕 参见陈兴良:《共同犯罪论》(第2版),中国人民大学出版社2006年版,第137页。

（三）目的性

强调基于共同犯罪的故意而建立的犯罪组织，其反社会的能量远远大于三个单独个体犯罪能量的简单相加，这涉及犯罪心理学的问题，即主体责任的扩散问题。在集团犯罪的情况下，集团成员具有共同的犯罪目标，因而产生了命运共同体，成员间对犯罪行为共同负责的意识，是想通过分散责任的方式以减轻责任。罪责扩散的心理使组织成员产生“自己不需要负全部责任”的心理态度。犯罪集团是“为共同实施犯罪而组成的”。这种犯罪目的有的比较单一甚至“专业化”，如专门拐卖妇女或专门贩卖毒品；有的则带有一定的“综合性”，如既抢劫又盗窃，既杀人又强奸。有无明确的犯罪目的是区别犯罪集团与非犯罪集团的重要标准，有的人经常在一起吃喝玩乐，甚至也有轻微的违法行为，人员也较为固定，但因缺乏犯罪目的，不能称之为犯罪集团。自美国“9·11”事件后，恐怖活动与反恐怖犯罪已经成为世界性的热门话题，有学者指出，恐怖活动犯罪与其他有组织犯罪的根本区别就在于犯罪目的的差异，“制造社会恐怖”是恐怖活动犯罪特有的犯罪目的。[5]

二、有组织犯罪的心理基础

有组织犯罪之所以能够采取共同犯罪的行动，结成统一的整体，除了其他因素外，还主要与犯罪集团中有共同的心理基础有关。有组织犯罪的心理基础主要表现在以下几个方面。

（一）相同的境遇

相同的境遇容易使人产生相同的感情，形成感情共鸣。从犯罪集团的形成和发展过程看，成员间一般都没有固定或稳定的生活来源，都受到过行政处分或相似的法律制裁，有相同的政治遭遇，有相似的生活经历或不幸，都受到过相似的“冷遇”等。正是这些相同或相似的遭遇，使集团中的每个成员感到有共同语言或感受，这为他们的交往和结伙奠定了心理（特别是感情上）基础。当然，有些犯罪集团（特别是带有黑社会性质的犯罪集团）在其发展壮大过程中，为了寻求权力“保护伞”，也可能以美色为诱饵、以金钱开道，拉拢、腐蚀党政领导，这些堕落的腐败分子虽然与犯罪集团的成员无相同的境况，但却有共同的不良需求和兴趣。

（二）共同的需求和兴趣

有组织犯罪成员在结伙前，一般都有相似的不良兴趣和爱好，如流氓成性、贪财图利、好斗逞强或好吃懒做等，这些不良的兴趣、爱好，使他们存在共同的需求，如满足物质欲望或性的需求等。正是这些共同的需求和相似的不良兴趣，促使他们臭味相投，走到一起，愿意在结伙过程中通过集团的形式得到更大限度的满足。因为个人的力量毕竟有限，集团和“组织”的力量则远远比单个人犯罪的成功率高得多。作案以后，为了逃避公安机关

---

〔5〕 参见陈忠林：《我国刑法中“恐怖活动犯罪”的认定》，载《现代法学》2002年第5期。

的打击、处理,犯罪人之间又存在共同的安全需要,这就可能使他们更加紧密地纠合在一起,形成比较稳定的犯罪组织,从而使犯罪组织逐渐由低级向高级、由小向大发展。

(三)心理契约

这里讲的心理契约主要是指集团成员对集团组织、与其他成员相互间在犯罪心理上的积极认同和相互约束的关系。这种结伙心理契约的形成,主要是由于成员的需求一致、目标相同,因而相互依赖、互为补充。成员们大多是发自内心地忠于犯罪组织及其目标,自觉并愿意共同参与违法犯罪活动,以此来满足自己的需求,达到自己的追求目标。犯罪集团心理契约的形成,首先,来自犯罪组织的不良教化和影响;其次,通过犯罪组织成员的"去个性化"过程而实现。去个性化过程是指犯罪组织成员结伙后,在犯罪组织中必须与集团的活动方式保持一致,难以顾及自身的活动,逐渐失去自己的个性活动方式的过程。心理契约的形成为集团成员的统一行动、相互配合奠定了基础。当然,心理契约的形成,与犯罪集团的首要分子和其他主犯的犯罪人格"魅力"和"领导"角色等也有重要关系。一般而言,犯罪集团首要分子和其他主犯在集团中的威信越高,犯罪组织的心理契约就越强。

正是犯罪集团中存在共同的心理基础,才使得他们在组织和行为上能够协调一致,密切配合,成为一个统一的犯罪行为整体。

三、有组织犯罪的心理特征

与单个个体犯罪相比,有组织犯罪是一种群体犯罪,不仅在客观上的社会危害性更大,而且在主观上的恶性也更大,所以,在犯罪的心理特征方面也不同于单个个体犯罪的心理特征。

(一)反社会意识增强

在犯罪集团中,由于成员之间相互感染和影响,其反社会意识在集团气氛中会表现得更加完整、系统,其性质更反动、顽固,其作用更消极。这是由于个体结伙后,他就必须要服从犯罪集团施加的压力,要与犯罪集团的心理氛围保持一致。在集团心理压力的影响下,个体独自的分析和判断能力要受到约束,其行为方式也必须与团体保持一致。在实践中,很多刚入伙的不良青少年,他们的反社会意识并不是很严重,但入伙后往往身不由己,"干要干,不干也得干",久而久之,其反社会意识逐渐增强。例如,在有些犯罪集团中,有的从犯和胁从犯逐渐演变成主犯和犯罪行为的得力实施者,就是这种情况。

(二)罪责扩散,安全感增强

罪责感是一般罪犯(特别是初犯)通常都有的一种自我责备心理。在非共同犯罪中,每个罪犯对自己所犯罪行无法推卸,罪责自负,自作自受。但是,一旦结伙,成为犯罪组织中的一员,成员之间的行为客观上是相互联系、相互配合、密不可分的。所以违法犯罪后,对罪责,犯罪组织中各成员总是相互推卸、相互抵赖,都把自己的罪行放在相对次要的地位,存在罪责扩散的心态。正是因为存在罪责扩散心理,甚至产生"法不责众"的"无罪"

心理,才使有组织犯罪心理向恶性方向发展,犯罪实施的可能性也大大增强。

由于存在罪责扩散心理,犯罪集团及其成员的“安全感”增强。这里讲的“安全感”是指在集团违法犯罪活动中,由于成员的“齐心协力,分工配合”,各成员对作案以及对作案后可能受到公安机关打击、侦破的恐惧心理减弱。他们认为“人多力量大”,作案能成功,而且作案前是经过大家周密策划的,所以自以为能逃避侦查和打击。

(三)犯罪组织的内聚力强

有组织犯罪的内聚力主要是指在违法犯罪的准备、实施,以及逃避侦查和打击等过程中,犯罪组织对其成员的吸引、诱惑、支配和控制的力量。有组织犯罪的内聚力强的主要原因表现在以下方面:其一,在通常情况下,有组织犯罪的成功率比单个作案高得多,大多能满足各成员的不良需求,因此,为了降低风险,最大限度地满足不良需求,各成员愿意结伙,聚合在一起统一行动;其二,为了逃避打击,保护自己,成员间必须加强团结,增强内聚,因为既然大家上了同一条贼船,就只好“同舟共济”,否则,别人被打击了,自己也会受牵连,最终大家都“翻船”;其三,在犯罪集团中,各成员在价值观、性格、兴趣、需要等方面都有相同或相似之处,使他们感到“志趣相投”,于是,便狼狈为奸,经常较为固定地聚合在一起。

(四)权威与服从心理

权威是有组织犯罪活动的力量象征,服从是集团活动的力量基础。在有组织犯罪活动中,犯罪集团的首要分子和其他主犯往往是那些最有“能力”的人,他们处于权威人物的地位。权威人物一旦确定,便会有很大的号召力,而一般成员也就会自动放弃自己独立的意志作用,无条件地接受权威者的指挥。在犯罪集团的共同心理中,权威与服从必须保持协调一致,否则,犯罪集团就不能维持和发展下去。

社会心理学的实验证明,群体的成员只有服从才能达到整体的团结一致,而权威也只有在团结一致的群体中才能发挥最大的作用。在有组织犯罪中,每个成员之间的利害关系,往往使他们都有一种团结和服从的愿望,都有一种对犯罪组织的“责任感”和“义务感”,这种对权威的服从心理,不仅使每个成员绝对服从于犯罪集团的首要分子和其他主犯,而且在犯罪活动中敢于下手,敢于冒险,有时还不惜以“牺牲自己”来保护犯罪集团的首要分子。因此,在有组织犯罪中,权威与服从心理的表现非常明显。

(五)暗示与模仿心理

暗示与模仿在有组织犯罪中十分突出,尤其是在以青少年为主的犯罪组织中表现得更加普遍。

暗示是指用含蓄、间接的方法,对他人的心理与行为施加影响,从而使之按一定的方式行动。具体来讲,暗示是以间接的语言、符号、动作、手势等方式,将信号迅速传递到每个成员,以形成一致的观念和意志。在有组织犯罪中,有时候暗示比直接指令的作用更大,并且在某些特殊的作案现场,犯罪分子之间只能用暗示而不能直接命令。就有组织犯罪而言,暗示不仅是一种“命令”或“信号”,而且还是一种执行者与指挥者之间,或者执行者彼此之间的一种“相互信任”“配合默契”的具体表现。

模仿是指一个人反映和再现另一个人行为的最简单的形式。模仿在人的早期发展阶段(婴幼儿和儿童期)有着重要作用,可以说,婴幼儿和儿童的很多行为都是在模仿成人的行为中习得的。在有组织犯罪中,尤其是在青少年犯罪组织中,成员之间的一举一动,一些怪癖、嗜好、低级情趣、下流动作、污秽语言等都会相互模仿、传染。不仅如此,一些黄色淫秽的电视录像、电影、书刊等,也给青少年的模仿提供了广泛的范例。可以说,绝大多数犯罪分子的犯罪方式、手段等都是从电影、电视或犯罪组织中其他成员那里模仿和学习得来的。

(六)代偿与相容心理

代偿心理是指一个人的心理上的矛盾、缺陷、创伤、损害等在其他人身上得到补偿和满足。青少年时期是人生中生理和心理急剧变化的时期,也是人生中挫折和矛盾最多、最复杂的时期。如果青少年不能有效地处理自己所面临的矛盾和挫折,就极易使人产生失望、悲观、缺陷、苦闷等消极心理,进而产生强烈的补偿和代偿需求。在犯罪组织中,由于成员之间相互依存、相互作用、相互影响,因而,容易满足彼此的代偿心理需求。正是犯罪组织成员中存在的代偿心理,为犯罪组织的巩固和发展奠定了心理和感情的基础。当有组织犯罪遭到失败或受到打击时,成员间的代偿心理不能得到满足,犯罪分子就可能以更加疯狂的情绪进行报复,或者侵害无辜的对象,以发泄的方式求得心理的“补偿”。

相容心理是指犯罪组织中成员之间心理和意识相互影响、渗透、感染、传递,从而形成共同的犯罪心理体验的过程。在犯罪集团形成之初,成员之间在心理表现上千差万别,各自的主导需要也有差异。例如,有的成员的物质欲望特别强烈,有的是对异性的欲望强烈,有的则表现为争强好胜、自我显示的欲望强;形成犯罪组织后,成员间彼此影响和“传习”,在心理上也逐渐趋于相容和彼此悦纳,甚至产生彼此认同和感情移入,这就为犯罪组织的统一行动、步调一致奠定了基础。

思考与训练

张某、李某军特大系列抢劫杀人案是中华人民共和国成立以来罕见的暴力性集团犯罪案件。1991年6月至2000年9月,张某单独或组织、指挥李某军、陈某清、赵某洪、严某明、许某、李某生、秦某碧、全某燕、严某等人,在重庆、湖南、湖北等地持枪持械抢劫、故意杀人、抢劫枪支弹药22次,致28人死亡,5人重伤,15人轻伤,2人轻微伤,抢劫财物价值人民币536.9万元,抢劫出租轿车5辆,抢劫执行任务刑警的微型冲锋枪2支及子弹20发,有组织、有计划地制造了一系列骇人听闻的重大、特大刑事案件,其中多次在光天化日之下于重庆、武汉、常德等市繁华地区公然持枪抢劫银行、金店,开枪杀人。为实施暴力犯罪,张某单独或指使他人从莫某英、纳某、朱某武、王某等处非法购买了手枪15支、子弹2500余发,霰弹猎枪23支、猎枪子弹2000余发及手榴弹1枚、手雷2枚。莫某英等非法所售的枪支弹药被张某犯罪集团用于抢劫、故意杀人,造成多人伤亡和巨额公私财物损失等严重后果。

问题:

1. 犯罪人选择共同实施犯罪的主要原因有哪些?
2. 如何认识有组织犯罪的心理特征?

第十一章　几种主要的犯罪心理

第一节　故意杀人犯罪心理

通过对中国裁判文书网随机下载的50个故意杀人案件判决书的分析，按照故意杀人行为的原因，故意杀人行为一般可以分为情感纠纷型故意杀人行为、口角矛盾型故意杀人行为、报复型故意杀人行为、限制刑事责任能力型故意杀人行为及逃避责任型故意杀人行为。在所有的故意杀人行为中，情感纠纷型故意杀人行为最多，这类故意杀人行为大多发生在夫妻之间、曾经有夫妻关系的男女之间或者同居的男女之间，他们因为情感纠葛发生冲突，进而发生故意杀人行为。对口角矛盾型故意杀人行为，这类故意杀人行为大多因为生活纠纷发生口角冲突，口角冲突升级为抓扯，进而发生故意杀人行为。口角矛盾型故意杀人行为在所有故意杀人行为中占比也较多。对报复型故意杀人行为，这类故意杀人行为的行为人往往对被害人心生不满，意图报复被害人，进而将被害人杀死。报复型故意杀人行为数量相对较少。对限制刑事责任能力型故意杀人，行为人大多是间歇性精神病人等，这类杀人行为相对较少。对逃避责任型故意杀人行为，这类行为主要在发生事故后，行为人因为担心害怕承担责任而实施故意杀人行为，这类行为在所有故意杀人行为中占比也较少。不同类型的故意杀人行为心理不同，现就故意杀人犯罪中较为典型的情感纠纷型故意杀人行为、口角矛盾型故意杀人行为等论述它们的犯罪心理。[1]

一、情感纠纷型故意杀人犯罪心理

（一）情感纠纷型故意杀人犯罪的动机

1. 愤怒

个体在受到他人攻击或者激怒后，心理上会产生紧张感，为消除这种紧张感，个体会对所察觉到的威胁或者不满信息作防御性、报复性的反应。受我国传统一夫一妻制的影响，在夫妻关系存续期间或者同居关系存续期间，男女双方都有较强的占有欲，不希望其他人插足。当一方发现另一方有外遇或者发现有第三者插足时就会产生自己被背叛的紧张感。紧张感产生后，行为人会选择对象消除这种紧张感。通常情况下，行为人会将造成这种紧张感的原因归咎于夫妻关系（或同居关系等）中的另一方或者第三者。目标选择后，为消解紧张感，有些行为人就对另一方或者第三者进行报复，甚至予以杀害。“在敌意情境下，个体首先对该情境进行自动化加工，对这个情境形成一个整体的解释——如果

〔1〕 本节“故意杀人犯罪心理”所有案例资料均摘录于判决书中被告人的供述。

是敌意性的解释,则有可能出现愤怒和反应性攻击行为。"[2]例如,在卢某故意杀人案中,卢某供述,他和张某2002年结婚后育有两个小孩。2010年,张某来到绍兴打工,夫妻关系开始不好。他经常看见张某和其他人在网上聊天,张某还拿家里积蓄出走;有人告诉他张某和一个男子经常在一起。后他整理房间时发现张某与一个男子的亲密照片,他调查得知该男子经常找张某,二人保持关系一段时间了。知道这件事后他心里很气愤,多次在网络上给张某留言,言语比较过激。2013年7月13日,他当晚要乘火车回老家,中午他骑车下班回家途经市场时,看见张某与一名男子同骑一辆电瓶车,二人很亲密。见状,他立即停车把他们拦住,上去推了男子一把,该男子就下车和他用拳头对打。他打不过该男子,该男子还叫张某打电话叫他老爸来帮忙。卢某当时非常生气,情绪失控,返回电瓶车上拿了把剪刀,冲过去将其刺死。在本案中,卢某杀害被害人是因为他看见被害人与他妻子关系亲密,产生愤怒,这种愤怒情绪刺激卢某产生非常严重的紧张感,为消解紧张感,卢某将被害人杀害。

2. 失望

阿德勒认为,"在现实生活中每个人都在追求一定的目标,尽管追求的目标不尽相同,但这种追求本身却有一个共同的特征——都是为了克服低下,上升到优势状态。如果失去目标,心理生活必将是混乱不堪的,而行为也必定与现实格格不入。人所有的精神动力都受生活目标的控制与指导,所有的情绪、情感、思维、意志、动作、梦以及心理病理现象,都贯穿于统一的生活计划之中"[3]。在男女关系的相处过程中,一方对另一方有倾慕之心,追求对方是非常重要的一个目标。男女双方可能先喜欢对方,其后又不喜欢对方,也可能是一方一开始就不喜欢对方。这时,被拒绝的一方因为目标没有实现就会产生失落心理。出于对目标的追求,被拒绝的一方不断地去纠缠,致使另一方产生厌恶感,被拒绝者感觉到实现目标的可能性降低,更加深被拒绝者内心的失望及失落。当一个人的某种需要得不到满足时就会引起需要者从生理到心理上的痛苦感受,如饥饿、寒冷、孤独,渴望而不可得等属于需要不能满足的情况,这种因不满足可让个体备感痛苦的现象就是一种心理创伤,这种痛苦感受随着刺激源的强度和持续程度可使一些人出现疯狂或者执着反应。疯狂反应表现为出现异于一贯心理风格而不管不顾的行为现象。执着反应则表现为长期陷于未满足的痛苦之中而不能自拔并出现心理停滞或顽强补救的现象。[4] 为弥补失落的心理,一些人可能将被拒绝的原因迁怒于他人,认为是他人的原因妨害了自己,进而产生杀害被害人的疯狂心理。

例如,在张某甲杀人案中,张某甲自述,"2012年,我经常到张某乙开的发廊理发,我们相识后发展成情人关系,这种关系保持了半年左右。后来,张某乙提出分手,我感觉是因为被她丈夫唐某控制,才不能和我在一起。我内心很失落,就产生杀死唐某的想法。2014年7月16日晚上,我将准备好的砍斧、锤子装入一个深色兜子内,寄存在张某乙发廊对面一个砂锅馆内。第二天早上6点多,我换好作案的衣服、帽子到砂锅馆取工具后到

[2] 杨丽珠、杜文轩、沈悦:《特质愤怒与反应性攻击的综合认知模型述评》,载《心理科学进展》2011年第9期。
[3] 沈德灿:《精神分析心理学》,浙江教育出版社2005年版,第175页。
[4] 参见李玫瑾:《犯罪心理研究——在犯罪防控中的作用》,中国人民公安大学出版社2010年版,第130页。

发廊附近等唐某单独出来时下手。7 时许,我看见张某乙和唐某从发廊出来走了,我就想等下午再动手。当我路过发廊时,见发廊外面的门没有锁。我就决定先进屋将屋里的人杀死,在屋里等唐某回来再杀他。我进屋后,见张某乙的儿子在玩电脑,于是将其子杀死”。本案中,张某甲杀人是因为他追求张某乙,被张某乙拒绝后,他没有实现自己的目标,感到失落,遂产生杀害张某乙丈夫来填补自己失落的心理。实施犯罪时,他杀害张某乙丈夫的动机因为看到了张某乙儿子进一步得到了强化,因为他感觉张某乙儿子的存在可能也是张某乙不愿意跟他在一起的原因,于是,他首先将张某乙的儿子杀害掉。

3. 自卑

自卑是个体在与他人进行比较后,认为自己不如别人并将其视为缺点而产生的苦恼情感体验。自卑感可以从外显和内隐两个角度进行区分。外显自卑是个体能意识到的、认为自己不如他人而视之为缺点并为之苦恼的情感体验;内隐自卑是个体不能明确意识到的、不认为自己不如他人而视之为缺点并为之苦恼的情感体验。意识中的自卑感会转移成潜意识的内隐自卑,内隐自卑是个体的自卑感长期积累并最终内化的结果,虽然无法通过内省的方式被识别,但却影响个体的行为效果。[5] 在夫妻关系存续或者同居关系存续期间,一方可能嫌弃对方,或者将对方与其他人作对比进行贬低。当一方经常嫌弃对方或者贬低对方时,被嫌弃或者被贬低方感到没有受到应有的尊重,这促使他形成自卑心理或者加剧其已有的自卑心理。有些人可能将这种心理感受内隐,形成潜意识,但也有些人不甘心承认自己不如别人,产生意图超越但又觉得自己不如别人的矛盾心理。“有自卑感的人,一方面自我评价低,觉得自己不如别人,另一方面又极力掩饰缺陷,试图通过补偿活动超越别人,追求优越。”[6] 为弥补自卑心理,试图超越别人,一方就可能因为偶发事件刺激其自卑心理时,为证明自己优越而实施故意杀人行为。“人对挫折的耐力是有限的,耐受力较差的人遇到挫折后容易失去理智,任由情绪控制,极易产生攻击性,谁给他造成挫折就攻击谁。”[7]

在杨某杀人案中,杨某供述,他和尹某结婚后感情一直不好。尹某嫌弃他赚不到钱,而且长得不好看,经常吵架。2013 年 5 月 6 日 19 时许,他从工地下班回到家中,他们一起吃完晚饭,她就出去了。5 月 7 日 3 时许,尹某回来时吵醒了他,他们商量第二天给他过生日的事情,他想将广州的亲戚朋友组织到一起聚聚,但她听到后态度非常不好,说不关她的事,还说他弟弟要换车,要他赶快准备 5000 元给她。于是,他们就吵了起来。她喊他收拾东西搬出去住,并将他推向门边,还咬他右手食指。他当时非常气愤,从沙发上拿出一把弹簧刀想吓唬她,在她反抗的过程中,他将其杀死。本案中,杨某经常受尹某的贬低产生自卑心理,当尹某再次贬低杨某时,杨某意图通过吓唬尹某补偿自卑心理,但由于补偿手段过度,将尹某杀害。

---

〔5〕 参见李艺敏、孔克勤:《社会比较视野下的自卑观》,载《河南大学学报(社会科学版)》2011 年第 1 期。

〔6〕 吴宗宪:《西方犯罪学》(第 2 版),法律出版社 2006 年版,第 247 页。

〔7〕 罗大华、马皑主编:《犯罪心理学》(第 2 版),中国人民大学出版社 2016 年版,第 165 页。

(二)情感纠纷型故意杀人犯罪的认识特征

1. 认识狭隘

人认识的范围取决于知觉的范围,知觉范围的大小又取决于人的知识多寡及社会活动范围。反之,人知识的多寡及社会活动的范围又决定了人认识的范围,进而决定人的认识水平。当人受教育程度越低、社会活动越狭窄,就越容易导致其思维方式单一,只考虑问题的一个方面而忽略另一方面。"在生活中遇到麻烦与挫折时,如果不能审视自己的问题所在,不能从容易调整的个人角度去改变和化解难题,而将目光全部向外,从外部寻找个人失败的原因,那么,人就容易出现对外部目标的愤怒与仇恨。所以,由认识偏执引起的犯罪心理大多具有明确的针对他人或针对社会的报复指向。"[8] 夫妻关系及同居关系存续期间,当一方发现对方出轨或者有第三者插足时,一方总是将该责任归因于另一方或者第三者,认为是他们的过错,迁怒于他们,而不考虑是不是自己的原因导致对方出轨或者有第三者插足。"对于倾向于用暴力手段解决当前人际冲突的个体而言,在对冲突情景的归因方面,倾向于作外部归因,即将引起冲突的原因归因于他人或者环境,而不是自身。"[9] 认识狭隘是情感纠纷型故意杀人行为人非常重要的认识特征。

2. 错误的评价标准

自卑感是一种自我评价偏低,自觉低人一等的惭愧、羞怯、畏缩甚至灰心的复杂情感。[10] 对有自卑感的人来说,由于他们未能正确地认识自己的优点与缺点,没有给自己树立合适的人生目标,未能正确地看待自己行为的得失,面对他人的批评或者贬低,其便陷入自我认识中无法自拔,从而产生自卑心理。错误的自我评价标准是情感型故意杀人罪犯的重要认识特征。

(三)情感纠纷型故意杀人犯罪的意志特征

1. 冲动

在很多情感型故意杀人案件中,行为人原本没有杀人的故意,但突发性的事件致使他们受到严重的刺激,丧失了对自己行为性质的判断与控制,不能正确地选择自己的行为。行为人处于激情状态,专注于发泄不良情绪,进而导致杀人行为发生。冲动是情感型故意杀人行为人的重要意志特征。

2. 懦弱

在情感型故意杀人行为中,很多行为人案发前对相对方出轨或者有第三者插足是知情的。行为人既然知情仍然要实施杀人行为,在很大程度上是因为行为人不愿意与自己的过去相割裂,仍然寄希望于对方能够回心转意或者希望维持以前的生活,但该希望已经不现实。懦弱的意志令行为人一直生活在痛苦的记忆中从而使其不良情绪不断积累增多,最终导致杀人危害结果的发生。

---

[8] 李玫瑾:《犯罪心理研究——在犯罪防控中的作用》,中国人民公安大学出版社 2010 年版,第 156 页。

[9] 杨波主编:《犯罪心理学》,高等教育出版社 2015 年版,第 184 页。

[10] 参见罗大华、马皑主编:《犯罪心理学》(第 2 版),中国人民大学出版社 2016 年版,第 65 页。

二、口角矛盾型故意杀人犯罪心理

（一）口角矛盾型故意杀人犯罪的动机

1. 挽回失去的面子

社会心理学家罗森茨韦克认为，挫折容易引起攻击欲望和攻击行为，从而导致大量犯罪，特别是暴力型犯罪的产生。根据引起挫折的障碍因素的不同，个人会有外罚型反应、内罚型反应及无罚反应等三种反应。所谓的外罚性反应，就是把挫折引起的愤怒向外界发泄，对外界的人或物进行言语的、身体的攻击。个人从外界寻求引起挫折的原因，即使不存在客观的外部原因，也会归咎于外部。〔11〕 实践中，有些人自尊心非常强、好面子，当他们与其他人因为口角发生争执认为自己吃亏、丢了面子时，就会产生不良心理情绪，产生受挫心理，行为人将受挫的原因归咎于受害人，并产生攻击意图，通过实施攻击行为消解不良情绪。为发泄不良情绪，行为人因未能很好地控制自己的行为而实施故意杀人行为。

在许某故意杀人案中，许某供述，事发当晚，他和袁某、王某、胡某喝酒、聊天。他和胡某说不到一块儿去，感觉他和胡某有要争吵的架势，就对胡某说"不管我刚才哪说错了，兄弟错了"，顺势喝了口酒，胡某对他也说了一通话，至于说的什么，因为喝酒了，他也想不起来。胡某把酒喝完转身往外走，没理他，他感觉很没面子，就拿扎啤玻璃杯追上去冲着胡某的头砸，胡某当时头就出血了。胡某转过身冲着他就是几拳，把他鼻子打出血了，两人厮打在一起后被袁某拉开。他感觉袁某和胡某关系好，打架时帮着胡某，就转身先走了。他缓了一会儿，返回租住的房子，拿起房间里的水果刀就去找胡某。他刚走到巷子口的"小烟庄卫生诊所"门口，就看见胡某、袁某等人，于是直接上去捅了胡某上半身一刀，捅完后他就跑了，跑了没多远，就被袁某追上抓住。本案中，许某实施杀人行为就是因为他感觉自尊受挫，遂产生不良心理情绪，并将受挫的原因归咎于胡某。许某通过杀害胡某消解不良情绪，挽回自己的面子。

2. 发泄内心不满

在有些口角矛盾型故意杀人案件中，行为人原本与被害人之间有些冲突矛盾，双方之间心理上都存在不良情绪。由于这些矛盾没有解决，双方之间不断地发生冲突，不良情绪在心里不断聚集。特定事件发生激发行为人内心的不良情绪，为发泄长期积压在内心的不良情绪，行为人实施了故意杀人行为。

例如，在季某故意杀人案中，季某供述，他与李某均居住于北京市通州区某村，因停车问题素有矛盾。2013 年 12 月 22 日 9 时许，被告人季某与李某在北京市通州区某村东侧马路因停车问题发生争执。其间，季某持三棱刮刀向李某的胸部、背部等处猛刺数刀，伤及肺脏、心脏，致李某急性失血性休克当场死亡。本案中，季某杀害李某就是为了发泄其长期积压在内心的不良情绪。

---

〔11〕 参见吴宗宪：《西方犯罪学》（第 2 版），法律出版社 2006 年版，第 288 页。

(二)口角矛盾型故意杀人犯罪的认识特征

1. 争强好胜

实施这类故意杀人的行为人往往自尊心较强,争强好胜。一旦自己吃亏,就产生严重的心理失衡,其就采取各种手段平衡内心。

2. 崇尚暴力

生活矛盾之所以上升为故意杀人行为,很重要的原因是一些行为人喜欢通过暴力的方式解决纠纷,他们崇尚暴力,认为暴力能够解决一切纠纷。

(三)口角矛盾型故意杀人犯罪的意志特征

1. 冲动

在口角矛盾型故意杀人案件中,行为人与被害人发生口角纠纷产生不良情绪时不能控制自己的不良情绪,被消极情绪所掌控,意志不能很好地调节自己的情绪。为发泄情绪而实施故意杀人行为。一旦行为完成过后,又对自己的行为充满后悔。

2. 控制能力较弱

口角矛盾型故意杀人案件中,行为人事前大多没有实施故意犯罪的意图,只是发生口角矛盾后,行为人受情境性因素影响情绪较为冲动,意志未能对该不良情绪进行有效控制,导致为发泄不良情绪不顾后果实施了杀人行为。

三、报复型故意杀人犯罪心理

(一)报复型故意杀人犯罪的动机

1. 发泄不满情绪

对这类故意杀人心理,行为人一般先是受害人,他们认为被害人对其造成人身、财产或者心理等方面的伤害,严重刺伤其自尊心,遂对被害人及其他人等产生不满,希望通过杀害被害人或其他人对被害人进行报复,以发泄其不满情绪。

2. 不满情绪长期积蓄

如前所述,在报复型故意杀人案件中,很多行为人一般先是被侵害人。他们被侵害或者欺负后对被害人产生不满情绪,不满情绪随着多次被侵害或欺负或生活中其他不如意情绪叠加、积蓄而产生报复的动机,如张某扣案件。1996 年 8 月 27 日,张某扣的母亲汪某萍因琐事与邻居王某甲发生纠纷,后又持扁铁打伤王某甲兄弟王某乙。王某乙被打后,用木棒打击汪某萍头部一下,致汪某萍倒地受伤死亡。法院以故意伤害罪,被害人具有过错、王某乙系未成年人等情节判处王某乙有期徒刑 7 年。张某扣对母亲被王某乙打死一直耿耿于怀,再加之张某扣工作及生活不如人意,其遂产生报复的动机。2018 年 2 月 15 日农历除夕,张某扣为报复被害人,遂持械将王某乙、王某丙杀害,后又将王某新杀害,并烧毁王某丙小轿车。张某扣案是一起典型的不满情绪积累产生报复性动机的杀人案件。

3. 偶然因素激发复仇动机

在有些报复型故意杀人案件中,有的行为人虽产生了对被害人不满或报复被害人的动机,但并没有付诸实施。其后,生活中的一些偶然性事件或者因素突然激发了行为人报复被害人的潜意识,促使行为人产生对被害人实施报复的杀人动机。该偶然性事件或因素不一定是严重的侵害行为,但其催生了行为人的报复动机,引发行为人对被害人实施保护性杀人行为。

(二)报复型故意杀人犯罪的认识特征

1. 偏激

对于报复型故意杀人的行为人来讲,他们主观认识一般较为偏激,认为只有采取极端的杀人方式对被害人进行报复,才能惩罚被害人,以实现内心平衡。

2. 狭隘

对于报复型故意杀人的行为人来讲,他们主观认识较为狭隘,对事物的认识往往陷入一个思维角度,越陷越深难以自拔。他们很难切换认知角度,从其他方面对事物进行考察,也不能从各个角度对行为后果进行全面衡量。他们陷入固定认知模式,按照自己的认知方式行事。在一起公公报复性杀害儿媳案中,儿子与儿媳结婚后,一家人经常发生矛盾,行为人认为儿媳是矛盾源头,对儿媳的埋怨日益加深。案发前一晚,儿子与儿媳因离婚再次发生争吵,该行为彻底击破行为人心理防线,激发了报复儿媳的潜意识,使行为人产生了杀害儿媳的动机。行为人一个晚上都在埋怨儿媳的不好及其对家庭造成的伤害,并琢磨如何杀害儿媳。第二日早上,行为人照例为儿媳做好早餐,儿媳对早餐颇有微词,行为人遂用刀将儿媳杀害。案发后,行为人非常懊悔,埋怨自己钻了牛角尖,没有走出来。他事后坦言,要是当晚有人能够开导他,谈及儿媳的优点以及儿子的不足,他也不至于杀人。认识狭隘是本案发生的重要原因。

3. 睚眦必报

对一些实施报复杀人的行为人,他们在认识上有一个共同的特征是睚眦必报,但凡有人损害他们利益,他们在认知上就认为要进行报复,以眼还眼、以牙还牙,否则,他们内心就觉得不平衡,产生需要补偿的心理。

(三)报复型故意杀人犯罪的意志特征

1. 坚定

很多报复杀人的行为人内心仇恨积蓄已久,为报复他人蓄意策划,积极蓄谋实施杀人行为,对报复他人"矢志不渝",意志坚定。对一些长期积怨但偶发原因激发实施报复杀人的行为人,虽然他们实施杀人行为前可能没有蓄谋动机,但为发泄其长期积淀的不良情绪,一旦实施杀人行为,就坚定地追求危害结果的发生。

2. 控制能力弱

实施报复杀人的行为人实施杀人行为的意志较为坚定,但是阻止实施杀人的意志却相当薄弱。行为人在意志上主要是考虑如何实施杀人行为,以补偿其心理,而对阻止实施犯罪方面的考量较少,即使其有考量,也始终未能将其置于实施犯罪的考量之上,控制能力较弱,最终导致杀人行为发生。

四、逃避责任型故意杀人犯罪心理

(一)逃避责任型故意杀人犯罪的动机

对这类故意杀人行为,有的是害怕被追究法律责任实施故意杀人行为,也有的基于隐私曝光害怕其他人知道影响自己利益实施故意杀人行为等。总之,行为人实施这类杀人行为的动机大都是担心隐私暴露后心生恐惧、担心,害怕承担责任。例如,在药某鑫故意杀人案中,药某鑫驾车将被害人张某撞伤后,药某鑫因为害怕张某事后向他索要钱财而持刀将张某杀害。

(二)逃避责任型故意杀人犯罪的认识特征

在这类杀人行为中,行为人的认识范围较为狭窄,认为只有通过实施杀人行为才能摆脱担心与恐惧。认识范围的局限性既有横向的认识问题,也有纵向的认识问题。横向认识的局限性体现为,行为人没有思考采取其他方式解决矛盾;纵向认识的局限性体现为,行为人没有考虑采取故意杀人行为解决问题将要承担的后果。

(三)逃避责任型故意杀人犯罪的意志特征

在这类行为中,有些行为人并非一开始就意图实施杀人行为,内心犹豫,但当被害人的行为威胁到自己的切身利益时,他就毫不犹豫地实施杀人行为。因此,他们的内心一般有一个由犹豫到坚定的转化过程。仍以药某鑫案为例,当药某鑫下车发现张某还在呻吟时,药某鑫内心可能并没有杀害张某的故意,但当药某鑫发现张某试图看清药某鑫的车牌号时,药某鑫就认为张某以后可能找他麻烦,于是就坚定意志要杀害张某。

第二节 毒品犯罪心理

我国《刑法》专节规定了毒品犯罪,其中,吸毒本身并不是犯罪行为,但吸毒人员实施的走私、贩卖、运输和非法持有毒品、容留他人吸毒等行为会构成相应的犯罪。但就犯罪学的角度而言,对吸毒人员的心理也有必要予以分析。所以,本书从广义上将毒品犯罪的心理分为走私、贩卖、运输、制造毒品心理与吸食毒品心理,这两类行为的心理各不相同。

一、走私、运输、贩卖、制造毒品犯罪的动机

(一)攫取高额利润

社会生活中,一些人喜欢吸食毒品,但国家对毒品实行非常严格的管控,这就造成毒品作为一种资源非常稀缺。物以稀为贵,毒品资源的稀缺与巨大的毒品需求市场使走私、运输、贩卖、制造毒品成为暴利行业。社会生活中,有些人诚实劳动,无法获取自己理想的收入,如有些农民工通过正当劳动仅能挣取微薄的收入,一些城市无业人员,他们没有技术,也不想像农民工一样从事繁重的体力活,他们好逸恶劳,奢想过好的生活,并想一夜暴

富。“他们中有些人会继续尝试用合法的手段去获得成功，而有的则在看不到能以合法手段取得成功的现状和前景时，就会寻求用非法手段去实现志向。”[12]走私、运输、贩卖、制造毒品正好契合他们一夜暴富的心理。实践中，绝大多数行为人从事毒品犯罪都是为了攫取高额利润。

（二）以贩养吸

毒品是稀缺资源，到毒贩手中时，毒品价格已经很高，很多吸毒者都难以负担高额的毒品消耗。家有金山、银山都可能被吸毒者吸空，更何况很多吸毒者还是城市无业人员，他们更难以支付高额的吸毒资金。在这种情况下，很多吸毒者采取边贩卖边吸食的策略，即通过贩卖毒品赚取利润来支持自己吸食毒品。因此，实践中很多人零星贩卖毒品就是为了赚取利润方便自己吸食毒品。

（三）认识特征

1. 贪婪

毒品犯罪分子的贪婪表现为以下几个方面：首先，为了销售毒品，毒品犯罪分子可能采取欺骗手段诱使他人吸食毒品，从而达到销售毒品攫取高额经济利益的目的。其次，毒品犯罪分子为销售一些新型毒品，故意鼓吹新型毒品对身体危害性较小，以蒙蔽吸毒者，从而达到销售毒品的目的。再次，有些毒品犯罪分子为了达到攫取经济利益的目的不惜采取暴力手段抗拒检查，有些毒品犯罪分子甚至采用武装手段运输、贩卖毒品。最后，在毒品犯罪实践中，一些毒品犯罪分子为攫取高额经济利益，经常发生内斗，并实施违法犯罪行为。

2. 侥幸

虽然刑法对毒品犯罪规定了非常严厉的刑罚，但受毒品犯罪高额经济利益的诱惑，很多人实施毒品犯罪仍心存侥幸。毒品犯罪分子的侥幸心理主要表现为：首先，相对于其他行业，毒品犯罪获取的非法经济利益较高。高额非法经济利益引诱毒品犯罪分子侥幸地实施毒品犯罪。其次，有些毒品犯罪分子自认为犯罪手段高明，司法机关不会发现。例如，有些毒品犯罪分子采用人体携带等高度隐蔽的方式运输毒品，有的毒品犯罪分子还在公安机关岗哨派人盯梢以躲避检查，他们自认为他们的犯罪行为不会被发现。最后，有些毒品犯罪分子贩毒时承诺只从事这一次毒品犯罪行为，获利后不再从事毒品犯罪，以给自己心理安慰。但当毒品犯罪结束没有被查获时，他们又抵挡不住高额非法经济利益的诱惑表示再实施一次毒品犯罪后就“金盆洗手”。侥幸心理纵容他们一而再再而三地实施毒品犯罪行为。

3. 缺乏对毒品危害社会的正确认识

众所周知，毒品对社会及民众身体健康具有重大的危害，我国对此有深痛的教训。海洛因、冰毒不仅销蚀吸毒者的身体，更摧残吸毒者的意志，使他们从身体上到精神上堕落，沦为毒品的奴仆。但毒品犯罪分子对此却没有足够的认识，他们只是将毒品作为谋取利

---

[12] 吴宗宪：《西方犯罪学》（第2版），法律出版社2006年版，第346页。

益的手段。

4. 对刑罚缺乏敬畏

我国刑法对毒品犯罪规定了严厉的刑罚措施,毒品犯罪已成为我国判处死刑最多的犯罪之一。对零星贩毒的轻微毒品犯罪行为,我国司法机关一般都判处实刑,不判缓刑。尽管如此,毒品犯罪分子还是肆无忌惮地从事毒品犯罪行为。毒品犯罪巨大的经济利益诱惑毒品犯罪分子屏蔽了对刑罚严厉性的认识。很多毒品犯罪分子直到被司法机关抓获才感到后悔莫及。

(四)意志特征

1. 毒品犯罪意志坚定

刑法对毒品犯罪规定了非常严厉的刑罚,国家对毒品犯罪也采取了严厉的打击措施,毒品犯罪分子仍然千方百计地实施毒品犯罪,积极追求毒品犯罪行为的发生。因此,毒品犯罪分子实施毒品犯罪的意志较为坚定。

2. 受暗示性

从事毒品犯罪能够获取高额非法经济利益,当行为人看到他人通过毒品犯罪获取高额经济利益时,也会心存侥幸地模仿实施毒品犯罪。在我国某个地方的行政村,该村很多人实施毒品犯罪行为。毒品犯罪罪犯的地域性特征也说明了行为人易受暗示从事毒品犯罪。

二、吸毒心理

(一)吸毒动机

1. 好奇

人类为何有好奇心理,学术界有多种解释方法。本能论认为,“好奇是人类的原始动力,是人类的本能。好奇就像饥饿一样,当个体体验到饥饿时会寻求食物,而当个体体验到好奇时,就会探索周围的环境。一旦这种状态得以缓解,个体就体验到满足和愉悦感”[13]。青少年群体中,一些人看见其他人从事吸毒活动,且吸毒给当事人带来了极大的快感,这些青少年就会基于本能想体验吸毒的感受,满足自己对吸毒未知的心理,最终在多次尝试后染上毒瘾。实践中,很多人染上毒瘾都是因为对毒品的好奇。

2. 寻求刺激

吸毒寻求的刺激主要体现在身体上与精神上。人吸食传统毒品后,身体会感到刺激,性欲亢奋。一些为追求身体亢奋寻求身体刺激的人喜欢吸食毒品。人吸食新型毒品后,精神亢奋。有些人为寻求精神刺激吸食毒品。例如,一些年轻人为寻求精神刺激在酒吧、迪厅吸食毒品。我国曾查获了一个网上吸毒的团伙,他们通过 QQ 视频,相互观看对方吸食毒品,以寻求精神刺激。

---

〔13〕 李天然、俞国良:《人类为什么会好奇？人际好奇的概念、功能及理论解释》,载《心理科学进展》2015 年第 1 期。

3. 堕落

社会生活中，有些人因为工作或者生活等方面不如意，意志消沉、情绪低落。由于毒品具有精神刺激功能，为摆脱低迷的心理状态，一些人从事吸毒活动。如一些明星工作不顺，便通过吸食毒品来消遣打发郁闷的心理。

4. 模仿

塔尔德认为，社会关系不过是个体之间的一种互动关系，这种社会关系受制于“模仿”这一基本的社会事实。社会生活的组织及发展正是借助了“模仿”这一本来意义上的社会运动方式的作用。社会之所以能够作用于个人，就在于社会生活中所有重要行为的实施都受模仿的支配，是人们彼此模仿的结果。人与人的关系越密切，即彼此间距离越近、交往越频繁，发生模仿的可能性和模仿的强度越大。[14] 现代社会，个体之间都有朋友圈，个人身处朋友圈就会模仿其他人的行为。当个体结识“瘾君子”朋友或加入了“瘾君子”群体，他们之间联系越紧密、越频繁，就越容易模仿，从而逐渐染上毒品，模仿是吸毒者的一个重要动机。

5. 时尚

美国犯罪学家萨瑟兰认为，“正是犯罪思想造成了犯罪行为，也即犯罪行为发生之前在犯罪人思想上已经存在着一种犯罪定义。由于与犯罪模式的联系，通过各种过程（社会的及心理的）交往，潜在的犯罪者学习到了适合于错误行为的定义。如果这类定义在频率、强度、持续性方面超过了不适合于错误行为的定义，那么就很不容易犯罪”[15]。当前社会中，一些人将吸毒作为一种时尚追求，他们认为吸毒是有钱人的生活，而不是违法行为。为显示自己的身份，他们一般在聚会时就会从事吸毒行为。曾经有段时间，在云南边境地区，吸食“卡苦”（鸦片里面提取的汁液混合多种植物制成）被视为身份和地位的象征。

（二）认识特征

1. 对毒品危害缺乏正确的认识

吸食海洛因、冰毒等传统型毒品对人身体的危害极大，很多人因为吸食这些毒品最终死亡。但吸毒者为寻求刺激无视毒品的危害仍然吸食毒品。当前，也有很多人认识到海洛因、冰毒等传统毒品对人身的危害，转而开始吸食新型毒品，他们认为新型毒品对身体没有危害，不会上瘾。特别是一些青年人对新型毒品的社会危害缺乏认识，他们就肆意吸食摇头丸、麻古等新型毒品。

2. 缺乏对交友的辨别能力

青年人之所以染上毒品，除他们主观上对毒品的社会危害性缺乏认识外，他们对结交朋友也缺乏认识。他们认为，共同吸食毒品有趣、好玩，能够与其他人打成一片，融入他们的圈子。这种错误的认识诱使一些青年人吸毒。

3. 错误的人生观、价值观

对那些将吸毒作为时尚追求的人，他们的认识观念存在严重的错误。他们不是将合

---

〔14〕 参见张远煌：《犯罪学原理》（第2版），法律出版社2008年版，第121页。

〔15〕 张远煌：《犯罪学原理》（第2版），法律出版社2008年版，第126页。

法劳动作为人身的目标,而是将违法行为作为追求对象。他们炫耀的不是合法劳动,而是违法犯罪行为。他们的人生观、价值观存在严重扭曲。

(三)意志特征

1. 易受暗示性

一些社会人员,特别是青少年由于知识不足、社会经验缺乏,难以形成对事物独立的看法,在与吸毒者近距离、亲密接触时,看到吸毒人员吸毒就进行模仿,易受暗示性是吸毒者的重要意志特征。

2. 抵制毒品的意志能力薄弱

无论是对因为好奇的吸毒者来说,还是对寻求刺激的吸毒者来说,他们染上毒品都是因为他们没有足够的意志能力划清自己与毒品的关系,未能抵制毒品的诱惑。很多吸毒人员也没有意志能力抵制其他吸毒人员的引诱,控制自己的行为。很多吸毒人员之所以无法彻底戒毒,重要原因之一就是他们缺乏戒毒的坚定意志。

3. 依赖毒品的意志坚定

吸毒者染上毒品是因为他们追求吸毒享受,身体对毒品形成依赖,当吸毒者对毒品形成心瘾时,吸毒者就由身体上对毒品的依赖转变为精神上对毒品的依赖。吸毒者对毒品形成心瘾后,一旦失去毒品,内心就觉得烦躁。即使他们在身体上摆脱了对毒品的依赖,但思想上仍怀恋毒品。实践中,有些吸毒者即使戒毒成功,一旦被其他吸毒者勾起吸毒的心瘾,就又容易再次沾染毒品。因此,吸毒者依赖毒品的意志坚定。

第三节　流动人口犯罪心理

一、流动人口犯罪的动机

(一)贪图经济利益,爱占小便宜

流动人口大多来自农村,他们进城务工的目的是获取经济利益。一些在城市务工的流动人口通过合法的途径无法获取理想的经济收益时,就可能会产生挫折感,从而转向实施违法犯罪活动获取非法经济利益。也有些流动人口进城务工的目的就是在陌生的城市实施违法犯罪行为获取非法经济利益。因为对他们来讲,老家是熟人社会,不方便从事违法犯罪行为。实践中,城市中从事犯罪的流动人口大都实施“两抢一盗”,毒品犯罪等谋利型财产犯罪就是例证。

在一些流动人口犯罪中,行为人并无蓄谋犯罪的意图,而是特定情景刺激了行为人爱占小便宜的潜意识,推动其产生实施犯罪获取非法经济利益的动机。例如,在建筑工地工人盗窃建材获利的案件中,很多建筑工人并不是蓄谋盗窃,他们也无盗窃恶习,而是在工作过程中,发现一些散落在地的建材无人监管,于是临时起意采取随身携带的方式盗窃。他们自身并无严重的人身危险性,但爱占小便宜的动机催生他们实施顺手牵羊式的、自认为不是犯罪的行为。

（二）不公平，心理失去平衡

一些流动人口到城市后，发现自己辛勤付出，每个月只能挣取微薄的收入，而有些人没有怎么劳动也能获取大量的经济利益，有些人从事违法犯罪活动也能轻轻松松获取大量经济利益，从而可能会产生很大的心理落差，觉得社会不公平，并逐渐失去心理平衡。“穷人学会了不信任这个培养社会不公、阻碍他们获得合法成功的社会，不断受到的挫折，引起了攻击性、敌意，并且最终导致暴力行为和犯罪。贫富悬殊造成的相对剥夺感和社会不公感，会导致愤怒情绪和犯罪行为。”〔16〕于是，有些人就不想再从事仅能赚取微薄收入的合法的生产经营活动，转向实施违法犯罪活动获取高额非法经济利益。“一般而言，个体总是习惯于将自己与那些收入高、享受多的个体进行比较。如果发现自己处于劣势时，就会产生不公平感、愤怒感。这种感觉就是相对被剥夺感，它是个体或群体对于自身相对状况所持的态度，是一种主观心理感受，是一种社会比较的结果。毋庸置疑，相对被剥夺感是一种不良情绪，会导致心理失衡，会产生不满情绪，而不满情绪积累到一定程度就有可能会导致犯罪行为。”〔17〕

（三）逆反

逆反心理是指个体对于应该接受的外界引导却持与常规条件下相悖的态度反应。〔18〕一些流动人口逆反心理产生的原因在于：首先，生活方式及思维方式差异。一些流动人口进城后，由于短时间内没有接受城市的生活方式及思维方式，他们就认为受到刁难或者没有受到应有的尊重。受教育程度及生活地域的影响，流动人口普遍自尊心较强，当认为自己没有受到应有的尊重时，他们就采取补偿措施填补丢失的自尊，与他人“对着干”的逆反心理就逐渐形成。例如，深圳曾经有一个小区的业主因不允许农民工使用他们的厕所，每天派人守护厕所。当地一些农民工为此就产生逆反心理。于是，这些农民工就想尽办法把小区厕所弄脏。其次，对他人的不信任。流动人口在城市打工，当他们的老板不断地给他们许诺，但这种许诺一直没有得到实现时，他们就对老板产生怀疑、抵触情绪，不信任他们，这种心理久而久之也会形成逆反心理。流动人口形成逆反心理后，就对相对人产生抵触情绪或者实施相反的行为，引发双方的矛盾。随着双方矛盾的加深，偶发事故就能引发犯罪。

（四）自卑

有些流动人口到城市工作后，经与周围的人比较，感觉差距过大，便产生自卑心理。自卑心理产生后，他们会采取一些方式填补这种心理。有些人通过拒绝与其他人交往的方式规避自卑心理，有些人则通过实施违法犯罪行为获取非法经济利益填补这种心理。例如，在城市中，有些人看见朋友经常吃大餐，自己没有钱就产生自卑心理。为此，有些人

---

〔16〕 吴宗宪：《西方犯罪学》（第 2 版），法律出版社 2006 年版，第 350 页。

〔17〕 雍自元：《从相对剥夺到理性选择：贪污贿赂犯罪原因解析》，载《犯罪研究》2013 年第 2 期。

〔18〕 参见刘宗粤：《逆反心理辨析》，载《社会科学》1998 年第 9 期。

便通过实施违法犯罪行为获取非法经济利益以填补自卑心理。

(五)自救

流动人口在外地工作期间,可能遭受一些不公正的待遇,如广东一家韩资企业老板要求迟到的员工下跪等。遭受不公正待遇时,很多人寻求国家公权力救济,由于有些公权力机关不作为,被不公正对待的纠纷没有得到解决。无法通过合法途径解决纠纷时,万般无奈情况下一些人就采取私力途径救济,私力救济手段过度就引发犯罪行为。例如,某农民工在建筑工地打工,但老板长期不发工资。该农民工多次索要未果。后来,该农民工的父母生病,家中急需钱又多次向老板索要工资,该老板不仅不给其工资,反而辱骂该农民工。索要工资无果,该农民工又找到当地人力资源和社会保障局,请求其出面解决,但其不予理睬,他又回到工地找到老板索要工资。这次,老板不仅不支付工资,还辱骂、殴打该农民工。最后,该农民工认为社会不公,在与老板发生争执的过程中持刀将多人砍死。

二、流动人口犯罪的认识特征

(一)好逸恶劳

社会生活中,有些流动人口没有劳动技能,但他们眼高手低,不愿意干那些没有技术含量的粗笨活,只想做那些又赚钱又轻松的工作。他们认为干体力活笨、脏,没有面子,有些甚至就不想劳动,好吃懒做。当他们没有经济能力支持自己的生活时,他们就想通过犯罪获取非法经济收益。这种现象尤其体现在当前一些来自独生子女家庭的年轻农民工身上。

(二)认识狭隘

一些流动人口产生不公平感及心理失衡是因为他们主观认识出现了偏差,他们只看到这些人富裕的一面,没有看到这些人奋斗的场景;只看到这些人现在的场景,没有看到这些人以前奋斗的经历。这种片面性的认识使他们不能客观、全面地比较,导致他们仅以外显的财富及行为多少作为评价的唯一标准,进而产生巨大的心理落差。有些流动人口认识片面是因为他们有人格障碍,他们对城市一些现象持刻板印象,他们对工厂老板、城市居民有偏见性认识,如为富不仁、高傲等。这种固化的认识使他们对工厂老板、城市居民形成抵触性认识,为日后他们从事违法犯罪活动埋下思想根源。

(三)斤斤计较

部分流动人口受教育程度低,生活较为困难。为了生活,他们一般都会精心安排自己的生活,特别是安排经济开销。这就使一些流动人口形成了比较喜欢算计的心理特征。加之一些流动人口挣钱不易,他们会非常珍惜自己来之不易的钱财,一旦经济上有损失,即使是数额较小的经济损失,也难以接受。社会生活条件及经济能力决定了一些流动人口喜欢计较自己的得失。为此,一些人在生活、工作中稍有利益受损,就与他人发生争执,对他人产生憎恨、逆反心理,甚至因为小的经济利益得失,大打出手,直至犯罪。

(四)顺手取财

如前述,很多实施财产性犯罪的流动人口具有爱占小便宜的动机,这种爱占小便宜的动机反映在认识特征上就是顺手取财,即只要不被他人发现,有机会能捞钱财就捞,能多捞就尽量多捞。在一起流动人口盗窃电缆案件中,盗窃者即电缆安装者,他们白天安装电缆,晚上盗窃白天安装的电缆。他们认为,案发地点偏僻,电信公司不会去巡查,这是一个好机会。流动人口实施涉财犯罪,顺手取财是其重要的认识特征。

三、流动人口犯罪的意志特征

(一)意志偏执

一些流动人口坚持自己的观点是正确的,不听信其他人的劝说。他们坚持认为他们的现状是其他人造成的,而不是从自身寻找原因。他们纠结于生活中的一些小事情,并将这些事情无限联想认为是他人故意造成的。偏执的意志特征容易使他们因为小的纠纷做出严重的违法犯罪行为。

(二)意志缺乏坚定性

一些流动人口不是不能通过劳动获取收入,而是他们不愿意长时间地从事繁重的体力劳动;劳动强度过大,也不愿意坚持。有些人本来从事合法的工作,但意志不坚定,受其他违法犯罪行为人的引诱就从事了违法犯罪活动。

(三)易受暗示性

当有些人整日劳动一无所获,有些人通过违法犯罪活动盆满钵满时,那些整日劳动的人内心就会否定自己的行为,并认可那些不劳而获的人。一旦他们主观上认可这些人的行为,他们就会受暗示也跟着实施违法犯罪行为。流动人口犯罪也具有很强的地域性,很多一个区域的人都在外地从事相同的犯罪行为。例如,一个村子的人都在外地从事色诱、盗窃,一个村子的人都在外地从事保险柜盗窃活动。这些犯罪分子通过非法手段获取高额经济利益后,回家修豪宅。易受暗示性是流动人口犯罪的重要意志特征。

第四节　财产犯罪心理

一、盗窃犯罪心理

(一)盗窃犯罪的动机

盗窃犯罪具有以下动机:

1.吃喝玩乐。在实践中,很多盗窃犯都好吃懒做,贪玩好耍,追求物质享受,他们白天娱乐消遣,晚上“上班工作”。他们不想通过劳动获取合法的经济利益,一旦没有经济支付能力,就通过盗窃获取钱财。

2. 发财致富。有的人盗窃不是为了小偷小摸,而是想通过盗窃发财致富,这类人一般是职业性的盗窃犯。例如,那些专偷珠宝店、银行的盗窃犯,他们盗窃的目的就不仅仅是吃喝玩乐,而是想发财致富。在我国一些地方,一些盗窃犯全国各地流窜作案,他们将盗窃获得的非法经济收益拿回老家修建豪华楼房。

3. 为实施其他犯罪。有人实施盗窃不是将盗窃作为最终目的,盗窃只是他们实施其他犯罪的手段。实践中,将盗窃作为实施其他犯罪手段发生频率较高的是吸毒和赌博。很多吸毒人员由于无力承担吸毒资金,就通过盗窃的方式获取非法经济利益。这种现象尤其发生在青少年吸毒人员身上。还有的嗜赌人员,当他们没有赌资时,他们就通过盗窃获取赌资。如一些人白天赌博,晚上盗窃。

4. 占便宜。人有天生的占有欲,有的人的占有欲被法律、道德较好地抑制,形成潜意识不会表现出来。有的人的占有欲没有受到较好的抑制,会在特定的情景中表现出来。实践中,有的盗窃犯并不是有预谋地实施盗窃行为,也不是具有盗窃的习性,而是在特定的时机发现了特定的财产处于无人管理的状态,基于"不拿白不拿"的占小便宜的心理实施盗窃行为。有的人甚至持有"该东西自己不拿其他人也会拿"的观念。这种现象多发生在内部管理不严的单位或者无人看管的公共场所等。例如,方便市民出行的共享单车,被一些人强行去掉车子的坐垫、脚踏板等。

5. 朋友义气。有些盗窃案件中,行为人本不想盗窃,但是出于朋友义气帮忙望风、开车等,后被迫逐步加入盗窃活动,或者看到盗窃行为有利可图主动加入盗窃活动。实践中,这些现象最集中地反映在一些帮助运输赃物的司机身上。盗窃犯请求司机帮他们晚上运输物品,当车辆行驶到盗窃犯指定的地点后,盗窃犯就要求司机在该地等候望风。一些司机此时可能才知道该人将要实施盗窃行为,出于不好推脱,司机就在原地等候,后将盗窃的物品秘密运走。也有的司机事前就知道深夜运输货物的人将要盗窃,但出于他平时经常帮助其运输就同意帮助运输赃物,一起盗窃。

6. 满足精神需求。实践中,大多数人偷盗财物都是为获取非法经济利益,但现实社会中也有人偷盗财物是为了满足精神刺激的需求,他们盗窃的目的不是占有他人的财物,而是享受盗窃财物的过程。他们看到人家的财物就会产生占有的欲望。通常这类盗窃犯具有一定程度的心理疾病。

7. 习惯性盗窃动机。在司法实践中,有的人已将盗窃作为一种习惯,只要有机会就盗窃,盗窃已成其一种习惯性心理。例如,某盗窃犯10多岁开始盗窃直到其案发时的30多岁。在此期间,他一直处于盗窃被抓捕服刑,出狱后又盗窃的状态,盗窃已经成其习惯性动机。

(二)盗窃犯的认识特征

就盗窃犯的认识而言,一般源于:

1. 错误的认识观念。很多盗窃犯好逸恶劳,不是将合法的劳动作为自己收入的来源,而是将盗窃视为自己谋生的手段。相较于其他暴力性的侵财犯罪,一些盗窃犯认为,盗窃不伤害被害人的身体健康及生命,他们就心安理得地实施盗窃。

2. 侥幸心理。很多盗窃犯自认为盗窃手段高明,不会被被害人及公安机关发现,也有的盗窃犯认为,他们有丰富的经验能够对抗司法机关对他们的调查,还有的盗窃犯认为被害人不敢或者羞于报案等。基于上述事实,一些盗窃犯产生侥幸心理,肆无忌惮地从事盗窃活动。例如,一些精通开锁技术的盗窃犯,他们自恃自己能够在很短的时间内打开被害人的门锁,在被害人毫无察觉的情况下完成盗窃。一些色诱的盗窃团伙,他们自认为被害人不好意思报案,于是他们就大胆地通过色诱盗窃被害人的财物。还有些盗窃犯只要没有被抓住现行,他们就对盗窃行为百般抵赖,认为司法机关没有办法处理他们。实践中,在公共场所安装了摄像头的小区的盗窃案件数量大量下降就能证明盗窃罪犯的侥幸心理。

3. 错误的江湖观念。实践中,有的盗窃犯怀有江湖观念,对朋友请托帮忙的盗窃帮助行为不予拒绝。有的盗窃犯持"盗亦有道"的观念,如有的人专偷官员、有的人专偷有钱人、有的人专偷时髦女性等。当前,社会中出现了专偷厅级干部的小偷,这些小偷抓住了一些干部的把柄,认为被害人被偷后不敢报案。[19]

4. 对盗窃习以为常。对已形成盗窃习惯性的人,他们在认知上已将盗窃作为其生活方式,对盗窃习以为常。他们只要没有钱,有机会就实施盗窃。

(三)盗窃犯的意志特征

盗窃犯的意志具有如下特征:

1. 盗窃的意志坚定。盗窃犯只要发现了盗窃机会,他们就会实施盗窃行为。有的盗窃犯甚至伪装为乞丐、收废品的等事前踩点、观察等。"盗窃惯犯在犯罪过程中,表现出作案工具、场所、时间、作案前踩点和物品的销赃等行为的计划性特点,这正反映出他们处事相对成熟老练、狡猾、保守心理的特性,多次作案的成功概率,进一步增加再犯的可能性。"[20]

2. 抑制盗窃的意志薄弱。很多盗窃犯都好吃懒做,他们不愿意干体力活赚取收入,又没有其他的谋生技能,盗窃就成为他们谋生的技能。这就是实践中很多盗窃犯会反复实施盗窃行为,有的盗窃犯被多次追究刑事责任后还是要继续盗窃的原因。流窜作案的盗窃犯,他们一般作案都是几十起。这些现象都说明盗窃犯抑制盗窃的意志非常薄弱。

二、诈骗犯罪心理

(一)诈骗犯罪动机

诈骗犯罪包括如下动机:

1. 骗财。就绝大多数诈骗犯罪分子而言,他们实施诈骗行为就是为了骗取被害人的钱财,他们通过虚构事实、隐瞒真相的方法,欺骗被害人,使被害人向他们交付财物,进而占有被害人的财物。

---

〔19〕 参见《只偷厅级官员的女贼是反腐英雄?》,载腾讯新闻2013年1月27日,http://view.news.qq.com/original/intouchtoday/n2878.html。

〔20〕 王锐、丁平、刘伟兵:《关于盗窃惯犯人格特征评估与犯罪对策研究》,载《辽宁警专学报》2010年第3期。

2. 骗色。在实践中,有的人实施诈骗是为了骗色,即骗取年轻女性与他们谈恋爱、同居,甚至结婚。例如,有的冒充高级军官诱骗年轻女性与他们谈恋爱,有的冒充国家高级干部,以能够给他们找工作等为由,骗年轻女性。

(二)诈骗犯的认识特征

诈骗犯的认识存在如下特征:

1. 自我评价高。诈骗犯罪分子要骗取他人,一般会精妙地设计骗局,这些精妙的骗局能够抓住被害人的心理,一般不会被识破。诈骗犯罪分子一般拥有良好的口头表达能力,能够在语言上骗取说服被害人,使被害人相信他们。诈骗犯罪分子比较具有亲和力,他们能够轻易地拉近与被害人之间的距离,获得被害人的认可,使被害人相信他们。因此,诈骗犯罪分子的自我评价都比较高。

2. 思维具有较强的灵活性。虽然诈骗分子在实施诈骗之前精心设计了诈骗方案,但在操作过程中可能会遇到各种情形。为了能够获得被害人的信任,化解现场危机,诈骗犯罪分子思维一般都具有较强的灵活性,能够及时地化解现场危机,否则诈骗行为很容易被戳穿。

3. 对社会心态较为熟悉。诈骗行为之所以能得逞,很大程度上是因为诈骗分子对社会心态及被害人的心态较为熟悉,他们了解不同类型的人具有的心理弱点,[21]利用被害人的心理弱点实施诈骗行为。例如,在电信诈骗中,诈骗分子利用被害人相信司法机关,担心自己被追究刑事责任的心理弱点,要求被害人将银行卡资金转到他们指定的银行卡,从而骗取被害人的钱财。

4. 熟悉社会行情。除对社会心态及被害人心态了解外,诈骗分子对一些社会行业情况也比较了解。他们利用自己比被害人对行业信息更了解的不对称情况欺骗被害人。例如,在工程领域诈骗保证金的案件中,犯罪分子知道建筑工程承包商承接工程需要交纳工程保证金,于是他们就利用被害人急于拿工程的心理,通过虚构工程项目,让被害人先交付工程保证金,而被害人并不知道工程项目发包人的真实情况。一旦被害人交付保证金,被害人就会被骗。

5. 对法律的错误认知。在当前电信网络诈骗犯罪中,有些人认为自己没有直接参与诈骗行为,就不构成诈骗犯罪。于是,他们就给诈骗分子提供一些帮助,以便自己获利,如提供银行卡、介绍黑客等。殊不知,即使没有直接参与诈骗,只要明知是诈骗行为而提供帮助的行为,都属于诈骗犯罪。因为对法律的错误认知,一些人从事诈骗犯罪行为。

(三)诈骗犯的意志特征

诈骗犯的意志特征包括:

1. 意志坚定。诈骗犯要取得被害人信任,他就必须持续地欺骗被害人,使被害人对其产生信任感,诈骗犯的意志特征的坚定性主要体现为诈骗活动中持续进行伪装,直至被害人相信他们。

---

〔21〕 参见杨波主编:《犯罪心理学》,高等教育出版社2015年版,第218页。

2. 果断性。诈骗犯罪分子欺骗被害人，必须随时关注被害人的反应，使用各种手段及方法使被害人相信。面对被害人的疑虑时，诈骗犯罪分子必须能够立即找到解决办法，并打消被害人的疑虑。当被害人发现了诈骗行为时，诈骗犯罪分子又必须能够立即找到办法脱身。所以，诈骗犯罪分子意志较为果断。

3. 自制力强。诈骗犯罪分子要使被害人相信必须善于伪装自己，克服自己的某些特征来迎合被害人的心理需求。被害人上当被骗之前，诈骗犯罪分子必须很好地控制自己的语言、仪态等，防止诈骗行为被识破。例如，在残疾人乞讨诈骗案件中，行为人伪装成残疾人，长期保持残疾人的身体姿势，面部表情还要表现得比较痛苦以让行人同情。因此，诈骗犯罪分子一般都有较好的自制力。

（四）被害人的心理特点

一般而言，被害人的心理具有如下特点：

1. 贪婪。诈骗行为之所以能够成功与被害人具有的贪婪心理不无关系。犯罪分子给被害人承诺获取大利舍弃小利，被害人为获取更大的利益就舍弃小利，被害人最终舍弃小利被骗和贪婪是诈骗犯罪屡试不爽的重要的原因。例如，在丢包诈骗案中，被害人被骗是因为被害人想占有捡拾的看似更多的钱财，而将自己随身携带的少量钱财交付给骗子。殊不知，诈骗犯罪分子就是利用被害人想占有捡拾的这部分多的钱财的心理来骗取被害人随身携带的钱财。

2. 盲目崇拜。现实生活中，民众对社会中的一些人充满崇拜，如军人、国家干部等。诈骗犯利用被害人对这些人的盲目崇拜，通过给被害人承诺事情、帮他们找工作等骗取钱财。实践中，很多诈骗分子冒充高级军官骗取年轻女性钱财及感情，就是利用了一些年轻女性对军人的崇拜。

3. 急切。现实中，有些被害人因为特定的事情想急切地解决问题，一些犯罪分子正好抓住被害人急切的心理给被害人许诺，让被害人相信其能够马上解决被害人面临的问题。被害人因为急切丧失理性判断相信了诈骗犯罪分子而被骗。例如，有些被害人的家属被公安机关抓获，被害人急切地想将家属“救”出来。诈骗分子见此情景便给被害人许诺他们有办法将被害人“救”出来。被害人为帮助家属便按照诈骗分子的要求支付钱款被骗。

这类被害人的心理特点在当前电信诈骗犯罪中表现得尤为明显，如有的被害人没有贷款资质想获得贷款，有的炒股人员想获取内幕信息炒股，有的被害人没有能力考过医师资格证但想获得医师资格证行医。电信诈骗犯罪分子就抓住他们急于想获取信息或者资格证等的心理，对其虚构事实实施诈骗，被害人也急于通过这些非法途径获取信息或者资格证导致被骗。

4. 轻信。有些诈骗分子为骗取被害人钱财，编造一些虚假的事实蒙蔽被害人，被害人对这些事实没有仔细分析就盲目相信骗子，致使钱财被骗。“在一些案件中，被害人之所以被骗，是因为他们信任犯罪人，或者缺乏经验。”〔22〕例如，在当前以老年人为对象的老年

〔22〕［美］伊莱恩·卡塞尔、道格拉斯·A. 伯恩斯坦：《犯罪行为与心理》，马皑、户雅琦译，中国政法大学出版社2015年版，第219页。

人保健品诈骗案件中,一些骗子吹嘘他们销售的保健品具有很好的保健功能,一些老年人基于延年益寿的心理轻信他们的宣传、购买他们的产品而被骗。

5. 受暗示心理。在一些商品销售领域的诈骗案件中,基于从众心理,一些诈骗犯罪分子通过事先安排同伙以陌生人的身份宣传、购买他们的产品以向围观群众暗示他们的产品优质,吸引围观群众购买他们的产品。被害人看到其他人购买,基于从众心理禁不住诱惑就购买他们的产品。以下棋赌博诈骗为例,诈骗分子事先雇佣几个人和他一起下棋赌博,然后再雇佣几个人进行围观。他故意输棋给同伙并支付钱财,让旁观群众相信很容易赢钱。诈骗分子通过这种方式吸引围观群众参加他们已经设置好的比赛。一旦被害人受暗示参加下棋比赛,被害人的钱财将被骗取。

第五节　国家工作人员犯罪心理

一、国家工作人员犯罪动机

(一)获取不正当利益

我国传统观念认为,钱与权是相互联系的。有权就有钱,有钱就有权。在一些人心中,当官就是为了赚钱。当前,尽管我国实行了市场经济体制,政府权力也在“瘦身”,但国家工作人员手中仍掌握了大量的社会资源分配权力,这种权力能够给相对人带来经济利益。一些国家工作人员行使审批权为他人带来巨额利益的同时,也希望能利用职权为自己谋取利益。“有权不用过期作废”“有权不用白不用”的思想在一些国家工作人员心里较为突出。

(二)喜欢权势、玩弄权势

阿德勒认为,追求优越是人追求的一种目标,它包含完满的发展,成就、满足和自我实现,是一种对现实完美的寻求,是一种伟大的向上驱力,也是人一般的目的。追求优越是人与生俱来的,是人生活的一部分。[23] 受我国传统文化的影响,权势与威势是联系在一起的,有权就有威。国家工作人员迷恋权力就是迷恋权力带来的威势。追求权力就是追求一种优越。因为权力能够使其他人尊重自己,使自己成为众人的中心,使自己有超越众人的优越感。国家工作人员职权越大,掌握的权力越多,威势的心理感受就越强。为追求权势,一些国家工作人员就拼命地不择手段地往上爬。喜欢权势的人,一般也喜欢玩弄权力。实践中,一些国家工作人员故意刁难下属或者相对人,喜欢看到下属或者有求于他的人在他们面前团团转,以满足自己畸形的掌握权势的优越感。

辽宁省抚顺市原市长栾某伟在忏悔录中交代,[24]“我对权力有着强烈的渴望和追求。

---

〔23〕 参见沈德灿:《精神分析心理学》,浙江教育出版社2005年版,第198页。

〔24〕 本节“国家工作人员犯罪心理”中各当事人的供述均摘录于中共中央纪律检查委员会网站公布的被查获国家工作人员的忏悔录。

不仅追求职务级别高低，也看重实权大小，掌控资源多少。1996 年 5 月，我作为年轻干部进入管理学院领导班子任副院长。在副院长分工上，我想尽一切办法分管最有实权的研究生教育工作，结果如愿以偿了。2001 年 12 月，我调任大连市信息产业局之后，感觉这个单位没什么实权，拼命向市里申请设立财政专项。几笔专项设立后，感觉地位和影响明显不同了，但仍嫌权小，多次找组织和领导要求调动工作到市区，尤其是想到高新区干干。2007 年 5 月，我调任大连高新区管委会主任、党工委书记，权力进一步扩大。但由于当时的高新区空间小，我就想尽办法争取扩区。新区设立后，权力扩大了，许多开发商纷至沓来。那时候的场面和感觉至今记忆犹新，我的权力欲得到了极大的满足。2007 年起，我又极力争取高新区主任也能按副市级配备，终于在 2010 年 6 月争取成功。应该说这时的我还不到 48 岁，从大学任职出来不到十年时间就当上了副市级的领导，应该满足了。可我又瞄上了别的。2013 年年初，到抚顺当上了市长。市长的椅子没坐多长时间，工作也没有什么明显起色，又开始琢磨当书记。就在被组织调查之前，我还一直想办法怎么尽快当上书记”。

（三）为特定关系人谋取利益

我国是一个人情社会，国家工作人员有自己的交际圈子。为接近国家工作人员，一些人千方百计地想办法与国家工作人员接近、套近乎，陪同国家工作人员吃喝玩乐，满足国家工作人员的各种需求，与国家工作人员形成小团伙。这些人与国家工作人员形成小团伙后，当他们有求于国家工作人员时，国家工作人员碍于情面或者为了维护特定的人际关系就利用职权为他们谋取利益。

重庆市城口县人民代表大会原党组书记、主任于某东在忏悔录中交代，“我与老板们的接触渐渐多了起来。在为他们解决生产发展中的一些问题困难过程中，老板们的热情和对我的支持让我十分感动，加之城口是个小地方，本地人之间或多或少都能扯上这样那样的各种关系。通过攀亲附友的交往，一些老板就与我们成了‘好朋友’‘兄弟伙’，从开始的吃吃喝喝、打牌玩乐礼尚往来发展成了送大额礼金，这一切都显得好似自然和随意。这过程中，我有时也有内心颤动和不安，在甜言蜜语的安慰下，更多的是自己的麻木和贪欲之心的激动。一来二往，自己在履职中，手中的公权力也不自觉地向‘朋友’和‘兄弟伙’倾斜，主动为他们的生产经营排忧解难、保驾护航，也为他们在违法违规生产经营活动方面开脱责任、提供关照”。

（四）虚荣心理

国家工作人员在工作中经常接触一些有钱、有权的人，在交往过程中，一些国家工作人员就自觉或者不自觉地与他们进行比较，产生攀比心理。有的国家工作人员看到别人开豪车、住豪宅，心生羡慕。而国家工作人员的收入有限，有些国家工作人员看到行政相对人通过他的职权赚取了大量的经济利益，便产生自卑心理。为填补这种自卑心理，这些国家工作人员禁不住利益的诱惑，就将职权作为交换手段谋取非法经济利益，以满足自己的虚荣心。落马的山东省东营市东营区原区长丁某东陈述，车子要开好的。他觉得妻子开普通轿车层次低，当别人的奥迪车给他妻子使用时，他觉得很正常。他认为，过年、过节有朋友来看望、走访,是他们不忘本,自己脸上有面子。企业借年底走访给自己送钱,是企业对自己的关心;别人用钱,自己能借到钱是自己有本事、有面子。[25]

(五)补偿心理

国家工作人员掌握职权,但一些国家工作人员利用职权为他人带来了经济利益,却未给自己带来利益,就产生心理上的不平衡。也有些国家工作人员在职务晋升方面没有达到理想效果,或者感觉职务晋升没有空间,在心理上也会产生不平衡或者落差。“当个人无法利用制度性手段去达到目标,或者对传统目标不感兴趣,或者对传统目标与制度性手段都不感兴趣时,就会在传统目标与制度性手段之间产生失调现象或者不平衡状态。”[26]为填补这种不平衡心理状态,一些国家工作人员就会利用职权谋取不正当经济利益来补偿自己不平衡的心理。“由于工作的关系,国家工作人员经常接触私营企业主或者外资企业代表等高收入群体,这些人财大气粗,挥金如土,密切的接触容易使国家工作人员将他们作为自己的参照群体。比较后,他们深感自己的贫困。位尊权重却收入低微,于是一种强烈的失落感、不公平感即相对被剥夺感在他们心中蔓延。失落、失衡情绪的大量积聚导致强烈的补偿冲动,一种找回平衡的心理油然而生。”[27]北京市通州区人民检察院课题组调研发现,心理失衡源于比较,跟同事比,跟朋友比,跟同学比,在一个圈子环境中,攀比之后必然会有高下之分,从这个意义上说,心理失衡是攀比的必然结果。而心理补偿是心理失衡的结果,自觉或不自觉地试图通过职务特权的优势来补偿其经济上的“不足”心理,是很多人走上职务犯罪道路之初的认识模式。[28] 例如,原福建省经济和信息化委员会副主任、党组成员夏某在悔过书中说,“看着过去的同学、同事职位不断升迁,我心里开始波动,主观认为自己在副厅长的位置上一坐就是10年,干部进进出出,没有自己的份儿。以前那种积极进取、奋发向上的劲头减退了,随遇而安、随波逐流的情绪出现了,不求升迁,只求实惠的想法产生了。于是,读书少了,饭局多了,看文件少了,牌局多了”。

(六)从众心理

当前,我国社会中确实还存在一些腐败行为没有受到法律应有的惩处。特别是在基层,腐败的存量还比较大。受这种现象暗示,一些国家工作人员也将职权作为谋利的工具。犯罪行为是在社会环境中通过交往和互动学会的。[29] 北京市通州区人民检察院调研组发现,“周围的人贪污享乐,我为什么不能”是国家工作人员从事职务犯罪第一位的原因。[30] 有的国家工作人员为保住“乌纱”,不被其他官员排挤出局,只能跟着一起贪,

---

〔25〕 参见《曾经寒门励志“榜样”,却因欲望走上任性用权迷途》,载新浪网,http://finance.sina.com.cn/sf/news/2016-04-12/110326882.html? domain=finance.sina.com.cn&vt=79。

〔26〕 吴宗宪:《西方犯罪学》(第2版),法律出版社2006年版,第343页。

〔27〕 雍自元:《从相对剥夺到理性选择:贪污贿赂犯罪原因解析》,载《犯罪研究》2013年第2期。

〔28〕 参见通州区人民检察院课题组、付立庆:《职务犯罪心理成因的实证研究》,载《云南大学学报(法学版)》2016年第3期。

〔29〕 参见吴宗宪:《西方犯罪学》(第2版),法律出版社2006年版,第303页。

〔30〕 参见通州区人民检察院课题组、付立庆:《职务犯罪心理成因的实证研究》,载《云南大学学报(法学版)》2016年第3期。

使上下成为“自己人”。正是在这种“大腐败、小腐败,人人都腐败”的从众心理驱使下,一些国家工作人员不顾国家法律、法规及人民的利益,胆大妄为,铤而走险,利用手中的权力贪污、收受贿赂。[31] 北京市海淀区人民检察院李继华调研时提出了“26 岁腐败”现象,有学者将造成这种现象的原因归结为,年轻的国家工作人员在与同事、领导交往的过程中,耳濡目染了权钱交易的行径,逐渐接受了公权私用的错误观念,形成了以权谋私的动机,最终陷入贪污贿赂犯罪的“泥潭”不能自拔。[32]

(七)赌博

社会生活中,有些国家工作人员喜欢赌博,嗜赌如命。国家工作人员收入微薄,当他们的收入无法支付赌资时,他们就将职权作为交换手段谋取不正当经济利益,并将这些不正当经济利益用于赌博;也有的国家工作人员利用职权从单位套取资金参与赌博。换言之,从事赌博活动也是一些国家工作人员利用职权犯罪的动机。原浙江省玉环县(现玉环市)供电局人力资源部主任沈某认为,“我办了几十张透支卡,一次次从朋友和亲属那里借来钱,还在赌场借了高利贷。随着一次次在赌场的惨败,这些钱一扫而光,我几乎崩溃了。欠下如此巨额的债务,可怎么还哪? 要想还钱,就得继续去赌场,我相信,总有一天我会翻本的。可继续去赌,钱的来源怎么办,最终,我把心思动在单位资金上了,想方设法从单位套点钱出来救急,就这样一次、二次、三次……从单位套取的金额也越来越大,到后来自己也不清楚总共套取了多少钱。期间也想过要填补漏洞,所以才会一次次继续去澳门赌博,一次次继续套取公款想要去翻本”。

二、国家工作人员犯罪的认识特征

(一)自认为手段高明,自以为是

我国刑法对国家工作人员利用职权从事违法犯罪活动采取严厉的打击措施,很多国家工作人员囿于刑罚的威慑不敢从事犯罪活动,但有些国家工作人员却采取各种措施规避打击,自认为手段非常高明。有些国家工作人员基于其职务认为自己很聪明,周围人都不如自己,对周围人的意见一般不善于倾听。相反这些国家工作人员又对特定上级言听计从,相信其能保护自己。这就助长了这些国家工作人员自以为是的心理,不能兼听而又偏信。这部分人自以为实施的犯罪行为天衣无缝,不会被发现,甚至不会被追究责任。在一起贪污案件中,某国家工作人员已认识到自己的行为属于套取国家资金的行为,但该国家工作人员认为自己的手段高明,没有人能发现,且其相信“领导”说的,该行为不属于犯罪行为而属于一般违纪行为,且即使被他人发现后,也有领导能够保护。在这种认识之下,该国家工作人员遂实施犯罪行为,后被查获。

(二)侥幸心理

一些国家工作人员之所以敢于利用职权犯罪,在很大程度上是因为他们存在不会被

---

〔31〕 参见罗大华、马皑主编:《犯罪心理学》(第 2 版),中国人民大学出版社 2016 年版,第 151 页。

〔32〕 参见付晓雅:《西方犯罪学视阈下的贪污贿赂犯罪原因研究》,载《法学杂志》2013 年第 12 期。

司法机关查处的侥幸心理。国家工作人员存在侥幸心理主要基于以下几方面的认识:首先,国家工作人员基于对相对人的了解产生侥幸心理。因为担心被告发,国家工作人员一般不会轻易地收受陌生人的钱财,收受钱财的对象一般是亲戚或者经过结识自认为比较可靠的朋友。国家工作人员认为,利用职务之便为他们谋取利益后收受他们的钱财一般不会被告发,即使司法机关进行调查,大家都会相互掩盖。其次,国家工作人员基于与请托人是利益联盟的认识产生侥幸心理。按照《刑法》规定,国家工作人员被追究受贿罪的刑事责任,请托人也将被追究行贿罪的刑事责任。他们是利益联盟关系,任何一方的告发及招供均会造成自身利益的损失。最后,《中共中央政治局关于改进工作作风、密切联系群众的八项规定》发布以前,一些国家工作人员收受他人钱财没有被追责,有的原本构成犯罪的行为仅被党纪处分,国家工作人员利用职权犯罪与受刑罚处罚之间没有形成必然联系。一些国家工作人员据此产生侥幸心理,放任自己的犯罪行为。“贪腐官员心存侥幸,也与他们缺乏组织监督、纪律约束有关,使他们没有得到及时的惩处,逐渐从违纪走向犯罪。”[33]

(三)认识矛盾

一些国家工作人员从事职务犯罪内心充满矛盾,他们一方面羡慕那些有钱人过的生活,希望也能够获得更多的经济利益,另一方面又害怕职务犯罪后承担惩罚。“他们有固定的经济收入,生活上有保障,并不愿意因贪污贿赂而丢掉公职,而希望二者兼得。有的犯罪分子自述作案后感到耳鸣、心悸、呼吸急促、咽喉干燥,胸闷、无饥饿感,无睡意,坐立不安。”[34]对利用职权从事违法犯罪活动的人,他们警惕性非常强。当他们的犯罪行为没有被司法机关发现时,他们认为非常安全,刺激他们再次实施犯罪。如果相关人员被查获,他们又感觉到这种行为存在很大的风险,产生阻止犯罪的动机。查处风声过了,他们又会被金钱所诱惑。因此,实施犯罪行为的国家工作人员内心充满想犯罪但又害怕被查处的矛盾。

三、国家工作人员犯罪的意志特征

(一)犯罪意志坚定

国家工作人员认识到利用职权从事违法犯罪活动具有违法性仍然进行,甚至还采取各种措施对违法性质进行规避,这说明这些国家工作人员从事违法犯罪行为的意志较为坚定,抑制犯罪的意志较为薄弱。

(二)任性

任性与自制力是相对应的。很多国家工作人员有良好的自制力,能够抵挡住金钱的

---

〔33〕《落马官员3种常见贪腐心态:侥幸贪欲不平衡》,载网易新闻2017年4月5日,http://news.163.com/17/0405/07/CH88MA1I0001875
N.html。

〔34〕何俊培:《公职人员职务犯罪心理探微》,载《中国刑事法杂志》2000年第S1期。

诱惑。但有些国家工作人员不能抵挡金钱的诱惑，任性吃喝玩乐、赌博，不能很好地控制自己的不良嗜好，因为虚荣、不平衡、补偿等心理收受他人的财物。因此，犯罪的国家工作人员具有任性的意志特征。

（三）易受暗示

有些国家工作人员原本没有犯罪思想，但受环境影响，看到身边其他人利用职务之便为他人谋取利益没有受到处罚，就动摇了他们的意志，模仿这些人利用职务之便从事违法犯罪活动。特别是在人数较多的国家工作人员聚集在一起时，当有人收受了请托人的钱财时，其他国家工作人员大多也会基于从众心理收受钱财。易受暗示性是国家工作人员犯罪的重要特征。

第六节　恐怖主义犯罪心理

一、恐怖主义犯罪的动机

（一）引起社会关注

恐怖组织实施杀人、抢劫、绑架等严重的暴力违法犯罪活动，这与一般普通犯罪的客观方面具有重合性。普通杀人、抢劫、绑架等犯罪是为了获取个人经济利益，或者其他个人利益，但恐怖组织实施这些犯罪是为了恐吓社会。“恐怖犯罪的目的是指行为人希望通过实施具体的犯罪所最终要达到的恐吓、要挟社会的目的。”[35]恐怖组织具有政治诉求，但他们的政治诉求不能得到国家的认可，甚至被国家压制、打击。为实现政治诉求，他们就通过实施犯罪引发社会关注。恐怖组织不是让民众关注他们犯罪行为本身，而是关注他们的政治诉求，他们希望通过这种方式让国家妥协，以实现他们的政治诉求。“恐怖分子的目的一般都不会停留在仅仅是‘为了制造社会恐怖’而‘制造社会恐怖’这一层次上，努力追求某种社会价值的实现，才是他们实施恐怖活动犯罪的最终目标。当然，这里的社会价值，往往不是行为人所在国家或所处社会普遍认同的主流价值，而是某些社会群体（阶级、集团、种族、民族、宗教团体等）追求的政治、经济等社会地位，或某些特定的社会群体在政治理想、宗教信仰或伦理道德等方面追求的价值观念。”[36]因此，引发国家及社会关注恐怖组织政治诉求是恐怖主义犯罪的重要动机。

（二）报复

恐怖组织倡导的政治观念违背国家主流价值，必然遭到国家的反对。国家反对恐怖组织的主张，恐怖组织为实现其政治主张就通过实施暴力违法犯罪活动报复社会。由于暴力违法犯罪活动具有严重的社会危害性，国家对恐怖组织采取严厉的打击措施。国家

---

〔35〕　高铭暄、王俊平：《恐怖组织界定》，载《国家检察官学院学报》2006年第2期。

〔36〕　陈忠林：《我国刑法中“恐怖活动犯罪”的认定》，载《现代法学》2002年第5期。

对恐怖组织采取严厉打击措施又进一步激发恐怖组织实施暴力违法犯罪活动报复社会。恐怖行为的发生和实施是一个完整的心理过程:外界诱因—共同认知(集体记忆)—复仇动机(强烈情绪情感色彩)—实施恐怖活动(暴力报复)。[37] 恐怖组织实施暴力违法犯罪活动的报复性动机主要有两种:一是报复国家不让他们的政治诉求得到实现;二是报复国家对他们暴力违法犯罪活动的打击。

(三)对社会不满

恐怖分子大都来自那些不发达地区,他们受教育程度较低,思想较为落后,在社会竞争中处于劣势,他们心生不满。对他们在社会中的劣势,他们不从自身寻找原因,而认为是政府或者其他原因造成的。于是,他们就将贫穷、落后的责任投射给政府。恐怖分子"通常把自己在现实生活当中的不如意会归因为社会的不公,于是更容易产生仇恨不满,进而引发心理失衡"[38]。一些敌对势力就利用一些事件虚假宣传煽动他们的不满心理,对他们进行洗脑,鼓动他们实施暴力违法犯罪行为。"恐怖分子大部分都来自经济贫困,思想保守的地区,他们的观念和文化都属于非主流,不受社会主流的重视与关注,于是长期处在内心自卑,情绪压抑的状态。可是当时机来临之时,他们压抑已久的仇恨、不满情绪就会爆发。"[39] 因此,有的恐怖组织实施犯罪的动机是发泄对社会的不满。

(四)执行恐怖组织决定

加入恐怖组织后,恐怖组织将对组织成员进行洗脑,给他们灌输极端思想,使组织中的成员相信只有实施恐怖主义活动才能达成某种价值目标,摆脱现实生活痛苦。另外,恐怖组织又歪曲社会中的某些现象,把这些现象视为阻碍他们实现价值目标的绊脚石,鼓动不明真相的信教群众进行所谓的"反抗"。恐怖组织成员被洗脑后,恐怖组织就建立严厉的管理制度要求恐怖组织成员去实施暴力违法犯罪行为以实现所谓的"教义",受蛊惑的组织成员就在恐怖组织的安排下实施暴力违法犯罪行为。在一些恐怖组织中,如果恐怖组织成员不按照组织的要求实施暴力违法犯罪行为还会受到惩罚。"在一些组织严密、纪律严明的恐怖组织里,其成员参加自杀性恐怖犯罪的主要动机是要与组织保持一致以及践行要服从组织、领导和目标的思想。对自杀性恐怖犯罪行动稍有疑惑或动摇,就可能遭到谴责、隔离,甚至被处决。"[40] 因此,一些恐怖组织罪犯实施犯罪的动机就是执行组织的决定或者命令。

二、恐怖组织罪犯的认识特征

(一)认识狭隘

如前述,恐怖组织成员一般文化水平较低,思想落后,生活圈封闭,他们一般只看重眼

[37] 参见姬艳涛:《未成年人恐怖犯罪的特点和成因探析》,载《铁道警察学院学报》2015 年第 5 期。

[38] 赵晓风:《恐怖主义犯罪心理分析及反恐策略探析》,载《云南人学学报(法学版)》2015 年第 5 期。

[39] 赵晓风:《恐怖主义犯罪心理分析及反恐策略探析》,载《云南大学学报(法学版)》2015 年第 5 期。

[40] 臧建国:《自杀性恐怖犯罪原因及防控措施探析》,载《湖南公安高等专科学校学报》2010 年第 6 期。

前的利益,不会长远考虑。他们一般也不会从多个角度考虑事件的原因,而仅仅会从特定的一个角度考虑。他们一般也不会从自身角度考虑事件的原因,而是将原因归咎于他人。所以,恐怖组织犯罪分子一般认识较为狭隘。

（二）认识极端

"人在认识的基础上会形成较为稳定的观念或信念。观念是人在看到的同时形成的想法或态度,而信念则是在思维基础上形成的看法或态度。前者使人产生感性的认识与反应;后者使人出现理性的认识与反应。当人的认识上出现偏差时,人们往往也会形成错误的观念或信念,并在此基础上作出错误的行为。"[41]恐怖组织自知其政治主张无法通过正当程序获得主流社会民众及政府的认可,于是他们就产生了采用极端方式引起社会民众及政府对他们关注的想法,并认为只有采用这种方式才能实现政治诉求。

恐怖组织罪犯认识的极端性表现为:首先,认识目的的极端性。恐怖组织的目的是实现其政治诉求,恐怖组织的政治诉求只有政府同意才能得到实现,民众对恐怖组织诉求没有决定权。但是当恐怖组织的政治诉求无法得到政府认可时,恐怖组织就会将魔爪伸向无辜的群众。恐怖组织明知通过实施恐怖活动不可能实现其政治目的,但他们仍坚持要通过这种方式来引发社会关注,恐怖组织犯罪目的认知具有极端性。其次,犯罪手段认识的极端性。恐怖组织实现他们的政治诉求不是通过和平的抗争,他们认为只有通过实施严重的暴力违法犯罪活动才能引发社会及政府的关注,犯罪手段越残忍就越能引发社会的关注。因此,很多恐怖犯罪分子实施劫持飞机、爆炸、绑架等犯罪活动。最后,犯罪对象认识的极端性。恐怖组织严重的暴力犯罪活动除了针对政府机构、立法机构等国家公权力机关外,还针对手无寸铁的群众,以此引发社会关注,有的恐怖组织还针对无辜群众实施自杀性爆炸等行为。

（三）认识的两面性

很多恐怖组织一方面宣扬其政治主张或者宗教教义,煽动群众参加该宗教组织;另一方面他们又通过欺骗的方式煽动信教群众实施暴力违法犯罪活动破坏社会秩序,从根本上违背宗教信仰。在世俗方面,恐怖组织会将生活中的贫困和不幸都归因于政府,即使政府的法律和政策有利于他们的生活改善和经济发展,恐怖分子也会极力将其解释为政府的"别有用心"或者"强者对弱者的欺压"。[42]

三、恐怖组织罪犯的意志特征

（一）执拗

恐怖组织罪犯执拗性特征主要体现为:首先,他们通常仅从自己的角度考虑社会生活,认为他们现实生活状况是政府造成的,政府应承担责任,政府不承担责任,他们就反抗。其次,恐怖组织罪犯一旦形成特定的认识观后,就很难再相信其他人的观点,他们不

---

〔41〕　李玫瑾:《犯罪心理研究——在犯罪防控中的作用》,中国人民公安大学出版社 2010 年版,第 129 页。

〔42〕　姬艳涛:《未成年人恐怖犯罪的特点和成因探析》,载《铁道警察学院学报》2015 年第 5 期。

会轻易地改变他们的错误看法。

(二)犯罪意志坚定

恐怖组织实施犯罪意志坚定主要体现为:首先,准备实施犯罪意志坚定。恐怖组织为实施犯罪会克服各种困难,想尽各种办法实施违法犯罪行为。其次,犯罪实施意志坚定。有些恐怖分子一旦决定实施犯罪,他们就会坚定意志实施犯罪。再次,积极追求危害结果发生。恐怖分子在实施犯罪过程中,残忍地实施暴力违法犯罪行为,积极追求恐怖危害结果发生。最后,没有认罪悔罪态度。恐怖组织犯罪的根源是他们的错误认知,他们将实施暴力违法犯罪行为认定为实现其价值主张的正确的行为。恐怖组织罪犯没有认罪悔罪的态度说明他们实施犯罪的意志坚定,抑制犯罪的意志非常薄弱。

(三)易受暗示性

受教育程度低等多方面的原因,使恐怖组织罪犯一般没有自己独立的见解,人云亦云,极易受到暗示。恐怖组织罪犯易受暗示主要体现在以下几个方面:首先,加入恐怖组织易受暗示。很多人加入恐怖组织是看到恐怖组织的宣传单、看到同龄人或者邻居等加入后才加入的,他们没有经过详细考证而是基于从众心理加入恐怖组织。其次,信仰恐怖组织教义易受暗示。很多组织成员相信恐怖组织教义,是因为恐怖组织捏造事例或者制作虚假的宣传视频,给组织成员宣讲恐怖组织的一些"事迹"等,引诱组织成员相信他们的教义。最后,实施犯罪行为易受暗示。很多恐怖组织罪犯不是天生就敢于实施暴力违法犯罪行为,他们加入恐怖组织后之所以穷凶极恶是因为恐怖组织组织成员集体学习、观看恐怖组织极端视频,呼喊激励性口号,给他们宣传实施暴力违法犯罪行为是摆脱现实困境实现恐怖组织教义的必要手段,还虚构实施犯罪后在精神上将得到褒奖等。受恐怖组织宣扬的暴力犯罪行为及学习场景的影响,为实现所谓的"教义",一些不明真相的群众就实施暴力违法犯罪行为。

(四)冲动

恐怖组织罪犯实施恐怖活动往往缺乏理性的思考,一些罪犯受到恐怖组织蛊惑后情绪激昂,实施犯罪较为冲动。恐怖组织罪犯实施犯罪冲动主要体现为:首先,恐怖组织罪犯没有理性地考虑恐怖组织安排的行为的性质是否正确。一些人加入恐怖组织是基于对宗教的信仰,但他们对宗教的信仰被恐怖组织利用。加入恐怖组织后,他们不能区分合法的宗教活动与违法犯罪行为之间的界限,没有理性地分析恐怖组织安排实施的暴力违法犯罪活动的性质,而把实施犯罪活动当成从事宗教活动,只要恐怖组织安排他们实施违法犯罪活动,他们就毫不犹豫地实施。其次,恐怖组织罪犯没有理性考虑实际侵害对象。恐怖组织将侵害的对象伸向无辜的群众,他们只追求实施暴力违法犯罪行为引发社会关注,报复社会,没有理性地考虑将普通群众作为犯罪对象给群众造成的伤害。最后,恐怖组织罪犯没有理性地考虑犯罪后果。恐怖组织通过实施暴力违法犯罪活动引起社会对他们关注,凡是能够引发社会关注的暴力违法犯罪行为,他们都积极实施,甚至有的恐怖组织还将那些不是本组织实施的暴力违法犯罪行为承认为自己所为,以引起政府的关注。因此,无论是对恐怖组织还是对恐怖组织罪犯来讲,他们都没有理性地考虑实施暴力违法犯罪活动给社会造成的后果。

思考与训练

1. 故意杀人罪的常见类型有哪些?如何认识不同类型的故意杀人罪的心理特征?
2. 如何认识受害人因素对诈骗犯罪的影响?
3. 我国刑法对毒品犯罪规定了非常严厉的刑罚,但仍然有不少犯罪分子铤而走险实施毒品犯罪行为,如何认识其心理特征?
4. 你认为吸毒人员实施吸毒违法行为的主要原因是什么?
5. 请运用所学理论分析流动人口犯罪的典型心理特征。
6. 不少国家工作人员犯罪人一方面宣称自己廉洁守法,另一方面却实施腐败犯罪行为,如何认识这一现象?
7. 如何认识国家工作人员犯罪现象中"知法犯法"的现象?
8. 如何理解恐怖主义犯罪的典型心理特征?
9. 实践运用。

2023年7月的一天,张某(男)手机微信上突然有自称李某(女)的人加其好友。张某通过后,两人开始聊天。通过聊天,张某发现李某穿着奢华,生活富有。李某微信朋友圈也经常晒出国旅游、高档消费的照片。后面张某得知李某在我国澳门特别行政区某赌场从事计算机网络维护工作。通过一段时间接触后,李某告诉张某自己在澳门特别行政区某赌场从事赌场计算机信息系统维护,知道该赌场计算机投注的运行规律及运行漏洞。她利用知悉赌场投注的漏洞,以其他人的名义进行投注获利,过段时间后再提现。李某还向张某传了她投注盈利的截图,并告知张某不要声张。在其后的某次聊天中,李某询问张某是否愿意帮她投注一次,并愿意适当分点盈利给张某,张某同意。后李某转款5万元给张某,让张某按其指示在该赌博网站上投注。张某投注后,发现网站上显示李某获利1万余元,并随时可以提现。通过这次投注,张某相信李某确实知道该赌博网站漏洞,并对利用该漏洞进行投注赚钱有点儿动心。后张某主动提出,他想出点资金,请李某指导投注。李某表示同意,但其叮嘱张某投注盈利后不要立即提现以免被赌场发现。如果赌场发现作弊投注,就将动用黑社会力量进行报复。张某表示同意。张某遂在李某指导下向该赌博网站投注3万元获利0.6万余元。次日,张某又在李某指导下投注5万元获利1万余元。因担心被赌博网站察觉利用网站漏洞投注,张某两次盈利后均没有立即提现。在前两次获利驱动下,张某又取款20万元投注欲大赚后退出。张某投注后,其又获利4万余元。几次投注盈利后,张某欲从该赌博网站上把本金及盈利提取出来。但其提现时发现无法提现。张某遂咨询李某不能提现的原因。李某告知张某需累计投注本金50万元后才能提现。这让张某生疑。张某遂咨询身边朋友,发现其有可能被骗。张某到公安机关报案,经公安机关查询,该所谓的赌博网站系服务器在境外的假网站,张某遭遇了"杀猪盘"诈骗。

问题:

(1)李某设置了哪些获利性因素引诱张某?

(2)张某有哪些心理弱点?

(3)如何识别诈骗行为中的获利性因素?

(4)被害人的贪利性动机如何引导被害人被骗?

(5)诈骗行为人给予的获利性因素如何与被害人的贪利性动机结合导致诈骗犯罪?

第十二章　犯罪心理的预测

犯罪心理的形成和发展受多种因素的制约，其变化是有规律的。对犯罪心理形成与发展趋势进行科学预测，不但可以为制定犯罪预防策略提供重要的科学依据，也是有效控制预防犯罪的前提。

第一节　犯罪心理预测概述

一、犯罪心理预测的概念

犯罪心理预测，就是经过深入调查，在科学、准确、全面地掌握过去和现在的有关犯罪资料，准确把握犯罪产生的客观因素及其变化规律的基础上，运用心理学的理论和方法，以及统计学、逻辑学和数学等相关知识和方法，进行科学分析和技术处理，揭示犯罪原因、条件相关因素之间的内在联系及其活动的规律性，并对犯罪心理和犯罪行为的未来发展趋势、犯罪种类、犯罪人员构成、犯罪类型分布、犯罪手段和方式，以及某些个体犯罪和重复犯罪的可能性等进行事先测定与推估的犯罪心理研究工作过程。

犯罪心理预测为犯罪心理预防提供信息，是犯罪心理预防的前提，只有科学地预测，才能有效地预防。犯罪是一种与多种因素有关的复杂的社会现象，是社会的各种消极因素相互作用的结果。因此，对犯罪心理的预测应综合各个方面的相关因素，确定出若干指标，把各种指标进行综合，加以反复权衡，制定出未来行为的体系，并经过不断实践探索检验校正，以此作为依据进行科学预测。

犯罪心理预测的根本目的，在于预防犯罪，在于为有效地控制、减少犯罪提供充分的科学依据。因此，科学而准确的犯罪预测，对于及时而有力地打击犯罪、维护社会的长治久安、保障社会主义现代化建设的顺利进行等，具有特别重要的意义。在同犯罪现象的长期斗争中，人们积累的实践经验越丰富、科学技术越发达，对犯罪心理预测的可能性越大、准确性越高。

科学的犯罪心理预测是制定应对犯罪对策的前提，是预防和控制犯罪的根据。犯罪心理预测工作是犯罪学研究工作中的重要内容，犯罪心理预测研究的成果将成为国家制定相关法律、法规、政策的依据。实际工作部门将根据预测成果制定相应的犯罪防控对策，有效地预防犯罪、制止犯罪、打击犯罪、改造罪犯和开展社会帮教工作，减少犯罪，以维护社会的稳定。因此，犯罪心理预测研究必须遵循实事求是的原则。

二、犯罪心理预测的分类

依照不同标准,犯罪心理预测可以分为不同的种类。

(一)社会总体、局部和个体预测

按照研究对象,可将犯罪心理预测分为社会总体预测、局部预测和个体预测。

社会总体预测是指以整体社会为研究对象进行的各种犯罪发展趋势和发展规律的预测。它是在对社会的政治、经济、法制、文化等诸方面进行研究的基础之上,推测出犯罪发展的可能性。社会总体预测有助于对犯罪现象的整体研究,有利于从社会原因去探讨、控制犯罪,如全国性的犯罪预测和大区域性的犯罪预测等。这种预测一般由决策机关和专门犯罪研究部门组织进行。

局部预测是指从制定局部预防和控制犯罪措施的需要出发,对影响局部社会环境及治安形势的方面进行预测。这种预测一般由实际工作部门进行。

个体预测是指以某个人为对象进行的未来犯罪可能性的预测。它是以该人的生活经历、家庭环境、社会环境及生理、心理等方面为依据做出预测的,以做到早期帮教、早期预防,进而防止犯罪行为的发生。

(二)综合、分类和单项预测

按照形式,可将犯罪心理预测分为综合预测、分类预测和单项预测。

综合预测是指对犯罪的众多项目或内容进行多方位、多角度、多方法的预测。它是社会治安综合治理工作中社会防范工作的前提和依据。

分类预测是指对某一类别的犯罪进行预测,如对经济犯罪、暴力犯罪、危害公共安全犯罪的专题预测,或对大案要案的预测。

单项预测是指对某一种具体犯罪进行的预测,如对盗窃犯罪、贪污犯罪、抢劫犯罪的预测,它可以是制定具体防范措施的工作依据,也可以是综合预测的组成部分。

(三)近期、中期和远期预测

按照时间,可将犯罪心理预测分为近期预测、中期预测和远期预测。

近期预测是指对未来一两年内的各种犯罪趋势和变化规律的预测。其目的在于依据预测结论制定和实施犯罪防控的具体方案与措施。预测宜细不宜粗,近期预测过程要求预测迅速、决策果断、结论准确、功效显著,整个预测过程如同处于备战状态。

中期预测是指对未来三五年的各种犯罪趋势和变化规律的预测。中期预测的目的在于着手制定或调整犯罪防控中心和打击重点。该项预测在具体实施时既有宏观部署,又有微观安排,两者配合适中,预测粗细兼顾。

远期预测是指对未来十年左右及更长时间的各种犯罪趋势和变化规律的预测。远期预测大都与国民经济的长远规划同步进行,远期预测宜粗不宜细。远期预测是为较久远的刑事立法、防控措施和计划提供依据。

(四)定性和定量预测

按照性质,可将犯罪心理预测分为定性预测和定量预测。

定性预测是指根据犯罪的性质、特点、过去和现在的延续状况,对未来犯罪进行推断性的总体趋势分析的工作过程。定性预测的目的一般是判断犯罪处于何种阶段,有哪些倾向和趋势。

定量预测是依据客观数据资料计算出的结果,对犯罪情态和趋势进行一个直观的量化值的描述,它比定性预测更为准确。任何事物都是质和量的统一,因此,在对犯罪预测的工作中,经常要把定性预测和定量预测结合起来进行。

三、犯罪心理预测的内容

犯罪心理预测的内容,指的是在犯罪心理预测工作中所包含或涉及的变量、特征、范围和犯罪发生的社会或环境条件等。

(一)犯罪率的预测

犯罪率的预测,是指对未来一段时间和空间内犯罪行为发生率的上升或下降等波动情况进行的可能性描述。其包括发案率、犯罪人在全体公民中所占的比例、犯罪数量绝对值的升降变化、不同类型案件发生率的变化等,以便社会对此采取相应的对策和措施。

(二)犯罪类型的预测

犯罪类型的预测是指对未来一段时间内犯罪种类的发展变化趋势可能性的描述。其包括趋于稳定的犯罪类型、趋于升降变化的犯罪类型、可能新产生的犯罪类型,以及犯罪类型变化对整个社会治安的影响后果。

(三)犯罪人的预测

犯罪人的预测主要包括犯罪人的职业、年龄、性别分布、性格特征、文化程度和家庭状况等,如初次犯罪的年龄特征、女性犯罪率增长的趋势、犯罪人的职业分布情况、问题家庭与犯罪的关系等问题。这使社会有可能提前对某些人进行帮教,预防犯罪。

(四)犯罪形态的预测

犯罪形态的预测是根据犯罪的外部表现而划分的犯罪的具体表现形式。同是暴力犯罪,是单个人犯罪、共同犯罪、集团犯罪,还是黑社会犯罪;同是抢劫犯罪,是徒手、使用刀具、枪械,还是使用了更为严重的犯罪手段;不同犯罪形态对社会的影响和危害程度显然是不同的。因此,对犯罪形态的未来发展状况进行研究是非常重要的。

(五)犯罪手段的预测

犯罪手段的预测是指犯罪分子采取什么样的方法和特点实施犯罪。随着科学技术的高速发展,高新科技更多地被用于犯罪,新的犯罪手段、犯罪技术对破案手段和防范技术都提出了新的挑战。准确的预测有助于防止犯罪的侵害和对案件的侦破。

(六)犯罪时间的预测

犯罪时间的预测是指犯罪将在什么时间或时间范围内发生可能性的描述。例如,犯罪与季节的关系、犯罪的钟点;哪些犯罪类型容易在什么季节、什么气候条件下发生;哪些犯罪常常发生在白天或夜间。同时,犯罪时间的预测还用于犯罪主体和个案方面,如某人将在什么时间或年龄有犯罪的可能性趋向,某单位在什么时间容易发案。另外,在犯罪趋势的预测中也涉及犯罪峰谷的时间确定问题。

(七)犯罪空间的预测

犯罪空间的预测是指犯罪将在什么空间或区域范围内发生可能性的描述。例如,犯罪在人口稠密和稀疏地区的一般分布情况,或犯罪在特殊空间表现出来的规律,如在城市死角、城乡接合部或社会控制真空地带、独居住宅、工矿、商店、市场、旅馆、车站与码头、国边境等特殊地区的犯罪情况,这有助于我们有针对性地做好防范工作。

(八)犯罪趋势的预测

犯罪趋势的预测,是指随着社会和客观自然环境的变化,对犯罪将会出现什么趋势以及变化规律的描述。这属于宏观预测方面的内容,是为国家制定刑事政策,为防控部门事先制定防控措施提供依据的。

犯罪预测的内容十分广泛,并会随着社会的发展、对控制犯罪的实际需要和研究方法的进步而发生变化,这也是我们在研究中需不断注意的问题。

第二节　犯罪心理预测的方法

犯罪心理预测方法是犯罪预测的重要手段之一,没有正确的预测方法,就不能得出准确的预测结果。准确的犯罪心理预测不但要求预测者要有实事求是的科学态度、大量的资料,还要求预测者掌握科学的预测方法。犯罪心理预测的方法多种多样,有用于犯罪定性、定量预测的方法,也有用于综合定性、定量两个方面进行预测的技术预测方法,还有用于犯罪行为个体的预测方法。

一、直观型预测法

所谓直观型预测法,是指靠人们的经验、知识和综合分析能力进行预测。具体预测方法有两种。

(一)专家预测法

专家预测又可进一步分为个人预测和集体预测,前者主要是通过征求专家个人的意见来进行预测性判断的方法,其优点是简单易行,但容易出现片面性;后者是通过召开专家小组会议来获得预测性判断的方法,虽然这种方法在一定程度上可以做到集思广益,但参加专家会议的人数总是有限的,代表性可能不充分,同时难以排除相互暗示和干扰等专家之间相互影响的情况,如个别专家的权威影响太大,往往权威人物一发表意见,其他人就容易顺其思路发表意见,或者有碍于权威不发表不同意见。

(二)特尔斐预测法

特尔斐预测法是专家预测法的发展和创新。以往征询专家意见往往采取召开专家会议的方式,这种方式不利于个人意见的充分表达,不便于个人意见的及时调整。美国兰德公司对专家预测法进行改革后,创造了特尔斐预测法。该法有一定的工作程序。

1. 组织准备阶段

成立一个专门的犯罪预测领导机构,确定预测主题,并选择与犯罪研究工作有关的专家,包括学者和实际工作者,专家人数一般以10~15人为宜。对于规模较大的犯罪预测,为了确保预测结论的准确性、权威性,也可适当扩大专家规模,多者可达百人左右。

2. 预测问题的确定

特尔斐预测法的整个预测过程是通过不断给专家发放事先设计好的调查表,并要求其填写的方式进行的。首先,根据预测对象,把要预测的内容写成若干条含义十分明确的问题,并规定统一的评估方法;其次,在确定了具体预测目标后,精心设计需要专家应答的调查表,根据调查工作的需要,将所列问题进行分类,明确对回答各类问题的要求,并将上述调查表寄送给选定的数十名专家,并要对专家的姓名严加保密。

3. 预测过程

预测一般分四轮进行,如果意见不集中,还可进行第五轮、第六轮的工作。第一轮,发放的调查表不设任何框架,让专家们自由提出自己的设想和主张。该表回收后,按问题用科学方法进行定量统计归纳以反映专家集体意见,经整理汇总后作为第二轮调查表发放。专家根据要求对问题逐一评价,并说明理由然后交回。在第三轮调查表中,专家再次判断推测,甚至修改或纠正上一轮自己的判断,并说明理由。对于坚持不同意见者,请其详述理由,防止正确意见被忽视。如果意见仍不一致,可增加调查的次数。直至意见基本趋向一致,就可总结整理出犯罪预测的结论。

4. 预测结论的处理和表达

特尔斐预测法利用专家的经验和专业知识进行直观预测,但其具有匿名性、反馈性、统计性等特点,故效度、信度不同于并且高于一般的专家预测法。为了保证结论的客观性、准确性,对预测结论分别通过人工处理或电脑处理,或者二者结合进行处理,对犯罪预测结论的表达一定要做到用语客观、内容全面、数据精确、结论正确。

特尔斐预测法在预测研究中曾得到了广泛的应用,有时比通过会议方式征求专家意见更能取得更正确结论,但缺点是容易忽视开始时由个别专家提出但未能被大家所理解的创造性预见。

二、探索型预测法

所谓探索型预测法,是指假设未来的发展趋势不变,从现状推论未来的方法。如趋势外推法就是一种典型的探索型预测法。

所谓趋势外推法，是根据历史和现有的资料分析出发展趋势，从而推测未来发展情况。这是当前较常用的犯罪预测方法。这种方法的主要特点，是根据过去和现在已知犯罪构成规律的动态统计数据向未来延伸的方向，以预测未来的犯罪态势。它首先借助数学方法计算出过去到现在的一个时间范围内犯罪状况和结构的变化指标，然后将这些变化的速度和节奏的指标，通过构成绝对数据或指数的动态数据的途径，移用于未来的一段时间。

趋势外推法是在假设未来犯罪发展态势不变，从现状推断未来犯罪动态，而犯罪态势不可能在较长时间内保持不变或不发生较大变化的。故而，趋势外推法不适宜进行长期趋势预测，尤其不适宜在政治、经济、文化大变革的时期进行长期趋势预测。当社会结构面临较大变革、社会存在某种震荡时，中短期的犯罪预测也不适宜使用这种预测方法。犯罪趋势的相对稳定只存在于社会稳定发展的某个不太长的时期内，此阶段，运用趋势外推法对未来犯罪态势进行短期预测和中期预测，可取得较为准确的结论。趋势外推法具体还可分为线性趋势外推、曲线趋势外推和时间序列趋势外推等多种方法。

三、规范型预测法

所谓规范型预测法，实际上就是根据社会需要和预想目标，从未来回溯到现在，预测实现目标的时间、途径和所需创造的条件等的一种方法。其具体分为相关树法、因素分析法、指数评估法等。

（一）相关树法

相关树法，又称关联树法，它是一种比较典型的规范预测方法，它是在 1957 年 C. W. 裘克曼等人提出决策树的方向上，加上矩阵理论而发展起来的。它是用图表的形式明确排列出可能实现的目标和所需解决的问题，或按系统深入分析其结构与因果关系的组成，并根据这种排列通过有机的搭配和选择，最终确定最佳解决途径和方案的一种预测方法。相关树法适用于那些按因果关系、复杂程度和从属关系分成的预测系统。在整个预测过程中，每搭配一种模式、划分一个系统，实际上就是为了实现某种目标或解决某一问题，也就是对未来的预测对象可能出现的某种发展趋势作出预测。

相关树法的核心问题是分析等级结构，每一级分支的交点被称为顶点，每一顶点至少要分出两个分支，可以如此一直划分下去，数量根据需要不用限制。在设计相关树时，必须明确总任务、总目标、总目的和总问题等，并以此作为关联树的顶点，然后对各相关因素进行分析，如因果关系、主从关系、构成关系、发展关系等。在对第一个层次划分完之后，需要明确下一层次分支的任务、目标、目的和问题等。根据需要，可以不断地进行垂直和水平分支的划分，这将有助于全面系统地考虑所要预测的对象的整体情况，并发现必须要解决的具体问题。为了便于量化分析和研究，在相关树中各级纵横关系都应标明相关系数，相关树的具体组成方法，可以按系统的构成因素组成，可以按解决问题的方案组成，还可以按需要解决的问题组成。

(二)因素分析法

所谓因素分析法,是指从事物发展中找出制约该事物发展的重要相关因素,以作为对该事物发展进行预测的预测因素,测知各重要相关因素即各预测因子分别具有多大的预测能力,然后依据诸预测因子所起作用的大小和变化,预测该事物发展趋势的方法。

因素分析法是较为常用的一种犯罪预测方法。该法是在承认犯罪现象受诸多复杂因素制约的前提下,从中找出制约各种犯罪产生、变化和发展所需要的相关因素,作为对未来犯罪预测的预测因子,通过对这些预测因子和犯罪相关性的分析,确定预测因子与犯罪的相关系数,从而测定各预测因子的预测能力,根据各预测因子所起作用及变化,预测犯罪的发展趋势。

这里所指的相关性,是指两种或两种以上的变量彼此相伴随变动的趋势。这种相关性可分为:正相关、负相关、零相关三种。正相关,即一种变量的增加,同时伴以他种变量的增加;负相关,是一种变量的增加,同时伴以他种变量的减少;零相关,是一种变量的增加或减少,不引起他种变量的变化。相关性是通过相关系数来表达的,相关系数就是用以表示两种事物相关程度与方向的适当数量。相关性越大,相关系数越高;反之,则相关系数越低。求得预测因子与犯罪的相关系数,我们即可测知预测因子的预测能力,并可通过分析预测因子的变化来推断犯罪未来的发展变化和趋势。

在因素分析法中,我们不仅可以测知犯罪的未来趋势,而且还可以根据对预测因子相关系数的分析,从预测因子中区分出长期起作用的因素、暂时起作用的因素、强相关因素、一般相关因素、负相关因素、容易控制的因素、难以控制的因素,以及遏制犯罪发生的因素,可以使我们在预测犯罪过程中,为预测犯罪提供科学依据,抓住重点,争取主动,有效遏制犯罪,减少犯罪的社会危害性。

(三)指数评估法

指数评估法,是指对构成行为人犯罪心理的若干重要因素,分别按一定标准评分,然后加以综合,做出总的估量,得出可能犯罪性各指数,以作为某一个体犯罪可能性的量的指标。根据所测定的可能犯罪性各指数所属的不同区间,以及指数的变化趋势,分别加以统计,从而既可对某一个体的犯罪可能性及其趋势进行预测,又可对某一社会范围犯罪率起伏趋势进行预测的方法。

四、反馈型预测法

所谓反馈型预测法,实际上是将探索型预测和规范型预测相互补充,并使它们处在一个不断反馈的系统之中。

上述犯罪心理预测方法由于应用现代数学与计算科学、统计科学、现代化计算技术设备而日渐增强了科学性和准确性,开始显示出越来越强的预测能力。此外,还有数学模拟预测法、系统分析法、矩阵法等,各有千秋。在实际的犯罪心理预测操作过程中,往往根据需要和实际情况,采取几种预测方法,将结果相互印证,减少误差,力求得出的结论更为准确。

五、初犯预测法与再犯预测法

对个体的犯罪心理预测通常可分为两个方面的预测。

(一)初犯预测

又称对尚未犯罪的人的预测,这种预测有利于对他们及时采取措施,防止他们形成犯罪心理和实施犯罪行为,是对未曾做出违法犯罪行为的人估量其将来是否可能做出违法犯罪行为的预测。对初犯的预测最早是由格卢克夫妇进行的。他们动员各方面的专家,倡导直接与研究对象当面接触,广泛搜集有关材料,采取对预测素材的各种因素进行加权,再对它们进行加权求和,即失分加权法,然后预测出犯罪倾向的大小和可能性。近几年来,我国已开始重视研究对初犯的预测问题。研究者根据我国的实际情况,运用心理学知识,从人的日常生活中所表现出来的种种征兆,探讨违法犯罪预测的可能性。这种预测方法具有广泛的群众性,便于掌握。违法犯罪征兆的预测主要是判断相关人员在人与人的关系方面,物质追求方面,精神状态方面,性的追求方面,学习、工作和劳动方面等有无不良倾向或异常表现。预测的方法主要有:观察法、活动产品分析法、调查访问法、心理测验法等。

(二)再犯预测

又称重新犯罪预测,这种预测主要对监狱管理机关中即将释放的人员使用,即通过使用一定方法,预测他们的犯罪心理得到改造的程度,从而预测他们出去后重新犯罪的可能性。这是犯罪预测的一个重要组成部分。犯罪预测始于1928年美国的伯吉斯对假释者的研究,后来,相继出现了美国的格卢克夫妇、蒂比茨和德国的希德特等人的重新犯罪预测。具体方法包括伯吉斯的再犯预测法、格卢克夫妇的再犯预测法、奥林的再犯预测法以及格卢克夫妇的少年犯罪早期预测法等。格卢克夫妇根据其研究结果,编制了“违法行为预测表”,根据分值的高低评价被试再犯的可能性,其中的品格特征方面主要调查的是他们提出的五种预测因素:(1)冒险性;(2)行动的外向性;(3)受暗示性;(4)顽固性;(5)情绪不安定性。近年来,犯罪预测工作有了新发展,如在技术上日趋完善,广泛应用数理统计和计算机技术;在组织上兴建了大量的由专家参加的研究机构;在研究方法上多采用横断研究与追踪研究相结合,心理、人格测验应用得更加广泛等。

在我国,重新犯罪的预测主要是根据可能重新犯罪的人员在日常生活、学习、工作、劳动及人际交往等方面的表现,运用犯罪心理学的有关理论,来预测他们重新犯罪的可能性。在预测中分析犯罪原因时,将社会环境因素、生物因素与心理因素结合起来,以社会因素为主导线索。一般来说,释放人员接受外界不良影响越多、越复杂,腐蚀性越大,形成重新犯罪心理和行为的可能性就越大,主体具有不良内在因素越多、越严重,形成重新犯罪心理和行为的可能性也就越大,这是重新犯罪预测的重要依据。重新犯罪预测主要在决定是否假释和刑满释放时使用。

第三节 犯罪心理预测的基本步骤

犯罪心理预测的实施虽然受具体的预测方法的制约,但一般来说,通常包括以下几个步骤。

一、明确预测的目的、任务

预测的目的要明确、具体,从实际需要出发。对未来前景的预测总是为当前的行动决策服务的,每项预测要明确应该解决什么问题,为什么目标服务,然后提出具体的预测任务、项目等。

二、搜集和审核预测所需的资料

根据预测任务的要求,搜集充分而准确的资料,这是预测的基础工作。在搜集资料后,首先要做的工作就是确定相应原始资料整理指标体系。一般对搜集到的犯罪资料,可以从不同的角度来选择不同的指标体系,选择何种指标体系,取决于犯罪现状分析和犯罪预测的需要,其基本要求是必须系统地、有针对性地选择能充分反映犯罪总体及其各组成部分数量关系的忠实性资料。预测所需的资料包括历史资料、现实资料和相关资料,在必要时还应该作一些补充调查或间接推算,以弥补现有资料的不足。为保证犯罪资料的质量,必须结合搜集来的原始资料进行严格的核实,犯罪资料的准确无误直接关系犯罪预测的科学性。审核通常包括完整性与准确性两个方面。对于各项资料都要认真审核指标口径、所属时期、计算方法、使用方法等,并进行必要的订正,确保资料、数据的准确性。对犯罪资料的审核,首先要对资料进行常识性和逻辑性的检查,不能出现自相矛盾、不合逻辑的情况,一旦发现问题,应及时补充或更正,以确保真实性与可靠性;其次要核实犯罪统计数据的计量单位是否统一,如果不统一,则不能进行资料的统计处理。

三、确定预测模型和预测方法

将资料基本关系用一定的数值形式和数学方程表现出来,便是确定预测模型。根据现象的特点有各种各样预测模型供选择,如平均数模型、趋势模型、回归模型等。对于模型参数值的估计也有各种各样的方法。一种预测模型可以使用多种预测方法,一种预测方法也可以适用于多种预测模型,要从多方面分析加以结合采用。一定的预测模型与一定的预测方法结合起来就产生了预测公式。预测公式是具体进行预测的标准,也是预测模型的具体化。

四、资料的分类与汇总

资料的分类是根据犯罪预测的要求,对诸多犯罪数据资料有目的地分成若干部分的工作。犯罪现象在犯罪行为方式、犯罪主体特征等各方面表现为多种类型,不仅性质上有所不同,而且在犯罪总量中所占比重也不一样。通过分类,可以分别计算出各种犯罪类型所占的比重,反映出犯罪的内部结构,分析研究这种内部结构,对我们揭示犯罪现象的状态、特征以及变化趋势有着十分重要的意义。资料的分组一般分为简单分组和复合分组。简单分组是指按某一项标准进行分组,只能反映犯罪现象某一侧面的状况。复合分组是指按两项及两项以上的标准进行分组。其能够多侧面地反映犯罪现象,更利于把握犯罪状况的全貌。犯罪资料的汇总则是指将犯罪资料的各种数据归纳到某一标准的各组中去,以此计算出各组数值及其所占比例的工作过程。

五、估计参数和进行预测

确定了预测模型和预测方法之后,就可以利用历史资料、现实资料或相关资料进行直线或曲线拟合和估计参数。预测模型中给定了具体的参数值,则模型就成了特定的可供专门问题预测使用的模型。但在应用模型以前还要对模型进行检验,即应用统计假设检验原理与方法,验证模型中所包含的变量及其结合形式、方向以及相关程度是不是能够代表客观情况,如检验变量的运算关系、方程的形式及参数的符号和大小是不是与预测理论和实践经验相符合。模型经过检验,基本上符合理论假设,就可以用来进行预测。预测的过程也就是模型的求解过程,给定我们所关心的未来时间可能的预测结果。预测结果的形式可以表现为具体的数值,也可以表现为一定的变动区间范围。在模型的外推预测中,也要考虑内部因素和外部条件是否发生变化,它是否明显地影响着现象发展的连贯性。如果没有明显影响,则预测结果就是可行的,如果有明显影响那就需要对预测结果进行一定的修改。

六、分析预测误差

预测是对未来犯罪心理与行为发展变化的估计,由于客观现象的因素和条件变化相当复杂,要求预测完全准确无误是不现实的。预测不可避免地存在预测值与未来的实际值的误差。但与此同时,预测误差的大小能够反映预测准确程度的高低。因此,必须对预测误差的大小以及可能来源进行分析,如果发现预测误差超出了允许的范围,那就有必要对模型做某些改进,或总结经验以提高预测水平。

七、提出预测报告

把预测的根据、最终结果及可信程度加以整理,形成文件或报告,向有关领导部门上报,或以一定的形式向社会公布,供实际工作者参考。

思考与训练

1. 为什么能够进行犯罪心理预测？其可行性根据是什么？
2. 犯罪心理预测的内容包括哪些？
3. 犯罪心理预测的方法有哪些？
4. 犯罪心理预测的基本步骤有哪些？
5. 据报道,北京市怀柔区警方通过运用大数据、云计算和科学分析模型,整合历年案件信息建立了犯罪数据分析和趋势预测系统,能够预测犯罪趋势,指导警力投入。这套系统共收录了怀柔区近年来1.6万余件犯罪案件数据,这些数据通过标准化分类后导入系统数据库,同时采用地图标注,将怀柔分成16个警务辖区,抓取4700余个犯罪空间坐标实施空间网格编号,通过多种预测模型,自动预测未来某段时间、某个区域可能发生犯罪的概率以及犯罪的种类。近年来,全国各地也都积极运用大数据等新兴技术开展对犯罪行为和犯罪心理的预测。请结合犯罪心理学的相关知识对该做法进行评析。

6. 2023年6月1日,最高人民检察院发布《未成年人检察工作白皮书(2022)》。该白皮书指出,未成年人重新犯罪率持续下降。2020年至2022年,检察机关受理审查起诉未成年人中曾受过刑事处罚的分别为2092人、2197人、1737人,分别占同期受理审查起诉未成年人总数的3.8%、2.9%、2.2%。请结合犯罪心理学的有关知识和重新犯罪的实证资料,就某一类犯罪或某一群体的重新犯罪预测问题撰写调研报告。

第十三章　犯罪心理预防

任何犯罪都是在行为人的罪过(犯罪的故意和过失)支配下实施的,犯罪与犯罪人的意识、意志和人格缺陷有关,预防犯罪的所有措施必须作用于人的心理层面才能真正发挥作用。只有成功地消除行为人的犯罪意识、意志,弥补行为人的人格缺陷,才能彻底消灭行为人强烈的反社会性,并阻止其外化为反社会的犯罪行为,从而减少或避免犯罪行为的发生。

第一节　犯罪心理预防概述

一、犯罪心理预防的概念

犯罪心理预防,是指通过给人的心理施加影响,以达到预防其实施犯罪行为的目的的预防方法。犯罪心理预防的实质是通过对健全人格的社会培养和自我修养,提高人的是非辨别能力、自我控制能力和社会适应能力,使人在特定的社会背景和具体场合下能够做出符合法律和社会道德规范的行为选择的一种预防犯罪的方法。它针对犯罪心理形成的原因及其发展变化的规律特点,采取有效的措施,削弱和排除形成犯罪动机的因素,从根本上防止犯罪行为的发生,简言之,即防患于未然。犯罪是在一定社会背景和具体场合下发生的选择性行为,既是社会环境的产物,也是行为者主观能动性的外化。因此,我们在强调犯罪社会预防重要性的同时,也必须注意到犯罪心理预防的必要性。

犯罪现象是一种极其复杂的社会现象,既有其社会原因,又有犯罪人的心理原因,有其自身的发展过程和演变规律。犯罪现象的社会原因通过犯罪人自身的心理原因起作用。任何犯罪,都是在一定的主观心理态度支配下发生的触犯刑律的行为。犯罪行为是犯罪心理的外部表现,即犯罪心理外化为行动,它是在犯罪心理的支配下发生并随着犯罪心理的发展变化而发展变化的。犯罪心理的形成过程,是各种因素相互作用的结果,是一个由量变到质变的过程。人们在现实社会生活中,处于多种外在因素的包围之中,这些因素与人的心理因素相互作用,不可避免地会产生矛盾和发生冲突;如果调节不当,不仅会产生心理冲突,甚至会导致失去心理状态的相对平衡,犯罪心理的形成就是个体和外在不良因素矛盾斗争并发生转化的结果。

实现犯罪心理预防既是必要的,也是可行的。首先,犯罪人往往表现出人格品质的缺陷。就具体犯罪行为而言,有的可能是犯罪人在仔细权衡利弊之后做出的理性选择;有的可能是出于难以自制的某种情感或本能冲动;有的则可能是出于心理变态或者精神障碍。

然而,无论哪种情形,均与行为人人格品质的缺陷(如反社会意识、疏忽大意或者过于自信等)有关。这种缺陷表现为行为人人生观、世界观和价值观变异,或道德认识、道德情感、道德意志、道德行为习惯等个人内在自我控制力量未能充分发展,又或者心理变态扭曲。即使是政治犯罪,通常也是在一种错误的政治信念或理想的支配下实施的,而这种错误信念和理想的形成与个体的个性倾向密切相关。人格品质的缺陷进而导致他们在社会认知能力、社会适应能力和自我控制能力方面的减弱或者低下,使他们在一定的社会背景和具体场合下做出犯罪行为的选择。因此,实施旨在使个体人格健康完善的心理预防是十分必要的。

其次,人作为一种意识和理性的存在,为旨在使个体人格健康完善的心理预防的实现提供人性基础。因为人所具有的理性和意识(或自我意识)不仅使人类能够观察和认识自然与社会,在一定程度上有选择地接受外界环境与规范的影响和制约,甚至这种理性和意识还能使人类能够进行自我观察、自我评价、自我修养、自我控制和自我完善,从而在特定的环境下表现出一定的自我选择能力。外界环境的影响和人自觉的自我修养,共同造就了人类个体的特定人格。这种人格一方面支配着个体行为选择并以此而得以外化,另一方面又在环境的不断影响和自我意识的不断修正下继续发生变化。

需要指出的是,强调犯罪的心理预防并不否认犯罪预防还可以通过其他途径进行,这并不是把犯罪现象简单地理解为一种纯心理现象,也不是把犯罪的预防措施完全归结为一套纯心理学的手段。实际上,我们所说的犯罪心理预防,是宏观犯罪预防体系中的一个方面,它与社会预防、治安预防、刑罚预防等一起构成了犯罪预防体系的不同层次或环节,这些不同层次的犯罪预防措施是相互补充、相得益彰的。我们强调犯罪的心理预防,意在强调预防犯罪的基础不仅在于社会环境的不断改善,而且在于人内心世界的完善,预防犯罪不仅需要一定的外在社会控制,也需要人心理的自我调控,实际上,绝大多数犯罪预防措施都必须通过人的心理活动才能有效地发挥其作用。

二、犯罪心理预防的原理和特点

(一)犯罪心理预防的主要目的是使人养成健全的人格

对健全人格的含义,不同的学者有着不同的理解。精神分析学派的始祖弗洛伊德把它视为一种"本我"、"自我"和"超我"三者和谐统一的状态,人本主义心理学的巨擘马斯洛则将它称为能够"自我实现"的人格状态。大多数心理学家认为,健全人格者的标志是在社会生活中具有良好的心理状态。一般来说,具有以下几个方面特征:(1)乐于工作,并能将自己的知识与能力在工作中表现出来,能在工作中获得满足感。(2)能与他人建立和谐的关系,乐于与人交往。在对人以及对社会的态度中,积极的态度(如喜悦、信赖、尊敬等)多于消极的态度(如敌视、怀疑、畏惧、憎恶等)。(3)对自身有适当的了解,并且有豁达乐观的态度。愿意尽力发展身心方面的潜在能力,但是对无法补救的缺陷也能安然悦纳。(4)和现实环境有良好的接触,能对环境做出适当的反应。对社会行为善恶的判断,与社会一般人的善恶观没有大的差别。对于健全人格者,其所实施的恶的行为,不仅社会一般人评价为恶,而且其本人也能意识到该行为是恶行,并有罪责感。对生活中的各种问题,能用切实有效的方法加以解决,而不是刻意回避。此外,还有一些学者将健全人格的标准概括为六个方面:智力正常、情绪健康、意志健康、行为协调、人际关系适应、行为反应适度。

综合上述关于健全人格的标准,归纳起来主要表现在以下三个方面:首先,个体的思想和行为是否符合他所生活的具体环境;其次,其认识过程、内心体验,自我意识和意志活动之间是否平衡一致;最后,个体的个性特征是否具有相对的连贯性和稳定性。显然,具有良好的社会认知能力、社会适应能力和自我控制能力,是人格获得健全发展的重要标志。健全人格者总是表现为能够冷静地面对和处置外界环境的压力与诱惑,在群体中建立起良好的社会交往关系,能够使自己的价值得到实现,并且,他们总是能够以积极的姿态与合乎规范的行为方式来满足个人需要或者达到个人目的。大多数心理学家在这一点上的认识是基本相同的。当然,健全人格的标准也要受不同国家或地区社会文化因素的影响。

(二)心理预防是教育培养和自我修养的结合

人格的形成和改变取决于外部环境和人的自我意识(特别是自我评价与自我控制能力这两个方面的作用)。然而,在实践中,正确地理解和处理这两个方面的关系是十分重要的。首先,创造一个良好的社会环境,并充分发挥教育的作用,是实现心理预防工作的一个重要方面。因为外部控制手段必须通过人的心理活动这一中介才能真正发挥出它的作用,所以心理预防强调人的自我控制的重要性并以增强人的自我控制能力为最终目的。所谓自我控制,是人所特有的一种能力,它是由人的道德感、社会责任感、良心、羞耻心等组成的人的一套自我调节系统,能够使人在复杂的外部情境中发生应激行为时表现出充分的理智与冷静,避免过激行为尤其是越轨行为的发生。有的人在任何情况下都能够较好地驾驭自我,主动避免发生违法犯罪行为,而有的人则一遇微小刺激便难以自持,铤而走险。在这两种人身上就表现出自我控制能力的明显差异,心理预防的目的之一便是要培养和强化人的这种能力。自我控制能力也制约着人格的发展状况,因为一个人对自己人格的发展是否具有远大的目标和严格的要求,以及是消极地接受环境的影响还是主动地塑造和发展自己,都对人格起到制约作用。同时,当一个人确立了人格发展的目标以后,他能否对这个目标的实现采取积极的态度和方式,能否对自己人格的发展经常进行自我监督、自我反省、自我批评、自我强化等,将决定人格发展目标能否实现。

显然,那种把犯罪预防仅仅理解为作用于个人的外在社会环境影响和控制是错误的,因为它忽视了人的主观能动性。反之,如果把心理预防等同于个人自我控制,从而否定客观环境巨大影响的观点同样是错误的。实际上,犯罪心理预防依赖于上述两种因素的交互作用。

(三)心理预防是一个过程,此过程贯穿于人的一生

应当说,人的社会化和继续社会化过程的顺利完成就是最好的犯罪心理预防,因为健全的人格(特别是良好的自我控制能力和社会适应能力)都是在社会化过程中获得的。所谓社会化,就是个体在特定的社会物质文化生活中,通过与社会环境的相互作用,不断地学习这个社会所积累的知识、技能和社会生活规范的过程。这个过程不局限于人生的

某一阶段,而是自人幼年开始并贯穿于人的一生。在人的社会化初步完成以后,还需要继续社会化,因为我们所处的社会本身就是在不断发展变化的。当社会环境因素发生突变,或个体所处的地位及担任的角色发生了极大的变化,或个体原有的思想方式和行为模式与社会要求不协调以致发生冲突时,就需要继续社会化或者再社会化。当然,这个过程不是社会或者个人的单方面活动,而是社会与个人双向互动的过程。首先,在人类共同生活的社会中存在社会规范,服从社会规范成为个人从事社会活动应该遵守的义务。在这种情况下,个人无形中视社会规范为个人实施行为的准绳。生活在同一个社会中的人,由于具有同一社会规范,其行为模式难免相似。其次,在社会活动中,个人不但给予他人刺激,同样也要接受他人的刺激。来自他人的刺激也可以视为来自社会的刺激。最后,个人面临他人或者社会的刺激,会有一定反应。个人因人格差异,对刺激的反应不同,有攻击与畏缩、压制与顺从、积极与消极之分。所以,人只要生活在社会中,就会面临刺激与被刺激、刺激与反应的问题,而以什么样的心理应激会伴随人的一生,所以犯罪心理预防也是一个长期的过程。

(四)心理预防是一种积极预防,其面向所有社会成员

心理预防是一种"防患于未然",是一种积极的事前预防,目的是消除或控制犯罪心理和行为形成的因素。心理预防主要的途径是使每个社会成员在自身成长发展过程中,培养正确的应激模式和自我控制能力,使社会道德规范和行为准则的要求内化为自己的需要,从而不断完善自己的人格品质,成为一个自觉的守法者。当然,我们不否认罪犯、变态人格者以及精神病患者身上存在更多的人格缺陷或心理问题,更需要采取一系列专门手段予以治疗和矫正,对上述人采取的措施主要是事后预防。根据最大效益原则和"防病优于治病"原理,我们必须把主要的精力和更多的物力、财力投放到一般人身上,使每一个社会成员都始终保持良好的人格状态,从而最大限度地控制犯罪的发生。

第二节　犯罪心理预防的功能

犯罪心理预防的功能,是指犯罪心理预防所可能产生的积极的社会作用,通过健全人格的培养、心理素质的提高,以最大限度地预防和减少犯罪,进而促进整个社会的文明进步。我们需要注意的问题是,功能不等于作用,功能是或然性的,是通过实施一定行为可能产生的积极作用,没有人在实施某行为前希望产生消极的作用。例如,尽管犯罪对社会有副作用,但是犯罪人在实施破坏社会的行为时也希望他的工具能发挥积极作用,希望自己的犯罪行为能够成功而非失败。功能在行为实施前就已经被预设,至于实施的效果则需要在主客观条件共同作用下完成。作用是行为对外部环境的影响,是功能的一种体现,它既包含行为人实施行为时希望出现的情景,也包含其不愿见到的现象。所以,犯罪心理预防活动,需要在实践中检验,充分发挥其功能,通过不断修正减少副作用的产生。

一、人格塑造功能

心理预防的人格塑造功能,是指心理预防对个体人格的形成与发展所可能具有的积极影响,它是心理预防的最基本的功能。这一功能的实现首先依赖于社会的教育和人的自我修养这两个方面的活动,前者表现为社会文化(如社会的风俗、习惯、制度等)、社会的政治思想、社会风尚、价值准则等对个体的影响和熏陶,后者则表现为个体对社会文化、价值准则等教育影响的接受与内化,在依靠自身力量的前提下,根据社会教育要求进行自我调适和自我完善。个体人格的形成是两者共同作用的结果,个体成为一个怎样的人,一方面取决于社会环境、教育,另一方面又取决于他自己对这些影响是如何作出反应的,换言之,也取决于他的自我修养。因为个体总是以自己所具备的条件对社会化的内容进行选择的。总之,在个体与社会的相互作用过程中,人形成并发展了自己的良心和道德感、自我意识和自我控制系统,最终内化为自己的人生观、世界观和价值观。

二、心理调节功能

心理预防过程的心理调节功能,主要表现为能够使个人建立起一套内在的自我调节和自我控制机制。它是指行为人对自身行为与思想的调节和控制,自我调节和自我控制表现在两个方面:一是发动作用,即个体在活动过程中,努力克服困难,调动自己的全部能力进行活动;二是制止作用,即抑制和克制自己不合理的需求、消极的情绪,控制这种情绪的意外爆发尤其是演变为严重的越轨行为。个体在获得人格发展的同时,不仅能认识自己,也能形成具有个人特色的自我调节和自我控制的机制及能力。这种自我调控机制和能力主要由良心、道德感、责任感、羞耻心等成分构成。它指引着个体在具体社会情境之中的具体反应方式和大致行为方向。充分发展的自我调节和自我控制机制,可以自觉地抑制人的本能冲动。个体只有经常地调节个人与社会现实的关系,缓解由本能冲动或外在压力所引起的内心冲突与挫折,使个人的心理始终处于与其自身的年龄和身份相适应的最佳状态,才能在大多数刺激或诱惑之下,都能够保持相当的理智与冷静,不致做出违法犯罪等越轨行为。

三、社会控制功能

犯罪心理预防的社会控制功能,主要表现为社会的教育与个体的自我教育、自我修养相互作用的过程,即通过社会的教育活动,使个体适应社会和使行为符合社会规范(包括刑法等法律规范)。通过教育影响人们的行为本身,这是一种实现社会控制的简捷易行的方式。社会教育,要先确立社会规范,这包括高尚道德规范的确立、完备法律体系的建构、和谐家庭伦理的树立等。对遵守并努力维护社会规范的成员要加以表扬,对破坏社会规范的成员要加以谴责乃至惩罚,从而使社会规范逐渐深入人心,成为社会成员内心自觉接受的行为准则。心理预防的上述社会控制功能是一种外在社会控制与个体自我控制的良好结合,是两者的综合平衡。

四、促进社会发展功能

心理预防的主要目的是通过塑造社会成员的健全人格来预防犯罪,全面提高人们的心理素质本身就是促进社会发展的一种方式。中国疾病预防控制中心精神卫生中心2009年年初公布的数据表明,我国各类精神疾病患者人数在1亿人以上,但公众对精神疾病的知晓率不足五成,就诊率更低。另有研究数据显示,我国重性精神疾病患者人数已超过1600万人。精神疾病有轻、重性之分。常见的轻性精神疾病有神经衰弱、强迫症、抑郁症等,常见的重性精神疾病有精神分裂症等。轻性精神疾病主要是表现为感情障碍(如焦虑、忧郁等)、思维障碍(如强迫观念等),但患者思维的认知、逻辑推理能力及其自知力都基本完好。部分轻性的精神疾病如强迫症、抑郁症等与心理疾病有交叉,患有心理疾病的人数并不少于精神疾病患者人数。全面提高社会成员心理健康素质,减少精神疾病和心理疾病的人数,能够提高社会成员素质,因为社会进步取决于每个成员素质的普遍提高。同时,这一目的的实现,在客观上要求必须有一个有利于人格健全发展的社会政治、经济、文化和医疗卫生环境,对良好社会环境的追求必将引领我们的社会朝着科学、民主、法治、人性的方向发展。

第三节　犯罪心理预防的基本途径

一、加强社会教育——促进人的持续社会化

使个体顺利地社会化,是犯罪心理预防的基本途径之一。从社会角度来看,个体的社会化,就是社会将一个自然人转化成一个能适应一定的社会文化、参与社会生活、履行一定角色义务的社会人的过程。这是一个终身不间断的过程,在人生的每一个时期,社会化的要求、内容以及进程是有差异的。处在成长阶段的个体要学习知识,掌握社会规范,形成一定的行为方式。成年后,社会化还要进一步发展,需解决个体所面临的更多问题,如事业的发展、婚姻的建立、子女的教育、父母的赡养等。即使退休以后,个体还需要继续适应自己社会角色的变化,承担一个公民对社会应尽的义务。所以,个体的社会化是贯穿于人的一生的。为了保证个体社会化过程的顺利完成,实现犯罪的心理预防目标,需要做好三个方面的工作。

(一)不断完善社会环境

人格的健全发展需要具备良好的社会环境,一定的文化背景和社会政治经济背景对于社会成员的人格发展有着潜移默化的作用,这是因为无数实例证明社会环境的好坏与犯罪状况有密切的联系。不良的社会环境对个人的心理品质、人格特征的发展存在十分消极的影响,对于自觉性较低、控制力较差的人来说,长期处于不良的社会环境会使他们的心理及人格走向消极颓废,甚至向反社会的方向发展,从而实施犯罪。从社会发展的历史来看,社会犯罪率的高低往往与社会的物质文明与精神文明的协调程度有关。现代犯

罪科学的研究表明，不良社会环境是影响和造成违法犯罪的重要原因。要想控制和减少犯罪，需要从改良社会环境做起，心理预防的基本途径之一，就是完善社会、创造一个有利于人格健全发展的良好社会环境，这种社会环境的基本特征是民主、科学、文明、法治，充分尊重人的价值，能够满足绝大多数人的物质、精神需要。这样的社会环境与个人存在协调统一的关系，绝大多数社会成员能安居乐业、心情舒畅，从而最大限度地降低诱发犯罪行为的各种因素。个体在这样的环境中出现不适应社会的情况较少，不容易习得对社会不利的行为方式，有不良倾向的反社会行为也会被及时纠正。

当然，社会环境的完善并不意味着对犯罪人或者有人格缺陷的未成年人纵容。对成年人的犯罪行为或者未成年人的犯罪行为、社会越轨行为要及时作出有效反应，不能因为怜悯而使他们失去被矫治的良好机会，否则将会对社会造成更大的损害。有专家在研究大量案例的基础上发现，很多幼儿的任性若不及时制止很容易发展成性格问题。而对于幼儿的任性，复杂的说教不如简单的惩罚更有效。对于 10 ~ 18 岁的青少年，尤其是在学校学习中不爱学习、不好好学习的少年，对他们的危害性行为作出及时的惩罚比温和的说服教育更为有效。因为人的行为发展有关键期，一旦错过惩罚教育的关键期，待他们形成犯罪行为的动力定型时，即使他们能够认识到自己的错误，也难以或者来不及自我调整。所以，通过司法程序和恰当的法律惩罚方式处置未成年人的早期危险性行为也是社会对他们的一种保护。[1] 所以，不断完善的社会环境还包括良好的法治环境，其能够对侵害社会的各种行为作出及时、科学、有效的反映。

（二）*广泛传播知识、技能和社会规范*

学习和掌握我们的社会所必需的知识、技能、行为方式、生活习惯以及各种社会规范，是参与社会活动并成为合格的社会成员的一个重要条件。因此，社会必须向每一个成员传授该社会的文化与规范，每一个社会成员又应当学习和接受这种文化与规范，并把它们内化为自己的价值准则、行为准则。具体说来，包括以下学习内容：

1. 科学文化知识和劳动技能。取得社会成员资格的第一个先决条件就是要掌握一定的知识和技能，因为人不能依靠本能去获得生活资料或适应环境，这就要求人必须在后天学习谋生的手段和本领。掌握科学文化知识的重要意义还在于它是培养健全人格的重要条件，因为人格的健全发展首先是在学习过程中进行的。一个社会要顺应时代发展的步伐，需要它的成员不断地掌握新知识和新技能。从整体上提高社会成员的科学文化知识水平，是社会快速进步的途径之一。

2. 社会习俗、行为模式。熟悉社会习俗，掌握社会行为模式，学会与他人和谐相处，是个体参加特定社会活动并被该社会所接受的必不可少的条件。因为一定的行为模式和风俗习惯是社会成员必须遵守的，是维持社会正常生活的必要条件。如果不学会这些规范，就很难适应社会生活，因而产生挫折和心理冲突、从行为上与社会发生严重矛盾，甚至走上反社会的道路。

---

〔1〕 参见李玫瑾：《犯罪心理研究——在犯罪防控中的作用》，中国人民公安大学出版社 2010 年版，第 228 ~ 229 页。

3. 法律规范。很多人实施犯罪都与法律知识的贫乏和法治观念的淡漠有关,因此,对社会成员进行法制教育,是心理预防的一项重要措施。当然,法律知识的贫乏并不与犯罪存在必然联系,守法者和违法者的基本区别不在于他们对法规的了解程度,关键在于对法律及运用法律参与社会实践的态度。因此,通过法规学习还要使其将“社会—法律”立场融入自己的价值规范体系当中。

4. 道德规范。犯罪心理学的研究表明,很多犯罪行为往往是由于发展水平较低的道德状况引起的,对于达到了较高层次道德水平的人来说,良好的道德品质可以使他们避免作出犯罪行为。因此,对社会成员进行道德教育是非常重要的。开展道德规范教育,不仅要注意消除不良道德的消极影响,积极配合和保证政治、法律、知识、审美等方面的教育,而且更要注重培养人们的责任感和道德选择能力,使人们能在社会生活中明辨是非,主动、自觉地按照社会所倡导的道德规范来调节自己的行动,抵制不符合社会道德规范的活动,从而保证社会的正常秩序。道德教育既是预防人们进行违法犯罪行为的重要手段,也是促使犯罪心理转变成正常心理的重要措施。

传授和学习科学文化知识、技能和社会规范主要是通过以下途径进行的:

1. 家庭教育。家庭是传授和学习社会文化与社会规范的重要场所,家庭教育对于青少年人格的形成与发展有着极为深刻的影响。作为社会的基本细胞,每个家庭不仅在赡养老人、抚育未成年人活动中发挥重要的作用,而且还在家庭教育和社会控制中起着重要作用。在家庭教育过程中应当注意如下几点:第一,家长必须不断加强自身的道德与文化修养,时时注意自己的言谈举止、生活方式。家长是孩子成长过程中的第一位老师,也是孩子学习、模仿的榜样。第二,培养良好的家庭气氛。家庭气氛和精神风貌对子女的心理将产生重大的影响。如果家庭成员间缺乏感情依恋,则会使家庭笼罩在冷漠的气氛中,这样的家庭对子女失去维系作用和吸引力,就可能发生青少年与家长之间互不相让、恶语相向,青少年离家出走等现象。实践调查表明,青少年犯罪多数是因为家庭中的各种问题。第三,家长必须讲究教育方式和方法。如果父母对子女又打又骂,动辄严厉地惩罚,无休止地批评,或期望太高、要求太严,则会使子女学会撒谎、欺骗,产生憎恨、敌意,从而实施逃学、偷盗等行为,以此向父母报复。犯罪心理学的研究表明,家庭中过度的暴力惩罚不仅会使受罚者更具有攻击性,还可能将攻击行为由上一代人传给下一代人。但是家长又不能溺爱子女,因为溺爱会使子女需要更多的情感关怀和物质欲望,不知生活的艰辛,不能克服自己的欲望,更会通过非规范手段满足自己的欲望而不会考虑他人的感受。一个没有责任心、没有控制力、没有规范意识、没有吃苦耐劳品质的少年极容易实施危害社会的行为,即使其成人后也可能在条件成熟的时候发展为犯罪人。

2. 学校教育。学校作为文化教育、思想教育的专门场所,其职能与家庭教育有着一定的相似性,学校教育对于人格的形成与发展同样存在深刻的影响。学校教育与家庭教育的不同点主要在于,家庭教育基本上是一个潜移默化的过程,暗示与模仿是家庭教育的重要机制,而学校教育则是有目的、有计划地对学生施加影响,学生有意识、有目的地被引导着接受这种影响。学校教育应该更显现自己的科学性、目的性、责任性。

绝大多数社会成员都在学校中度过自己成长过程中最关键的未成年时期,所以学校无论在目前还是未来都将对人格的培养起重要作用。学校应当采取各种措施完善教育内容,避免只重视知识教育而忽视素质、道德、规范教育等现象的出现。同时,应切实关心每一个学生的健康成长,真正做到因材施教,将教学变成一种艺术而不是一种技术,将学校变成艺术品的产地,而不是工业化生产线。学校应使未成年的学生不仅掌握一定的文化知识,而且掌握一定的价值准则和社会规范,学会如何与人相处,学会如何在规范内活动,从而形成健全完美的人格。这样,即使学生知识掌握相对较差,但是他们能够在成年后充分发挥自己的特长,不至于使用犯罪的方式获取社会的关注,满足自我的需要。

3. 大众传播媒介。随着社会进步,影视、书刊、广播等大众传播媒介对于人们的价值观和生活方式的选择起着潜移默化的作用。它们不仅可以使传统文化得以更好地延续和传承,而且可以迅速而广泛地反映社会上各种新的时尚、风气和文化思潮,从而对传统文化构成冲击和威胁。净化文化环境,树立良好的社会风尚,禁止传播并取缔各种不良读物及视听资料,将有利于防止人们(特别是青少年)产生犯罪心理。从某种程度上说,做好对新闻出版事业以及文化市场的管理和控制,也就等于抓住了引导和控制社会的钥匙,它对于防止由文化冲突、犯罪亚文化导致的犯罪行为有着十分重要的意义,是心理预防的重要措施。

(三)重视开展心理卫生工作

开展心理卫生工作,是维护心理健康、培养健全人格的重要途径,也是犯罪心理预防的重要途径。个体心理健康与否,对其能否自觉地抵制不良环境因素的侵蚀有着十分重要的意义。因此,教育人们维护和保持心理健康,以及出现心理失调时及时地恢复心理平衡,就成为预防犯罪心理形成的一个重要方面,开展心理卫生教育工作主要应从以下几个方面着手:

1. 树立正确的人生观。只有认清人生的意义,树立远大理想,才不会沉湎于身边琐事,从而减少无谓的烦恼。只有以辩证唯物主义世界观正确对待生活中的各种矛盾,才能豁达开朗,忍人之所不忍,处人之所不处,受得住各种挫折和考验,在磨炼中锤炼性格,不断前进。

2. 接受现实的自我。一个人对自己的一切不仅要充分了解,而且需要坦然地承认及欣然地接受。因为在个人所具备的条件中,有很多是不能改变的,如容貌、生理缺陷、家庭等。如果只了解自己而不能接受自己,势必增加个人的不安与痛苦。有些人狂妄自大,觉得怀才不遇而愤世嫉俗,是因为缺乏自知之明;另一些人过分自卑,自觉在社会中毫无价值,是因为憎恨、拒绝接受自己。一个人只有欣然悦纳自己,才能避免心理冲突,唯有接受现实的自我,才能根据社会和时代的需要创造出理想的自我。

3. 确定合适的抱负水准。人应该有超越现实的理想,但不顾现实可能的蛮干,只能碰得头破血流。只有眼睛望着星空,而双脚踏着实地,才能有机会取得成功。为此,要了解社会对个人的要求是什么、哪些是环境所允许的、哪些是不允许的、其变化趋势如何等。要善于将个人的优、缺点与环境的利、弊四个因素综合起来分析,扬长避短,发掘社会环境的有利因素,发挥个人的优势。一方面,个人要与命运搏斗,改造客观;另一方面,要调整主观,确定合适的抱负水准,以避免做出招致挫折的事。一旦个人长期受挫折而无成就感,无法体验成功的愉悦,则容易自暴自弃,甚至走上犯罪的道路。

4. 在事业中获得人生的乐趣。每当我们完成一件工作,一种轻松喜悦之感便油然而生,克服困难越多,工作成绩越好,这种感觉便越强烈。工作可以使人发现自己的价值,产生成就感,并获得社会和团体的承认,因而对维护个人的心理健康具有很大的助益。一个在事业上"入了迷"的人很少有这样或那样的苦恼。在某些国家,心理医生对患者采取"工作疗法"与"职业疗法",就是通过有组织的工作或职业活动,使心理失常者在由易入难的工作中不断获得成就上的满足,从而达到正常适应社会压力的目的。

5. 积极参与社会活动,主动与人交往。心理不健康者常在情感上有很大困扰,而情感的困扰又多半表现在人际关系上,轻则自己有孤独、恐惧、焦虑之感,重则对人有怀疑、敌对、攻击之举。人有交际的需要,与亲属、朋友、同学、同事交往能使人在心理上得到安全感,使个人的苦闷有地方倾诉,不易积存郁结而性格孤僻,与他人不相往来,遇到挫折便会感到有苦无处诉。这类人因现实刺激的贫乏,与周围人关系冷淡,他们很容易也很愿意将自己置身于某种想象的世界中。对一部文学作品、影视作品的想象,对其中主角的认同,乃至将自己想象成主角,会使他们在想象中得到心理上的极大满足。[2] 他们一旦将自己想象成一个冷酷的杀手、一个劫富济贫的大侠,则非常有可能实施犯罪行为。所以,经常参加一些娱乐性、职业性或学术性的团体活动,不但能密切与他人的关系,还可以获得学习与发展的机会,能够避免过于自闭带来的犯罪倾向。

加强心理卫生工作,对于犯罪的心理预防具有重要意义。在现代社会,生活节奏加快,人际关系更趋复杂,竞争加剧,威胁人类心理卫生的因素越来越多,人的心理更加难以维持平衡。因此,心理卫生工作在保护个人健康,防止心理畸形乃至演变成犯罪方面显得尤为必需。

二、引导自我修养——促进人格的自我完善

人的自我意识也是在社会化的过程中完成的,它可以分为三个方面:对自我的认知,即对自己的认识;对自我的情感,即伴随对自我的认识而产生的对自我的情感体验;对自我的意向,即与认知、情感相随而产生的对自己思想与行为的调节与支配等。自我意识是个性的一个重要组成部分,自我观察、自我评价、自我体验、自我监督、自我控制等都属于自我意识。自我意识的水平制约着对人格发展进行调节的能力,自我评价的性质决定着人格发展的方向,自我调控的能力制约着人格的发展。因此,培养每一个社会成员的自我意识,引导他们积极地进行自我修养和自我完善,增强自我控制和自我调节能力,既是塑造健全人格的一种途径,也是犯罪心理预防的基本途径之一。

(一)提高自我认识的水平

自我认识是自我意识的认知成分。它是自我意识的首要成分,也是自我调节控制的心理基础,它包括自我感觉、自我概念、自我观察、自我分析和自我评价。自我分析是在自我观察的基础上对自身状况的反思。自我评价是对自己能力、品德、行为等方面社会价值的评估,它最能代表一个人自我认识的水平。自我认识是自我意识形成和发展的基础。

---

[2] 参见李玫瑾:《犯罪心理研究——在犯罪防控中的作用》,中国人民公安大学出版社 2010 年版,第 185 页。

自我认识水平的高低,直接影响自我意识完善的程度。因此,培养社会成员的自我意识,首先应提高自我认识的水平。要提高自我认识的水平,一是要增强人们自我认识的主动性。现代社会高速发展,人们在忙碌的生活中往往容易迷失自我,忘记对自我的认识。引导人们积极主动地对自我进行观察、分析、评价,能使人在社会生活中始终保持清醒,不至于因迷失方向而犯罪。二是要促进个体的自我评价符合自身的实际情况,既不能过于自卑,又不能过于骄傲,既看到自己的优点,又能认识自己的缺点。我们每个人都有自己的优点和缺点,又都在不断发展变化,我们的优点和缺点也不是一成不变的。因此,要使个体认识到用发展的眼光看自己,及时发现自己新的优点和新的缺点,通过对自己的错误、缺点的认知与反省,使自己不断完善。三是要帮助个体形成丰富、完整、概括、稳定的自我形象。我们既要认识自己的外在形象,如外貌、衣着、举止、风度、谈吐等,又要认识自己的内在素质,如学识、心理、道德、能力等。一个人的美应是外在美与内在美的和谐统一,内在的美对外在的美起促进作用。

(二)促进自我意向的进一步发展

自我意向也叫自我对待意向,它既表现在对自我的期望、要求与控制的水平方面,又表现在对自我意向的内容方面。因此,发展人的自我意向,主要应从以下两方面着手:

1. 提高人们对自我的期望、要求与控制等方面的水平。具体来说,可以从以下三方面着手:(1)帮助人们形成比较远大的抱负和理想。只有形成远大的抱负和理想,生活才有努力的方向,个体才能够有上进的动力。(2)引导人们根据实现理想自我的需要,合理安排学习、社交、工作、生活内容,并经常根据主客观条件的变化而不断调整自我修养、自我完善的要求与计划,对自我的发展持积极、自觉、严肃的态度。(3)提高人们自我监督和自我控制的能力,使他们能根据别人的评价和自己行为的结果进行反省,及时调整和控制自己不符合自我发展的行动,调整自我发展的目标和完善自我观念。但是,要注意协调个人能力与工作要求的关系,不宜给自己定过高的目标,否则总是完不成任务容易产生严重的挫败感,失去上进的信心。

2. 丰富人们自我意向的内容。具体说就是要丰富和发展以下内容:(1)正确的独立自主的意向,它是自我意识健康发展的主要内容。只有自我意向正确,个体前进的方向才不会发生偏差。(2)培养适度的获得尊重的意向。这是一种随着个体对自我价值的认识,而希望获得别人在人格上的尊重、能力上的信任和社会地位上的平等对待的意向。培养人们获得尊重的意向有利于其产生强烈的自尊心和荣誉感,使之成为推动个体前进的重要动力。但在培养自尊意向时,一定要适度,若自尊心过强,一旦事与愿违,就会出现挫折感,轻者影响与他人的关系,重者使自己丧失信心或失去理智。同时要使个体明确尊重的获得,依靠的是个人能力、魅力而非暴力,是他人的心悦诚服而不是表面的唯唯诺诺。(3)确立不断自我完善的意向。这是根据理想自我的形象而不断充实自己的知识,培养自己的能力和形成自己的性格与品德的意向。自我完善的意向是人们积极向上和自我教育的动力。培养不断自我完善的意向,有利于人的自我意识持续、稳定、健康的发展。(4)增强自我实现的意向。自我实现的意向是力求实现自己的理想、发挥自己的才能,以取得事业成功的意向。如何去实现自己的理想呢?关键就在于应有明确的自我实现的意向,树立为真理、为科学、为大众、为全人类的幸福而献身的精神。

(三)培养积极的自我体验

自我体验是伴随自我认识而产生的内心体验,是自我意识在情感上的表现,即主我对客我所持有的一种态度。它反映了主我的需要与客我的现实之间的关系。客我满足了主我的要求,就会产生积极肯定的自我体验,即自我满足;反之,客我没有满足主我的要求,则会产生消极否定的自我体验,即自我责备。自我体验的内容十分丰富,如自尊心与自信心、成功感与失败感、自豪感与羞耻感等。自尊心是自我尊重的一种内驱力,激励着个体尽可能地努力获得别人的尊重,尽可能地维护自己的荣誉和社会地位,维护自己的人格尊严,不容许别人侮辱和歧视的心理状态。自信心是个体对自身成功适应特定情境的能力的估价、对自己智能与精力的坚信,充足的自信心使个体知难而进,走向成功。成功感和失败感是由个体的自我认知与自我期望的水平面决定的,取决于个体为自己所设定的标准。当个体体验到成功感时,就会产生积极的自我肯定,向更高的目标进取;反之,当个体体验到失败感时,则常会产生消极的自我否定,闷闷不乐,甚至放弃努力。可见,如何恰当地处理自我体验,对个体的身心发展具有重大的影响。长期处于消极的自我体验中对人的心理健康有较大的伤害,往往会使人因感觉自己一无是处而用非正常手段获取他人的尊重、承认,甚至用犯罪手段实现客我对主我的满足。

培养人们积极的自我体验,应从自我体验的特点出发,一是要进一步增强其积极的自我体验,如自尊感、自信感、责任感、义务感、荣誉感、正义感等。二是要提高人们自我体验的水平,增强稳定的自我体验。客观的我所取得的成绩虽然已达到了社会的水准之上,但能否产生成功体验,还要看主观的我对客观的我的要求,即期望水平。所以,人们自我体验水平还取决于自我要求。适当降低自我要求,能提高人的积极自我体验。三是要克服消极的自我体验,如孤独感、苦闷感、自卑感、惶惑感、失落感和挫折感等。

(四)发展自我控制的能力

自我意识中自我控制的能力,主要表现在自觉性上。发展自我控制的能力应以促进人们的自觉性、坚持性和自制力为中心内容。具体来说,应做好以下工作:

1. 促使人们形成合理的需要和远大的理想,以及对自己选定的奋斗目标锲而不舍的精神。每个人都有自己的人生目标,即使是最低限度地生存下去同样也是一个目标。没有目标的社会人几乎是不存在的。犯罪人也有自己的目标,也许这个目标还是很正当的目标,如过上衣食无忧的生活等。但是这个目标的实现需要通过正当途径,公务员不能以贪污受贿来致富,要投入为人民服务当中去满足自己的成就感,实现自己的人生价值;企业不能生产假冒伪劣产品盈利,要树立品牌意识,创立百年事业;普通公民致富需要艰苦劳动,不能靠抢劫、盗窃等。

2. 提高个体在实践中经常进行自我监督、自我反省、自我强化、自我批评、自我调节等自我控制方面的能力。个体在生活中参与各种社会活动,有些社会活动是对社会有益的,有些是对社会有害的,有些对个人发展是有利的,有些对个人发展是不利的。在一些重要的社会活动结束时,个人应该进行自我反省。对自己所做的有益的事情应该继续加强,对正确的方式方法应该坚持;对所做的无益的事情应该进行自我批评,避免再次实施。曾子云:“吾日三省吾身”。古代的贤人君子每天都多次自我反省,努力使自己的言行完美。现代人也应该在紧张的生活中抽出时间自省,通过不断改进行为方式,实现自我完善,避免迷失自我。只有不断反省自己的错误,改正缺点,才能成为更有益于社会的人,才不至于实施违法犯罪行为。

3. 形成良好的工作、学习和生活习惯,增强适应生活的能力。现代社会生活紧张,如果没有良好的习惯,很难在肉体上与精神上适应逐渐增加的压力。社会成员在工作中,应该认真负责地完成任务,保证在规定时间内做到最优。在学习上,个体应不断充实自己的知识和才能,以适应知识爆炸的社会。面对日益更新的知识和技术,只有形成良好的学习习惯,才能胜任现代工作的需要。个体在生活中要养成良好的作息制度。因为有规律的生活能使大脑和神经系统的兴奋和抑制交替进行,如果能够持之以恒,则可以在大脑皮层上形成动力定型,从而有利于促进身心健康,防止因过度劳累造成精神紧张而可能实施违法犯罪行为或者自我伤害行为。

4. 加强意志品质的锻炼。意志品质是指构成人意志的诸因素的总和,主要包括自觉性、果断性和坚韧性等几方面。自觉性是指个体自觉自愿地执行或追求整体长远目标任务的程度,其外在表现为热情、兴趣等,内在表现为责任心、职责意识等。个体的自觉性是个体的能、责、权、利的统一。具有高度自觉性的人有明确的行为目的,有坚定的信仰追求,有鲜明的原则立场,有毫不含糊的是非标准。果断性是指人能够迅速而合理地决断,及时采取决定并执行决定。具有果断性品质的人,能够敏捷地思考行动的动机、目的、方法和步骤,清醒地估计可能出现的结果。意志果断的人善于当机立断,毫不犹豫地做出行为决策,它反映了意志的行为价值的效能性。意志的行为价值的效能性越高,人对行为方案的编制速度、决策速度和激发速度就越快,就越能在紧急状态下迅速做出有效的行为反应。坚韧性是指一个人以坚忍不拔的毅力、顽强不屈的精神,克服一切去执行决定。在任务困难面前或威胁利诱面前都毫不动摇,坚持不懈地去实现既定目标。意志坚韧的人能够坚持不懈、百折不挠、勇往直前地完成工作任务,它反映了意志的外在稳定性。意志的外在稳定性越高,意志对人的行为活动的控制约束力就越持久,人就越会表现出顽强的毅力和持久的耐心。英国19世纪政治家查士德斐尔爵士曾说,目标的坚定性是性格中最必要的力量源泉之一,也是成功的利器之一。没有它,天才也会在矛盾无定的迷途中徒劳无功。所以,为了减少犯罪,每个人都需要增强自我控制能力,要不断锤炼自己的意志品质,拒绝不良生活方式的诱惑,坚定不移地用正确的方式实现自己的人生理想。

思考与训练

1. 如何认识犯罪心理预防和犯罪心理预测的关系?
2. 犯罪心理预防具有什么功能?
3. 犯罪心理预防的基本途径有哪些?
4. 如何发挥家庭、学校在犯罪心理预防中的作用?
5. 请从心理健康的角度分析如何实现犯罪心理的自我预防。

6. 实践运用。

(1)美国纽约市曾经是全球犯罪率最高的城市之一,而在20世纪90年代,该市采取了一系列措施来减少犯罪,其中之一就是创造一个更好的环境,同时加强对轻微违法犯罪行为的治理。1993年,纽约市长鲁迪·朱利安尼(Rudy Giuliani)和警察局长威廉·布拉顿(William Bratton)利用破窗理论作为实施新的强硬政策的基础,积极处理相对较轻的犯罪,加强对公共场合饮酒、随地小便和涂鸦等犯罪的执法力度;此外,还严厉打击了在交通站主动索要清洗车窗费用的流浪者,并且禁止在无执照场所跳舞,关闭了许多有公共骚乱记录的夜总会。在这些措施实施5年后,纽约市的犯罪率整体下降50%,谋杀案减少70%。

(2)全国文明城市,简称文明城市,是指在全面建设小康社会中市民整体素质和城市文明程度较高的城市。全国文明城市称号是反映中国城市整体文明水平的最高荣誉称号。全国文明城市是全国所有城市品牌中含金量最高、创建难度最大的一个,是反映城市整体文明水平的综合性荣誉称号,是国内城市综合类评比中的最高荣誉,也是最具有价值的城市品牌。全国文明城市评选的主要依据有《全国文明城市测评体系》等。测评内容主要包括公共环境、公共秩序、公共文化、公共服务、公益活动、公共关系等方面。例如,在公共环境方面的测评内容为:有无暴露垃圾,有无随地吐痰或口香糖,有无乱扔废弃物、损坏绿地和花草树木行为,有无占道经营,道路是否破损、是否坑洼积水,公用电话、邮箱、报栏、座椅、窨井盖、垃圾箱等公共设施是否损坏,公益广告、门面招牌是否符合规范,禁烟场所是否有吸烟现象等。公共秩序方面:车辆是否闯红灯、抢道、逆向行驶、乱停乱放,是否向车外乱抛垃圾,行人、非机动车是否各行其道,行人是否乱闯红灯、乱穿马路、乱翻护栏,是否有序排队候车、依次上下车,是否存在乱晾晒、乱张贴、乱搭建、乱堆放、乱泼污水、盯人散发小广告、违规出摊经营等现象。公共文化方面:网吧是否建立实名上网登记制度、是否接纳未成年人上网、是否在显著位置设置“未成年人不得进入”的标志,图书、电子、音像、报刊出版单位是否有违规出版行为,公共文化场馆是否免费开放,校园周边是否有恐怖、迷信、低俗、色情玩具、文具和出版物出售,校园周边环境秩序是否良好等。

问题:结合上述材料和犯罪心理学知识,分析如何有效预防犯罪、提高我国社会治理工作水平。

第十四章　刑罚预防的心理分析

适用刑罚的目的，在于“惩罚犯罪，保护人民”。在实现这一目的过程中，还需要注意刑罚预防功能的发挥，即充分发挥刑罚的一般预防功能和特殊预防功能，从而最终达到保护人民的目的。众所周知，所有的犯罪行为都是在行为人意志支配下的活动，如果是无意识或者无意志的行为，就不能将其纳入刑法评价和规制的范畴。所以，无论是刑罚的一般预防还是特殊预防，只有当其作用于人的心理时，才能真正产生矫治犯罪心理、预防犯罪的实效。因此，对刑罚预防进行心理分析，能够让我们了解刑罚在个体及社会层面是如何发挥作用的，以便我们在此基础上调节刑罚适用方式、完善刑罚适用机制，最终顺利实现刑法“惩罚犯罪，保护人民”的目的。

第一节　刑罚一般预防的心理功能

从心理学角度观察，任何一个没有完全丧失感知能力的人，对于外界的刺激都能够作出相应的心理反应。刑罚的制定和适用，实际上可以看作社会治理中治理主体向社会成员发出的刺激，即实施刑法所禁止的行为或者不实施刑法所要求实施的行为，就会受到相应的刑罚惩罚。如果接收到这一刺激的社会成员没有完全丧失感知能力，基于人趋利避害的本能，就能够在心理上产生遵守刑法规定或者削弱、消除潜在犯罪意图的心理反应。刑罚在社会成员心理引起的这种反应，可以称为刑罚的心理效应。这说明，刑罚的一般预防功能是有心理学依据的，刑罚的制定和适用是能够引起社会公众心理反应的。具体而言，刑罚对社会成员的一般预防功能主要表现为以下几种心理功能。

一、教育功能

刑罚的教育功能，主要体现在它能向全社会传达刑法的禁令，规范和指引公众的社会行为。从刑法规范层面看，刑法的内容可以分为禁止性规范和命令性规范。禁止性规范主要规定的是社会公众不得实施的行为，如果实施了这些行为，就会受到刑罚的惩罚。例如，刑法上规定的故意杀人罪、故意伤害罪、抢劫罪、强奸罪等，都是禁止性规范，其目的是告诉社会公众在日常生活中不得实施故意杀人、故意伤害、抢劫、强奸等行为。命令性规范主要规定的是社会公众必须要做的行为，也即通过刑法强制性地为社会公众设置一种法律义务或者是维护其他法律所设置的义务，如果社会公众不实施刑法要求做的这种行为，就会受到刑罚的惩罚。例如，刑法上规定的遗弃罪，逃税罪，拒不执行判决、裁定罪等，都是命令性规范，其目的是在告诉社会公众在日常生活中要积极承担抚养（扶助、赡养）

义务、纳税义务和执行生效判决、裁定的义务,如果社会公众不履行刑法所要求履行的这些义务,就会受到刑罚的惩罚。这说明,通过刑罚的制定和适用,可以让社会公众知道哪些行为是不能实施的,哪些行为又是必须实施的。因此,刑罚适用的目的不单单是惩罚,还在于告诉社会公众如何安排自己的行为,尤其是让自己的行为不触犯刑法的规定。在司法实践中,经常发生这样的情形:有些人已经产生实施某一行为的意念,但并不知道这一行为是犯罪。在这种情况下,如果在行为人实施这一犯罪行为之前,通过一定的方式使之知晓其行为是犯罪行为,实施就会被评价为犯罪并受到刑罚的惩罚,那么,行为人基于趋利避害的本能,在大多数情况下就会放弃实施,或者是转而实施较为轻微的行为。

刑罚的设置及其在社会生活中的运转,旨在告诫人们不要做或者要求人们必须做哪些行为,违反这些禁止性或者命令性规范,就会给自己带来不利的法律后果。因此,刑罚的设置和适用,蕴涵着强有力的心理教育功能,对于不同的对象都会发挥积极的作用。例如,对于明知故犯者,刑罚通过对其权利的限制或者剥夺,可以矫正其认知,规范其行为,使其得到教育和改造;对于不知法而欲犯者,刑罚以鲜明的现实案例使其预测到自己的行为可能会受到何种惩罚,以及何种程度的惩罚,进而使其放弃实施违法犯罪的想法;对于自发守法者,刑罚的心理教育功能则体现为对其守法意识和规范认知进行持续强化,保证其所实施的一直是适法行为,而不是从守法者转向违法者。

刑法规范是社会生活中的重要规范,它通过惩罚犯罪确认自己在社会生活中的权威。刑罚的实施向人们昭示着国家制定的规范(不仅局限于刑法规范,还包括民法、行政法等多种规范)具有不可违反性,这些规范是维持国家、社会运转的重要保障,谁违反了这些规范,就代表其侵犯了国家的权威。我们可以想象一个场景,任何人都不相信一个社会的规范,既不相信违反它能带来惩罚,又不相信遵守它能避免惩罚,那么,这种规范就失去了它的权威性,整个社会就会陷入混乱。刑法规则主要通过刑罚的方式发挥对人的教育功能,它要求人们将刑罚规则视为权威规范,并内化为自身行为规范,养成守法的良好习惯,成为影响人们行动决策的内在影响力量。人们将刑罚以及与之对应的行为模式内化为自身行为规范的过程,也就是人们自我教育、自我规范的过程。人们将刑法规范内化于心后,用主观意志约束客观行为,如此,就实现了刑罚的教育功能。

二、威慑功能

刑罚的一般威慑功能是相对特殊威慑功能而言的,是其通过刑罚的创制、适用和执行对社会上的潜在犯罪人产生的儆戒效应。揭露犯罪和对犯罪分子科处刑罚的刑事诉讼活动,将罪刑关系的具体信息扩散、传播到社会,使潜在的犯罪人获得更加具体、明确的认知,即只要是犯罪就必然会受到刑罚惩罚,因惧于受刑之苦而不敢以身试法,动摇其潜在的侥幸心理和冒险心理,使刑罚起到遏制犯罪意念的作用。

一般威慑又可分为立法威慑、司法威慑与行刑威慑。立法威慑是指国家以立法的形式确定罪刑关系,通过刑法规定犯罪是应受刑罚惩罚的行为,并具体列举各种犯罪应当受到的刑罚处罚,这彰显了国家对实施犯罪行为的人加以惩罚的决心,也建立了犯罪和它应付出的代价之间相对精确的阶梯,使知法欲犯者望而生畏、悬崖勒马。刑罚从相反的方面(不遵守禁令时将会有什么后果)向人们传达刑法的禁止性与命令性规范,比任何正面传达(直接规定应当怎样或不应当怎样)的法律规范对人们的影响都要强烈、持久。另外,刑罚的严厉性也使人们不得不时常考虑刑罚所传达的规范,从而对人们的行为产生约束作用,使人们不敢贸然实施刑法所禁止的犯罪行为。

司法威慑,是指审判机关全面而彻底地揭发犯罪嫌疑人的丑恶罪行,面向社会公开宣布对犯罪分子适用刑罚。在刑事审判过程中,庄严的法庭、严肃的法官、积极控诉的检察官,使案件事实和犯罪真相不断被揭露,犯罪者经过审判得到应有的报应和惩罚,法律的权威得到了彰显,使人产生犯罪意念时只要联想到罪行将会被揭发并受到刑罚惩罚就会感到恐惧和耻辱,从而放弃实施犯罪行为。

行刑威慑,是指行刑机关对已决罪犯执行刑罚,使意欲犯罪者因目睹他人受刑之苦,从而起到儆戒作用。刑罚在一般预防中的威慑功能除使人感受刑罚的痛苦之外,还体现在其能够向人们宣示一种耻辱。它不仅能够制造各种权利被限制或者被剥夺的痛苦,还能通过刑罚将犯罪行为评价为一种耻辱的行为。例如,古代的髡首刑、墨刑、膑刑、宫刑[1]等,其不仅可以给犯罪人带来身体上的痛苦,而且还会给犯罪人带来一种羞辱。《孝经·开宗明义》中指出:"身体发肤,受之父母,不敢毁伤,孝之始也。"作为惩罚,通过刑罚对犯罪人身体发肤进行毁伤,既表明其不是忠于君主的臣民,又表明其因犯罪导致父母赐予的身体被毁伤,是不孝的孩子。在古代,不忠、不孝的人是会被人鄙视的,将背负极大的污名。在现代社会,刑罚同样具有羞辱作用。尽管人性化的刑罚措施摒弃对罪犯的人格侮辱,但很难避免刑罚给罪犯带来的负面评价,大众媒体对丑恶的犯罪行为的批判总是在刑罚确定之后到来。所以,从一般观念来看,刑罚与耻辱又紧密联系在一起,遭受刑罚惩罚的人是耻辱的,遭受刑罚惩罚的行为是邪恶的。惩罚的这种象征作用有助于形成所有重要的内在障碍,使我们中的大部分人不加意识、不加思考、不加权衡地抑制违法,对惩罚的耻辱的恐惧,无论如何不完全,都与对实质性的痛苦或剥夺的恐惧一样,构成一种抑制力。[2] 当然,社会共同体中也有一些人已经形成了变态心理,对于刑罚惩罚不以为耻,反以为荣,刑罚对之已经没有了威慑力,这种情况下需要通过特殊预防对其加以矫治。

需要强调的是,立法威慑、司法威慑与行刑威慑是互相联系、不可分割的,任何一方面都不能偏废。实际上,没有立法威慑,就不可能有后来的司法威慑、行刑威慑;而没有司法威慑、行刑威慑,立法威慑也不可能产生应有的效果,三者是密切结合的有机整体。当然,现代文明社会排斥酷刑,使用酷刑威慑守法者或者潜在的犯罪人被认为是不人道的,即使较为温和刑罚的实施在很大程度上也离开了公众的视野。普通民众能感受到的更多是司法威慑,即惩罚与犯罪之间的必然联系。

三、抑制功能

刑罚的抑制功能,主要表现在对犯罪冲动的抑制,从而引导社会心理向遵守秩序方向

---

[1] 虽然宫刑是"男子去势,女子幽闭"的一种肉刑,但其中包含着深刻的耻辱意味。很多古人,尤其是男性在被处以宫刑后都选择了自杀。

[2] 参见邱兴隆:《关于惩罚的哲学——刑罚根据论》,法律出版社2000年版,第91页。

发展。刑罚代表着国家对犯罪的否定评价,本质上反映了社会公众对犯罪的谴责。刑罚的设置和适用可以帮助人们认识犯罪的危害性和可责性,引导人们在行为评价中谴责犯罪,进而制止犯罪。刑罚作为犯罪的法律后果,总是表现为罪犯基本人身权利被剥夺或者被限制,如生存权利、人身自由权利、政治权利、财产权利被剥夺或者被限制。因此,意欲实施犯罪行为的人,除对法律彻底无知者之外,必然会考虑到刑罚——自己的犯罪行为可能给自己带来的不利后果。慑于刑罚之苦,相当一部分人的犯罪冲动都自觉地或者很不情愿地永远停留在意识之中。即使是那些怀着侥幸心理实施犯罪的人,也有一部分因不断受到刑罚之苦的心理压迫而中止或者放弃犯罪。刑罚的这种抑制作用,使它在防止绝大多数一般人犯罪方面发挥着极为重要的作用。尽管有少数人实施犯罪行为,但这并不能证明刑罚的抑制功能没有发挥出来,因为刑罚并不能制止所有的犯罪冲动,立法者、司法者或者刑罚执行者也从没希望用刑罚抑制全部的犯罪冲动。

刑罚不仅可以制止一般潜在犯罪人的犯罪冲动,而且可以消除犯罪被害者的犯罪冲动,防止其由犯罪的被害者发展为犯罪的实施者。因为,犯罪不仅危害了共同的社会生存条件,而且在绝大多数的场合还直接甚至首先侵害了某些个人的权益,或者给被害者造成了肉体伤害、精神创伤、财产损害,或者剥夺了被害者的生命。这些都必然激起被害人及其亲属的激愤情绪,产生对犯罪人的复仇冲动,这种冲动有些就很可能以犯罪的方式表现出来。对犯罪者适用刑罚,就可以在一定程度上使被害人或者其亲属认识到如果施加私刑,就会像犯罪人一样被刑罚惩罚,从而认可国家的惩罚而抑制私人复仇的冲动。在一定意义上说,这也是预防了犯罪。

四、刑罚的补偿功能和安抚功能

犯罪作为一种危害社会的行为,一般情况下都存在被害人,当然,有些犯罪中也不存在被害人,如偷越国(边)境犯罪。当被害人因受到犯罪行为的侵害而在物质和精神上遭受了不同程度的损害时,其会出于原始的报复心理要求对罪犯适用刑罚进行惩罚。一方面,使自己的报复欲通过刑罚对犯罪人的惩罚得以实现;另一方面,使自己遭受的物质及精神损害得到赔偿或者补偿。刑事法律中规定,不仅要用刑罚惩罚犯罪人,同时还在必要的情况下要求犯罪人给予被害人民事赔偿,或者责令具结悔过、赔礼道歉等。因此,刑罚对被害人具有补偿功能,能够补偿其遭受的物质损失和精神损失。

安抚功能也是刑罚的重要功能之一。犯罪行为对社会造成侵害,破坏了社会秩序,引起被害人的激愤与其他社会成员的不安和愤怒。通过对犯罪分子适用刑罚,可以平息因犯罪而引起的不安与愤怒,满足被害人要求惩罚犯罪分子的强烈愿望,抚慰其受到的精神创伤,并使其尽快从犯罪所造成的痛苦中解脱出来。此外,安抚功能也会对社会上其他成员产生作用。刑法是全体社会成员的意志在法律上的体现,犯罪是对全体社会成员公平、公正等道德感的挑战,是孤立的个人挑战社会的安定秩序。社会成员必然会要求惩罚犯罪人以恢复被破坏的秩序和公正。同时,犯罪还在社会中制造了不安全感,如果不能及时、公正地惩罚犯罪,不仅会使社会成员对自身生命、财产失去安全感,还会使公众对侦查机关及司法机关产生不信任,甚至怀疑国家法律的权威。侦查机关将犯罪嫌疑人及时绳之以法,司法机关及时对犯罪分子进行起诉和审判,并最终科以刑罚,就体现了社会的正义要求,其恢复了被犯罪行为破坏的社会秩序,满足了被害人及社会公众惩罚犯罪的心理需求。

五、对刑罚一般预防功能局限性的分析

由于各种因素影响,包括立法、司法,犯罪人个体的心理、生理,以及其他社会因素的作用,刑罚的一般预防功能的发挥是有限的。因此,在一般预防功能的基础上,有必要对一般预防功能的局限性加以分析。

(一)个体身心特点对一般预防的影响

尽管一般预防的对象是每一个社会成员,但由于每一个人的心理和生理特点存在较大差异,所以,一般预防对于不同人的效果是存在较大差异的。人的主观心理是由认识、情感和意志等组成,上述因素不同,对一般预防功能的发挥也有不同影响。

认识能力的大小会使人们对刑罚有不同的心理反应。认识能力差的人对刑罚反应往往是迟钝的,法盲犯罪就属于这种情况。对于这些人来说,立法威慑是不起作用的,因为对刑罚的畏惧心是以对刑罚的性质与意义的充分认识为前提,而认识的正确与否又受制于主体的认识能力。由于这部分人对法律根本无知,对自己实施的行为与刑罚之间的关系没有任何认识,所以刑罚的威慑作用难以发挥。但是,这并非指对法律的无知必然导致犯罪,有些人虽然对法律没有任何认知,但由于道德情操高尚,严于律己,同样也不会实施侵害他人利益的行为。实践中也存在对法律认知程度高但知法犯法的现象,如有些警察、法官、检察官、律师等从事法律工作多年,熟知法律条文规定,但依然存在以身试法的现象。还有些人不可能理解刑罚的性质及其给个人行为带来的后果,如儿童、精神病患者等,一般预防对他们几乎不会产生任何影响。

情感和意志表现为对自己行为的控制能力。控制能力差的人受一般预防的影响较小。实践中发现,一般预防对激情犯的影响较小。激情犯是指由于外部刺激强烈,激情爆发而实施犯罪行为的人。激情犯通常是由于偶然事件的强烈刺激,大脑皮下神经高度兴奋,情绪顿时激动到难以控制的程度,丧失理智,不计后果,发生暴力犯罪行为的犯罪。激情犯具有突发性的显著特点,研究发现,有的犯罪人因激情爆发犯罪行为时会出现大脑短暂空白,理性完全消失,表现几近疯狂。虽然这些激情犯在犯罪后悔恨不已,但为时已晚。有些人即使事先知道自己实施的是犯罪行为,将会受到刑罚惩罚,但实施行为时或者碍于人情,心存侥幸,或者意志力薄弱,禁不住诱惑等,也在半推半就中实施了犯罪行为。也有些人认知能力、情感及意志水平都十分正常,但其认识发生了严重偏差,认为接受刑罚就可以实施犯罪,或者对生命已经失去了乐趣,愿意实施极端犯罪来结束自己的生命。在实践中,有的犯罪人出于复仇的动机,对仇家实施了疯狂的报复后既不毁灭犯罪现场,也不远遁他方,而是主动报警或者静待警察到来,主动接受刑罚的惩罚。对于明知故犯且没有任何侥幸心理而是对即将到来的惩罚十分冷静的人,一般预防同样也没有办法对之发挥自己的作用。总之,一般预防对人的作用是不同的,主要取决于人们的认识、情感与意志特点和水平。

(二)犯罪类型对一般预防的影响

犯罪类型对于一般预防的效果也有一定的影响。对于自然犯与法定犯[3],一般预防的效果有所差别。自然犯本身就蕴含着对个体权利的侵犯性,人们根据一般的道德伦理观念即可对其作出有罪评价。盗窃、抢劫、故意伤害、故意杀人等行为既是道德所不允许的,也是法律所禁止的,刑罚一般预防的作用容易发挥,即使完全不懂法的人也知道不能实施这类行为。法定犯通常违反行政法规中的禁止性规范,极其严重的由刑法规定为犯罪,加以处罚。因为行政法规会随国家管理目标的改变而时常发生变化,法定犯相对自然犯变动更多、更大,且由于法定犯通常并不违反人们熟知的伦理规范,所以,一般来说,自然犯的一般预防效果优于法定犯的效果。有学者将对自然犯的惩罚称为"基础性惩罚",将对法定犯的惩罚称为"专断性惩罚"。如果"专断性惩罚"将"基础性惩罚"纳入其范围之内,同时又将自己装扮成"基础性惩罚",这就把故意杀人、故意伤害、盗窃、抢劫等犯罪混同于散布不满言论、倒买倒卖等行为。尽管国家将其混同的目的在于借助"基础性惩罚"来强化"专断性惩罚"的合法性或合理性,但会使人们对惩罚在整体上的合法性产生怀疑,效果就是惩罚在表面上的巨大成功掩盖了其潜在的失败。[4]所以,法定犯的范围不宜扩大,否则,刑罚的一般预防作用将大打折扣。

在自然犯中,基于本能的或变态人格的某些犯罪,如性犯罪,一般预防效果往往不佳。因为作为人的基本需要,性需要的满足受阻给主体造成的生理紧张度或心理压抑,通常比社会欲求不能满足的压力更加现实和具体。在这种情况下,其明知犯罪会受到惩罚,在受到一定环境刺激的情况下也必欲先犯之而后快。另外,对有些形成某种瘾癖的犯罪,一般预防的作用也是有限的,如盗窃癖、吃人癖、因吸毒成瘾而实施的犯罪等。例如,因毒瘾无法得到满足的痛苦远远超过刑罚能给人造成的痛苦,为满足这一瘾癖而实施抢劫、盗窃、贩毒等犯罪,对于犯罪人来说,既是两害相较取其轻的结果,又是在病理作用下的不得已选择。在法定犯中,对于政治型犯罪、邪教型犯罪,一般预防的效果也较差。由于受错误的政治信念或者邪恶的宗教极端思想的影响和蛊惑,行为人会把受刑罚处罚视为实现自己的信念与理想所必然付出的代价,甚至有监狱经历的罪犯会被视为"信仰坚定、不屈不挠"的"模范"。对这种罪犯需要进行特别预防,尤其是要用耐心、细致的思想工作使其放弃自己的错误观念。因此,一般预防对不同类型犯罪的影响的差别也是客观存在的。

(三)治安状况对一般预防的影响

在不同的治安形势下,一般预防的效果也有差别。当社会治安形势比较好、秩序比较安定的时候,一般预防效果比较好,并且使用较轻的刑罚就足以抑制比较严重的犯罪。当治安形势比较差、社会较为动荡时,犯罪不断发生,对社会上的不稳定分子会产生一定的感染力,刑罚的一般预防效果就相对削弱。此时,即使对相关犯罪处以严厉的惩罚,还是

---

〔3〕 一般而言,违反伦理道德、即使没有法律规定也属犯罪的行为是自然犯,如故意伤害、故意杀人、强奸、抢劫等;相反,没有违反伦理道德、只是由于法律规定才成为犯罪的行为是法定犯,如逃税、非法经营、走私等。

〔4〕 参见强世功:《惩罚与法治:当代法治的兴起(1976—1981)》,法律出版社 2009 年版,第 26 ~28 页。

难以收到良好的效果。例如,2005 年,美国新奥尔良市发生水灾后,市区频频发生抢劫、斗殴、强奸等行为,新奥尔良市会议中心有人遭枪击而死;街区避难所发现暴力犯罪的遇害者;体育馆里孩子遭到强暴;一架转运灾民的“奇努克”军用直升机遭枪击;一名国民警卫队员遭枪击等,人们感觉仿佛生活在地狱当中。为恢复当地秩序,美国军方首批增援部队在抵达新奥尔良市后,他们受命可以在必要情况下开枪击毙猖狂抢劫、强奸的暴徒。此时的审判等活动基本上无法遏制犯罪,随着救援活动的开展及洪水的退去,各种犯罪活动才开始减少。

(四)地域因素对一般预防的影响

在不同的国家与社会,一般预防的效果也是有很大差别的。因为一般预防的效果不是仅由刑罚决定,而是在各种社会因素综合作用下的结果,这些社会因素不同,刑罚的一般预防也就会产生差异。综观世界各国刑法,几乎没有两个国家针对同一犯罪行为作出相同的处罚规定。即使在同一国家的不同地区,如农村与城市、南方与北方、沿海与内地,一般预防的效果也不完全相同。在乡村中,人们生活在熟人社会,社会道德监督、舆论监督的力量强大,即使没有刑罚,人们通常也不会实施犯罪。对于偶然进入这个熟人社会的陌生人,人们一般会对其保持警惕,此人想要实施犯罪也有困难。所以,刑罚在此处的调控力量即使收缩也能取得良好的效果。但是,在人口集中的城市,人们处于陌生人社会,人与人之间关系相对冷漠,针对个人的道德监督和舆论监督力量很小,所以容易实施犯罪。在有些人口流动性很强的地区,很多外来人员实施犯罪后往往自己也觉得不可思议,在家乡安分守己的人,走在其他城市的路上却可能会突然产生抢夺或者抢劫的念头并付诸实施。所以,在这些道德监督体系欠发达的地域,刑罚调控力量要扩张,弥补其他约束力量欠缺造成的空白。因此,根据各个国家与社会的具体情况来设置刑罚,调整刑罚在同一国家不同地区的影响力以便最大程度地发挥一般预防的作用,是非常有道理的。

一般预防的局限性表明,一般预防对于预防犯罪是有限的,因此,预防犯罪还需要综合采用其他方法。

第二节　刑罚特殊预防的心理功能

特殊预防是指通过对犯罪人适用刑罚,达到防止犯罪人再次实施危害社会的犯罪行为的目的。特殊预防是有其心理学依据的,实践中绝大多数犯罪人的行为规律表明,各种犯罪行为并不全部是仅仅实施一次,而是具有可重复性。因为犯罪行为受不断变化的犯罪思想的支配,一旦一次得手后,犯罪人因某种需要得到满足而感受到犯罪之乐,则很容易再次实施犯罪行为。因为犯罪行为已经给社会关系造成难以挽回的损失,单纯的报应性惩罚无法恢复被犯罪破坏的原状,所以特殊预防的主要任务是对犯罪人思想的矫正,促使其再社会化,防止其再次实施犯罪行为。从心理学角度来看,人的犯罪思想是可变的,犯罪人的犯罪心理并非与生俱来,而是存在非常复杂的形成过程。影响犯罪心理生成的因素主要有两大类,即客观和外在诱因和主体的内在动因。外在诱因是促成犯罪心理形成和发展的诱导因素,包括自然因素和社会因素。内在动因是促成犯罪心理形成和发展的主体内在动力因素,包括犯罪主体的生理条件和心理素质。根据犯罪心理产生的客观性,我们也可以为犯罪人创造一个良好的局部环境,在这个环境中,通过劳动改造或教育改造的手段,逐渐消除犯罪人的犯罪心理。在这一过程中,对犯罪人新产生的良好心理状态加以强化,坚定其不再犯罪的信念,防止其受外界环境诱惑而再次实施犯罪。所以,特殊预防的目的是能够通过科学方法和手段实现的。

从对犯罪人心理影响的角度来看,特殊预防有以下几种功能。

一、刑罚的惩罚功能

刑罚的惩罚功能具体表现为对犯罪人施加某种基本权利的剥夺或限制,对其心理造成影响,使其再犯能力遭到剥夺或限制,从而在不同程度上给犯罪人的再犯制造障碍。无论是何种刑罚,哪怕是最轻的刑罚,一经交付执行,就必然要剥夺或者限制受刑人的某些权益,使其无法实施一定行为并在心理上感受到一定的痛苦,对犯罪行为产生厌烦,从而达到防止其继续犯罪的目的。例如,死刑立即执行是最严厉的刑罚,其内容表现为剥夺犯罪人的生命,刑罚的执行意味着永久地剥夺了犯罪人再犯的能力。这是一种最根本、最有效的特殊预防方式,对于那些有明显的再犯可能性的罪犯来说,死刑即意味着一劳永逸的犯罪预防。

拘役、有期徒刑和无期徒刑是较为严厉的刑罚,其内容表现为剥夺犯罪人的人身自由。对罪犯实施惩罚,主要就是依照人民法院的判决和执行通知书,由监管机关剥夺罪犯的自由;实行武装警戒和严格管制,监督他们遵守监管机关制定的各项监规纪律。此种刑罚执行的方式严格限制了犯罪人人身自由,使其部分公民权利被剥夺或者无法行使,这就大大减少了犯罪人再次实施犯罪的机遇和条件。在刑罚执行期间,犯罪人与外界社会隔绝,或者丧失了实施某种犯罪的便利条件,或者无法与潜在被害者接触,甚至无法自由自在地行动,即使其有犯罪意图,也不可能或者很难实施某些犯罪。这在一定程度上实现了再犯罪率的降低。在监管场所中,凡是违反监规纪律、聚众斗殴、哄监闹事的,都要受到监内惩处。凡是触犯刑法规定,行凶报复、越狱、脱逃及实施新的犯罪活动的罪犯,都要依法定罪判刑。通过惩罚,这些罪犯认识到国家法律的严肃性和不可挑战性;认识到自己所犯罪行对国家和人民的危害性;认识到自己既然侵犯了国家和人民的利益,就要受到国家法律的惩罚的必然性,由此,使他们感到一定的压力和痛苦,从而认罪服法、悔过自新。

对于被判处管制的犯罪分子,主要是通过限制他们的人身自由,使其得到惩罚。对被判处罚金、没收财产的犯罪分子,主要是通过剥夺他们一定的经济利益,在一定程度上限制其实施以金钱为资本的经济犯罪。被判处剥夺政治权利的犯罪分子,主要是通过限制他们在一定时间内参加国家管理等的政治权利,使其得到惩罚。无论何种刑罚,它的适用都会加诸犯罪人一定的痛苦,都是对犯罪人的一定利益的剥夺。

二、刑罚的个别威慑功能

刑罚的个别威慑功能,是指适用刑罚可使犯罪人产生的因畏惧再次受刑而不敢再犯的心理效应。个别威慑实际上是指刑罚对犯罪分子产生的防止其再次犯罪的作用。个别威慑又可以分为行刑前威慑与行刑时威慑。行刑前威慑是指犯罪分子在受到刑罚惩罚前,基于对刑罚的畏惧而采取放弃犯罪或者犯罪后积极坦白、自首、立功或者对被害人主动赔偿,争取宽大处理的行为。犯罪分子通常是具有正常认知的人,是在意志自由的情况下实施犯罪的,除激情型或义愤型犯罪具有突发性、缺乏对自己行为后果的预见外,在大多数情况下,犯罪分子都是了解法律规定,对自己行为的法律后果有所预见,基于本人的真诚愿望而选择实施的。因此,对于首次犯罪的人来说,虽然没有亲身受过刑罚的惩罚,但刑罚的存在无疑是阻止犯罪分子的强大力量,对犯罪分子具有威慑作用。行刑后威慑是指刑罚的实际执行使犯罪分子因畏惧再次受刑而不敢实施犯罪行为。敢于实施犯罪的行为人往往具有侥幸心理,行刑前威慑虽然具有一定的作用,但犯罪分子还是可能因心存侥幸而不顾刑罚的威慑以身试法。为此,通过对犯罪分子适用刑罚,使之亲身体验受刑之苦,使之明确犯罪必须以受刑为代价。正如前文所述,刑罚的适用必然把惩罚的痛苦加诸犯罪人。这首先在犯罪信息反馈中使犯罪人受到强烈的刺激,使其痛切地体验到犯罪给自己带来的不利后果。这种信息反馈对其以后的犯罪冲动必然产生巨大的抑制作用,促使其在行为选择过程中重视犯罪的不利后果。

通过在刑罚与犯罪之间建立必然且迅捷的联系,使犯罪人形成犯罪与刑罚之间具有必然联系的确信。随着犯罪被揭露和刑罚的实际执行,犯罪人的侥幸心理受到打击,使他在痛苦中得到教育,即犯罪必然是要付出沉重代价的。这样能够有效地减少乃至消除犯罪分子的侥幸心理,抑制其犯罪意念,使再犯心理仅仅停留在内心深处,从而不敢或者不愿外化为再犯行为。

三、刑罚的感化功能

刑罚的感化功能是针对犯罪分子而言的,它主要体现了刑罚的教育性。刑罚的感化功能是指通过宽严相济等一系列的政策与制度,使刑罚对犯罪分子产生心理上的感化和影响。

除了死刑外,刑罚的执行过程,特别是自由刑的执行过程,实际上也是对犯罪人的教育改造过程。在刑罚的执行过程中,不仅有劳动锻炼,而且有严格的管束、深入的法制教育、长时间的反省,这些都可以促使犯罪人改过自新,消除犯罪邪念。特别是经过监狱机关满腔热忱、耐心细致地教育、感化、改造,这些体现人道待遇和关心爱护受刑人的措施能够对他们产生感化心理效应,使之安心改造,弃恶从善,重新做人。

我国刑罚的感化功能,是惩办与宽大相结合,即宽严相济这一刑事政策的直接体现,要根据犯罪的具体情况,实行区别对待,做到该宽则宽,当严则严,宽以济严,严以济宽,宽严相济,罚当其罪,打击和孤立极少数,教育、感化和挽救大多数,最大限度地减少社会对立面,促进社会和谐稳定,维护国家长治久安。这一政策在我国刑法中得到了具体体现,我国《刑法》规定了缓刑、减刑、假释、死缓等刑罚制度及一系列自首、立功等从轻、减轻或者免除刑罚的量刑情节,这些都表现了国家对悔过的犯罪分子宽大处理的精神,它可以消除犯罪人的抵触情绪,从而最大限度地发挥刑罚的功能。许多犯罪分子在受到法律的宽大处理以后,都能够自觉地接受加之于自己身上的刑罚。这就是刑罚通过宽大处理而感化罪犯的最好说明。对犯罪分子的刑罚感化,不仅表现在量刑过程中,而且体现在行刑过程中。行刑不单纯是对犯罪分子的惩罚与报应,而是通过各种措施感化犯罪人,既控制其过高的需求,又满足其基本的、合理的需求,还要培养其高尚的需求。只有这样,才能收到好的效果,防止再次犯罪的发生。在对犯罪分子的感化过程中,要启发犯罪人的理智、道德感、同情心、怜悯心,直至良心发现,对自己的罪行产生悔恨,产生内疚感和赎罪心理。有些罪犯在监狱中听到自己家庭生活困难,孩子没钱上学或者妻子要离婚后,情绪波动,容易脱逃或者在监狱中伤害他人。监狱干警往往在力所能及的范围内对其家庭进行帮助,通过捐款帮助罪犯的孩子上学,或者将罪犯的妻子请到监狱,做耐心细致的工作。这样的人性化管理能使罪犯深受感动,情绪稳定,安心服刑,弃恶从善,重新做人。

四、刑罚的教育改造功能

刑罚的教育改造功能,是指在行刑过程中通过各种教育改造手段可能对犯罪人产生的教育改造效应。教育改造功能主要表现为在惩罚的前提下,对罪犯实行系统的政治思想教育、社会道德或公德心的教育、文化知识教育和生产技术技能教育,使其放弃犯罪心理,确立正常的守法意识;矫正不劳而获的恶习,养成自食其力的劳动习惯;掌握一定的生产技能,为重返社会创造条件。

刑罚的教育改造功能主要发生在行刑阶段。通过系统的教育,可以普遍提高犯罪人的思想品德素质,消除犯罪邪念。对那些不知法而犯罪者来说,这种教育工作还可以帮助他们认清自己行为的性质,在司法实践中,不知法而犯罪者大有人在,这种所谓法盲犯罪的现象的存在,充分说明了刑罚教育功能的必要性。不知法而犯罪者,通过接受法律的审判和刑罚的适用与执行,以亲身感受的方式明确无误地认识到某一行为是刑法所明令禁止、为社会所不接受的,从而在接受教育以后不再犯罪。在有些监狱中,除了给罪犯普及法律知识外,还开设了相应的文化课程,不仅扫法盲,还要扫文盲。在有条件的监狱,还要给犯人上生产技术课,引领他们参加生产实践,使其在出狱后能够通过自己的诚实劳动获得幸福生活。

改造的目的还在于改变犯人的价值观念和行为方式。改造与矫正同义,一般来说,我国刑罚的改造功能是以马克思主义关于人的解放学说为政治理论基础的。无产阶级以改造世界为己任,不仅要改造客观世界,而且要改造主观世界。马克思指出,无产阶级"为了谋求自己的解放,同时也达到现代社会由于本身经济发展而不可遏制地趋向着的更高的形式,他们必须经过长期的斗争,必须经过一系列将环境与人都完全改变的历史过程"。当然,对犯罪分子的改造根本不同于对其他人的改造,其他人的改造是自觉的,是为了实现自我价值、自我完善与自我升华,而对犯罪分子的改造则显然不同,犯罪人没有自我改造的自觉性,需要采取强制手段,迫使其改造。只有通过改造,才能改变其好逸恶劳的恶习,改变其违法犯罪的思想,使之成为自食其力、遵纪守法的公民。通过改造,使其消极因素化为积极因素,无论是对于社会还是对于罪犯都有十分重要的意义。

五、影响特殊预防的主要因素

特殊预防功能的实现,实际上有赖于整个刑事法律活动。因此,特殊预防能否取得成效,往往与下列活动有关。

（一）刑事立法与特殊预防

刑事立法是以制定、修改或者补充刑事法律为内容的，对于特殊预防的实现，它虽然不具有直接的意义，但特殊预防不能离开刑事法律，刑事法律是实现特殊预防的前提条件。在刑事法律中贯彻特殊预防的观念，就能使所制定的法律在特殊预防方面发挥更大的作用。因此，刑事立法对于特殊预防有重要意义。例如，在刑事立法中充分考虑自首、立功等从轻、减轻处罚的情节，则便于司法工作人员对实施同样犯罪行为，造成类似犯罪结果的行为人处以不同刑罚。刑事立法若能对法定刑规定一个合理的幅度，便于司法工作人员根据特殊预防的需要选择适用，就能为特殊预防的实现提供法律保障。在刑事立法中规定减刑、假释等提前结束监禁状态的措施，能够为自由刑的执行提供有利条件，提高罪犯的改造积极性。

（二）刑事审判活动与特殊预防

刑事审判活动的一个重要内容就是定罪量刑，它对于特殊预防的实现有着重要的意义，尤其是刑罚的裁量，根据犯罪人的再犯可能性大小，结合其他主客观因素，确定对犯罪人的具体刑罚，是实现特殊预防十分重要的一个步骤。为了实现特殊预防，对犯罪人所判处的刑罚必须适当。根据心理学的原理，刑罚与犯罪相当时，犯罪人经过教育，一般会觉得承受刑罚是对所犯罪行给社会造成危害的必要补偿。恰当的刑罚，能使其由于犯罪造成的紧张情绪得以缓和，恢复原有的心理平衡，在刑罚执行过程中，能以正常人的心理状态冷静地思考问题。如果刑罚不适当，则不利于特殊预防的实现。刑罚畸重，犯罪人难以接受，会产生强烈的反感和抵触情绪，即使被执行刑罚，也不会心悦诚服，反而会认为惩罚过重，等刑罚执行完毕后有可能变本加厉地实施犯罪行为以报复社会。刑罚畸轻，则对犯罪人思想上触动不大，由于感受不到刑罚的惩罚性，难以防止其将来再次实施严重的犯罪。这是因为，按照美国新行为主义学家赫尔的理论，只有犯罪人在刑罚作用下产生的反应势能超过了其行为的阈限，犯罪人才能做出行为的改变。所以，刑罚的强度一定要超过犯罪人行为的阈限而不能过轻。所以，刑事审判活动，尤其是量刑一定要做到恰如其分，坚持罪刑相适应。

（三）刑罚执行与特殊预防

刑罚的执行，尤其是自由刑的执行，对于特殊预防的实现有着直接的作用。从某种意义上说，特殊预防主要是通过刑罚的执行得以实现的。刑罚的执行必须贯彻惩罚与教育改造相结合的原则，改造罪犯是刑罚执行的核心任务。它既是刑罚执行的出发点，又是刑罚执行的归宿。在刑罚执行过程中，劳动是改造罪犯的根本途径，让罪犯在劳动中改过自新；同时又要对罪犯进行教育，让他们学习法律知识、文化知识和劳动技能，养成劳动习惯。刑罚执行的过程，也是犯罪人再社会化的过程。此阶段成功的社会预防，是要改变犯罪人业已形成的对社会不正确的态度，纠正不良的行为方式或习惯，建立守法意识与守法习惯，形成健全人格，不再犯罪。还可通过社区矫正将犯罪人置于开放性的社区，矫治其犯罪品格，纠正其不良行为。对个别反社会性严重的犯罪人，要更多地进行心理干预和治疗。实践证明,刑罚执行期间,犯罪人改造的好坏,对于其将来是否再犯具有重大影响。

第三节 对刑罚预防效果的心理分析

刑罚对社会生活和社会心理的影响不是单一的。它既可能产生正面作用,也可能产生负面作用,或者同时产生正负两种作用。其具体作用结果主要取决于该行为实施的方式和环境。制定、适用和执行刑罚是发挥刑罚功能的基本途径,而制定、适用和执行刑罚中可能出现的弊端或存在的问题都会影响刑罚预防效果。

一、刑罚立法规定中可能存在的问题

(一)对应当受刑罚制裁的行为没有规定刑罚

对严重危害社会的行为,应该及时立法,用刑罚进行惩罚,以遏制这种行为的蔓延,防止其给社会造成更严重的伤害。如果对应该受刑罚制裁的行为没有规定刑罚,则会使公民的基本权利得不到有效的保障,也会使社会运转和国家治理逐渐陷入混乱,最终影响国家和人民群众的利益。对公民的基本权利不加保护,尤其是对严重侵犯公民权利的行为不进行惩罚,会使公民怀疑统治阶级是否有能力治理国家,能否给自己带来福利,这种怀疑和不信任久而久之会动摇统治的根基。同样,对严重侵犯国家管理的行为该用刑罚惩罚的时候不用刑罚惩罚,会使统治阶级的管理效率降低,当没有充分的精力保障公民的基本权利时,就会危及统治的根基。所以,对应该用刑罚惩罚的严重危害社会的行为,必须用刑罚惩罚,这不仅是刑罚预防犯罪的问题,更是涉及统治阶级根本利益的问题。

(二)对不应当受刑罚惩罚的行为规定了刑罚

国家治理社会的手段有多种,刑罚这种手段对人的影响最为深刻,它不仅剥夺或者限制了犯罪人的基本人权,而且给罪犯带来污名的影响,同时还对民众心理产生广泛的影响。刑罚是社会治理中的最后手段,除非具有严重的社会危害性,否则不能动用刑罚调整人们的行为。如果在刑法中将社会危害性不大的行为配置了刑罚,如人们行使宪法赋予的权利和自由的行为,仅仅反映自己思想认识而没有将其传播的行为,或者能够为"常识、常理、常情"所接受的行为,或者由某些政策直接引起的行为等,对诸如此类的行为规定刑罚,便会使公众在心理上对刑罚的合理性产生怀疑。现代国家适用刑罚的宗旨在于增进民众的幸福,而不是减少公民的自由,刑罚的扩大必将压缩公民活动空间,不利于实现这一宗旨。况且,刑罚的适用是国家迫于无奈的选择,应该是穷尽其他方法亦无法取得实效后的最终手段。在一定时间内,刑罚的适用能够较为高效地减少某种行为,然而一旦统治者怠于寻找其他的解决问题的出路,简单地将某种行为犯罪化,则会导致刑罚的泛滥,使人们由对刑罚合理性的怀疑转向对统治者管理社会能力的怀疑。历史上覆灭的王朝,在其统治后期无不是随意将某些行为犯罪化,导致人民在密不透风的"刑网"中不知所措,最终走上反抗极权统治的道路。

（三）刑罚配置不合理

刑罚配置合理是指对犯罪不论其社会危害性大小、情节轻重，都规定非常严厉的刑罚或者非常轻的刑罚。犯罪是刑罚发动的前提，刑罚是犯罪的法律后果。犯罪决定了行为人应该受到刑罚惩罚，更决定了犯罪人应被处以什么种类、何种程度的刑罚。不考虑犯罪行为的社会危害性及犯罪行为人的人身危险性而盲目配置刑罚，有违公平正义的理念，更不利于刑罚预防功能的实现。刑罚配置得不合理，在客观上必然会出现有罪无刑、刑不当罪或刑过于罪等情况，使意图犯罪的人有可能利用刑罚规定中的漏洞或罪刑之间不平衡的关系实施犯罪或者选择更为严重的犯罪。这无疑会影响刑罚预防功能的实现。

二、刑罚适用中的不公正对刑罚预防效果的影响

刑罚适用中的不公正、不合理可能表现为以下几个方面。

（一）对同一犯罪判处的刑罚因时而异

例如，同样是盗窃 30 万元现金，先犯罪的判了 15 年有期徒刑，后犯罪的判了无期徒刑。又如，在共同犯罪中，主犯 A 先被抓获被判处 5 年有期徒刑，基于同样的事实和情节，主犯 B 后被抓获却被判处 10 年有期徒刑。在社会治安形势较好的时候，对某一犯罪的处罚可能要轻一些，社会治安形势较差的时候，对同一犯罪的处罚可能较其他时期更重。尽管对同一犯罪的处罚，会因当时社会形势的变化而出现一定的差异，但差异不能太大，必须保持在合理的范围内，否则就会出现处罚上的罪刑失衡，进而对刑法的稳定性造成损害。人们在社会治安好转以后会对曾经判处的重刑进行反思，重新评估刑罚的价值。

（二）对同一犯罪判处的刑罚因地而异

刑罚适用因地域不同也可能会存在一定的差异。例如，用同样的方式抢劫了同样多的财物，在甲地被判处 3 年有期徒刑，在乙地却被判处 9 年有期徒刑。又如，拐卖人口犯罪案件中的罪犯在甲地受审，被判处 15 年有期徒刑，另一与之危害性相仿的罪犯在乙地受审，被判处无期徒刑。有些地区犯罪人受贿数千万元会被判处死刑，有些地区受贿上亿元会被判处死刑缓期执行或者无期徒刑。这些在实践中出现的少量“同案不同判”的现象，会对刑罚的预防效果造成不利影响。

（三）司法腐败导致的刑罚处罚不公正

在司法实践中，受多方面原因的影响，有时会出现不严格执行法律规定的程序，不严格按照法律的规定判处刑罚，非审判人员决定案件的审判结果等现象。当然，我们必须承认世上没有绝对相同的案件，法院的量刑活动必然会因为案件性质、案发地域、法官经验等方面的不同而出现差异。正因如此，法院的量刑活动就需要规范化和公开化。同时，应当增强量刑说理，允许法官、检察官、辩护律师和被告人在量刑过程中充分辩论刑罚确定的依据，法官在判决书中讲明量刑的法律依据和实施依据。如此，才能使犯罪人心服口服，避免司法腐败和量刑不公对刑罚功能的发挥造成的负面影响。

从刑法的作用来看,惩罚犯罪、伸张正义是它的一个重要功能。刑罚适用中的不公正必然使人们对它的作用产生怀疑,这就很难使人们把刑罚所传达的禁令通过内心转化为行为规范。刑罚适用中的不合理,也影响着人们对刑罚必要性的认识,使人们很难相信刑罚是犯罪的必然后果。如果这样,刑罚的适用就不能在社会心理上产生共鸣,更无法发挥刑罚在引导社会心理、抑制犯罪冲动方面应有的功能,这无疑是刑罚预防的极大障碍。

刑罚适用中的不合理,也必然会对防止再犯带来困难。犯罪人一旦认为自己所受到的刑罚惩罚是不合理的,那他就不可能从内心深处接受惩罚,为自己的罪行赎罪,甚至这种不合理会引起他敌对和仇视的心理,从而增加再犯的可能。另外,刑罚适用中的不合理也在很大程度上削弱了刑罚本来应有的威慑作用。在这种情况下,刑罚的个别预防功能便会大大减弱。

三、刑罚执行中的弊端对刑罚预防效果的影响

刑罚执行中的弊端也必然对刑罚预防的效果产生负面影响,刑罚执行中的弊端可能主要表现为以下几个方面。

(一)对犯罪人执行死刑不当

死刑执行不当,首先表现在对死刑犯采用残忍或者公开的执行方式。死刑的执行应该尽量减少罪犯不必要的痛苦,否则,对罪犯的刑罚惩罚将不再是来自国家的公正报应,而是非理性的私人复仇。死刑的执行同样要远离公众的视野,对同类生命的剥夺,即使是合法的,但终究也是残忍的。一旦死刑进入公众视野,则会因为其严酷性引起公众的同情而忘却罪犯的严重罪行,或者使公众逐渐麻木,不再惧怕死刑。执行死刑不当还包括没有行之有效的程序保障死刑犯在执行死刑前交代或澄清有关犯罪事实或者托付他人代为办理有关事宜,不能保障在执行死刑的命令下达之后发现问题及时停止死刑的执行等。

(二)对被判处自由刑的犯罪人监管不当

对监狱内行刑的犯罪人管理不当,会直接影响徒刑功能的发挥。对监内行刑的犯罪人进行不恰当的分监关押或者管理不严,有可能会使各种犯罪分子互相传授犯罪技术或交叉感染犯罪恶习。用落后或简单粗暴的方式管理罪犯,会使罪犯产生逆反心理,对自己的定位由加害人变成受害人。对罪犯给予非人道的待遇或虐待罪犯,只会增加仇恨而使刑罚功能消失殆尽。只重视劳动,忽视进行认罪服法和改恶从善的教育改造,会使犯罪人没有时间学习和反思。错误地进行减刑、假释,会降低犯罪人自我教育和改造的积极性,罪犯会认为有钱或者有一定影响力即使不认真改造也会得到减刑,而没有钱或者没有影响力的罪犯即使认真改造也可能没有减刑或者假释的机会。这会严重挫伤罪犯自我教育的积极性。在实践中,对监外执行自由刑的犯罪人缺乏必要的监督手段和管教措施,对一些假释的罪犯或者保外就医的罪犯管理不当,则会导致脱管现象的发生。限制自由刑与剥夺自由刑之间的层次被模糊化,降低了限制自由刑的威慑力。前述刑罚执行不当的现象,都会影响刑罚功能的发挥。

（三）对财产刑的执行不当

实践中，有部门对财产刑的执行不考虑犯罪人的经济状况，往往导致犯罪人极度贫困。有的犯罪人为了缴纳罚金反而有可能再次实施犯罪。在执行过程中，也有部门以执行难为借口，任意改变财产刑的执行时间、数额等。这种刑罚裁量与执行脱节的现象往往导致司法权威下降，影响刑罚的严肃性。

刑罚执行中的这些弊端必然妨碍对犯罪人的教育改造，削弱刑罚对罪犯个别预防功能的发挥。同时，刑罚执行中的弊端有可能使某些犯罪分子在刑罚执行过程中不但没有受到教育，反而增强了犯罪意识，学会新的犯罪伎俩，变得更加狡猾、凶残。更有甚者，刑罚执行中的某些弊端还可能激起犯罪人及其亲属或者被害人及其亲属对法律和国家的敌视，致使刑罚的执行本身成为产生新的犯罪人的过程。

四、有效发挥刑罚预防功能应注意的问题

从以上分析中可以发现，要有效地发挥刑罚预防犯罪的功能，首先就必须在制定、适用和执行刑罚的各个环节上认真分析各种刑罚措施和制度的利弊得失，注意克服影响刑罚预防功能的各种因素，避免刑罚本身可能具有的消极作用。同时，为了充分发挥刑罚对犯罪的预防功能，在适用刑罚的过程中还应注意以下几个问题。

（一）刑罚适用的必然性

刑罚的必然性，是指只要有犯罪发生必然会受到刑罚处罚，任何犯罪人都难逃法网。刑罚的预防功能是以其惩罚的性质为基础的。没有实际的惩罚，刑罚的威慑力量就起不到作用，刑罚的预防功能就不可能真正发挥。因为刑法对各种犯罪规定了相应的刑罚，而犯了罪的人总是会受到刑罚的制裁，便会加深人们对“有法必依、执法必严、违法必究”的认识，从而自觉地或被迫遵从刑罚所传达的禁令，以至慑于刑罚的威严而不敢以身试法。刑罚的必然适用，对犯罪的人来说，其会因为自己不相信刑罚是犯罪的必然后果懊悔，从而不敢再实施犯罪。对于想犯罪的人来说，会因为逃避刑罚的可能性很小而不敢贸然实施犯罪行为。相反，当人们看到实施犯罪在许多场合都没有受到刑罚的制裁时，犯罪的人会视刑法为一纸空文，可能会变得肆无忌惮。想要犯罪的人会抱着侥幸心理实施犯罪行为，被害人会因为对犯罪分子的憎恨得不到应有的补偿而以非法行为对付非法行为，而守法的人则会因为看到践踏法律的人得不到应有的惩罚而对刑罚的力量丧失信心。

不论刑罚规定得多么严厉，只要犯了罪的人在许多情况下都能够免受刑罚之苦，那么，刑罚的预防功能就很难发生作用。因此，必须严格执法，尽可能地使刑罚的适用具有不可避免性。这样才能最大限度地发挥刑罚对犯罪的预防功能。为此，应当努力提高公安机关的破案能力，不使每一个犯罪分子漏网；检察、审判机关则应当本着有罪必究的原则，排除各种干扰，严格执行法律，使每个犯罪分子都受到应有的惩罚；监狱等行刑机关则应将刑罚执行落到实处，使犯罪分子感受到刑罚的威力。

(二)刑罚适用的及时性

刑罚的及时性,是指一旦有犯罪发生,就应当在尽可能短的时间内将案件侦破,将犯罪人交付审判,及时地做出处理。在人们对犯罪的危害记忆犹新的时候及时地对犯了罪的人适用刑罚,就能显示出犯罪与刑罚之间的因果关系的必然性。对于实施了犯罪行为的人及时地适用刑罚,可以阻止犯罪人继续实施新的犯罪、防止其养成犯罪恶习,从而尽可能地减少其对社会的危害,并且促使其及时反省自己的犯罪行为,强化刑罚执行的效果。刑罚的及时性还可以加深人们对犯罪与刑罚之间因果联系的认识,增强刑罚的威慑力量,并且能够消除被害人的复仇心理,防止其实施报复性犯罪。如果犯罪得逞,却得不到及时的刑事追究,那么犯罪人的侥幸心理就会增强,再次犯罪的动机就会增强,畏惧刑罚的心理压力就会减弱。如果再次犯罪后仍然得以逍遥法外,犯罪意识就又一次得到加强,并且逐渐会形成犯罪习惯。所以,“惩罚犯罪的刑罚越是迅速和及时,就越是公正和有益”〔5〕。实践中犯罪人犯罪后将巨额赃款挥霍一空,逍遥法外十余年,即使最终受到刑罚的惩罚,他也会感到犯罪很有价值。这同样会给其他人提供负面的“榜样”。

因此,公安机关应不断提高侦查破案的效率,使已经发生的犯罪及时得到揭露;检察机关应当提高调查取证能力,及时审核证据;审判机关应及时作出判决,使犯了罪的人尽可能快地受到刑罚的制裁。当然,这种“快”必须是以“准”为前提的。

(三)刑罚适用的公开性

刑罚适用的公开性,是指刑事案件的审理过程除有特殊情况(如涉及国家秘密等)外,应当向社会公开。刑罚适用的公开,可以便于广大公民对刑事案件的审理过程进行监督。同时,这也有助于充分发挥刑罚对犯罪的预防功能。通过公开审理,能揭露犯罪,宣传法治。虽然惩罚的是个别人,但教育的却是一大批人。通过公开审理也可以形象、生动、具体地宣传刑法及有关法律规定和司法制度,使广大公民通过具体案件了解法律制度,并使那些有类似情况的人,知道自己问题的性质和解决途径,从而增强法律的社会调节功能,引导人们遵守法律、抵制犯罪的诱惑。对犯罪分子进行公开的刑事审判可以震慑社会上的不稳定分子,安抚被害人,教育其他守法者,从而防止犯罪的发生。广大公民也会在关注案件审理中明确自己的行为会产生的法律后果,从而起到警戒、教育作用。

(四)刑罚适用的均衡性

刑罚适用的均衡性,是指刑罚应当与行为所造成的已然的犯罪事实与行为人未然的再犯可能性相适应。换言之,犯多大的罪,就应承担多大的刑事责任,法院也应判处相应轻重的刑罚,做到重罪重罚,轻罪轻罚,罚当其罪,罪刑均衡。刑罚的轻重,应当考虑行为人的犯罪行为本身和其他各种反映再犯可能性大小的因素(如犯罪的时间、地点、性质、手段、犯罪对象、对大众心理的危害程度,被害人过错,累犯,共同犯罪中的主犯、从犯、胁从犯以及教唆犯的规定,关于对犯罪不同阶段的预备犯、中止犯、未遂犯的规定等)。罪

---

〔5〕 [意]切萨雷·贝卡利亚:《论犯罪与刑罚》,黄风译,中国大百科全书出版社 1993 年版,第 56 页。

刑相适应原则的基本要求是:(1)对于有罪的人必须给予处罚,而对于无罪的人绝不能给予处罚,不能罚及无辜。(2)刑罚的轻重应当以犯罪的轻重为尺度,一罪一罚,数罪并罚,轻罪要轻罚,重罪要重罚,不能轻罪重判,也不能重罪轻判。对于相同的罪,应处以轻重相同的刑罚。不能因为犯罪人的地位和身份的不同,而处以轻重悬殊的刑罚。(3)死刑、无期徒刑、有期徒刑、拘役、管制等主刑及附加刑各有其适用的对象和条件,相互之间不能替代。如在量刑过程中将较轻的有期徒刑用罚金刑替代,或者将数个有期徒刑升级为无期徒刑或者死刑,都是违法且不利于刑罚功能发挥的。

只有保证刑罚的均衡性,犯罪人才能够接受,人民群众也能够理解,真正实现法律效果与社会效果的统一,这样才能有利于一般预防的实现。刑罚过轻,不足以体现刑罚的威慑力,难以使社会上的不稳定分子放弃犯罪的欲念,甚至可能会使这些人加速犯罪的进程。因为过轻的刑罚消除了他们对刑罚的畏惧心理,他们会以为只要交罚金就可以不用进监狱,或者只要买通关键人物就可以免除或者减轻刑罚,从而更肆无忌惮地实施危害社会的行为。这种恶劣的示范也会使人们失去对法律的信心,降低法律权威。刑罚过重,尤其是不加区分的滥刑,在某种程度上会刺激犯罪。如果单纯的抢劫行为和抢劫后为灭口又实施了杀人行为都处以相同的刑罚——死刑,则无疑会鼓励犯罪人为降低被发现的概率而实施杀人行为。这样,刑罚不仅不能收到一般预防的效果,反而会使犯罪人以及民众在犯罪或者可能犯罪的路上越走越远。对于人身危险性不同的罪犯,同样不能适用相同的刑罚,尤其是过重的刑罚。例如,妻子受丈夫暴力殴打虐待长达30余年,某日不堪忍受将再次施暴后沉睡的丈夫乱刀砍死;某行为人为筹集赌资而于夜晚抢劫妇女,遭到反抗后将被害人杀害;某行为人产生吃人怪癖,杀害数人满足其变态心理。显然,对这些人身危险性不同的罪犯是不能单纯地以杀害的人数相同而适用相同的刑罚的,否则,无法得到民众的认可,无法实现刑罚的警示作用。总之,刑罚的均衡是实现一般预防的必要条件,刑罚过轻或者过重都必将削弱甚至消除刑罚的一般预防作用。

(五)刑罚适用的教育性

刑罚适用的教育性,是指刑罚的适用,其目的是把尽可能多的犯罪分子教育改造成守法公民。对大多数犯罪分子定罪判刑后,还要对其进行监禁、教育改造,目的是让他们养成良好的生活习惯与遵守社会共同生活准则的习惯,减弱或者彻底消除其犯罪意识,培养其社会道德观念与健全人格,使他们在刑满释放后不致再危害社会,按照社会所规范的模式行事,使其由社会发展的阻力变成动力。因此,应当把对犯罪人的道德、法制教育贯穿于刑罚适用的全部过程中。在侦查起诉阶段,公安、检察机关应当避免"只查证犯罪事实、不追究犯罪原因"的办案作风,在查证犯罪事实的过程中,注意调查犯罪原因并记入案卷,适时进行有针对性的法制教育,促使其真诚悔过,交代犯罪事实,揭发犯罪同伙,并为刑罚执行机构改造罪犯提供素材。在审判阶段,审判机关应当全面了解案件情况,特别是涉及行为人再犯可能性的因素,客观公正地判断犯罪人的刑事责任,正确适用刑罚,在法庭审理过程中指出行为人行为的违法性与反社会性,使其认识到自己行为的错误。在刑罚执行阶段,执行机关应当重视罪犯合法权利,尊重罪犯的人格,同时应根据侦查、检察和审判机关提供的案卷材料分析各个犯罪分子的思想障碍,进行有针对性的教育和心理辅导,以消除其抗拒改造的心理障碍和精神负担,帮助其消除犯罪意识。只有在刑罚运行过程中不断加以道德和法治教育,才能使犯罪分子认识到自己行为的不道德性和违法性,在形成较为完整的人格基础上成为守法公民,从而尽可能充分地发挥刑罚对犯罪的预防功能。

(六)刑罚执行的人道性

犯罪人实施了严重危害社会的行为,给社会和被害人造成了几乎不可复原的损害,应该受到刑罚惩罚,但刑罚的执行应该体现人道性。人道性要求刑罚执行不能将犯罪人当作工具,而是将犯罪人当作目的。对犯罪人执行刑罚,应该以实现犯罪人成功回归社会为目的,而不能以制造痛苦为目的,不能使制造犯罪人的痛苦成为任何其他目的的手段。之所以如此,主要是因为,一旦用刑罚制裁犯罪人成为目的,而不是使犯罪人改造成人格健全的社会成员,进而重新回归社会,对犯罪人的制裁将会出现无穷尽的形式。例如,无论是18世纪法国对谋刺国王的达米安实施的极其残忍的一系列刑罚,〔6〕还是16世纪中国明朝对刘瑾实施的凌迟〔7〕刑罚,都是非人道的。非人道的执行刑罚,不仅不会使犯罪人改恶从善,还会造成犯罪人仇视社会,普通民众不再惧怕刑罚。最致命的是"人的心灵就像液体一样,总是顺应着它周围的事物,随着刑场变得日益残酷,这些心灵也变得麻木不仁了"〔8〕。

思考与训练

1. 如何理解刑罚一般预防和特殊预防的关系?
2. 材料:2017年6月,最高人民法院首次发布《人民法院禁毒工作白皮书(2012—2017)》,向社会通报党的十八大以来人民法院开展禁毒工作的主要举措和成效。这是最高人民法院首次发布禁毒工作白皮书。该白皮书数据显示,2012年至2016年,11.9万人因毒品犯罪被判处5年有期徒刑以上刑罚,重刑率为21.91%,各年度的重刑率均高于同期全部刑事案件重刑率十几个百分点。但与此同时,全国法院一审审结的毒品犯罪案件数从2012年的76,280件增至2016年的117,561件,增幅为54.12%;判决发生法律效力的犯罪分子人数从2012年的81,030人增至2016年的115,949人,增幅为43.09%;毒品犯罪案件在全部刑事案件中所占比例也从2012年7.73%增至2016年10.54%,毒品犯罪成为增长最快的案件类型之一,增幅是全部刑事案件总体增幅的4.12倍。

   问题:结合上述材料,如何认识刑罚在犯罪预防中的作用?
3. 实践运用。

   近年来,随着《盲山》《亲爱的》《失孤》等影视作品的上映和"丰县铁链女"事件的爆出,拐卖妇女、儿童犯罪再次引发了民众的关注和热议。尤其是现行《刑法》中拐卖妇女、儿童罪和收买被拐卖的妇女、儿童罪法定刑设置上的差异,引发了激烈的争论。其中,买卖是否需要同罚,是否需要

---

〔6〕 参见[法]福柯:《规训与惩罚:监狱的诞生》,刘北成、杨远婴译,生活·读书·新知三联书店2007年版,第1~7页。

〔7〕 当时,参与监刑的张文麟详细记录了刘瑾行刑的过程,罪犯被活割3357刀,刑罚执行3日。

〔8〕 [意]切萨雷·贝卡利亚:《论犯罪与刑罚》,黄风译,中国大百科全书出版社1993年版,第43页。

提高收买被拐卖的妇女、儿童罪的法定刑,提高法定刑能否有效应对拐卖人口犯罪,是争论最为激烈的焦点。

任务:请以小组为单位,结合实践现状和相关法律规定,从犯罪心理学的视角讨论拐卖妇女、儿童罪和收买被拐卖的妇女、儿童罪刑罚设置的依据以及存在的问题,并在此基础上草拟一份修法建议。

第十五章　刑事诉讼过程中的犯罪心理学问题

刑事诉讼活动中的心理现象错综复杂,涉及侦查、讯问、检察、审判、监管人员和犯罪人、诉讼参与人的心理及其心理互动,特别是揭露和惩治犯罪中的心理学问题,值得深入研究。本章着重介绍刑事侦查、讯问和刑事审判中的心理学问题。

第一节　侦查过程中的犯罪心理学问题

侦查心理,简单地说,是指侦查活动中的心理。侦查活动中的心理现象极其复杂,本节着重研究现场勘查中的犯罪心理痕迹分析、调查访问中针对不同对象所采取的心理对策、运用心理分析缉捕犯罪嫌疑人。

一、现场勘查心理

现场勘查心理,是指侦查员为了查明犯罪,对现场的各种痕迹进行提取和心理分析的过程。犯罪人作案时留在现场的痕迹可分为物质痕迹和心理痕迹两种。

(一)现场物质痕迹概述

现场物质痕迹是指行为人在犯罪过程中造成外界环境改变的一切印痕、迹象等,它包括案发现场上物质和物体的增减、位置的移动、结构被破坏等各种变动迹象,同时还包括在作案活动中发生的声音、光亮、烟雾、颜色、气味变化等现象。

现场物质痕迹具有下列特征:

1. 客观性。案件现场物质痕迹是一种客观存在,只要有犯罪就一定存在现场物质痕迹,并不以犯罪人的意志为转移,即使犯罪人销毁或者破坏因犯罪而留下的物质痕迹,同时也会形成新的痕迹。

2. 特定性。每一起犯罪都有特定的现场物质痕迹,现实中不存在两个完全相同的现场,没有两个相同的现场物质痕迹。即使是同一犯罪人多次实施的同类犯罪行为,同样会存在现场物质痕迹的差异。

3. 易变性。现场物质痕迹很容易受到各种因素的影响而出现变化。诸如,物质自身变化规律对现场的影响,如尸体会随着时间的变化出现尸僵、尸斑、腐烂等现象;自然界的风、霜、雨、雪等自然力,以及动物的践踏、啃咬等会对现场造成变动和破坏;被害人、其他群众在活动中也会无意导致现场物质痕迹发生改变。

4. 可认识性。尽管现场物质痕迹有时候很细微,有时候会被犯罪嫌疑人破坏,但其毕竟是一种客观存在,在痕迹中或多或少地包含有关犯罪、犯罪人的信息。只要耐心、细致、科学地勘查现场,充分发挥主观能动性和科学仪器的作用,总是能够在蛛丝马迹中发现有价值的资料。

（二）现场心理痕迹概述

现场心理痕迹是相对现场物质痕迹而言的,是指犯罪人作案时反映在现场物质痕迹中的某些稳定的、典型的、可推测的心理特征。无论怎样狡猾的犯罪分子,只要实施犯罪行为,就会在现场留下犯罪活动的物质痕迹。侦查人员通过勘查现场,研究各种现象和信息,以信息为依托就能初步分析出犯罪的动机、目的、犯罪手段等犯罪嫌疑人的心理痕迹。例如,犯罪现场杂乱,痕迹物证较多,表明犯罪人作案时紧张、慌乱,紧张、慌乱就是其心理痕迹;作案脉络清楚,现场处理干净、利落,不留痕迹,这就充分反映了犯罪人作案经验丰富、老到,作案时沉着、镇静,沉着、镇静就是其心理痕迹;甚至,犯罪人在作案前后,还可能有目的、有计划地采取如伪造作案时间、破坏和伪造犯罪现场、伪装犯罪动机、伪装个人形象特征、处理赃证、伪装作案过程等手段、方法,[1]干扰、迷惑侦查,这就充分反映了犯罪人的反侦查心理。

现场心理痕迹具有以下特征:

1. 间接性。现场心理痕迹是通过现场物质痕迹间接反映出来,只有在对现场物质痕迹进行分析后才可以推知现场心理痕迹,其必须以物质痕迹为依托。

2. 印证性。现场心理痕迹和物质痕迹是两大印证系统,犯罪人在实施犯罪过程中具备什么样的心理痕迹,在犯罪现场就会出现与之相对应的物质痕迹。侦查人员可以经由物质痕迹—行为过程—心理痕迹的途径,逆向追溯出犯罪现场心理痕迹。

3. 稳定性。犯罪人的心理因素,特别是其个性因素(如个性特征、嗜好、习惯、职业特征等)在相当长时期内,在不遭受重大挫折的情况下是没有变化的,由此而反映在犯罪现场的心理痕迹也是相对稳定的,能够比较真实地反映犯罪人的精神面貌。对于惯犯,在固定心理模式的支配下其行为模式也表现出稳定性或者相似性,作案手法往往相同或相近。

4. 特定性。犯罪人的心理千差万别,现场心理痕迹也会表现出各种各样的形态。有的沉着冷静,有的紧张慌乱,有的思维缜密,有的漏洞百出。所以,通过现场物质痕迹的差别可以推知心理痕迹的不同。例如,同样是一封敲诈勒索信,有的字迹潦草,表意不清;有的字体工整,内容简洁明快;有的故意使用报纸拼接或者打印等。这些差异反映了犯罪人的文化水平、心理特征和作案技巧等的差异性和特定性。

在信息技术快速发展的当今社会,犯罪人作案手段越来越狡猾,反侦查能力越来越强,他们在作案时会尽可能不留或少留物质痕迹,甚至是制造假象,以迷惑侦查人员。因此,侦查人员对现场心理痕迹的分析就显得特别重要。

---

[1] 参见张保平、李世虎、张璇编著:《犯罪心理学》(第7版),中国人民公安大学出版社2020年版,第308～310页。

(三)现场心理痕迹与现场物质痕迹的关系

犯罪人作案时,其犯罪行为作用于侵害对象,必然会在犯罪现场留下一定的活动印记或遗留物(如指纹、皮屑、毛发、体液等)。这些活动印记和遗留物,一方面,反映了犯罪人的作案行为轨迹和行为特点,是犯罪人留在现场的物质痕迹;另一方面,也反映了其作案时的心理状态及个性特点(如紧张、慌乱、沉着、镇静等),是犯罪人留在现场的心理痕迹。心理痕迹与物质痕迹是犯罪行为作用于侵害对象后留在现场的证据的不同方面的表现,两者既相互联系又有区别。

1. 现场心理痕迹与现场物质痕迹的区别

二者的区别在于:

(1)表现方式不同。物质痕迹以物质实体的形态存在和表现,一般可分为人体痕迹、犯罪工具痕迹、现场遗留物和电子记录等。心理痕迹是抽象的存在,它隐藏、储存于各类物质痕迹之中,无法直接观察,只能进行推测。

(2)认识手段不同。对犯罪现场的物质痕迹,可通过人的感官及技术手段、仪器,直接进行观察、提取(如法医鉴定、痕迹检验、化验、查询上网记录、查询银行交易记录等手段)。心理痕迹不可能直接在犯罪现场观察和提取,只能运用侦查心理学原理进行分析、判断、推测。

(3)作用不同。现场物质痕迹及其分析结论是揭示、证实犯罪的有力证据,对于侦破案件发挥着重要作用。心理痕迹及其分析结论,虽然为认定犯罪嫌疑人提供帮助,但由于受分析者水平、能力的限制,心理痕迹分析结论可信度难以把握,目前只能作为一种辅助办案手段。但是,如果能在细微的物质痕迹中探索出犯罪嫌疑人独特的心理痕迹,则对查找犯罪嫌疑人并侦破案件有极大的帮助。

2. 现场心理痕迹与现场物质痕迹的关联

二者的关联如下:

(1)两者互为表里。现场心理痕迹与物质痕迹来自同一犯罪现场,心理痕迹以现场物质痕迹为载体,不能脱离物质痕迹而单独存在。现场心理痕迹通过现场物质痕迹得以表现,如果犯罪心理仅仅停留在犯意阶段,还尚未开始对外界条件进行改变,则不会出现现场物质痕迹。现场物质痕迹是心理痕迹的表现,不同的犯罪人、不同的犯罪心理痕迹对外界条件的改变也有差异。

(2)两者相互印证、补充。现场心理痕迹和物质痕迹是来自同一犯罪现场的两种信息。一般而言,在侦查过程中,对两种痕迹进行综合分析,能更准确地揭示犯罪事实。在现场物质痕迹明显的情况下,再辅以心理痕迹分析,就可以使结论更为确凿。在缺乏有价值的物质痕迹的情况下,科学的心理痕迹分析的作用就显得举足轻重。实践中出现的难以侦破的案件,往往是通过犯罪心理学分析去找到侦查突破口,顺利发现犯罪嫌疑人。

(四)通过现场心理痕迹分析犯罪人的特征

对现场心理痕迹的分析,可以使侦查人员了解犯罪人作案时的心理状态及个性特点,以此刻画犯罪人的心理面貌,为判断和识别犯罪嫌疑人提供依据。

1. 分析犯罪人作案时的心理状态

犯罪人在一定心理状态下作案,必然留下其心理状态的印记。通过对犯罪现场特征及痕迹、物证分析,结合其隐含的多方面的心理痕迹进行综合分析,就能对犯罪人作案时的心理状态(如注意、感知、思维水平、情绪情感状态、意志等)进行推测。

(1)分析犯罪人作案时的认知水平。如在盗窃现场,犯罪人对应该发现的钱、物没有发现,说明其注意范围较狭窄、粗心,缺乏经验;作案现场的混乱则主要表明其思维不清、计划性差;如果犯罪现场财物被清扫一空,几乎没有发现指纹和脚印,则表明犯罪人蓄谋已久,犯罪是策划精心的,犯罪人也极有可能是惯犯。

(2)分析犯罪人作案时的情绪紧张程度。一般来说,犯罪现场较为混乱,遗留的痕迹物证较多,反映出犯罪人作案时紧张、恐惧;反之,说明犯罪人作案时沉着、镇静,有预谋。在国外曾发生过一起谋杀案,犯罪行为人在杀人后用粉碎机将被害人尸体粉碎,把碎末抛入河中,司法机关经过艰苦取证才最终将其定罪。该起谋杀案充分反映了犯罪行为人在作案时几乎没有任何慌张,其有条不紊地完成了预谋杀人的每一个程序。

(3)分析犯罪人的意志水平。犯罪人的意志水平主要体现犯罪行为的自觉性、完成犯罪目的的坚决性、克服干扰的自制力及处理问题的果断性等方面。犯罪行为的自觉性可以从犯罪人侵害目标是否明确及预谋程度来判断;犯罪行为的坚决性可以从犯罪过程时间的长短、困难程度、犯罪人的毅力等方面分析;犯罪行为的自制力可以从犯罪人对情绪的控制能力及对意外情况的处理来分析;犯罪行为的果断性可以从犯罪行为是否犹豫、矛盾,以及对意外情况的处置等作出判断。往往犯罪预谋越久,排除犯罪中所遇见困难的决心越大,对意外情况的处理越及时、有效,越能反映犯罪人意志水平高、人身危险性强。在我国东南某省发生的案件中,犯罪人雇佣搬家公司在警察上班期间将公安局的保险柜搬走,这反映了他在犯罪中胆大、心细、应变能力强的心理状态。

2. 分析犯罪人的个性心理

个性心理分为个性倾向性和个性心理特征:

(1)分析犯罪人的个性倾向性。犯罪现场的遗留物,会在一定程度上暴露出犯罪嫌疑人特定的犯罪需要、兴趣、动机及目的。例如,遗留的犯罪工具是威力强大的杀人工具的,如爆炸物、枪械、刀具、汽油、柴油等,则暴露出犯罪嫌疑人犯罪动机十分强烈、杀人目的非常明确;现场留下的某种品牌的香烟、扔掉烟头的长短、扔掉烟头的地点等,都能反映出犯罪人的特殊嗜好。

(2)分析犯罪人的个性心理特征。个性心理特征包括气质、性格和能力。研究表明,由于气质类型不同,犯罪人的活动手段和方式也不相同,气质类型常常影响犯罪的类型。因而,从犯罪现场所表现的犯罪手段、类型特征可以推测犯罪人的气质类型。例如,"胆汁质"的犯罪人性急、易怒,多实施暴力犯罪和激情犯罪;"多血质"的犯罪人易选择智能犯罪,如需要较高思维能力的诈骗、具有一定技巧性的盗窃等;"黏液质"的犯罪人多选择贪污、受贿、走私等犯罪。即便是同类型犯罪,不同气质的犯罪人也会采用不同的犯罪手段。例如,"胆汁质"的杀人者多采用暴力式、激情式手段,往往直接面对受害人实施犯罪行为;而"抑郁质"的行为人则多采用投毒、打冷枪、背后袭击等手段。

分析犯罪人的性格特征。犯罪人的性格表明了犯罪人做事的态度、行为习惯、行为方式。一般来说,杀人犯罪人冒险、冲动、好斗;抢劫犯罪人胆大粗暴、好逸恶劳;诈骗犯罪人喜交际、活泼好动、情绪不外显等。反映在犯罪中,有的犯罪人非常小心谨慎,犯罪现场处理得精细、干净、整齐,甚至会转移现场或者制造假现场,不容易被发现物质痕迹;有的犯罪人却非常粗心、马虎,很多证据留在现场,案件容易被侦破。

分析犯罪人的能力水平。犯罪类型不同,需要的犯罪能力也不同。即使同一种犯罪类型,不同犯罪人的犯罪能力也是有差异的,这些差异会在犯罪现场中表现出来。犯罪人作案时总是自觉地运用自己在工作、生活中学习、养成的一些技能、技巧和习惯。特别是职业技能、技巧在犯罪活动中能得到充分体现,如盗窃汽车案、盗窃高压电线案、盗窃保险柜案、利用电子计算机作案等,都表明犯罪人将自己掌握的技能、技巧运用于犯罪活动中。实践中,职业惯犯和累犯往往有个性化的犯罪能力,在系列性作案中,其作案方式、手段表现出“动力定型”,具有雷同的特点。

3. 分析犯罪人数

在具体作案时,有的犯罪人具有一定的技能技巧,有的则不具备技能技巧。不同的犯罪人,其作案手法和技能技巧有所不同,通过对其技能技巧的心理痕迹的细心体察,不难分辨出犯罪现场中不同作案行为的性质和种类,达到分析认识犯罪人数的目的。如果在同样条件下出现两种不同的方式特点,则应是两个人的行为,可判断至少是两人共同作案。

4. 分析犯罪人的性别

女性与男性的作案方法因性别差异而表现出很大不同。女性犯罪人在作案的类型、作案的方式方法上都有自己独特的选择。女性犯罪人具备女性独特的心理特点,在有些案件的现场表现得尤其明显和典型,通过分析,就不难甄别出女性犯罪的情况。我们可以通过作案选择的目的爱好、兴趣特点甄别是不是女性犯罪。在刑事侦查实践中,女性盗窃的物品以妇女用品、婴幼用品居多。此外,从不同于男性的反常作案过程我们也可以推测出女性犯罪,如有的女性犯罪人穿男性鞋作案,但从足迹的形态、步态都反映出女性的特征,反映出其伪装自己性别的心理。在某些案件现场会出现犯罪人留下的头发,而女性的头发在多数情况下与男性的头发是有差别的。同一类型的犯罪,女性实施和男性实施往往会有很大差别。例如,故意杀人犯罪,女性实施这类犯罪多是因为情感,如长期受到虐待、被欺骗等;同时,由于女性力气小,其通常采用投毒或者趁被害人熟睡的机会实施。

5. 分析犯罪人的年龄

年龄特征是一个人比较稳定、典型的特征。不同年龄的人,在心理和行为上表现出来的差异非常大,犯罪人的年龄特征无不渗透在作案过程的每一个动作和心理活动中。在刑事案件的侦查中,首先,可以从知识经验特征刻画犯罪人年龄,我们可以根据现场体现的犯罪人知识经验程度来刻画犯罪人的年龄特征。一般来说,知识经验体现犯罪人一定的生活经历,年龄越大,知识经验越丰富。例如,在性犯罪案件中,有的犯罪人询问被害人如何性交及性器官的结构等问题,显示出犯罪人性知识缺乏,不具备性生活经验,一般应为青少年作案。其次,还可以从作案的目的、爱好刻画作案人的年龄。不同的年龄层次有不同的爱好和兴趣,对具体物品的种类也有不同偏爱。在财产型犯罪中,一般来说,少年追求娱乐型的物品,青年喜欢时髦流行的物品,中老年人偏爱真金白银类的物品。最后,从作案动作的技能技巧同样可以刻画犯罪人的年龄。少年、青年犯罪初期操作动作粗糙,具有一定的速度和力量,其动作的熟练性、技巧性和准确性相对较差;年龄较大、经验丰富的犯罪人作案动作表现得干净利落,现场有条理,操作准确。此外,也可从犯罪现场上体现的作案人的交往特点来刻画犯罪人年龄。少年、青年初期的犯罪人以结伙作案较多,随着年龄的增长、作案经验的丰富,他们逐渐开始单独作案。

6. 分析犯罪人的犯罪经历

初犯和惯犯的心理特征和行为特征会通过犯罪现场的心理痕迹反映出来。首先,从犯罪行为技能技巧的意向行为特征刻画初犯、惯犯。初犯对实施的犯罪行为往往没有筹划,即使有一定的筹划,进入犯罪现场后,也会因过度紧张、害怕,原定计划无法付诸实施,表现为犯罪行为的慌乱性、无层次性;同时,初犯作案动作生硬、死板、笨拙,表现在破坏障碍物方法单调,动作多为暴力型,破坏部位选择不恰当、不准确,破坏对象时用力技巧性差。与之相对,惯犯则通常表现出犯罪行为的有计划性和选择性,作案过程有条不紊,选择的作案时间、作案地点恰当;同时,惯犯的作案动作,特别是在撬盗案件中表现出特别熟练和具有技巧性,加之惯犯在犯罪现场心理状态较稳定,能够"高质量"地完成犯罪活动。其次,从犯罪人在某些作案情节中反映出的心理活动特点刻画初犯、惯犯。初犯在实施犯罪之前,特别是在进入犯罪中心现场之前,多在现场周围窃视偷听。他们通常在墙角、窗台下、房前屋后、阴暗角落,留下深浅不一的脚印,脚印的形态表现为一脚重一脚轻、一脚直一脚斜、时停时走、时快时慢,瞻前顾后,停顿徘徊的痕迹、脚印的情况充分表现出犯罪人在进入中心现场前的紧张心态;而惯犯在进入犯罪现场时则表现得比初犯稳健得多,甚至大摇大摆进入犯罪现场以迷惑他人。在实施犯罪行为过程中,初犯一遇到风吹草动便会惊恐万分,逃之夭夭,不得已才对被害人行凶;而惯犯在犯罪现场则表现为行动自如、心态稳定,不达目的誓不罢休,有时会往返现场多次,甚至威胁被害人或致被害人于死地。在逃离现场过程中,初犯作案后,不管成功与否,便慌忙逃窜;而惯犯逃离现场的紧张程度不如初犯那样大,有的从容清理现场,消灭犯罪物质痕迹,甚至有的在现场附近整理财物。

7. 分析犯罪人的职业

犯罪人的职业特点会通过各种方式表现在犯罪行为中。首先,利用犯罪人在作案过程中的语言分析案犯的职业。一个人所处的工作岗位、职业状况,在一定程度上会通过其言谈话语表现出来。犯罪人要运用语言来表达犯罪意图,共同犯罪人之间可能存在对话,犯罪人的语言中会自主或不自主地流露出犯罪人的职业情况,如自己的职业经历、职业环境等。即使共同犯罪人之间用手势交流,同样能暴露出其可能从事的职业。其次,从犯罪人在作案过程中表现出的行为习惯刻画案犯职业。人们的职业活动产生了行为习惯,行为习惯表明职业特点。如在贪污、诈骗等经济案件中,犯罪人写账目、取款单时使用的阿拉伯数字,使用者的书写特点则能明显地体现出职业特点,如财务人员数字书写规范清晰,设计人员书写美观工整,报务人员书写快速、准确,营业人员快而不乱等。再次,从作案人的行为技能水平刻画犯罪人职业。犯罪人在作案过程中的行为技能表现在使用工具的灵活性、技巧性。对某一项专业技能的熟悉和掌握的程度,体现出犯罪人的职业特点。如犯罪人使用电、气焊,医疗针具,手术刀等反映出犯罪人的职业范围,常使用锯的职业人员割断防盗窗的手法技巧与非职业性人员有着很大的区别。最后,根据犯罪人对作案目标的选择特点刻画案犯职业。犯罪人对作案对象的选择,特别是选择非常规性的目的物,更能明显地体现出其职业特点。对一件物品,“识者是块宝,不识者是根草”,这句话就反映出犯罪人是行家里手还是外行人,其职业身份可见一斑。例如,在一起绑架案件中,由于犯罪人擅长隐蔽伪装,策划时间长,除一封信外没有留下任何痕迹,年轻侦查员束手无策,一经验丰富的老侦查员发现敲诈信很有文采,用语精准,仿佛一篇散文,于是推测犯罪嫌疑人是个具有深厚中文功底的人,缩小范围后,经过排查,发现犯罪人果然是一名文字工作者。

8. 分析犯罪人的心理健康水平

心理健康水平不同的犯罪人,其犯罪手段、犯罪行为也有不同的表现。根据犯罪行为的复杂性、合理性等可以推测作案人是否为变态心理者。精神病或智力低下者制造的犯罪现场大都表现为痕迹物证明显,犯罪工具、犯罪人自身物品大多遗留在犯罪现场,且手段简单,犯罪人明显缺乏自我保护意识,主要为暴力型的伤害、杀人、放火等现场。变态人格者犯罪则具有较高的心智水平,但犯罪手法、犯罪目标、动机则较为怪诞,不符合常理。

二、调查访问心理

调查访问是侦查人员为掌握犯罪情况,询问被害人、报案人和证人的调查活动。调查访问是发现侦查线索和获取证据来源的重要途径。被害人和证人等的心理状态直接影响证据来源和侦查线索的可靠性。侦查人员必须了解和掌握他们的心理活动特点,采取恰当的方法转化他们的消极心理,使其如实提供案件相关的真实情况。

(一)被害人在侦查中的心理及对策

这里的被害人是指在刑事犯罪案件中直接遭受犯罪行为侵害的自然人,即刑事被害人。被害人的陈述是刑事案件的证据之一,这要求侦查人员必须准确把握被害人的心理活动,以获得案件的真实信息。

1. 侦查过程中被害人心理的主要类型

在刑事案件侦查过程中,被害人的心理主要有五种典型类型,即控告型、沉默型、隐匿型、诬告型和错告型。控告型被害人出于愤恨和求援心理,大多数能够积极配合公安机关的侦查工作,能主动提供犯罪人的犯罪事实。沉默型被害人在侦查人员调查询问时,由于受害羞、恐惧、破财求安等心理影响,大多表现为焦虑不安、犹豫不决、欲言又止,其自我防御心理阻碍他们向侦查人员提供案件真实情况。隐匿型被害人大多因存在一定过错,在自我保护心理、贪利心理、报恩心理支配下,隐瞒案件事实真相,不配合公安机关的调查。诬告型被害人就是假被害人,在发泄私愤、陷害他人、邀功请赏、贪利、掩饰等心理支配下,或无中生有,或借题发挥,妄图借助公安机关达到其不可告人的目的。错告型被害人就是建立在有犯罪发生的基础上,由于自己认识上的错误和对他人的误解而实施控告的人。

2. 调查访问不同心理被害人的方法

被害人陈述是一种刑事诉讼证据类型,侦查人员必须对被害人进行调查询问,以获取其陈述材料。一般来说,被害人都能主动陈述被害的过程,但由于案件性质、侵害客体、被害人心态、调查人员的素质及其调查技巧等原因,可能影响被害人的陈述活动,出现被害人不愿陈述或者陈述不真实的情况。因此，侦查人员在做好充分准备的前提下，应因案而异、因人而异、据情用策，根据被害人的不同类型和心态，采取相应的调查询问策略。

(1)询问控告型被害人要耐心倾听，启发诱导。除紧急情况外，调查人员要耐心、认真地倾听被害人的陈述，不要打断其思路，让其自由陈述。对被害人在遭受侵害时的表现不宜指责，多给予理解和同情。特别是对情绪激动的被害人，要晓之以理，稳定其情绪，把陈述重点自然地引导到案件的主要情节上。同时，还要善于对被害人进行启发引导，让其准确回忆被害的前后经过和相关的人、事、环境等，使其陈述客观、真实、全面。

(2)询问沉默型的被害人要友好热情，促膝谈心。实践表明，沉默型被害人与侦查人员的合作程度，在很大程度上取决于侦查人员的态度和工作方式方法。如果办案人员态度友好热情，方法得当，被害人就能较快地产生信任感和陈述欲；否则，就会陷入僵局，侦查人员很难获取有价值的信息。侦查人员首先可以聊一些轻松的话题，当气氛融洽时再慢慢把谈话引入正题。办案人员要以热忱之心换取被害人的真诚之言，设身处地地为被害人着想，使其变“要我说”为“我要说”。询问中切忌“冷”(态度冷漠)、“硬”(语言生硬)、“空”(空洞说教)、“急”(急于求成)。对担心陈述后于自己不利的被害人，办案人员要表态采取必要的保护性措施，选择恰当的询问时机和场所，尽可能缩小知情范围，以打消其顾虑，消除陈述障碍。

(3)询问隐匿型被害人要取得被害人信任，排除其内心隐痛。询问隐匿型被害人，首先，要摸准被害人的心理特点和思想障碍；其次，要通过宣传法律，使其认识到依法作证的责任和义务，启发其正义感；再次，要理解、尊重被害人，对其受害深表同情，对犯罪人的罪恶行径深恶痛绝；最后，利用已有线索适度地暗示被害人，消除其“不说也无所谓”的侥幸心理。从实践经验看，如能使被害人既认识到法律的威严，又感到询问者可亲可信，则能加快取证的速度。询问人和蔼而有庄重之感，诚挚而无乞求之意，严肃而不板脸训人，委婉而不故弄玄虚，以及语言简明有力，入情入理，都能使被害人产生信任感和陈述欲。[2]询问时，注意不要硬追强问，避免发生“顶牛”的僵局；也不宜在询问之初就直接进入正题，可以先提一些与案件无关的问题，转移被害人的注意力，防止出现询问人急于求成、越问越急，被害人不愿作答、越听越烦的尴尬局面。侦查人员也不要过多地说套话、大话、过头话，以免引起被害人的反感。

(4)询问诬告型被害人要察言观色，戳穿其谎言。假被害人由于诬告他人，内心的虚弱是无法掩盖的，在其语言、体态、目光、神情等各方面都会有蛛丝马迹可寻。他们在陈述或者回答问题时，要么言语不流畅，言辞闪烁，要么毫无痛苦愤怒之感，表达极为流畅，记忆十分清晰，甚至像是在背诵课文。在觉察行为人有可能是诬告时，首先，办案人员应当耐心听取其陈述，做好记录，使其充分讲明自己的情况，这一过程中尽量不要打断他。其次，根据现场情况，有目的地提出一些细节，让对方回答，使矛盾充分暴露。最后，结合现场情况，认真进行分析研究，判明确系自报假案时，要有计划、有准备地揭露矛盾，澄清事实真相。[3]

---

〔2〕 参见孙汝亭、李增春等：《刑事侦察心理学》，哈尔滨出版社1988年版，第103页。

〔3〕 参见管光承主编：《现场勘查》，法律出版社2000年版，第92页。

(5)询问错告型被害人要收集细节,分析甄别。由于错告型被害人对错误事实深信不疑,但错误事实必然会影响对真实的犯罪事实的判断,因此,要尽量询问细节,收集尽可能多的细微情节,通过逻辑分析,甄别出矛盾之处,再从中挑选能反映真实犯罪情况的事实。另外,对错告型被害人要富有耐心,给予充分的时间促使其努力回忆,并通过告知其陈述对案件侦破的重要性与误告后果的严重性,使其认真细致地回忆事实。

(二)证人在侦查中的心理及对策

我国《刑事诉讼法》规定,能够证明案件真实情况的证人证言可以作为证据使用,并规定凡是知道案件情况的,都可以作为证人。但是,由于证人的作证动机很复杂,而且证人证言又容易受到证人对案件事实的感知、记忆和陈述能力等心理因素的影响,所以,侦查人员对证人证言要谨慎对待,要根据不同证人采取不同的调查策略和调查方法。

1. 证人作证动机分析

证人作证动机,是指引起和推动证人主动作证、被动作证、拒绝作证、作伪证的内心起因。证人作证动机直接影响其作证行为的积极性及其证言的真实性。证人作证的动机主要有以下几个方面:[4](1)证人主动作证动机,包括正义感、义务感、友情、报复、私利、虚荣、谎言等;(2)证人被动作证动机,包括中庸态度、碍于情面、事不关己、个人得失等;(3)证人拒绝作证动机,包括安全需要、庇护、缺乏义务感、少惹麻烦、恻隐之心、羞耻感、虚荣心、报恩、报复、畏惧、贪利、担心、信仰、抵触、遗忘、害怕暴露隐私等;(4)证人作伪证动机,包括庇护、营救亲人、友情、报恩、贪利、情面、献媚、安全需要、报复、同情、利害关系、抵触敌对情绪等。

证人情况非常复杂,他们的年龄、性别、性格、文化程度、社会阅历、智力条件、思想状况、家庭影响、学校教育、职业、宗教信仰等各不相同,因而对待作证的态度也各有差异,有多种多样的心理状态,概括起来主要有以下十种表现:(1)憎恶犯罪的心理;(2)隐恶扬善的心理;(3)幸灾乐祸的心理;(4)事不关己的心理;(5)怕打击报复的心理;(6)怕犯诬告陷害罪的心理;(7)碍于情面的心理;(8)怕惹火烧身的心理;(9)顾及名誉的心理;(10)发泄私愤的心理。[5] 对如此纷繁复杂的心理状态,侦查员要有针对性地消除证人的思想障碍,争取得到客观真实的证言。

2. 收集证言的策略方法

在侦查实践中,由于证人的特点不同,作证动机、作证心理也是多种多样的。因此,侦查人员必须针对不同对象采用不同的策略方法。

(1)摸准心理,因人而异。在侦查中,侦查人员要通过了解证人及其家庭的基本情况,了解其与被害人、犯罪嫌疑人及其亲友的关系,与案件的判决处理是否有利害关系,在办案过程中是否已询问过,以及可能影响证人心理的其他客观因素,对证人进行心理分析和心理预测,从而做到心中有数,便于在调查中区别对待。

(2)稳定情绪,消除障碍。证人在复杂心理作用下,其情绪往往出现各种波动,或激

---

〔4〕 参见罗大华主编:《刑事司法心理学理论与实践》,群众出版社 2002 年版,第 91 ~ 105 页。

〔5〕 参见管光承主编:《现场勘查》,法律出版社 2000 年版,第 93 ~ 94 页。

动，或紧张，或犹疑，或痛惜，或拘谨等。在不平静心理的作用下，难免思维混乱，回答问题语无伦次。侦查人员在询问中，必须注意了解和分析证人的情绪情感，始终保持细致观察、耐心听取的姿态，讲究谈话艺术，促使证人保持最佳的心理状态，提高证人对感知的回忆、再现和陈述的效率。

（3）选择场所，创造条件。在询问中，证人心理不但受询问人员的影响，而且还受询问环境、场所的影响。询问环境、场所会对回忆再现、情绪情感、作证动机产生直接的影响。在调查中，侦查人员选择适宜的询问环境、场所，有助于证人消极作证心理的转化。询问场所，应尽量在比较安静、独立的地点，使证人情绪稳定，能够冷静陈述。注意对询问内容进行保密，采取个别询问的方法。

（4）认真谨慎，取得信任。有的侦查人员询问证人方法简单，表现出不择场合地“乱”问，不择方法地“硬”问，不择形式地“粗”问，不惜时间地“繁”问，以致失去了证人的信任，很难取得预期效果。在询问证人时，侦查人员要始终尊重证人的人格，无论对哪种职业、年龄的证人，都要平等对待，切不可态度粗暴、简单命令、以势压人，始终保持谦虚谨慎的态度。在询问过程中，要对侦破案件充满必胜的信心和决心，展现侦查人员坚持到底的态度。只有这样，才能使那些心存犹疑的证人相信案件必破是真的，犯罪嫌疑人一定会归案并受到法律的惩罚，促使他们放下包袱，主动讲清其所知的案件事实。

3. 证言的判断

法律要求证人证言不仅真实可靠，而且还要和其他证据形成科学的证据体系，为此，侦查人员必须对收集到的证言进行严格认真的审查，作出科学的判断。[6]

（1）证言形成心理分析法。证人证言形成过程可以分为感知案情、记忆案情和陈述案情三个相互联系的阶段。在采用证人证言形成过程的心理分析去判断证人证言的真实可靠性时，首先，要分析和确定证人的感知能力、记忆能力和陈述能力。可以通过一定的检测方法，如视力检查表、色盲检测表、智力测验表、心理测验法，测定其感知能力、记忆能力和陈述能力是否正常；通过对证人年龄、职业、文化程度的分析，进一步了解证人的感知能力、记忆能力和陈述能力影响其证言的真实可靠性。例如，年幼的证人富于幻想，容易接受他人的暗示，善于机械记忆案情；年老的证人对感知的案件事实和情节容易遗忘；汽车司机关于速度的证言，比一般人要可靠；文化程度高的证人善于书面陈述，但陈述时可能用分析推理代替案件事实和情节。其次，分析证人证言在形成过程中受到哪些主客观因素的影响。例如，紧张不安和恐惧情绪，容易使证人在感知案情时产生错觉，在陈述案情时出现回忆障碍；感知案情时光线的强弱、距离的远近、时间的长短，记忆案情的时间间隔，陈述案情时的环境和气氛等，都会影响证言的可靠性。在分析客观因素对证人证言的影响时，有时可采用实验或现场试验的方法。

（2）作证动机分析法。要对证人的作证动机做社会心理学的分析，以发现证人有无作伪证的动机。首先，分析证人与犯罪嫌疑人、被告人、被害人及他们的亲属有无利害关系，与案件的处理结果有无利害关系，以及利害关系的程度如何。利害关系的程度越大，产生作伪证的可能性就越大。其次，分析证人有无受到犯罪嫌疑人、被告人、被害人或他

---

〔6〕　参见罗大华主编：《刑事司法心理学理论与实践》，群众出版社2002年版，第120～125页。

们的亲友的威胁、利诱或求情。若有,证人就可能产生为包庇或诬告陷害犯罪嫌疑人、被告人而作伪证的动机。再次,分析证人是否受到询问人员的诱骗、威胁甚至暴力取证等非法对待。若有,证人就可能产生为保全自己而作伪证的动机。最后,了解和分析证人的个性品质,特别是法治观念、道德品质、一贯表现等。法治观念不强、道德品质不良、一贯表现不好者,容易产生作伪证的动机。也有些证人眼见被告人即将接受刑罚处罚,其家人将陷入巨大的困境,或者被告人在法庭上表现极为可怜,或者被告人将被判处死刑等,证人由于恻隐之心大发而作出有利于被告人的伪证。

(3)关联性分析法。如果证言能证明要证案件事实的存在或不存在,则该证言与案件事实、情节具有关联性,否则就无关联性。无关联性的陈述即使符合事实,也无证明价值,应予排除,以避免其干扰有关联性的证言,引起错误的判断。一般来说,证人陈述的内容来自直接的感知且能直接单独证明案件的主要事实、情节时,可视为该证言与案件事实、情节有直接关联,如证人陈述他目睹犯罪嫌疑人、被告人用匕首杀死了被害人,经查证属实,即可证明犯罪嫌疑人、被告人的杀人罪行;证人陈述的内容以间接的方式证明案件事实情节时,则视为该证言与案件事实、情节有间接关联性,如证人听他人传说犯罪嫌疑人、被告人杀人的事实、情节,或证人看见了犯罪嫌疑人、被告人衣服上有血迹。与案件事实、情节有直接关联或间接关联的证言,都是真实可靠的,对判断案件事实、情节的存在或不存在都起着重要作用,都应予以重视。

(4)对比分析法。这种方法要求分析:第一,同一证人的证言前后有无矛盾。有的证人几次陈述内容有出入,各次证言互有矛盾。这可能与证人作证动机的变化有关,也可能是记忆规律的作用所致。有学者研究认为,证人有些陈述内容固定不变可以表明证言是可靠的,而有些陈述内容有所变化并不说明证言就不可靠,因为有些陈述事项可保持固定不变达两三年之久,如主要行为事实、作案对象、作案场所及其周围有哪些重要设施、光线的明暗等;与此相反,有些陈述事项就不能保持固定不变,例如,数起同类案件的相互区别、一个事件某个细节的时间顺序、作案的日期和时刻、案件经过时间的长短、何人在场、犯罪嫌疑人和被害人的穿着打扮等。由此可知,同一证人的证言前后出现矛盾时,必须找出原因,才能判断其真实可靠性。有的询问人员一经发现矛盾,就认为该证人的证言全都不真实可靠,这是轻率的。有的询问人员不加分析就毫无根据地指责证人,迫使证人作出符合自己意图的"一致"证言,这当然是不可取的。第二,证人之间的证言有无矛盾。证人之间对同一案件的证言内容有出入,甚至有矛盾,是很正常的。重要的是,询问人员要找出出现矛盾的原因,才可能作出谁的证言真实可靠、谁的证言不真实可靠的结论。特别是当发现个别证人证言与多数证人证言不一致时,绝不能搞"少数服从多数"。事实证明,有时个别证人的证言比多数证人的证言更真实可靠。第三,证言和其他证据之间有无矛盾。真实可靠的证言和其他证据之间应该是相互协调且无矛盾的。因此,在对比分析时,如果发现有矛盾,就需要进一步查证核实其他证据的真实性。

三、缉捕心理

缉捕是侦查机关代表国家为维护法律尊严,对潜逃的犯罪人或犯罪嫌疑人进行捕获的活动。在获得一定犯罪证据和犯罪嫌疑人线索的基础上,需要对犯罪嫌疑人进行缉捕。

在缉捕中，犯罪嫌疑人仍处于隐蔽处，其心理上呈现出与犯罪实施阶段不同的特点。把握其此时的心理特点，是顺利完成缉捕任务的前提。

（一）缉捕阶段影响犯罪嫌疑人心理变化的因素

1. 犯罪性质对犯罪人心理的影响

犯罪性质是犯罪事实的核心，它关系到对犯罪人刑罚的轻重，因此，犯罪性质对犯罪人的心理有着重要的影响。在一般情况下，犯罪性质越严重，对犯罪人心理的影响越强，即使累犯、惯犯，也免不了提心吊胆。如果犯罪性质较轻，犯罪人自以为即使被抓获，后果也不会十分严重，其心理的紧张和恐惧程度就会降低，对犯罪人心理的影响就较弱。

2. 侦查活动对犯罪人心理的影响

侦查活动的目的与犯罪人逃避刑罚制裁的目的是相对立的。犯罪人的犯罪行为能否得到掩盖，取决于公安、司法机关侦查工作的进展。一般来说，如果案件未被立案，或犯罪人自以为本人不是怀疑对象时，其紧张情绪就会有所缓解；反之，在犯罪人预感到自己已经成为侦查对象甚至重点怀疑对象时，就会出现紧张惶恐情绪。当犯罪人察觉罪行已经暴露，侦查机关正在对其缉捕时，其紧张、畏罪、恐惧心理就更强。侦查工作的进展越大，对他们的刺激就越强，心理波动就越激烈，其反常行为也就越多。

3. 犯罪过程对犯罪人心理的影响

犯罪人在作案后，对犯罪过程会记忆犹新，经常自觉或不自觉地回想整个作案过程，分析作案时在现场是否留下了痕迹、有没有露出破绽。因对自己作案过程的评价不同，犯罪人作案后的反应也不同，认为极有可能败露的，犯罪人会极度恐惧，因而外逃或加紧进行反侦查活动，在某些案件中甚至出现犯罪人重返犯罪现场企图毁灭证据的现象。相反，犯罪人自认为作案手段高明，不会败露的，则表现为满足和得意，不会慌张逃窜。

4. 人际交往对犯罪人心理的影响

人际交往对犯罪人的心理状态有一定程度的影响。首先，通过交往，能够改变犯罪人对案件的看法。犯罪人为逃避侦查，便经常通过人际交往了解案件的侦查情况和人们的看法，以此来满足自己反侦查心理的需要，调整自己的行为。其次，犯罪人通过人际交往，还能改变其对犯罪行为的评价。犯罪人作案后，如果受到一些人的鼓励、包庇，其紧张心理会减轻，侥幸心理则相应地加强；如果受到社会谴责性评价的影响，犯罪人启动良知和罪责感，对自己的犯罪行为作出了否定的评价，进而产生自首、自杀或不再犯罪的心理倾向。

5. 犯罪人个性特点对犯罪人心理的影响

首先，因犯罪经历不同，犯罪人对外界反应也不一样。一般情况下，偶犯和初犯由于缺乏犯罪经验，极易夸大外界刺激的作用，甚至把一些与案件毫不相干的外界反应也同自己的犯罪事实结合起来，因而惶惶不可终日。与之相反，惯犯、累犯因犯罪经验丰富，自控力强，可以若无其事的心态来适应外界的刺激。其次，犯罪人的性格也影响其心理变化。自信心强的人，对外界刺激的认识具有独立性、批判性，多采用以静待动的策略对付侦查；自信心弱的犯罪人，易受暗示，反应敏感，恐惧感强，易出现反常举动，如畏罪潜逃、自杀、恐吓证人等。

(二)被缉捕犯罪嫌疑人的潜逃心理和潜逃行为

在一般情况下,犯罪人作案后,其心理活动大都是围绕逃避缉捕这一目的进行的。受趋利避害心理的影响,犯罪人基本上都会产生潜逃心理。而潜逃心理的表现也是多种多样的。

1. 受社会交往关系和生活经验的影响

根据潜逃范围大小,可把潜逃分为小范围的潜逃和大范围的流窜潜逃。有的犯罪人自身社会经验、社会交往关系少,经济物质条件缺乏和家庭观念、乡土观念比较强,这决定了其不大可能远逃,为了能比较方便地探听虚实以及与亲属联系,其往往选择小范围潜逃,距离原居住地较近,活动半径较小,如在本市县内潜逃藏匿。一些累犯、惯犯、刑满释放人员,家庭观念淡漠,社会经验丰富,社交能力和适应能力强,活动范围大,奸诈狡猾,为了更安全,他们往往采用长途离乡的流窜潜逃方式逃避打击,比如去外省市及其城乡接合部地区,在车站、码头、建筑工地、小旅馆藏匿,或投奔外地同伙、情人,或寄居在因金钱而对其进行包庇的居民家中。

不管是小范围的潜逃,还是大范围的流窜潜逃,犯罪人都要受返巢求助与社交亲合心理的影响和制约。返巢求助心理是指逃犯潜逃一段时间后,返回居住地求得精神或物质援助的一种心理状态。社交亲合心理是指逃犯一般会选择投奔平时交往较深、感情密切、利益关联度高的社会关系成员。实践证明,潜逃犯罪人最有可能投奔那些既道德败坏、法律意识淡薄、有反社会意识、曾有违法犯罪经历,又与潜逃犯罪人关系密切的社会关系成员。因此,缉捕时注意对案犯家庭住址及亲属、朋友等关系人所在地,实行严密监控,设伏守候。对案犯家属等有关人员进行政策攻心,促使他们提供犯罪人逃跑的行踪。同时,迅速取得同案犯的口供,获取逃犯的行踪。

2. 受人文地理环境的影响

具体来说:(1)受地理交通环境的影响。例如,有的犯罪嫌疑人利用山区、森林地区人烟稀少,便于藏匿的优势,选择山区和森林地区作为落脚藏身地,这为缉拿案犯增加了难度。(2)受交通环境的影响。现代交通工具既为犯罪人快速逃离提供了条件,也为缉捕人员抓获案犯提供了布控条件。只要公安机关掌握的信息准,行动及时,捕获犯罪人的可能性很大。(3)受民俗风情的影响。为了不使当地人感到生疏,发现异常,潜逃犯罪人往往采用入乡随俗的办法,对自己进行伪装,使自己融入当地人中。但为减少被发现的可能性,潜逃犯罪人一般选择去与自己家乡风俗习惯相差不大的地区。也有犯罪人选择陌生的潜逃地区深居简出,尽量减少与当地人的接触。(4)受治安状况的影响。为了安全,潜逃犯罪人一般较多地隐藏在社会治安条件差、治安防范薄弱的地区和场所,如租住城乡接合部的民房,在歌舞厅、夜总会等场所担任保安等。[7]

---

〔7〕 参见宋晓明等主编:《犯罪心理学》(第3版),中国人民公安大学出版社2009年版,第281~284页。

第二节 讯问过程中的犯罪心理学问题

侦查讯问是指在侦查活动中,侦查讯问人员为了查明案件事实真相,依照法定程序以言辞方式向犯罪嫌疑人查问案件事实和其他案件相关情况,从而获取其供述或者辩解的一种诉讼活动。在讯问阶段,犯罪嫌疑人心理变化十分迅速、激烈。一些犯罪嫌疑人为开脱罪责,必然会百般狡辩抵赖,对抗讯问。因此,讯问活动可以说是侦查讯问人员与犯罪嫌疑人之间面对面的心理战。在询问中要求侦查讯问人员不仅要了解犯罪嫌疑人的心理特点和心理活动规律,还要针对其心理,采取适当策略,给其施加积极的心理影响,以达到讯问的目的。

一、犯罪嫌疑人心理转化的一般规律及其对策

受趋利避害心理的影响,在讯问阶段,一开始讯问就交代问题或顽抗到底的犯罪嫌疑人为数不多。一开始就如实供述的犯罪嫌疑人,大多数出于悔罪心理。有人实施犯罪行为后,每时每刻都在受良心谴责,其内心十分痛苦,难以消解。为减轻自己的罪孽,在侦查机关对其进行讯问时,能对自己的犯罪行为全部供述以获得心理上的解脱。有些犯罪嫌疑人因政治因素、宗教因素或者为"经验丰富"的惯犯,会选择顽抗到底。除此之外,大多数犯罪嫌疑人在讯问时通常都会经历初步防御—试探摸底—对抗相持—动摇反复—供述交代的过程。

(一)初步防御阶段及其对策

这一阶段大致是犯罪嫌疑人从被拘捕到讯问开始的阶段。[8] 有的犯罪嫌疑人突然被捕,因作案成功产生的满足、愉快、侥幸的心理一扫而空,终日担心的事情成为现实。他们此阶段的心理主要是惶恐、震惊和不知所措。经过这一段时间的慌乱之后,犯罪嫌疑人开始准备如何应对被捕的现实,如何逃避或者最大限度地减轻刑罚处罚。他们开始对自己作案中的细节进行反思,对可能出现的破绽一一认定,揣测侦查人员可能提出的问题,自己准备即将如何回答问题以掩盖尚未发现的犯罪事实,形成定式心理,即犯罪嫌疑人已经准备好采用某种方法接受讯问的相对稳定的心理。他们在这一阶段开始准备建立自己的防御体系,妄图蒙混过关或者避重就轻。

这一阶段的时间应尽量压缩,不给犯罪嫌疑人任何建立防御体系的准备时间,可采用"定位刺激法"快速地从犯罪嫌疑人的反应中掌握其定式心理的方法。侦查人员应尽量减少对已掌握信息的透露,言谈举止间避免使犯罪嫌疑人看出自己的个性特点;同时,又要尽量掌握犯罪嫌疑人的人格特征,防止犯罪嫌疑人通过各种信息寻找己方破绽。所以,应在最短时间内组织第一次讯问。

---

〔8〕 参见姚健主编:《警察讯问与谈判》,中国人民公安大学出版社2009年版,第72页。

(二)试探摸底阶段及其对策

试探摸底是指犯罪嫌疑人利用与讯问人员初次接触的机会，以试探的手法，探听讯问人员掌握证据的情况、讯问人员对本案的态度、讯问人员的个性特征、讯问人员组织的讯问方案等，以此完善在上一阶段建立的防御体系，对抗讯问。

试探摸底的手法主要有：向讯问人员索要证据，试探办案人员掌握证据的情况；申辩自己无罪，试探办案人员的态度和反应；抛小瞒大，或以假乱真，试探虚实；提出交代的条件，试探办案人员的处理意见；故意挑衅，大吵大闹；沉默不语，静待变化；软磨硬泡，装疯卖傻等。

犯罪嫌疑人想通过试探获取信息，为对抗讯问做准备。其越是这样，讯问人员越不能露出自己对案情了解不多、证据不足等实情，而要让犯罪嫌疑人感觉到自己有罪，且犯罪事实已经被掌握，实话实说才对其有利，不怕他不承认，做到沉着老练，不露底牌。同时，讯问人员要明确哪些是真信息、哪些是假信息、哪些是避重就轻的信息等。具体而言：

1. 讯问人员不要随便表态，不要流露出喜怒情绪，做到不动声色，以静待动，使其无法揣摩到真实情况。对犯罪嫌疑人的吵闹等行为，侦查员可以静观犯罪嫌疑人的各种表演，揣测其行为背后的心理，及时作出反应。

2. 使用证据要讲究方式方法。一方面，选择那种既能击中要害又不暴露案情的证据；另一方面，切忌把掌握的证据和盘托出，避免陷入证据用完而嫌疑人也封口的被动局面。

3. 掌握讯问主动权，不让犯罪嫌疑人试探摸底的企图得逞。一方面，在态度上营造一种威慑力，使其不敢试探摸底；另一方面，对其试探摸底的企图，要彻底揭露。同时，对嫌疑人探询的问题应妥善处理，既不要简单粗暴地硬顶回去，也不要直截了当地回答，要使其对侦查机关掌握的信息没有正确的认识。

(三)对抗相持阶段及其对策

对抗相持是讯问人员与犯罪嫌疑人进行实质性较量的重要阶段，进攻与防守、揭露与隐蔽、批驳与狡辩的斗争时起时伏，双方在意志、信心与智力等方面开始较量。犯罪嫌疑人在经过上一阶段几次交锋后，紧张、焦虑的心理开始趋向稳定，抗拒心理逐渐增强，通过对侦查人员证据掌握情况以及侦查人员个性特点的了解，其防御体系开始加固，使讯问常处于僵持局面。

在此阶段，犯罪嫌疑人对抗的手法有：狡辩、抵赖、嘲笑、顶撞、自残等硬抗手法；沉默、喊冤叫屈、大哭大闹等软抗手法；采用假装诚心悔过，使用虚假供词来欺骗讯问人员。

防止和矫正犯罪嫌疑人对抗的措施如下：

1. 做耐心细致的思想工作，政策攻心。此时，侦查人员可以将党和政府的宽大政策向犯罪嫌疑人进行宣传，使其明确案件始终要在充分的证据链条建立后才能侦破，积极与办案人员配合能获得法官一定的从轻处罚。

2. 强化对犯罪嫌疑人的定位，通过“拒辩”使其“抗拒从严，回家过年”的侥幸心理落空。即使犯罪嫌疑人被定位，往往仍旧不甘心束手待毙，总是准备好一系列抗审方法为自己开脱，此时，审讯人员应该阻止辩解，否定抗审。对待共犯可采用离间法突破其“攻守同盟”。在进入僵持阶段后,侦查人员可以适当使用关键证据,冲击犯罪人心理,使之对抗心理逐渐减弱,丧失对自己或者其他共犯的信心。

3. 对症下药,区别对待。如对因畏罪而抗拒者,采用“置之死地而后生”的策略,把罪行的严重性说足,使其明白除坦白从宽外无路可走。对因侥幸而抗拒者,除对其进行案件的客观性、可知性和犯罪必惩的教育外,再配合使用关键证据。对提供虚假证据者,用事实戳破其谎言,使其感受到侦查机关的强大力量,除说真话外没有其他更优选择。

(四)动摇反复阶段及其对策

动摇反复是犯罪嫌疑人对抗意志减弱,心理防线接近被突破,犹豫、矛盾心理上升,面临权衡供与不供的利弊得失的重要阶段,其内心矛盾斗争异常激烈、痛苦。经过多次较量后,犯罪嫌疑人发觉自己漏洞百出,大量的犯罪事实开始被各种证据证明。在侦查人员的政策宣传下,犯罪嫌疑人感觉顽抗到底将失去从轻或者减轻的机会,但又不甘心自己的失败,各种复杂心理开始冲击其原本“坚定”的意志。

此时,犯罪嫌疑人会出现以下行为表现:

1. 举止不安,无所适从。当犯罪嫌疑人感到罪行无法隐瞒时,会出现明显的表情、动作。有的额头、鼻尖、手心出汗;有的唇焦口燥,舔嘴唇,要喝水;有的排尿次数增多;有的要烟抽;有的坐立不安,用力搓手或使劲抓头等。

2. 态度由硬变软。有的低头不语,面红耳赤,呼吸急促;有的畏畏缩缩,回避讯问人员的目光;有的自言自语,唉声叹气,有悔罪之意;有的询问自己涉及罪行有可能被判处何种刑罚等。

3. 提出供述的条件。如提出从轻处罚、回监室考虑、见有关人员再交代等要求。

当犯罪嫌疑人处在交代与不交代的十字路口时,讯问人员要抓住机会,采取针对性措施,慎用审讯方法,避免退回到对抗相持阶段,促使其迅速如实交代:

1. 打消顾虑,趁热打铁。讯问人员要摸清犯罪嫌疑人不交代的顾虑是什么,并设法帮助他消除顾虑,鼓励他交代。多拉少压,多劝少责,尽量避免和减少其对立情绪。同时,讯问人员围绕触动犯罪嫌疑人心理的具体因素进一步加大工作力度,乘胜追击,强化已经发生作用的方式方法,当发现犯罪嫌疑人出现动摇反应时,要紧抓不放,强化对此领域的追问。审讯人员要步步紧逼,阻止犯罪嫌疑人对已崩塌的心理防线进行修复。

2. 正确处理讨价还价的要求。对于提出的交代罪行的条件和要求,讯问人员既不能无原则地许诺,也不要随便训斥或者置之不理,更不能欺骗诱供,应视不同情况,依法依理地解答,巧妙使用模糊语言来处理,但是要让犯罪嫌疑人感觉到自己坦白是利大于弊的。对于犯罪人提出的一些不违背原则、符合情理的生活要求等,讯问人员在答应后一定要兑现。

(五)供述交代阶段及其对策

在供述交代阶段,犯罪嫌疑人心理防线基本已经开始崩溃,对抗的意志开始全面垮塌,基本放弃已经建立的防御体系,其心理活动就会进入供述交代阶段。

此时,犯罪嫌疑人的主要表现有:

1. 消除了供述罪行的心理障碍,供述动机起主导作用。犯罪嫌疑人对讯问活动积极配合,顺应讯问人员的要求,开始如实供述罪行。

2. 供述心理不稳定,供认不彻底,能瞒则瞒,能辩则辩,仍留有余地。对犯罪事实交代不具体,或者仍然隐瞒重大罪行。

3. 在残存的拒供心理影响下,可能出现心理反复,在供述出全部罪行后,担心刑罚惩罚而推翻原来的真实供述。

对上述现象,讯问人员决不可掉以轻心,此时的成果只在瞬间,若等闲视之,则可能功亏一篑。要设法彻底消除犯罪嫌疑人的供述心理障碍,使其尽快进入供述罪行的最佳心理状态:

1. 做好思想转化、教育引导工作,鼓励已有的进步,巩固其供述动机。讯问人员要及时进行心理疏导,消除妨碍犯罪嫌疑人供述的障碍,尤其是其侥幸心理和恐惧刑罚心理。

2. 控制干扰信息流入,为犯罪嫌疑人供述犯罪事实提供通道。审讯人员应把握犯罪嫌疑人的心理变化和心理特点,以此衡量哪些是干扰信息,进而采用适合犯罪嫌疑人交代罪行的环境、声音、讯问方法。

3. 仔细盘问,彻底弄清犯罪的具体情节,追查犯罪嫌疑人犯罪动机和目的,防止其翻供。讯问人员对已经出现的松动应及时加以扩大,尤其是要将影响定罪量刑的关键情节审查清楚,防止翻供。

4. 冷静对待翻供。如果犯罪嫌疑人推翻过去的虚假供述,是一件好事,应进行鼓励。如果犯罪嫌疑人为了抵赖罪行、统一前后口供,应及时给予批驳,用政策及事实进行教育,并做好相关工作,防止翻供企图得逞。

犯罪嫌疑人在彻底交代罪行后,一般会有如下几种心理:或者彻底轻松,安心等待审判;或者对自己的供述懊悔不已,责怪自己没有再"坚持"下去;或者对自己日后将失去的"事业"感到担心,对将遭受的刑罚感到恐惧等。对待具有后两种心理的犯罪嫌疑人,要防止其采取自残或者自杀的行为来缓解自己的懊恼或者恐惧,对他们的行为应严密监控,对其心理加以疏导,缓解他们在全面供述后的心理压力。

当然,在上述讯问过程中,犯罪嫌疑人的阶段规律和心理特点主要是立足于有罪犯罪嫌疑人的,实际接受讯问的犯罪嫌疑人可能是有罪的,也可能是无罪的,讯问也不是以证实犯罪为唯一目的,查清事实也是目的之一。因此,在讯问时也要注意其中可能存在的无罪的犯罪嫌疑人的复杂的心理状态,如激愤心理、孤独感,对自由的渴望,对个人遭遇的迷惘、困惑交织,在言辞、态度等外部表现上可能存在很强的杂乱感,缺乏一致性,在心理阶段上经过否认供述—承认—乱供—翻供等过程。〔9〕

二、拒供心理及其矫正

拒供心理是指支配犯罪嫌疑人抗拒讯问,拒不如实供述案件事实真相的心理意向。拒供的表现可能是不供、谎供、乱供,也可能是悔供、翻供等。讯问阶段,犯罪嫌疑人的拒

〔9〕 参见张保平、李世虎、张璇编著:《犯罪心理学》(第7版),中国人民公安大学出版社2020年版,第366~367页。

供大多受畏罪心理、侥幸心理、对立抵触心理的支配。拒供心理是供述的心理障碍,必须予以矫正。

(一)畏罪心理及其矫正

畏罪心理是犯罪嫌疑人惧怕罪行被揭露而受到法律惩罚的一种心理状态,是讯问中犯罪嫌疑人普遍存在的心理障碍。

畏罪心理产生的根本原因是犯罪嫌疑人对惩罚给自己带来不利后果的顾虑或恐惧,受罪责感的过大压力和法律的威慑力的影响。首先,畏罪心理的产生受罪责感的影响。如果罪责感强度过大、压力过重,嫌疑人就会产生心虚胆怯、畏罪、绝望感,它就会成为嫌疑人供述罪行的心理障碍。其次,畏罪心理的产生也受法律威慑力的影响。嫌疑人对法律惩罚的惧怕必然伴随强烈的逃避惩罚或减轻惩罚的欲望,于是,他们会千方百计地隐瞒案件事实真相,拒不供述认罪。

畏罪心理的主要表现可以从多个方面进行观察。在表情方面,精神恍惚,两眼无神,目光呆滞,面色发白,口干舌燥;在语言方面,拒绝回答、反复无常,吞吞吐吐,闪烁其词,语无伦次,或抵赖否认,字斟句酌,避重就轻;在动作方面,坐立不安,手足无措,身体僵硬。

畏罪心理是犯罪嫌疑人如实供述的心理障碍,但如果措施得当,亦可能成为其如实供述的心理动力。矫正畏罪心理的措施,主要包括以下三个方面:

1. 政策宣传。教育犯罪嫌疑人正视犯罪事实,向其阐明“坦白从宽,抗拒从严”的政策。讯问人员还可以针对本地曾经发生的类似案件向犯罪嫌疑人进行宣传,对因坦白或者有立功表现获得从宽处理的要着重讲解,使其知晓坦白与否的后果。

2. 根据不同情况,有针对性地适当“加压”或“减压”。对那些确有重罪而畏罪,并以拒供、谎供来对抗讯问的犯罪嫌疑人,应采取“加压”的方法,以严肃批评的态度,结合政策适当向其施加心理压力,并选择恰当的时机适当地使用证据,迫使其寻求出路。对于那些罪行并非真正严重,但罪责感强度过大、压力过重而拒供的犯罪嫌疑人,应采取疏导“减压”的方法,缓和紧张气氛,以温情感化他,以政策感召他,以典型案例教育他,使其在两害相较择其轻的心理驱动下,走如实供述以求宽大的道路。

3. 教育挽救,唤醒良知。在进行政策和法律教育的同时,还要进行人格方面的教育,让他们“换位思考”“设身处地”地反省自己的犯罪行为对社会、对他人、对自己的亲人所造成的危害,唤起犯罪嫌疑人起码的道德感和做人的责任感,鼓起他们为自己的行为承担责任的勇气,从而良心发现,交代罪行。

(二)侥幸心理及其矫正

侥幸心理是犯罪嫌疑人幻想能够逃避公安机关、检察机关侦查和法律惩罚的盲目主观自信,它是伴随畏罪心理而产生的。它一经产生,便成为犯罪嫌疑人对抗讯问的精神支柱。

犯罪嫌疑人的侥幸心理在形成犯罪动机或者着手犯罪时就已经存在了,讯问中的侥幸心理是在此基础上的继续和发展。其形成原因主要有:自恃作案手段高明,行动诡秘,没有留下痕迹和罪证,只要不供认,公安机关就不能定案治罪;盲目相信“攻守同盟”牢不可破;藐视公安机关的侦破能力,对自己反审讯的经验过于自信,只要抵赖或者沉默就能蒙混过关;自恃有“保护伞”庇护,等待“救援”;等等。

侥幸心理的主要表现可以从多个方面进行观察。在表情方面,敏感戒备,但故作轻松;在语言方面,态度蛮横、大喊大叫,或抵赖、谎供、乱供、“守口如瓶”,或者在询问中咬文嚼字、找借口、摆架子;在动作方面,讯问一般问题时显得自然轻松,触及实质问题时则敏感惧怕,躲躲闪闪,遮遮掩掩。

矫正侥幸心理,关键是消除其逃避惩罚的幻想,应从以下几个方面着手:

1. 通过了解案情摸清其幻想内容。要知道犯罪嫌疑人在什么问题上存在幻想,其幻想产生的原因是什么等,就要从分析案情着手,从犯罪动机的产生到犯罪行为的预谋和实施,从案件的侦破到犯罪嫌疑人被拘捕,从他的社会背景到他在讯问中的态度等方面仔细分析。讯问人员要在抓住其幻想内容后有针对性地进行打击。

2. 搜集、使用证据。在讯问中,犯罪嫌疑人最敏感和最惧怕的就是使用证据。因此,要打消其侥幸心理,最有效的方法就是全面、及时地收集有关案件的确凿、有力、充分的证据,并看准时机巧妙地加以使用,以彻底打破其幻想。在选择材料时,重点分析每一种材料在攻破讯问对象的哪种错误思想、情感时采用,做到言之有物、言之有据,使讯问对象心服口服,无法反驳,无言以对。[10]

3. 利用矛盾,逐个击破。针对那些因迷信“哥们义气可靠”和“攻守同盟牢固”而产生侥幸心理的犯罪嫌疑人,讯问人员应帮他们分析“哥们义气”的实质,并指出他们存在矛盾、尔虞我诈、钩心斗角的弱点。在背靠背讯问使他们彼此不知实情的情况下,通过离间法寻找突破口,利用矛盾打开缺口,分化瓦解,各个击破。

(三)对立抵触心理及其矫正

对立抵触心理是犯罪嫌疑人对讯问人员、公安机关乃至对政府和社会不满与敌视的一种心理状态。有对立抵触心理的犯罪嫌疑人,不可能主动如实地交代罪行。

产生对立抵触心理的原因很多,主要包括:有反动的政治立场、观点或者错误的认识;因多次实施犯罪而产生强烈的反社会意识;愚昧无知,有罪不知罪;侦查讯问人员的言词或行为不当;自知罪行严重,以抗拒求生机。

对立抵触心理的主要表现可以从多个方面进行观察。在表情方面多表现为横眉竖目,咬牙切齿,或冷漠缄默,懒散、漫不经心;在语言方面多表现为蛮横顶撞,喊冤叫屈,挖苦讽刺,甚至向侦查审讯人员宣传反动思想,或闭口不言,答非所问;在动作方面多表现为全身肌肉紧张,动作僵硬,行为暴躁。

讯问往往会因对立抵触心理突出的犯罪嫌疑人与侦查讯问人员的冲突而陷入僵局,侦查讯问人员要冷静对待。在讯问中减弱或者消除犯罪嫌疑人对立抵触心理的方法包括:

1. 分析成因,对症下药。对于持反动观点和反社会意识强烈而横蛮对立的犯罪嫌疑人,应严词驳斥,揭露其犯罪行为严重违背社会公德、社会正义的性质,使其认识到自己犯

---

〔10〕 参见姚健主编:《警察讯问与谈判》,中国人民公安大学出版社2009年版,第102页。

罪行为严重的社会危害性。对有罪不知罪的犯罪嫌疑人，要进行法治教育，摆事实、摆证据、讲法律、讲道理，引发犯罪嫌疑人的忏悔之意。对因办案人员工作失误而引起对立抵触的，应主动承认并切实纠正，必要时更换讯问人员。

2. 动之以情，晓之以理。“动之以情”要求对犯罪嫌疑人进行感化攻心，尊重其人格，实行人道主义，并在政策许可的前提下，帮助犯罪嫌疑人解决一些合理而又可能解决的问题，让其体验到国家和社会的挽救诚意。在这一过程中还可以使其认识到顽抗到底只能伤害关爱自己的亲人和朋友，只有弃恶从善才能取得他们的原谅。在讯问过程中，也可以对被害人及其家属的悲惨遭遇进行描述，使犯罪嫌疑人发自内心地感到愧疚。“晓之以理”要求对犯罪嫌疑人的教育和讯问要做到以理服人，摆事实、讲道理，使其明辨是非善恶的界限，认识犯罪的危害，看到坦白交代、弃恶从善的前途。进行政策教育时，要做到合情合理，既有刑法、刑事诉讼法中的相关法律，又有本地发生的真人真事，使其看到如实及早供述的光明前途。

3. 沉着冷静，方法得当。侦查讯问人员在讯问中要保持沉着、冷静、耐心的态度，不能被犯罪嫌疑人的语言和行为所诱导。当犯罪嫌疑人抵触情绪激烈、态度蛮横恶劣时，讯问人员以有力证据为依托，沉着应对，在态度上要坚定、严肃，在重点问题上快节奏地提出问题，打压犯罪嫌疑人的气势。当犯罪嫌疑人冷漠缄默时，讯问人员应耐心地以政策教育他，以事实唤醒他，以感情打动他；反之，讯问人员要认识到其色厉内荏的本质，应以柔克刚，避其锋芒，选择时机予以反击。

4. 实事求是，公正对待。确有指控不实的，应立即纠正，避免在错误的方向越走越远。对讯问中的不当方式方法要及时调整，更换新的讯问策略。查实无罪的，应立即释放，并做好善后工作，尤其是心理辅导工作。

（四）优势心理及其矫正

优势心理是犯罪嫌疑人认为整个局势尽在掌控之中，而对侦查讯问采取藐视态度的心理状态。具有优势心理的犯罪嫌疑人自高自大，通常不会主动交代犯罪事实，也不会配合侦查机关的调查。

产生优势心理的主要原因有：犯罪嫌疑人因生活职业的关系，建立了众多关系网；因社会地位的关系，拥有相当强的“保护伞”，犯罪嫌疑人出于对“保护伞”的信任和依赖，自恃人多势大，认为自己的犯罪事实不会被全面掌握，或即便被掌握侦查机关也拿自己没有办法。

对优势心理的主要表现可以从多个方面进行观察。在表情方面，情绪稳定、漫不经心、傲睨自若、不屑一顾；在语言方面，飞扬跋扈、盛气凌人，将重点放在依靠关系脱罪之上；在动作方面，全身表现出松弛状态，呈开放性坐姿，动作也很随性。

对待优势心理的犯罪嫌疑人不能因其狂妄自大而俯首帖耳，而应采取如下方式寻找突破点：

1. 心理施压，浇灭嚣张气焰。这类犯罪嫌疑人的心理状态通常稳定、顽固，审讯时断然不能操之过急。在审讯过程中要暗示以关系脱罪是痴人说梦、钻火得冰，促使犯罪嫌疑人由顽强的对抗心理向薄弱的矛盾心理转化。

2. 战术迂回,寻找矛盾之处。扩大讯问内容的范围,不错过任何细节,通过逻辑分析,找到矛盾之处,利用矛盾之处突破心理防线。

3. 法律说理,打破其对“保护伞”的幻想。告知其刑罚的必然性和公正性,一方面,让其知道刑罚不会因为关系多、路子广、有后台就免除对其犯罪行为的制裁;另一方面,让其知道刑法的公正性决定了只有坦白、如实供述自己的罪行,才可能被从宽或减轻处罚。

第三节 审判过程中的犯罪心理学问题

刑事审判是人民法院依法受理公诉案件、自诉案件、上诉案件和申诉案件,在审判人员的主持下,在公诉人(或自诉人、上诉人、申诉人)、被告人、辩护人和其他诉讼参与人的参与下,通过庭审,对案件的犯罪事实和证据进行审查、核实后,对被告人有罪或无罪及法律适用作出裁决的过程。审判过程中的心理活动十分复杂,本节着重探讨刑事被告人和审判人员的心理活动。

一、刑事被告人在审判过程中的心理

审判是关系被告人前途命运的关键阶段。因此,被告人趋利避害的心理倾向在审判阶段更加突出。趋利避害、在刑事诉讼过程中做最后防御、企图逃避或者减轻刑罚,是审判阶段被告人心理的基本特征。在众多被告人当中有直接实施犯罪行为的,也存在没有直接实施犯罪行为而在幕后组织、策划和指挥的,虽然他们有不同的性格,但他们在审判过程中均表现出相同或相近的行为,这是因为防御、逃避或者减轻刑罚是被告人这一阶段的终极目的。在这一目的的支配下,被告人主观心理大致相近,实施相似的行为也就不足为奇。

被告人在审判前、审判中和审判后表现出不同的心理特征。

(一)被告人在审判前的心理表现

开庭审判对被告人至关重要,是被告人被定罪量刑的最关键时刻。在开庭审判前,被告人心理活动剧烈,主要表现出以下几种心理:

1. 预测刑种以及刑度,即预测将要受到何种刑罚惩罚及刑罚的轻重。犯罪人在面临审判时,最关心的就是自己将会受到何种惩罚,以及何种程度的惩罚。一般情况下,被告人会与以前发生的相似案件进行对比,绝大多数都希望自己被从轻处罚。

2. 紧张和恐惧心理,即被告人对刑罚后果的不安和忧虑及对刑罚处罚的恐惧。对被告人进行的诉讼是否成立犯罪,可能决定其一生之命运,因有此顾虑,被告人遂由紧张而发生恐惧。

3. 回忆案件,并进行积极防御。因为对曾经发生的案件心存愧疚或者因犯罪中种种不顺利而感觉失败,被告人对于曾经发生的犯罪行为不愿意回忆。但是,由于面临可能到来的刑罚,他们不仅会回忆曾经发生的案件,还会回忆讯问环节的过程和细节,总结防御

的经验教训，期望在庭审中获得最大的防御效果。多数被告人还会把减轻刑罚的希望寄托在律师身上。对于没有实施犯罪行为的被告人，他们也会对案发时间的细节进行详细回忆，找出自己不在场或者其他证明自己没有实施犯罪行为的证据。

4. 敬畏、期望及幻想心理。被告人既对法院和法官怀有敬畏感，担心法官的严厉判决，又期望法官能作出对自己有利的判决或者公正的判决。对于确实实施了犯罪行为的被告人，在面临刑罚惩罚时必然会深感挫折，于是其想要逃避惩罚或者这种挫折感，但逃避又不可能实现，只能在幻想中暂时逃避痛苦与烦恼。

（二）被告人在审判中的心理表现

除特殊案件外，一般案件都要公开审判。受案情、共犯、旁听群众等因素的影响，公开审判对有罪被告人心理产生极大的冲击。此时，有罪被告人表现出以下几种心理：

1. 羞耻心理。由于在法庭上罪行被彻底揭露，处于现场群众乃至媒体面前的观众关注之下，被告人难免产生羞耻感。尤其是一些职务犯罪的被告人，在犯罪之前身居高位，声名显赫，社会地位很高，而当其站在法庭上成为被审判对象时，则深感落差，对自己成为阶下囚会羞愧难当。受这一心理影响，有的被告人回答问题时思维混乱，语无伦次；有的被告人即使决心做彻底的陈述，但由于在羞耻心作用下记忆力暂时受到阻碍，无法做出全面、详细的回答。

2. 忏悔心理。除非恶性报复案件中的被告人或者极少数犯罪成性的被告人，多数被告人在受害人出庭作证或公诉人出示物证时，都能意识到自己行为对社会的危害而产生忏悔。他们悔恨不该实施犯罪行为，给被害人造成不可挽回的损失，给关爱自己的人造成巨大痛苦，不然自己也不至于落至如此境地。被告人内心忏悔之情到一定程度后，甚至会当庭下跪，痛哭流涕，如实供述自己的所有罪行乃至揭发其他人的犯罪行为。所以，法官或者检察官在庭审中发现被告人的忏悔状态后应因势利导，促成其如实陈述。

3. 怀疑心理。有的被告人，尤其是实施了高智商、高技巧犯罪的被告人，往往对自己的犯罪能力十分自信，他们怀疑法庭未完全掌握其罪证，不如实供述。有的被告人担心坦白从宽的政策无法兑现，因此，在回答审问时避重就轻，推卸罪责。有的被告人怀疑法官判案的独立性、公正性，担心自己的供述尤其是有利供述得不到法官的采信而不断强调对自己有利的细节，以期引起法官的注意。还有些被告人怀疑辩护律师的能力或者怀疑其立场，在极端情况下会拒绝律师的辩护，或者当庭侮辱律师。

4. 恐惧心理。无论实施犯罪行为的被告人在庭上表现得多么镇定，除极少数人外，随着罪行将被彻底揭露和即将到来的刑罚，被告人必然产生对刑罚的畏惧感，特别是可能被处以长时间的徒刑或极刑时，恐惧感表现得更为突出。其表现为语塞、莫名其妙地冷笑、乱吼乱叫、颓唐、站立不稳或大小便失禁等。

5. 防御心理。庭审期间被告人的防御心理将会出现另一个高峰，因为这一阶段直接关系到被告人的前途命运。为了逃避刑事责任，被告人会制造种种借口为自己的罪行和罪责辩解。有些被告人在侦查结束后，仔细回忆其在公安机关或者检察机关所作的供述，对自己防御中的“不当”或者“错误”进行检讨，在庭审时进行弥补，如有意回避案件中的关键细节等。许多被告人抱有顽抗到底的心态，表现为能不认罪就不认罪，顽抗到底。有的被告人在庭审前收到某些消息,认为翻供就能不受刑罚惩罚,抱着实在不行再认罪的心态,坚定了抗拒心理,当庭翻供。还有些被告人在庭上很少讲自己的案件,反而更多强调犯罪是不得已而为之,还有比自己实施了更严重罪行的人,自己行为的危害性很小,自己曾经给国家和人民立下功劳等。

(三)被告人在判决后的心理表现

在法庭判决后,被告人主要表现为以下几种心态:

1. 稳定。如果刑种、刑度与自己预测的接近,被告人能接受,其情绪就会稳定,于是考虑如何度过监禁生活,或者如何面对生命刑或者财产刑。还有些犯罪人出于赎罪心理,对判决结果往往没有任何异议,认为只要判处刑罚即为一种解脱,判决后会有如释重负的心态。

2. 不满。如果刑罚过重,与预期相差悬殊,被告人会表现出不满情绪,怨恨审判人员、检察人员或律师,希望通过上诉减轻刑罚。如果对确实没有实施犯罪行为的被告人判处刑罚,他们会十分不满和失望,会当庭表示抗诉。

3. 悲观。防御计划落空的被告人,在判决后沮丧悲观,精神颓废。一些被处以重刑或极刑的被告人,出现面色苍白、冷汗淋漓、行走艰难,甚至虚脱等症状,或长吁短叹,听天由命。

4. 狂躁。判决后,少数被告人感情冲动,行为失控,表现为放声大笑、哭哭啼啼、悲痛欲绝。有的被告人狂叫乱闹,当庭推翻自己的供述,宣称自己被欺骗、诬陷、冤枉等,并言语攻击法官、检察官或者政府,扰乱法庭秩序。

5. 兴奋。有些被告人由于确实没有实施犯罪行为,当其听到无罪判决时往往会十分兴奋,欢呼雀跃。有些被告人预测的刑罚重于实际判处的刑罚,尤其是预测到自己有可能被判处死刑,但实际上被判处了死刑缓期两年执行或者有期徒刑时,往往有死里逃生的喜悦。

二、刑事审判法官应具备的心理素养

刑庭审判法官的定罪量刑活动,直接影响被告人的最基本权利,还影响国家司法活动的公正与威信,所以,只有审判人员恪尽职守,公民的自由与权利才能有保障,国家健全的司法才有可能实现。对被告的犯罪行为进行判断的审判人员,除需要必备的学识与经验之外,更不能缺少一定的心理素质。我国台湾地区著名学者蔡墩铭先生认为,法官的心理素养必须符合下述十项要求:(1)仁爱;(2)自制;(3)谦虚;(4)精细;(5)勤勉;(6)忠诚;(7)勇气;(8)牺牲;(9)缄默;(10)反省。[11]

现代刑罚的思想,不仅仅在于报应犯罪人,而且要以刑罚感化犯罪人使其悔改向上回归社会。法官以仁爱的态度对待被告人,被告人无不大为感动,有助于他们悔过自新。法官审理案件时,如果能够设身处地地为犯罪人着想,考虑其犯罪的成因等,则不至于刻薄不近人情。正义富于仁爱,无仁爱而有正义,不可想象。对于有改善可能的被告人,法官

---

〔11〕 参见蔡墩铭:《审判心理学》,台北,水牛出版社1981年版,第612页。

不妨在自由裁量权范围之内科以轻刑，这有利于罪犯弃恶从善。在现代法治文明的时代，法官应当秉持宽严相济的刑事政策，使国家与社会对罪犯的矫治、关爱在庭审过程中能够得以体现。

审理刑事案件的法官，需要具备较高的修养。在法庭上，法官难免出现情感反应，如对被害人的同情与怜悯、对被告人的厌恶与痛恨、对某些诉讼参与人的不耐烦等，但由于刑事审判事关重大，所以法官应保持理智，客观判断，不能被感情所左右。事实上，只有不被感情所控制，心态平和，才能客观冷静地发现问题，正确适用法律。

刑事审判人员在案件审理中居于主导地位，参与其中的法律工作者还包括检察官与辩护人，案件审理的成败，取决于三方的共同努力。审判人员与检察官尤其是辩护人所持见解不同时，应谦虚倾听他人意见，不能任意驳斥或者禁止他人提出自己对法律的认识。对法条的理解，学者之间尚存在争议，法律实践工作者同样会有不同观点。为避免对其他法律工作者的意见横加指责而影响案件的审判，审判人员不仅要养成虚心听取他人意见的气量，还要对自己的学识、经验保持谦虚的态度，这样，才能有利于正确审理案件，有利于提高学识。

刑事审判涉及对被告人的生杀予夺，审判人员在审理时必须谨慎行事，不能疏忽大意。对于认定犯罪是否成立，被告是否构成自首、立功等法定量刑情节，以及是否存在特定的动机、目的等酌定量刑情节，法官在庭审中还要仔细观察被告人、证人的神态，分析其言谈举止间的细节，不能有所遗漏。只有仔细判断事实，推敲法条，才能达到提高办案质量、正确适用刑法的目的。

刑事审判人员应该有追求真理的热诚，对案件事实要有“打破砂锅问到底”的执着，这需要勤奋地探究案件事实。刑事案件的事实往往扑朔迷离，要在复杂的证据中找寻到案件真相，需要审判人员勤于思考，不能将没有查实的证据、虚无的证据用作事实认定，尤其是不能轻易放弃关键证据的确认，随意定罪量刑。

审判人员的审判，一定要公正。如果有不公正的案件发生，不仅会给被告人造成难以恢复的损害，也会给自己的职业生涯带来巨大的影响，更会对司法机关的形象、国家的权威造成不良影响。公正审判的实现，需要审判人员保持忠诚的心态，只有忠诚于党的事业，忠诚于人民利益，忠诚于宪法法律，法官才能保持独立审判，不受外界干扰。如果做不到这三点忠诚，为某人或者某个利益集团收买，则其立场很容易发生动摇，不可能对刑事被告人做到公正审判，而此时的法官将会沦为他人利用的工具，离犯罪也将不遥远。

审判人员为了保持公正的审判，需要有排除各种困难的勇气。刑事审判中审判人员面临的困难，一方面来自案件本身的复杂性；另一方面则来自外界的干扰。如果法官畏惧被告人的权势、顾忌犯罪势力的威胁、害怕舆论的不当干扰、不能拒绝人情或者金钱的诱惑，则刑事案件的审判就难以保证公正。刑罚设置的初衷在于惩罚犯罪、保护人民、对抗邪恶、恢复正义，只要法官有勇气依法独立审判，则任何外界影响也不能发挥作用，他们必然会得到人民的信赖与爱戴，保持自己的职业荣誉。对于确实发生的错误，审判人员要有勇气改正，不能为了自己的利益或者其他利益而置被告人利益或者法律权威于不顾，一错再错。

审判人员应该具备牺牲精神。这种牺牲,是为正义事业做出的牺牲。有的刑事审判法官在审理案件中遭受“恶势力”的恐吓,自己和家人的安全受到威胁,但他们依然能够顶住压力,对被告人正确适用刑罚,弘扬了正义。这体现了一种难得的牺牲精神。刑事审判人员还要注意自己的社交活动,尤其是要杜绝可能影响自己履职和职业发展的不良社交。有的法官工作结束后,娱乐活动丰富,不自觉地被人情包围,甚至被人设下圈套无法自拔,甘于被吹捧和“围猎”,这种情况下法官难以在刑事审判中保持公正的心态,掺入人情因素的判决很难保证其公正性。实践中,不少法官落马与交友不慎、“被人拉下水”有很大关系。所以,刑事审判人员需要有献身于法与正义的牺牲精神,严肃对待每一个案件和自己的职业,一心一意为人民的审判事业奋斗。

刑事审判人员的审判活动,需要发挥定分止争、恢复正义的作用。无论是有罪判决还是无罪判决,都应该以案结事了,使被告人、被害人心服口服为目标,而不应该是简单地“结案了事”。同时,刑事案件的判决结果,不仅要合乎法律的规定,还要符合常识、常理、常情,能为民众接受,能真正实现法律效果、政治效果和社会效果的有机统一,让人民群众在每一个案件中都感受到公平正义。审判人员在作出审判结果之前,不仅要对判决结果进行反省,还要对自身进行反省,反省自己是否受主观情感左右,反省自己是否认真仔细等。若法官能够积极自省,则会在判决尚未发生严重结果前发现问题并及时纠正,以免发生对个人、对社会均不利的后果。

三、审判人员与刑事被告人之间的心理互动

在庭审中,审判人员处于组织者、指挥者的地位。因此,在庭审的各种心理活动以及心理互动中,出现了以审判人员为联系点的显著特点。因庭审是围绕被告人的犯罪事实和追究其刑事责任来进行的,因此,被告人在庭审中的心理活动最复杂、最具有多样性。在此,本书仅就审判人员与刑事被告人之间的心理互动作简要介绍。[12]

对有较强反侦查能力和侥幸心理的被告人,审判人员应本着以事实为根据、以法律为准绳的原则表现自己庄严、谨慎的一面。有时审判人员冷静的神情和严厉的目光,有助于削弱被告人的侥幸心理,端正态度。有些刑事被告人故意在庭上发表与案件无关的冗长言论以拖延案件审理,审判人员要及时对此进行制止,保证诉讼的顺利进行。不过,如果被告人确系真诚自白,为自己的行为做有一定道理的辩解,则审判人员要保证被告人的权利,不能粗暴干涉。

对畏罪心理严重、抗拒心理突出的被告人,审判人员应当冷静沉着,通过引导控辩双方举证、质证、辩论,逐步查明案情。在铁的事实和充分的证据面前,被告人的抗拒心理会有收敛。这类被告人对指证自己的人往往充满仇恨,审判人员此时应尽量进行法律教育,使其明确证人作证、检察官指控是法律的规定,并非个人之间的仇恨,防止发生不必要的报复性侵害。

对畏罪心理严重、求生欲望强烈、认罪态度极好、真诚悔罪的被告人,审判人员在肯定其认罪态度的同时,不能受其情绪感染产生怜悯之心,而应依法公正地判决。

---

〔12〕 参见宋晓明等主编:《犯罪心理学》(第3版),中国人民公安大学出版社2009年版,第319页。

对悔罪自责心理强烈、不求宽恕的被告人，审判人员可以表现出满意和赞扬的表情，真诚的鼓励、适当的量刑，有助于被告人认罪服判、悔过自新、重新做人。

对有严重攀比心理的被告人，审判人员在肯定其认罪态度、鼓励其检举立功行为的同时，需指明“法网恢恢，疏而不漏”的道理，正确引导，促其认罪服法。同时，审判人员应提请公诉人注意被告提供的线索和提出的要求，对确系立功的，应考虑从轻或者减轻刑罚，以彻底消除其攀比心理。

四、定罪量刑心理

在审查判断各种证据之后，审判人员就要在认定事实基础上，依据刑法的规定，确认被告人的行为是否构成犯罪，以及判处何种刑罚。我国法院定罪量刑的基本要求是事实清楚、证据确凿、定性准确、量刑适当和程序合法。

（一）定罪的心理过程

审判人员从审查案卷到作出定罪结论的过程，是一个从事实假定到事实推理再到事实认定的过程。如何确定合乎辩证法的假定并严谨地进行逻辑推理，是非常重要的。为了防止先入为主，审判人员不应拘泥于起诉书指控犯罪所作的事实认定和处理结论，应当独立思考，从有罪或无罪、此罪或彼罪、罪重或罪轻等方面考虑。随着审理过程的推进，如果支持有罪假定的证据逐渐失去了证明力，审判人员就不应固执于原来的假定。审判人员应以事实为依据，以法律为准绳，即便以无罪假定开始，也应以有罪、无罪或不构成此罪而构成彼罪等多种认定为结局。这种定罪的心理过程是符合人的认识规律的，也是符合现代刑事法治精神的。

审判人员认定犯罪事实之后，就需要对被告人认定罪名。认定罪名的过程也是包摄（Subsumtion）[13]的过程。例如，将悄悄从他人衣兜拿走钱包的行为认定为刑法上的秘密窃取，这个过程看似简单，实际上涉及刑法解释（此处“解释”一词专门指法官个人对法律条文的理解，对适用某条文的选择过程）、法律推理等一系列难题。如刑法解释由刑事审判人员承担，由于法官所受教育、价值观念、生活经历不同，其对规定极为抽象的刑法条文的理解也会出现差异。对刑法条文的解释，既可从宽解释，也可从严解释，宽严的差别影响了犯罪圈的大小，更影响了被告人是否被认定为犯罪、是此罪还是彼罪的问题。所以，法官的解释需避免任意性，不能凭一时之好恶随意解释，更不能自恃占据法律理论与实践的优势玩弄法律，要保持法律的整体性、客观性、严肃性、统一性，从人本主义角度出发对法律进行解释。

将形形色色的、具体的犯罪事实纳入抽象的规范加以评价，往往涉及刑法中的构成要件理论，涉及对关键概念的理解以及对某种学说的采用。例如，组织男性向男性或者向女性提供性服务，能否认定为组织卖淫罪？这里就涉及对“卖淫”这一构成要件要素的解释。又如，误认死人为活人而用枪扫射，能否认定为故意杀人罪？这里涉及对“人”这一

---

〔13〕 审判官将具体之事实归入抽象之规范，通常称为“包摄”。参见蔡墩铭：《审判心理学》，台北，水牛出版社1981年版，第702页。

构成要件要素的解释。审判人员在认定犯罪与否以及构成何罪的过程中,容易受到个人情感、直觉、教育背景、情绪等心理因素的影响。对于定罪过程中出现的难题,审判人员应该以实现惩罚犯罪、保护人民为目的,在严格贯彻罪刑法定原则的基础上谨慎定罪量刑,最终的裁判结果绝对不能违背常识、常理、常情,不能使人民群众失去对法律的信任,而应将天理、国法、人情有机地融合在一起。

(二)量刑的心理过程

量刑是审判人员依法对犯罪行为的社会危害性与犯罪人的人身危险性进行全面考虑后决定其应负何种刑罚及刑罚轻重的过程。根据2021年最高人民法院、最高人民检察院出台的《关于常见犯罪的量刑指导意见(试行)》(法发〔2021〕21号)的规定,量刑的指导原则主要有四条:一是量刑应当以事实为根据,以法律为准绳,根据犯罪的事实、性质、情节和对于社会的危害程度,决定判处的刑罚;二是量刑既要考虑被告人所犯罪行的轻重,又要考虑被告人应负刑事责任的大小,做到罪责刑相适应,实现惩罚和预防犯罪的目的;三是量刑应当贯彻宽严相济的刑事政策,做到该宽则宽,当严则严,宽严相济,罚当其罪,确保裁判政治效果、法律效果和社会效果的统一;四是量刑要客观、全面把握不同时期不同地区的经济社会发展和治安形势的变化,确保刑法任务的实现;对于同一地区同一时期案情相似的案件,所判处的刑罚应当基本均衡。

在量刑活动中,法官的自由裁量权是非常值得讨论的一个问题。根据罪刑法定原则的要求,量刑的前提是刑罚有明确的规定,而法定刑的规定主要有三种情形,即绝对确定的法定刑、相对确定的法定刑和绝对不确定的法定刑。绝对确定的法定刑的设置,会剥夺法官的自由裁量权,不利于同类案件的均衡裁判和正义的实现,而绝对不确定的法定刑又会给予法官绝对的自由裁量权,进而容易造成刑罚权的滥用,既不符合罪刑法定原则的要求,也不利于被告人人权的保障,更会让民众生活在刑罚的不确定带来的恐惧中。因此,相对确定的法定刑是现代法治国家的共同选择,我国刑法采取的也是相对确定的法定刑,给予法官一定的自由裁量权,以便在复杂多样的案件中更好地实现公平正义。为限制法官滥用自由裁量权,贝卡利亚等刑法学家曾希望设计"精确的、普遍的犯罪与刑罚的阶梯",但无数的司法实践证明,这种几乎完全限制法官自由裁量权的制度缺乏可行性,法官拥有自由裁量权是刑事诉讼活动本身决定的。所以,我们有必要研究法官在量刑过程中的心理,探究量刑结果得出的心理过程。

审判人员的量刑发生在对被告人定罪之后,本来按照法律、司法解释或者较为精确的量刑标准做轻重适当的量刑即可,看起来似乎没有什么技术含量,更不存在困难,实际上这对审判人员来说是非常有难度的。审判人员面临是否适用刑罚、适用何种刑罚、适用多大程度的刑罚等问题。对于他们绝对确信被告人已经构成犯罪的案件自然没有问题,但对于没有充分自信认定为犯罪的被告人,则会犹疑不定,难以准确地进行量刑。我国司法实践中发生过类似情况,因为证据不是十分充分,法官对被告人构成犯罪也缺乏自信,所以在量刑时采用保守的做法,最后发现确实是错案。当然,这种情况不仅发生在我国,世界各地的法官在面临放纵罪犯还是打击罪犯的问题时都会有激烈的心理冲突。

审判人员量刑,通常做法是以对案件的审理所得到的全部印象作为量刑的基础,在心中确定一个大致的刑量。此时，案件给法官的刺激、被告人给法官的印象可以说十分重要。在这一过程中，审判人员会在潜意识中将正在处理的案件与过去经办的同种案件相比较，从中求得对现在的案件应当科处的刑罚。大致刑量确定后再进一步考虑该案件的特殊情况，按照刑法规定的法定情节及可以考虑的酌定情节对刑罚的轻重进行修正，从而得出具体的量刑结果。在这个过程中，除了业务生疏的新任审判人员外，经验丰富的审判员一般而言并不着重研究有关的法律条文或者量刑指南之类的文件，而以自己的直观印象和实务经验作为从轻或从重的依据，然后再审查案件中的量刑情节和法律依据，当出现极大差异后再对自己的量刑结果进行修正。不过，为进一步规范量刑活动，落实宽严相济刑事政策和认罪认罚从宽制度，增强量刑的公开性，实现量刑公正，我国自 2010 年开始对刑事审判中的量刑活动进行规范化改革，最高人民法院和最高人民检察院已对常见的犯罪出台了量刑指导意见，如 2021 年出台的《关于常见犯罪的量刑指导意见（试行）》（法发〔2021〕21 号）。量刑规范化改革目前已取得了一些实效，在实践中即使是资深的法官，也不再仅仅依赖自己的直观印象和办案经验对案件进行量刑，而是非常重视量刑指导意见的作用。

（三）影响审判人员量刑的内在因素

以下因素可能会影响审判人员量刑：

1. 性格。性格中意志特征占优势的审判人员，量刑时可能表现出执拗和过于自信的倾向，容易导致主观片面的错误。性格中情绪特征占优势的审判人员，量刑时常有较重的个人情绪冲动和感情色彩，缺乏客观性的判断，故国外有“神与法官不能有友”的说法，就是为了避免情绪对量刑的影响。性格中理智特征占优势的审判人员，量刑时更注重证据、逻辑推理和事实的论证，因而失误较少。同时，对他人不当行为的反应不同，如苛刻者与宽容者的量刑自然会出现偏重或者偏轻的差异。

2. 司法动机。司法中如果审判人员出于私心，就容易导致量刑失当。如果审判人员秉持正义，刚正不阿，坚持法律，则不容易为案件之外的因素所影响，就能够做到公正量刑。有时候，有些审判人员片面迎合媒体，也会做出不公正的判决，虽然一时得到媒体的肯定或者追捧，但无论对被告人、被害人还是自己，都会有不利影响。

3. 职业习惯。如有律师经历的审判人员容易作出有利于犯罪人的判决，量刑偏轻；而有侦查、检察经历的审判人员往往会作出较重的判决；有做教师经历的，往往会对犯罪人进行一定的法律教育，量刑也会偏轻。这些现象是职业心理惯性使然。作为法官，要努力使自己保持公正的心态，避免职业习惯的影响，严格依照法律与事实量刑。

4. 性别。由于男女法官心理的差异，不同性别法官对同一案件也会做出不同量刑。男性法官一般比较理性，在量刑时相对较少受情感影响；女性法官比较感性，在个别案件量刑时易受情感左右。在法律规定的量刑幅度内，女性法官相对男性法官也会有差异。例如，在故意伤害、强奸之类的暴力性犯罪中，女性法官通常对犯罪人痛恨不已，量刑会相对偏重；在犯罪人确实出于个人生活困难、长期受到虐待等情况下不得已实施犯罪的，女性法官更有同情心，量刑会相对较轻。

思考与训练

1. 材料:1940 年至 1956 年,纽约各地发生了几十起恐怖爆炸案,犯罪现场还每每发现恐吓信。詹姆斯·布鲁塞尔根据物证特征和现场场景分析认为:作案人是一个患有偏执狂的中年男子,其得了一种比较糟糕的疾病(或许是心脏病),性格内向,年龄 40~50 岁,可能和一位老年妇女住在一起,没有结婚,爱整洁,受过良好的教育,有外国血统,是个熟练的技术工人,信教,作案动机是因为被解除职务或者受到谴责,被捕时穿上一件带双排纽扣的套装才肯被带走。詹姆斯·布鲁塞尔对作案人的心理画像,使犯罪人乔治·梅特斯凯被纳入警方视线并于 1957 年 1 月 21 日被捕。事后证实詹姆斯·布鲁塞尔对作案人的心理画像只错了一个地方,那就是乔治·梅特斯凯得的不是心脏病,而是肺结核。

    问题:结合上述材料,分析犯罪心理学知识在刑事侦查活动中的作用,并具体说明如何判断和运用犯罪现场的心理痕迹。

2. 在讯问中,犯罪嫌疑人拒供心理产生的主要原因是什么? 作为司法人员,应当如何应对犯罪嫌疑人的拒供心理?
3. 如何认识犯罪嫌疑人的翻供行为? 对此,应当如何应对?
4. 实践运用。

    近年来热播的《人民的名义》《破冰行动》《警察荣誉》《猎罪图鉴》《误杀》《狂飙》《底线》等影视作品中,有不少描述侦查、讯问、审判过程中犯罪嫌疑人、被告人与司法工作人员交锋、博弈的精彩场面,给大家留下了深刻印象。

    任务:请以小组为单位,就这些影视作品中的某些交锋、博弈的精彩片段,从心理学的视角着重分析侦查、讯问、审判过程中相关人员的心理反应和应对策略,并从心理学角度设计一份侦查、讯问、审判预案。

第十六章　犯罪心理的矫正

犯罪心理学的研究表明，犯罪作为人类社会的一种特殊行为，其发生发展乃至实施过程中具体的外在表现，无一例外地是由犯罪行为人相应的犯罪心理所支配和决定的。[1]“就具体个体而言，犯罪心理的形成可分为三个阶段、四个层次。三个阶段，即犯罪心理的萌芽期、滋长期和成熟期；四个层次，即人格缺陷的形成、犯罪意识的生成、罪过心理的生成，以及犯罪心理的转化。”[2]

从犯罪心理形成层次来看，首先是行为人人格缺陷的形成。个体在社会化过程中，没有形成适应于社会要求的人格特征，或者说没有将社会要求内化为自己的人格特征。这些人格缺陷与合适的客观条件发生作用就可能形成犯罪意识，并进而生成罪过心理状态。人格缺陷是犯罪心理的最初表现。其次是行为人犯罪意识的生成。个体生活在社会中会产生各种需要，为满足自己的需要，如果采取社会不认可或者难以容忍的方式，就可能成为犯罪。行为人在主观上从需要产生并被意识到，需要转化为行为动机，到动机与具体的满足需要的手段和方式相结合形成犯罪目的和意图的整个过程，是犯罪意识的生成阶段。再次是罪过心理的生成。这是犯罪意识向犯罪意志转化的过程。犯罪意志包括意志态度、意志选择、意志努力等。罪过心理产生于犯罪意识，反映了行为人对合法权益的保护持反对的态度。犯罪故意表明了行为人对合法权益持敌视或者蔑视的态度，犯罪过失表明了行为人对合法权益持漠视或者轻视、忽视的态度。最后是犯罪心理在形成后的转化，可分为良性转化与恶性转化。犯罪心理的良性转化，是指犯罪心理形成后，在各种主客观积极因素的作用下，逐渐减弱或者消除。它表现为，在犯罪预备或者实行过程中，行为人因受积极因素的影响而中止或被迫放弃犯罪，或者犯罪既遂后行为人经过教育改造或内省后悔过自新，不再犯罪的心理活动过程。犯罪心理的恶性转化，是指在形成犯罪决意、犯罪预备或者犯罪行为实行过程中，甚至犯罪既遂后，受相关主客观因素的影响，使犯罪心理的反社会性增强以至于产生了更严重的犯罪行为。

对罪犯的矫正，应充分考虑犯罪心理生成机制，从犯罪心理矫正入手，重点矫正和转化这种支配其产生犯罪行为的人格缺陷、反社会意识和对抗社会的意志。

---

〔1〕　参见梅传强：《犯罪心理生成机制研究》（第2版），中国检察出版社2008年版，第2页。

〔2〕　梅传强：《犯罪心理生成机制研究》（第2版），中国检察出版社2008年版，第11页。

第一节　犯罪心理矫正概述

一、犯罪心理矫正的概念

矫正,在我国通常被称为"改造",是指司法机关和相关部门为防止行为人继续犯罪,使罪犯能以正常的行为规范为准则而生活,对罪犯所实行的不同的处遇、教育措施及活动,其方式有监禁隔离、教育感化、心理治疗和技术培训等。矫正实质上是一种对犯罪人的再社会化过程,其目的就是让犯罪人重新获得进行正常社会生活所必需的心理品质、行为模式与社会能力。

犯罪心理矫正,是指改变行为人犯罪思维模式、情感,帮助犯罪人重新适应社会生活的一切活动。广义的犯罪心理矫正,是指罪犯在教育改造期间,通过一系列有效措施(如刑罚惩罚、思想教育和心理治疗等),破坏乃至消除曾经支配其发生犯罪行为而又继续保留在其头脑中的反社会意识、意志及其人格缺陷的活动。狭义的犯罪心理矫正,是指对某些仅仅通过一般法律惩治与思想教育难以得到根本矫治的罪犯,还必须采取的一些特殊的方法,如由监狱中的专设心理治疗人员,通过对罪犯的心理诊断,运用心理矫治的措施和方法,对罪犯的心理障碍进行矫治。一般教育改造方法只有与心理矫治的方法相结合,才能取得理想的效果。如对某些性变态罪犯的改造、严重反社会变态人格罪犯的改造,以及对某些具有攻击性行为的罪犯的改造,就要用心理矫治的方法进行矫正。所以,"心理学之应用,佥认为极其重要,此亦即除医学与精神病理学之外,在监狱之内应用最多之科学"[3]。

广义的犯罪心理矫正工作过程,包括以下几个基本环节:首先,深入剖析罪犯犯罪心理形成的主要原因和相关因素,充分了解罪犯犯罪心理发展变化的基本规律、特点,这是进行心理矫正的前提条件。其次,掌握罪犯在不同改造阶段的心理状态,了解罪犯对于矫正措施所表现的各种反应,它一方面可以了解心理矫正的实际效果;另一方面也可以即时分析存在的问题,为进一步的矫正工作找出改进的方向。最后,采取相应措施,做到因人施教,对症下药,从而达到心理转化的目的。

二、犯罪心理矫正的可能性

犯罪心理学的研究表明,绝大多数犯罪并不是某些人与生俱来的天性,而是在后天的社会生活实践中受到某些不良因素的刺激或熏陶而形成的。在社会生活实践中形成的东西,也必然能够在社会生活实践中消除。对犯罪人的矫正,正是利用个人心理和行为的可塑性原理,通过对犯罪人的行为管束和心理治疗来消除犯罪心理、改变犯罪习性。国内外的犯罪心理矫正理论和实践也表明,对罪犯的心理和行为进行矫治,将他们改造为社会新人是完全可能的。

---

〔3〕 蔡墩铭:《矫治心理学》,台北,正中书局1988年版,第2页。

（一）犯罪心理和行为的习得性

美国著名心理学家阿德莱特·布赖指出："如果所有的行为都要遵循学习的规律，那么变态行为也应属于习得性行为，而这一点正是行为心理学所坚持的。变态行为并不是'病态'，它所习得的方式跟所谓正常的行为一样，而它与后者的区别仅仅在于：它是非适应性的。这是行为治疗的基本原理。"[4]犯罪行为和其他社会行为一样也是习得的，在犯罪心理学中有一种观点认为，违法犯罪行为是学会的，与不良交往有关，它和任何复杂行为一样，在实施以前有一个学习过程。犯罪行为的学习过程，就是一种个体对某种刺激建立特定反应的过程，犯罪行为的学习依赖于刺激和反应在时间和空间上的接近性。与其他行为一样，犯罪心理和行为也可以通过学习进行矫治。

（二）人的心理和行为的较大的可塑性

行为的可塑性与行为的习得性是紧密联系的，并且是以行为的习得性为前提的。人的心理和行为总是随着生活条件的改变而不断发展变化的。遗传素质只提供了人类身心发展的物质前提和发展的可能性，而后天环境和教育则决定着发展的现实性，其中，教育起着主导作用。当社会生活条件和教育条件改变时，人的身心发展的特点也会随之改变。人的可塑性既是教育的前提，也是教育的结果。

根据巴甫洛夫的高级神经活动学说（条件反射学说[5]），心理活动的神经生理基础是在大脑中建立的暂时神经联系，这种联系将随着刺激的不断增强而形成较为巩固的神经联系系统，即动力定型。这种动力定型可以因为不断强化而继续保持，也可以在其他的刺激作用下逐渐消退，形成新的暂时神经联系（动力定型），因此，暂时神经联系是可能改变的，在此基础上产生的人的心理活动也是可以改变的。从理论上讲，任何一种能被身体感受的动因都可以作为条件刺激信号，在各种非条件反射，如食物性反射、防御性反射等的基础上都可以通过一定时间的科学训练建立条件反射。条件反射的建立与巩固的过程就是学习记忆的过程。学习是条件反射的建立过程，记忆是条件反射的巩固。条件反射是一种典型的联合型学习记忆模式。所以，在实际生活和教育实践中，可以有意识地通过训练而建立条件反射来改变行为模式，从而养成良好的习惯或培养有益的兴趣与爱好，或者消除不良的嗜好、行为模式等。从心理学的角度来看，对犯罪人如果采用恰当的措施，可以矫正、改造他们的反社会思想和行为，并能使他们形成新的社会态度和行为习惯。

心理和行为的可塑性也符合辩证唯物主义的基本原理。辩证唯物主义认为，运动是物质的根本属性，事物的运动变化是绝对的，事物的静止是相对的。世界上任何事物都处于永不停息的运动状态，绝对静止的事物是根本不存在的。据此，认识主体的思想意识作为对客体的反映，就必然要随客体的运动变化而变化。既然存在决定意识，那么存在的改变迟早会引起意识发生相应的改变，新的现实存在通过与旧的存在的矛盾斗争，会取得胜利，形成反映新的现实存在的新意识。人不仅是自然的产物，更重要的是社会的产物，脱

---

〔4〕［美］阿德莱特·布赖：《行为心理学入门》，陈维正、龙葵译，四川人民出版社1987年版，第65页。

〔5〕巴甫洛夫的继承者贝柯夫称之为"大脑皮层的反射学说"。

离社会而生存的人仅仅是生物意义上的个体,所以在世界各地发现的狼孩、猴孩在某种意义上讲不能被称为“人”。社会存在决定社会意识,社会存在的变化导致社会意识的改变。人的意识,包括犯罪意识是自然和社会客观存在的事物在人大脑中的反映,它不是人脑中固有的,而是在后天社会环境中形成的,因而也是可以改造的。所以,通过改变罪犯的生产生活环境,能在一定程度上使其心理在可预测范围内发生变化。

(三)人的意识的主观能动性

人类能够自觉地、有目的地和有计划地利用自然、改造自然和支配自然,并且能够利用自己的经验和吸取同代以及前代人们的经验来改造自己的意识。意识的能动作用主要表现在它既可以消极地反映客观事物,形成主观观念;同时,又能主动地指导人们进行实践活动,反作用于客观事物。动物只是本能地适应自然界,消极地适应环境,它活动之前既没有观念的模型,也没有对后果的预测,既不知自己在做什么,也不知为什么要这样做。与之相反,人具有主动地反映世界和能动地改造世界的能力,人能够通过改造外部世界,包括改变自己,以获得自我满足,实现对社会的适应。犯罪人为实施某种犯罪,可能会不断强化某种反社会意识,学习多种犯罪技巧,在犯罪活动中吸取经验,总结教训,不断提高个人的犯罪能力和反侦察能力。同理,如果犯罪人为了弃恶向善,同样会主动接受主流社会的价值观、道德观,可以克制自己的犯罪欲望,不断学习社会生产生活中的正当技术,通过诚实劳动获得幸福生活,在自食其力的劳动中获得尊重与满足,实现自己的人生价值。

(四)犯罪心理的可知性

犯罪心理的物质属性,决定了犯罪心理的可知性。人们常说:“知人知面不知心”,这句话说的是人的心理的难知性,而不是不可知。心理是人脑的机能,是人脑对客观现实的反映,我们可以通过对客观现实的观察来推测人的心理。犯罪心理不是与生俱来的,也不是凭空产生的,而是有其固有的物质基础。它是个体在生活中大脑对外界环境中不良因素的反映,是不良刺激反复作用的结果,它总会表现在一定的反应或外部行为上,因而犯罪心理具有物质属性,是可知的。犯罪行为在一系列心理活动支配下发生,任何一种违反刑法规范的社会行为,都是犯罪心理的外化过程。正因如此,我们可以通过违法犯罪行为来揭示犯罪心理的本质,通过犯罪人的外部行为表现来分析其内部心理原因,从而为心理矫正找到出发点。

第二节 犯罪心理诊断

一、犯罪心理诊断的概念

“诊断”一词来源于医学,指查明疾病原因与状态,从而确定治疗方向、方法的活动。犯罪心理诊断,是指运用多种方法查明犯罪人心理特征、行为倾向及其与犯罪的关系从而为罪犯适用法律、矫正治疗提供依据的活动。犯罪心理诊断是对犯罪人进行心理矫正和心理治疗的前提。犯罪心理诊断的对象既包括已经被法院判决有罪的犯罪人，也包括犯罪嫌疑人和具有犯罪倾向的潜在犯罪人。

二、犯罪心理诊断的功能

犯罪心理诊断的功能，是指它对刑事司法工作所起的积极作用。

（一）评价功能

通过犯罪心理诊断，对犯罪人的犯罪心理状况作出评价，为有关机构处置犯罪人提供参考，如查明犯罪人的犯罪动机、犯罪时的主观心理态度等，对准确地适用法律有着十分重要的作用。犯罪心理诊断也可以为社会工作者、公安机关、审判机关、监狱管理机关的治理犯罪活动提供依据。

（二）分类功能

通过在入监时进行心理诊断，为合理地分类处遇犯罪人提供依据，如通过对罪犯的人格特征、身心状况、经历、受教育程度等考察，对罪犯进行分类管理、教育。除剥夺自由刑外，我国《社区矫正法》（2020 年）也相应地规定了社区矫正机构应当根据裁判内容和社区矫正对象的性别、年龄、心理特点、健康状况、犯罪原因、犯罪类型、犯罪情节、悔罪表现等情况，制定有针对性的矫正方案，实现分类管理、个别化矫正、动态化调整，对未成年社区矫正对象更要根据其年龄、心理特点、发育需要、成长经历、犯罪原因、家庭监护教育条件等情况，采取针对性的矫正措施。可见，对具备不同犯罪心理特征的犯罪人应该有不同的矫治方案，方能做到对症下药。

（三）预测功能

在释放前对犯罪人进行心理诊断，对是否假释及预测释放后再犯的可能性提供依据。犯罪心理诊断需要从犯罪人、犯罪人父母及有关的其他人中获取准确资料，并且结合使用一套适当的方法，只有这样，才能保证诊断结论的可靠性。对于有严重再犯心理的犯罪人，坚决不能适用假释，即使是保外就医也应当十分谨慎。我国有些社区进行矫正试点，对有较强再犯心理的、刚刚出狱的犯罪人实施社区关怀，对其生活等多方面加以关心，对其出现的问题积极解决，对其心理变化及时掌握，能有效地防止再次犯罪的发生。

三、犯罪心理诊断的种类

根据犯罪心理诊断的时间及对象的不同情况，可以将犯罪心理诊断分为四种。

（一）早期诊断

对于侦查阶段的犯罪嫌疑人进行的心理诊断，可以通过现场物质痕迹等进行推断和研究，发现犯罪嫌疑人的心理痕迹，为侦破案件提供有效线索。这种诊断可以了解其犯罪时的心理状况，并有针对性地开展侦查和布控工作。在讯问过程中，对犯罪人的语言、动作、神态等进行分析，发现其破绽，适时促成其认罪服法。

(二)审判时诊断

在审判过程中对刑事被告人进行的心理诊断,这种诊断可以增加对被告人心理态度和人格特征的了解,加深对被告人的人身危险性的了解,为法院判决(是否定罪、刑罚种类及刑罚轻重等)提供参考。

(三)监所诊断

在刑罚执行阶段进行的心理诊断,这种诊断可以为有效矫正和合理处置犯罪人提供依据。监所诊断可以在不同的阶段实施,分别具有不同的作用和意义。在罪犯入监之初进行的心理诊断,主要是为制定矫治方案做准备,也可以为分类管理、教育罪犯等提供参考依据。在服刑过程中进行心理诊断,一方面,可以检查前一阶段矫治工作的成效,确定未来治疗的改进方向;另一方面,还可以准确、及时地把握罪犯心理动向,使整个管理、教育工作始终能针对罪犯的心理特点。在罪犯出监时的诊断,一方面,可以评估整个矫治工作,为以后的矫治工作积累经验;另一方面,也可以为监狱部门配合社会各部门做好预防出狱人员重新犯罪提供帮助。

(四)社区矫正阶段诊断

社区矫正是与监禁矫正相对的行刑方式,是指将符合社区矫正条件的罪犯置于社区内,在相关社会团体和民间组织以及社会志愿者的协助下,由专门的国家机关在判决、裁定或决定确定的期限内,矫正其犯罪心理和行为恶习,并促进其顺利回归社会的非监禁刑罚执行活动。对被判处管制的、被宣告缓刑的、被暂予监外执行的、被裁定假释的、被剥夺政治权利的、在社会上服刑的行为人都可以实施犯罪心理诊断。通过对这些人进行犯罪心理诊断,观测行为人的心理动态,有利于实施针对性的教育矫正措施,完善其人格,防止其再次实施犯罪行为。该环节包括罪犯犯罪前生存环境及个人当时认知状况、罪犯入监后生存环境、罪犯危险性、罪犯心理人格发展、重新犯罪可能性等内容的技术性评估,具体分布在服刑初期、服刑中期、服刑后期等阶段。[6]

四、犯罪心理诊断的内容

犯罪心理论断的内容主要包括两个方面。

(一)犯罪心理现状

了解犯罪人犯罪心理的具体情况,如犯罪心理的具体表现(犯罪时的认知特点、意志特征、态度、动机等)、有无情绪障碍、个人需要畸形或人格障碍,是否养成不良行为习惯及其程度深浅或犯罪是否已成习性,入监后在不同的服刑阶段的心理状态、犯罪心理的变化等。

---

〔6〕　参见邵晓顺主编:《罪犯心理咨询与矫正》(第2版),中国政法大学出版社2021年版,第67~72页。

（二）犯罪原因

从犯罪人的个人情况、家庭情况、学校与工作表现、社会交往等方面着手，发现其犯罪的原因。这些原因主要包括两个方面。

1. 内在心理因素

从内在心理因素来看，首先，是否存在精神变态、智能缺陷等对犯罪行为的发生有重要的作用。其次，行为人“欲求不满”的程度、自我观念等对于犯罪具有不可忽视的影响。此外，行为人的挫折感、孤独感、自卑感、压抑感或意志薄弱、冲动、招摇、轻率、反社会的态度等分别会对特定类型犯罪的发生产生影响。

2. 外在环境因素

环境不但是影响犯罪行为形成的重要因素，个体的人格也是在一定的环境中形成的。犯罪与不良行为的发生往往与极端贫困、高度奢侈、家庭缺陷、不良群体、反社会的亚文化、犯罪行为的高发区等环境因素密切相关。从犯罪行为的形成来看，其通常是与被害人之间的冲突，或受他人的引诱，或对他人犯罪行为的模仿所导致的。这些都可以归属于环境因素的影响。

五、犯罪心理诊断的技术和方法

犯罪心理诊断是一项复杂、细致的工作，可以根据案件的不同、犯罪人的不同、诊断内容及场所的不同等，采用不同的方法。一般来说，犯罪心理诊断方法主要有下列五种。[7]

（一）生活经历调查

生活经历调查即通过讯问犯罪人、询问犯罪人父母及有关人员，如向其亲属、友人、教师、同事或监护人了解，查阅记载犯罪人过去生活情况的各种文字材料，如日记、书信、档案、聊天记录等，了解犯罪人生活经历的方法。通过生活经历调查，可以了解犯罪人的六种情况：(1)发育状况，包括遗传因素、出生前后母体的情况、启蒙情况、早年发育状况、疾病、外伤等；(2)家庭及近邻状况，包括家庭气氛、父母养育方法、家庭社会经济地位、父母关系、父母对本人的期望、居住情况、配偶子女情况、邻里社会心理环境、家庭与邻居的关系、居住区域等；(3)学业与职业情况，包括各个学业阶段的学习成绩、学科兴趣、师生关系、品行表现、交友情况、社团活动情况以及就业过程、工作成绩，责任感、同事关系、职业成就动机与成就状况等；(4)交友关系，包括结交朋友的过程、朋友的类型（职业、文化程度、年龄、性格、家庭、道德品行等）、绝交的情况等；(5)兴趣爱好，包括过去与目前的兴趣与娱乐等情况；(6)违法犯罪情况，包括一般违法行为、免予刑事追究的轻微犯罪行为及受刑罚处罚的行为。

（二）面谈

当面与犯罪人交谈，从犯罪者本人那里直接听取关于犯罪事实、生活经历的陈述，了

---

〔7〕 参见蔡墩铭：《犯罪心理学》，台北，黎明文化事业公司1979年版，第234～239页。

解其过去的情况、现在的感受与未来的设想。交谈之前应当做好准备,应该选择安静的环境进行,注意消除犯罪人的排斥、疑惧心理,使谈话尽量真实。在面谈中注意了解犯罪人的各种经历和体验、世界观、人生观、价值观等思想观念,感情特征及有无情感障碍、生活与工作态度、对人的态度等(同时注意其有无不满、攻击、拒绝等)。在谈话前最好预先拟好谈话的问题,若事先曾进行过现场调查或心理测验,还可以针对先前的调查或测验结果提出一些补充性的问题,在谈话过程中,应注意用不同的方式考察其回答问题的真实程度。

(三)行动观察

行动观察即通过观察犯罪人所表现出的行为来了解有关情况的方法。行动观察可以在各种场合的自然状态下进行,如观察犯罪人在吃饭、运动、学习、工作、娱乐、交往等情境下的行为表现,也可以人为地设置某种情境加以观察。行为观察通常要观察三个方面的内容:(1)能力特征,即犯罪人的智力、技能、工作能力、学习能力等情况;(2)意志特征,即犯罪人的自觉性、控制力、忍耐性等;(3)人际关系状况,即犯罪人与同伴、其他家庭成员、领导者等的关系。行为观察要取得成功,关键在于应使被观察者处于自然状态,使其觉察不到有人在观察,这样,才能避免其有意掩盖或者表现自己某方面的特质。若测验者能运用录音设备、录像设备进行记录,反复分析犯罪人的行为,效果会更好。

(四)心理测验

心理测验是指利用各种心理测验量表来测量犯罪者的智力、人格、态度、兴趣,以及心理特征的方法。通过测验,可以了解犯罪人心理与行为方面的质与量的特征。常用的心理测验方法可分为四类:(1)智力测验,犯罪行为与智力因素密切相关,因此,智力测验是心理论断的一个项目,最常用的有比奈—西蒙智力量表、韦克斯勒量表等;(2)人格测验,又可分为自陈测验、作业评定测验、情境测验、投射测验等类型,每种类型都有若干种具体方法,最常用的人格测验方法有明尼苏达多项人格测验、卡特尔16种人格因素测验、艾森克人格测验、荣格文字联想测验、罗夏黑渍测验、主题统计测验等;(3)态度测验,个人的态度通常决定其行为,从某种程度上说,态度就是人对行为活动的准备状态,关于态度测验,常用的工具主要有瑟斯顿的态度量表、利克特量表、鲍加杜斯社会距离量表等;(4)性向测验,又称为能力倾向测验,如机械能力倾向测验、空间能力倾向测验等,虽然性向测验主要用于职业指导方面,但在一些机械操作、交通运输等领域发生的违法犯罪案件中,这种测验对鉴定行为人的控制能力也有其用武之地。

为保证心理测验的客观性,还需具备四个条件:(1)问卷项目的有效性;(2)设置常模,通过与常模的参照、对比,找出个体特征;(3)标准的施测条件,通过规范化的方法、时间、地点等,保证受测人员在相同的施测条件下接受测验;(4)标准的评分规则。

(五)犯罪事实分析

通过对犯罪行为发生的原因、情境、犯罪人在犯罪前后的表现等分析,了解犯罪人的人格等方面的特征。犯罪事实主要由犯罪行为构成。犯罪发生在特殊情况下,在特殊情况下实施的犯罪行为最能体现犯罪人的本来人格。在通常情况下,犯罪行为与行为人之人格是一致的,但有时也会出现偏差。存在不一致的情况时,尤其值得关注。

上述方法既可以单独应用,也可以相互结合使用,这要根据诊断对象的特点和诊断目的等因素确定。在诊断的最后阶段,要根据所获取的原始资料总结出诊断结果,包括对犯罪人的心理与行为特征的定量描述和定性分析,然后制订出有针对性的矫治方案,或提出综合性的处遇对策,供司法人员在决策时参考。犯罪心理诊断是犯罪处遇科学化的重要步骤,许多发达国家都有一套犯罪心理诊断制度,有的国家还用法律条文规定了诊断项目和结论使用等内容。

第三节　对罪犯的心理矫治

一、罪犯心理矫治的概念

罪犯心理矫治,就是利用心理学、教育学、精神病学等学科的理论和技术消除犯罪人的犯罪心理和不良行为习惯,帮助犯罪人重新适应社会生活的一切方法与活动。

犯罪虽然是一种复杂的社会现象,但从犯罪行为的形成过程来看,其既有社会原因,也有心理原因。犯罪的社会原因通过心理原因起作用,任何犯罪总是在一定的心理态度支配下实施的,因此,对罪犯进行心理矫治是治本的举措。从心理学和犯罪学的基本原理来看,对罪犯进行心理矫治也具有相应的理论基础。首先,犯罪与心理疾病之间具有一定的重叠交叉,一些被看作犯罪的现象,同时也属于心理疾病的范围,如纵火狂、盗窃癖、病理性赌博、吃人癖、冲动性攻击行为等,都是行为人有严重的心理疾病导致在某种程度上不可遏制地实施犯罪行为。因此,一些心理治疗方法可以移植到犯罪心理矫治领域。其次,在一定程度上说,犯罪也是一种异常行为。一种行为之所以被称为犯罪,就在于该种行为严重地违反了社会的强制性行为规范(刑法),实施犯罪行为是个人不适应社会的极端表现。变态人格的主要特征就是不能适应社会环境,包括不能适应社会行为规范。在这一点上,犯罪行为与心理障碍、行为障碍、人格障碍也具有类似的性质,因此,用来治疗心理疾病的方法,也可以用来治疗犯罪人。最后,部分犯罪是情绪障碍的一种表现。有些犯罪是由个人的情绪障碍引起的,情绪障碍是犯罪行为产生的心理原因之一,所以,要最终矫正该种犯罪行为,就必须使用心理治疗方法消除情绪障碍。

从犯罪心理矫治的实践来看,罪犯心理矫治也是由一般的心理治疗方法发展而来的心理矫正方法,经实践检验发现其能够更有效地矫正犯罪。古今中外的犯罪矫正实践表明,单纯采用监禁、苦役、流放等传统的惩罚方法,矫正效果有限,犯罪人被刑罚惩罚后的重新犯罪率仍然很高。与传统方法相比,心理治疗方法能起到更好地防止重新犯罪的效果,特别是将传统方法与心理矫治相结合,能够使重新犯罪率明显下降,这也是罪犯心理矫治得以迅速发展的一个重要原因。从现代犯罪行为矫正的价值取向来看,对罪犯心理实行心理矫治也更符合人道主义精神。

二、罪犯心理矫治的基本内容

根据犯罪心理的特点,罪犯心理矫治的基本内容主要包括以下五个方面。

(一)提高犯罪人的法律、道德水平

犯罪人在法律、道德认识上的错误或是非善恶的颠倒,往往是犯罪心理和行为形成的重要因素。因此,要努力提高他们的法律、道德认识能力,使他们对自己的心理及行为问题有深入的了解,充分认识到其行为的社会性质和产生的原因,并明确对待它们的正确方法。监禁机关需要帮助犯罪人认识法律在现实社会中存在的必要性和法律适用的严肃性,教育他们在处理个人与社会、与他人的关系时不得违反法律的规定,不得实施危害社会的行为,不能为自我满足而实施侵犯他人利益的行为。为此,监狱要大力加强法律常识教育,使罪犯掌握基本法律知识,切实树立遵纪守法观念,在罪犯刑满释放时,要对法律常识教育情况进行评估;通过充分的课堂化教育、以案析法、以案学法、专家讲座和法律咨询等多种形式,让罪犯掌握基本法律常识,使他们深刻认识到犯罪对国家、社会、家庭和他人造成的严重损害,使其深刻反省,下决心痛改前非,从而帮助他们树立牢固的法治观念,重新做人;要大力加强罪犯思想道德教育,突出社会主义荣辱观教育、中华传统美德教育、爱国主义教育等内容,使罪犯分清是与非、善与恶、荣与耻、美与丑的界限,践行社会主义核心价值观,打下重新做人的基础;要做好亲情教育,通过会见、通信、家庭走访等多种形式,用亲人的关心唤起罪犯的爱心;通过法律援助、政策服务、抢险救灾、捐资助学等多种途径帮助罪犯家庭解决实际困难,唤醒罪犯的良知;通过教学和实践教育,不断提高罪犯的社会公德、职业道德、家庭婚姻道德水平。

(二)帮助犯罪人改变认知结构和思维模式

犯罪行为产生的一个重要原因,就是行为人不能正确对待和处理社会生活中出现的问题和矛盾,特别是当其在社会生活中出现挫折时,由于认知或思维上的片面性,易过分看重某些矛盾,因而采取错误的手段或行为方式(尤其是违法犯罪)来解决问题。因此,通过治疗活动,不但要使犯罪人重新建立起对自己、对他人、对社会的正确态度,提高犯罪人的认识能力,而且需要培养犯罪人形成正确的思维模式,使犯罪人能够正确对待生活中遇到的各种问题。例如,对于好逸恶劳的犯罪人,要教育他们只有通过诚实劳动才能过上幸福生活,自己通过劳动挣来的钱消费起来才踏实,才能得到别人的尊重;对暴力攻击型罪犯,应使其认识到暴力不是解决问题的方式,要教会这些人新的解决问题的方式方法,使他们能够控制自己的冲动情绪和暴力倾向。

(三)疏导犯罪人的消极情绪

犯罪心理学的研究表明,消极(不良)情绪的积累往往是违法犯罪的一个重要原因,当消极情绪积累到一定程度超出了犯罪人的耐受力时,其就会在偶然事件的刺激下,以激情犯罪的形式表现出来。因此,努力消除犯罪人的疑虑、紧张、焦虑、抑郁、绝望、不满、怨恨、痛苦、悲观等消极情绪,促使犯罪人恢复情绪平衡,形成良好的情绪反应方式,保持积

极的情绪状态，是心理矫治的一个重要内容。在有些监狱，对情绪激动难以自控的求助罪犯，经本人申请，由监狱人员直接安排其到宣泄室进行心理宣泄。这种宣泄释放了犯罪人积累的负面心理能量，能够有效防止其向周边人实施暴力行为以减轻自己心理压力的现象发生。

（四）培养犯罪人的自我控制能力

当自我控制力低下时，虽然行为人懂得法律规范，具有一定的是非观念，可一旦正确的观念与强烈的个人欲望发生冲突时，也会实施错误的行为。自我控制力低下的人往往易受直觉冲动驱使，以致不顾社会规范的约束鲁莽行事。因此，培养犯罪人的自我控制能力，使他们能够主动、有效地调节自己的心理与行为，在面临巨大的精神刺激时，才不致产生冲动性或爆发性行为，才有可能在外界刺激或犯罪诱因面前能有效地控制自己，不致凭一时的冲动，置国家法律于不顾，去实施犯罪行为。培养自控能力，可以通过强化监规、集体宣誓、奖励善行和惩罚恶行相结合的方式来培养，对自控能力已经达到一定程度的罪犯，可以在生产、生活的个别领域实施犯罪人自治。如果能实现一定领域内的犯罪人自治，则不仅会减轻监狱干警的压力，还有利于罪犯日后回归社会。

（五）纠正犯罪人的不良处世方式

犯罪心理与行为的形成通常有一个过程，犯罪行为往往是由对待公共秩序、集体事业、人际关系、社会群体、家庭关系、生活方式等方面的不道德或轻微违法行为的习惯发展、恶化而来。因此，心理矫治的一项重要工作，就是纠正犯罪人存在的各种不良行为习惯，培养犯罪人形成良好的行为反应模式，增强犯罪人对各种情境的适应能力，帮助犯罪人改变其人际关系。在司法实践中经常可以发现，大多数针对人身的犯罪往往是由人际关系冲突所引发的。因此，应帮助犯罪人改变其人际关系，教给他们建立良好人际关系的各种方法，以避免在以后的生活和工作中因为人际关系不良而产生新的违法犯罪行为。

三、罪犯心理矫治的分类

根据不同标准可以对罪犯心理治疗方法进行下列分类：

1. 以治疗地点为标准，可以分为三类：（1）矫正机构内的治疗，即对关押在监狱等矫正机构内的犯罪人进行的治疗，通常采用集体治疗的方式；（2）门诊治疗，即根据需要将犯罪人带到医院门诊部进行的治疗，这类治疗通常采用个别治疗的方式，由精神科医生进行治疗；（3）社区治疗，即对未剥夺自由的犯罪人或有明显犯罪倾向的人，在其生活的社区内进行的治疗，这主要是对管制、缓刑、假释等犯罪人以及有不良行为的青少年等进行的，也包括家庭疗法。

2. 以一次治疗的人数为标准，可以分为两类：（1）个别治疗，即心理矫治人员对单个犯罪人进行的治疗。在一般的治疗中，个别治疗是各种心理治疗的基础，它起源于精神分析法。在犯罪心理治疗中，由于客观条件的限制等因素，个别治疗使用得较少。但是，随着司法部对心理矫治的重视，其逐步增加在监狱中心理咨询师的数量，提高心理咨询师和罪犯之间的比例，个别治疗将不再是遥不可及的事情。（2）集体治疗，即治疗者把有类似年龄、教育经历、智商、心理与行为问题的数个犯罪人合在一起进行治疗。根据矫正治疗的实践,在矫正机构中,集体治疗的方式更容易采用,也更为有效,被治疗者可以通过心理暗示等方式互相感染,增强治疗效果。况且在监狱中,心理矫治人员相对于犯罪人在数量上较少,且其实施治疗又受心理咨询科学规律的限制,不能时间过长,所以团体疗法相对能收到更广泛的效果。团体疗法在国外监狱分为讲演讨论型团体疗法、娱乐性团体疗法、分析性团体疗法等。

3. 以对被治疗者心理行为干预的水平为标准,可以分为三类:(1)支持性心理疗法,即运用保证、教育、安慰、疏泄、指导、暗示、催眠等方法进行的治疗;(2)分析性治疗,即对心理与行为问题的产生原因进行分析的治疗,主要指典型精神分析等方法;(3)训练性治疗,即以训练犯罪人形成新的行为模式为主要方法的治疗,如各种行为疗法等。

此外,还可以根据治疗时间的长短等加以分类。

四、罪犯心理矫治的技术和方法

在对罪犯进行心理治疗之前,应注意先消除他们的疑惧、紧张心理,帮助其建立对治疗者的信任感。为此,可以从关心犯罪人的生活、情绪等方面入手,如播放一段轻音乐,使犯罪人能够彻底放松,敞开心灵。在建立起基本信任后,治疗者应对犯罪人进行鉴别诊断,了解犯罪人存在的心理、情绪及行为问题;同时,还应了解犯罪人的犯罪原因、犯罪经历、文化水平、职业、兴趣、爱好等个人情况以及犯罪人的家庭情况。在此基础上,选择适当的治疗方法。心理治疗的具体方法很多,下面介绍其中的几种主要方法。

(一)精神分析疗法

该方法是以弗洛伊德首创的精神分析理论为基础建立的一种心理治疗方法。按照弗洛伊德的观点,个人的人格是由本我、自我、超我三部分构成的,对三部分的不同功能,他是以本能、性力、潜意识、唯乐原则、现实原则、完美原则等概念来解释的。弗洛伊德认为,一切心理异常或精神疾病不外乎有两大原因:一是人格结构中三个部分彼此不协调造成心理冲突,当冲突不能缓解,被压抑在潜意识中,长期累积形成问题;二是因幼年时人格发展不顺利所形成的痛苦经验,虽然成年后在意识中已不复存在,但却存在于潜意识之中,当意识影响变小时(如在梦中),这种痛苦经验就会改头换面,以伪装的形式出现。因此,精神分析疗法的主要目的,就是通过对当事人的心理分析,将压抑在其内心深处的冲突和痛苦释放出来,使其彻底领悟自己以往的行为之所以不同于他人的原因。在具体治疗中通常采用下列方法。

1. 自由联想法

自由联想是精神分析的最主要治疗方法。经自由联想,分析者才会了解罪犯隐藏在内心中的问题。该方法要求罪犯在无拘束的情境下,尽情道出心中所想到的一切。无论是苦闷的、痛苦的或快乐的经验,或是存在内心中荒诞不经的观念、思想,甚至是犯罪思想,只要是罪犯所想到的,就可以毫不顾忌地说出来,分析者通过罪犯叙述与联想的事件,以分析其真正的内心活动。

在自由联想过程中,罪犯可能以沉默或宣称“脑子里什么也没有”来表示对精神分析疗法的抗拒。此时,分析者应启发、说明所有的想法和感觉对治疗都非常重要。如果对方坚持抵制,则可假设这种抵制是由其头脑中无意识部分所引起的,这种抵制本身就为其矛盾提供了线索。如果随意联想不能顺利进行,可使用催眠疗法,治疗师运用不断重复的、单调的语言或动作,让罪犯进入防御状态减弱、判断能力降低、感知水平下降的状态,以顺从配合治疗师的指令。罪犯在这种情况下能回忆起在清醒状态下无法或不愿回忆起来的经历,有助于发现其犯罪心理产生的根源,随后,治疗师就可以采用对这些数据进行分析、解释、引导等方式,引起罪犯心理深刻的变化,使罪犯心理疾病得到根治。

2. 梦境分析法

这种方法的目的是揭示无意识的动机和被压抑的愿望。弗洛伊德认为,梦是受到抑制的愿望经过改装后的一种达成。人的梦可以反映其潜意识活动的内容,当事人所陈述的梦是一项重要的精神分析资料。因此,对梦内容的分析可以揭示梦的含义,即被压抑的某种欲望,但是梦的内容不一定是以平时被压抑的欲望的本来面目出现,所以需要经过心理医生的分析,将梦的伪装层层剥开,找到梦形成的根源,开展针对性的治疗。对罪犯进行梦境分析之前,心理矫治人员必须对罪犯的习惯和心理状况有一个大致的了解,需要较充分地掌握罪犯的年龄、性格、成长经历、犯罪前的职业等。只有这样,才能得出较为客观的结论,从而达到治疗的目的。

(二)行为疗法

行为疗法是直接以人的失常的行为为治疗对象,运用学习原理来改变罪犯的行为。其特点是忽视引起不良行为的心理因素而强调对不良行为的矫正。行为疗法所依据的学习理论认为,许多不良行为乃是通过学习而形成的不良习惯或对平常情境的失常反应。通过学习的方法,主要是条件反射的方法,能减轻或消除一些不良症状或行为习惯,并形成某种新的、合乎要求的行为。

行为疗法包括多种具体方法,以下介绍其中的几种主要治疗技术。

1. 系统脱敏法

系统脱敏法是根据对抗条件作用原理发展而成的一种行为矫正技术,由沃尔普首创。他提出交互抑制的概念,认为存在引起焦虑的刺激时,如果出现另一种对抗焦虑的反应,就将完全或部分地抑制焦虑。在治疗中通常采取三种措施,即肌肉松弛训练、自持训练和对生活处境的“愉快”反应。治疗时,把引起焦虑的刺激安排一个由轻刺激到重刺激的序列,患者按这一序列逐次体验这些刺激,结合深度肌肉放松,并逐次想象引起焦虑的情境。每当一种层次的想象成功后,再让患者对另外较高一个层次进行想象,直到抑制焦虑反应为止。

在系统脱敏疗法中,关键的因素是放松,能否放松是治疗成败的关键。所以,在开始治疗时,首先是要对犯罪人进行放松训练。放松训练的过程如下:先让犯罪人收紧身体各部分的肌肉,然后逐渐放松下来,一直到全身完全放松为止。为了使犯罪人可以放松下来,可以让他想象一个放松的情景,如坐在湖边或在美丽的田野散步等,这时可以辅之以舒缓的音乐。放松的次序可以先从手臂开始,然后是头部、颈部、肩部、背部、腰部,最后是大腿和下肢。这种放松训练每天都要坚持练习30分钟,直到犯罪人可以很随意地立刻放松下来为止。当他能达到上述放松训练的要求之后，治疗者便可以向当事人描述最低等级的、能引起焦虑的情景，并要求当事人想象自己是处在这种情景中，与此同时，让犯罪人放松自己，也就是说，把焦虑刺激和放松状态联系起来，直到患者能够在焦虑情景中保持放松为止，便可以认为这一等级的脱敏治疗已经完成，可以向下一个更高等级的焦虑刺激过渡。如果在较高等级的焦虑刺激下无论如何也不能保持放松，这时，治疗应当停止，经过休整后，再从最低等级的刺激重新开始，直到犯罪人想象到最可怕的情景也能保持放松时，系统脱敏治疗就告成功。

沃尔普曾指出，脱敏疗法也可能失败，其失败的原因不外有三种：(1)放松训练不成功，患者不能放松自己身体的各部位；(2)焦虑情景的等级划分得不恰当；(3)患者对情景的想象有障碍，或治疗者提供的想象线索不对。在监狱中，普及这种矫治方式，相对比较困难，这需要较长的时间和经验丰富的心理辅导人员。但是这种方法对因焦虑而实施犯罪的行为人具有很好的疗效。

2. 厌恶疗法

厌恶疗法是利用厌恶条件反射作用进行行为治疗的一种方法，其基本原理是将条件刺激和阴性刺激相结合，从而使条件刺激消退为中性或阴性刺激。厌恶疗法的运用，即将不符合要求的行为习惯与引起厌恶或者惩罚的刺激相联系，以消退这些行为习惯。厌恶疗法被广泛地应用于摆脱某些具体行为障碍的不良行为习惯，如吸烟、酗酒、吸毒、赌博或者性变态等。使用的厌恶刺激有电击、催吐剂、暗室关押等。在治疗中，要把打算消除的行为和痛苦刺激联系起来，直到行为得到抑制甚至感到厌恶为止。如为了克服酗酒习惯，在酒中加入引起呕吐的药物(引起厌恶的刺激)，饮酒时，酒引起呕吐反应(厌恶反应)，多次重复后，酒会变成呕吐反应的条件刺激，饮酒者只要见到酒，便会引起呕吐的厌恶反应，甚至对酒的味道都厌恶。

厌恶疗法在美国曾经被系统地使用，主要用来矫治违反监规等不良行为，以及因心理变态导致的盗窃癖、露阴癖、纵火癖、恋童癖等。心理矫治人员通过电击、注射致人痛苦的药物等方式与犯罪人的犯罪心理、犯罪渴望相联系，使犯罪人一想到某种犯罪行为就会产生痛苦的感受，从而戒除这种行为。这种疗法在美国遭到了广泛的批评，批评者认为这种做法违背了《美国宪法第八修正案》，“不得要求过多的保释金，不得处以过重的罚金，不得施加残酷和异常的惩罚”。的确，罪犯在监狱中已经受到了被剥夺自由的惩罚，如果厌恶疗法实施不当，很可能被罪犯认为是对自己施加的额外惩罚。这样不仅无助于罪犯的改造，反而容易使罪犯产生激烈的反抗心理，副作用更加明显。所以，使用这种疗法时应该注意避免与体罚联系在一起，通常在事前都应取得罪犯的同意，他也有权随时终止这种疗法，避免因方法不当使人产生虐待犯罪人的印象。厌恶疗法也可以采用消极强化(惩罚)和积极强化(奖赏)相结合的手段。

3. 操作性治疗方法

斯金纳提出操作性条件反射原理，这是对行为主义理论的重要补充。他认为，人类行为主要是由操作性反射构成的操作性行为，操作性行为是作用于环境而产生结果的行为。他认为虽然人类学习行为的性质比动物复杂得多，但也要通过操作性条件反射。操作性条件反射的特点是，强化刺激既不与反应同时发生，也不先于反应发生，而是随着反应发生。有机体必须先作出所希望的反应,然后得到“报酬”,即强化刺激,使这种反应得到强化。正强化的性质与奖励相同,但是负强化与惩罚有异。负强化是加强某种适当行为,惩罚是制止某种不当行为,这是两者的主要区别。考虑到惩罚的目的是二元的,奖励的目的只有积极性的一面,惩罚除了制止某种不当行为的消极目的外,另外带有使受罚者知错能改的积极目的。在教育上使用惩罚时,只有在积极的目的下,使之符合负强化的原理,惩罚才会产生教育价值。他认为,积极强化手段对于行为的控制是绝对有效的。

在斯金纳的这种见解基础上发展出了操作性治疗方法。所谓操作行为,就是指通过人自己对环境的操纵与改变可以产生对自身有积极效果的行为,这种行为在日常生活中是极多见的,包括谈话、阅读、穿衣、使用餐具吃饭、娱乐游戏等。斯金纳认为,如果行为得到奖励(积极强化),那么这种行为再次出现的可能性就很大。这样,强化原理就成为操作性条件反射的基础,而强化因素则是建立行为模式、保持行为模式或消退行为模式的依据。

这种为建立新行为模式而实行的操作性方法具体是这样进行的:一是积极强化。当一个所期待的行为出现以后,立即给以奖励(强化),这是使该行为建立和旧行为消失的唯一动力途径。强化物可以是各种类型的,可以是初级的,也可以是高级的。初级强化物是那些满足生物需要的东西,如食物、休息等。高级的强化物(或二级强化物)是满足心理和社会需要的东西,如微笑、点头、夸奖、表扬等。在使用这种方法进行治疗时,必须根据不同的人制定出具体的期待行为。不同的当事人有不同的行为障碍,所以确定何种行为是节制错误行为和助长有利行为的期待行为是很重要的。另外,不同的人有不同水平和不同种类的需要,为此,必须确定哪些强化因素对当事人是最适宜的,如果强化因素与当事人的需要不吻合,效果就不会好。例如,对罪犯积极参加生产劳动,学习成绩优良者,有些监狱给予罪犯伙食上的奖励,增加肉、蛋、奶的数量,使罪犯得到生理满足。对有立功表现或者积极配合改造的罪犯,可以给予公开表扬,适当延长亲属会见时间,予以减刑或者假释等正面鼓励。二是行为的塑造。行为塑造是一种重要手段,它是把期望行为分为若干部分,以便更具体地分别对各个部分进行强化,以期达到确立完整期待行为和改变不良行为的目的。例如,要使罪犯形成合作行为,我们可以把这一行为分为动机、情绪、语言和社会行为等部分,只要这些部分中的任何一类符合合作性质,就立刻给予强化。久而久之,一个完整的行为模式就形成了。实施强化的方法有几点要求:首先,要把握时机,即时性的强化效果较好;其次,强化的方式也很重要,可以使用连续性的方式强化,也可以使用间歇性的方式强化;最后,负强化中的惩罚一定要包含积极目的,使犯罪人形成知错能改的心理习惯。

4. 代币法

代币法(token economy),又称为“代偿经济”“标记奖酬法”“代币强化法”“代用币给付制度”等。它是根据操作性条件反射原理发展起来的一种行为疗法。其基本原理是以具有交换价值的象征物(如红星、塑料卡、记分等)代替金钱的奖励作用,用替代性强化物来调节人的行为的一种行为疗法。这种方法通常用来奖励人们所希望的行为,使这种行为通过不断强化而逐渐固定下来,成为人的习惯,从而帮助患者养成良好的行为习惯与生活方式。这一过程实际上也是一种戒除或矫正病态行为或不良行为的过程。实行这种方法时,首先,要提出良好行为的规范,要有具体项目及考核标准,并通过正式宣布、宣传或公开张贴等方法,使当事人知道努力的方向;其次,每天要对照规定对患者的表现进行评比检查,对表现良好的病人发给奖券、红星、加上分数等;最后,要定期兑现,根据病人所得奖券、分数的多少,发给相应的奖品,奖品可以是糖果、香烟、食品、电影入场券等,也可以是病人需要的其他东西,如打电话的权利、外出或会客的许可等。这种方法可用来矫正侵犯行为、孤独症、恐惧症等病态行为。

利用代币法培养犯罪人良好的行为习惯,其奖品不但可以用日常生活所需要的物品,表现特别良好的,还可以用减少刑期的办法加以鼓励,从而达到培养犯罪人良好行为习惯的目的。为了有效地发挥这种方法的矫正作用,应注意:(1)在对良好的表现发给奖券的同时,应该有一个专用的公告牌,表示每个人的表现情况,使每个人对自己的情况心中有数,并对表现良好的人产生竞争心理,从而加速自己的改变;(2)对照评比和奖励兑现应该及时,遇有特别突出的优良表现,应立即兑现;(3)对照评比应客观公正,使犯罪人相信只要自己实施恰当的行为就能获得奖励,而不会劳而无功;(4)兑现奖励应隆重举行仪式,使罪犯能充分重视这一活动。

代币法的具体实施步骤是:(1)行为分析。对犯罪人的犯罪行为及监狱生活准则进行全面分析,明确应当治疗和矫正的不良行为习惯,并将对这些不良行为习惯的治疗措施纳入监狱生活准则之中,建立一套完备的、能够矫正犯罪人不良行为习惯的监规纪律。(2)目标制定。将监规纪律具体化为犯罪人一日之内在吃、穿、住、行、劳动等各个方面必须达到的行为目标,使犯罪人在生活的各个环节上都有章可循,有明确的努力目标。认定行为目标后,循序渐进地逐步实施。(3)奖励规则。在确定犯罪人努力的目标之后,应当制定详细的奖励规则,使犯罪人了解其行为表现达到何种程度才能受奖以及受什么奖励等,为行为评定确立标准。(4)行为评定。根据所制定的目标和奖励规则,对犯罪人每天的行为表现进行评定,做出记录,如记上分数、标上小红旗、发给奖券等。(5)定期兑现。可以按周、月、季度、年等时间间隔,对表明犯罪人改造情况的代币或分数进行兑现,如兑现实物(如香皂、肉食等),提供优惠权利(如看电视、看电影、听音乐、散步、会见亲友等),减刑等。同时要注意,兑现要及时,这样能在善行与奖励之间建立条件反射,形成对善行的正强化,促使犯罪人实施更多的善行,将其积累后获得更大的回报。

代币法是通过外在诱因控制个体行为的办法,其效果可能是暂时的,外在诱因一旦停止,建立的新习惯也可能随之消失(当然,习惯成自然后也可能会继续保持)。而且,随着监狱内物质生活的改善、物质奖励的诱惑力降低,犯罪人的兴趣可能会提不起来。因此,除代币的直接奖励外,还要注意发挥其他社会性精神鼓励的作用,注意将外在诱因转变为犯罪人的自我控制。

除上述方法外,行为疗法还有自信训练、生物反馈等方法。

(三)认知疗法

认知疗法,又称为“认识行为疗法”“理性情绪疗法”,是根据人的认知过程,影响其情绪和行为的理论假设,通过认知和行为技术来改变治疗对象的不良认知,从而矫正并适应不良行为的心理治疗方法。“认知”是指一个人对一件事或某对象的认识和看法,对自己的看法,对他人的想法,对环境的认识和对事的见解等。认知疗法主要的着眼点在患者非功能性的认知问题上,其试图通过改变患者对己、对人或对事的看法与态度来改变所呈现的心理问题。由于文化、知识水平及周围环境背景的差异,人们对问题往往有不同的理解和认知。认知疗法常采用认知重建、心理应付、问题解决等技术进行心理辅导和治疗,其中认知重建最为关键。心理学专家认为,心理困难和障碍的根源来自异常或歪曲的思维方式,通过发现、挖掘这些思维方式,加以分析、批判,再代之以合理的、现实的思维方式,就可以解除患者的痛苦,使之更好地适应环境。

这种疗法的理论基础是,一个人的非适应性或非功能性心理与行为,常常是受不正确的认知影响而不是适应不良的行为。适应不良的行为和情绪、情感都来源于适应不良的思想,因此,思想矫正比行为矫正更有效。适应不良的思想是那些影响患者恰当地适应外在环境、保持内心和谐,足以引起过度情绪与情感反应的思想。这种思想造成患者的烦恼、痛苦以至疾病。与精神分析派不同,认知疗法强调的是意识的作用,这里的适应不良思想是治疗者与患者一致同意的某种不恰当的想法,它来源于生活中的真实思想,一些用于指导生活与行为的规矩和信条,以及对别人的偏见等。治疗的目标不仅是针对行为、情绪这些外在表现,而且是分析病人的思维活动和应付现实的策略,找出错误的认知加以纠正。具体做法是,通过分析交谈,使患者用正确的思想去代替适应不良的思想,用正确的思想去指导行为实践;同时,治疗者给予反馈性强化,以巩固和保持良好效果,形成良好的行为方式与习惯。

认知心理学家认为,犯罪行为的产生,是由于情绪的困扰(情绪是人的认识的产物),或者是道德水平的低下及这种道德水平所引起的认知偏差造成的。当个人的道德水平较低时,个人就不可能正确地认知、评价社会生活中的人与事,从而会引起适应不良和违法犯罪行为。由于犯罪心理在某种意义上也被看成社会适应不良的思想(认识)的表现,所以,认知疗法在犯罪人矫正中已经大量使用。心理矫治人员可以采用所有能改变错误认知的方法,如说明、教育、批评、促膝谈心等。认知疗法作为一种特殊的矫治手段,相应地有其特殊的方法、技术和程序。首先,心理矫治人员要向犯罪人说明一个人的看法与态度是如何影响其心情及行为的;其次,帮助犯罪人去检讨他所持有的对己、对人及对社会环境的看法,从中发觉跟犯罪人主诉的问题有密切关系的一些"看法"或"态度",并协助犯罪人去检讨这些看法或态度与一般现实的差距,指出其错误认知的非功能性与病态性;最后,督促犯罪人去练习转变这些看法或态度,重建功能性的、健康的看法与态度,以便借此新的看法或态度来产生健康的心理与适应性的行为。因此,认知疗法对于罪犯错误认知通常经历了建立关系和促进动机、诊断和评估、识别负面自动想法、进行认知重建、监控情绪和自我观察几个步骤。[8] 在矫正实践中,心理矫治人员对罪犯的错误认识加以纠正,能有效防止其再次犯罪。有些罪犯认为,人生在世,就是吃喝二字,为满足吃喝享乐不惜盗窃、抢劫、诈骗等。心理矫治人员通过教育,使其认识到人生的意义不仅在于满足个人的生理需要,还要成为对国家、对社会、对他人有价值的人,在帮助他人的过程中获得更高层次的精神愉悦。很多罪犯出狱后,改变了自己的偏差认识,积极生活,贡献社会,成为对

〔8〕 参见章恩友主编:《罪犯改造心理学》,法律出版社2021年版,第341~342页。

社会有用的人才,有人成为企业家,有人甚至成为地方知名的慈善家。

(四)现实疗法

这是根据犯罪人的人格特征、行为表现,分析现实生活中的挫折与矛盾引起的情绪问题、行为和性格障碍,以培养犯罪人现实的、负责的、正确的行为为治疗目标的一种疗法。1961年,美国洛杉矶的精神病学家格拉泽(William Glaser)在其《心理健康还是心理疾病》一书中首次谈到现实疗法的一些基本思想和实践尝试。1965年在加利福尼亚州治疗被监禁的犯罪少女时,格拉泽和他的同伴归纳出来这种心理疗法。当年他的《现实疗法》一书的问世,标志着现实疗法的正式推出。现实疗法对人的一个基本假定是,每个人都力求较好地控制自己的生活,以达到一种"成功的统合感"(success identity)。与具有成功的统合感的人形成对照的是具有"失败的统合感"的人,他们觉得生活中没有爱心,认为自己微不足道,没有能力做任何有意义的事情,对自己的困难也没有任何能力解决。在格拉泽看来,有心理困难、需要咨询和治疗帮助的人就是具有失败的统合感的人。一个人总是生活在一个"现实的"世界中,要满足他的基本需要,体验到成功的统合感,就必须在现实环境中有合适的行为。只有他做出合适的选择、实施合适的行为,他才有可能从与社会的关系、与他人的关系中获得他需要的东西。从这个意义上说,一个人的命运取决于他自己,必须由自己对自己负责。易言之,环境中总是存在社会评价、社会期望、奖励和惩罚的力量,一个人要满足自己的基本需要,必须依赖环境和他人,而他能控制的是他自己的行为,他能够决定自己做或不做、怎样做某些事情,使自己的行为既满足自己的需要,同时又不剥夺别人实现个人需要的机会。这样的行为才是现实的、负责任的行为。

格拉泽认为,违法犯罪者是生活在自己想象的虚拟世界中的人,他们不愿正视现实,而是用回避现实生活的方式来适应环境,结果形成了一些有问题的行为模式,导致了违法犯罪行为。因此,现实疗法的核心是培养犯罪人养成现实的、负责的和正确的行为方式,帮助犯罪人用这样的行为方式来适应社会生活,满足他们的基本需要。所谓现实的,是指应该把犯罪人从虚构的世界中拉回到现实中来,让犯罪人正视现实,明白他自己的行为是不现实的,是不为社会所接受的。所谓负责的,是指不能用剥夺他人的需要的方法来满足自己的需要。所谓正确的,就是指满足需要的行动、方法符合社会道德和法律的要求,并且充满爱心,能体现自己的价值。〔9〕我们认为,现实疗法的重点,在于强调犯罪人应负起生活的责任,对自己、对家人、对社会的责任,更有效地控制自己的生活。在治疗中,心理矫治人员要让犯罪人明白通过改变自己的行为模式就能掌控自己的生活,放弃以犯罪来获取自我满足这种害人害己的方式。面对总是强调自己犯罪是迫不得已的犯罪人,要使他们明白不能把自己定位于社会环境的受难者,一味地强调自己犯罪的客观原因,而应该正视自己犯罪的现实。

具体实施现实疗法可分为以下三个步骤:

1. 在犯罪人与心理矫治人员之间建立起一种坦诚的信任关系。心理矫治人员必须能以温暖的、诚实的态度和犯罪人面谈,了解犯罪人过去的情况,理解犯罪人的苦恼、挫折,

---

〔9〕 参见吴宗宪编著:《国外罪犯心理矫治》,中国轻工业出版社2004年版,第229页。

认真听取犯罪人关于现实的不满和抱怨，了解他的困难，在遇到犯罪人进行抗拒时，也能坚韧不拔。同时，心理矫治人员本人必须具有健康的情感，因为在“卷入”犯罪人情感中很有可能被负面心理包围，造成对自己的伤害。这一过程具有很大难度，心理矫治人员在矫治过程中，当遇到困难、阻力时，要表现出百折不挠的精神，也鼓励犯罪人不要放弃。格拉泽认为放弃不仅意味着承认失败，而且意味着接受失败。心理矫治人员如果放弃，其榜样作用会感染犯罪人，增加他的失败感、无价值感，认为自己无药可救。而心理矫治人员如果不放弃，同样可以通过榜样作用感染犯罪人，对自己的转化充满信心。

2. 在这一阶段，心理矫治人员要让犯罪人明确地意识到什么是自己不想要的（如失去自由、焦虑、痛苦、抑郁、自卑、人际矛盾等），什么是自己想要的（如自由、愉快、爱情、亲情、金钱、良好的人际关系、被尊重等）。心理矫治人员应向犯罪人说明，犯罪人作为一名社会成员是能够被现实所接受的，但其不负责的行为却是不能为社会所接受的。要让犯罪人明白他过去的行为是不现实的，不允许犯罪人对过去的行为进行辩解，不允许把自己的违法犯罪行为归结于无意识动机，无论过去的经历、行为多么悲惨、愚蠢和充满矛盾，都与现在的生活没有关系，应该更着重现在和将来，而不能对过去的经历和行为纠缠不休。应该使犯罪人对自己的行为有一个客观的评价。当然，要使犯罪人客观地正视自己的犯罪行为常常比较困难，他们往往不能看出那些习以为常的行为是有害社会的，有时会不自觉地为不适行为辩护，找借口证明该行为是必要的，所以心理矫治人员要积极主动地以质辩甚至辩论的形式设法迫使犯罪人作出客观的评价。

但是，需要注意的是，在这一阶段心理矫治人员始终要有真诚、关怀的态度，不能变为严厉地谴责，更不能使用哪怕是合法的惩戒手段，但要教育犯罪人承担行为后果。现实治疗者要坚决摒除对犯罪人运用惩罚。如果犯罪人达不到要求，他不会受到责难、鄙视或任何别的惩罚，但他应承担自己不负责任的行为所导致的自然结果。格拉泽认为制定惩罚有诸多弊端，其中最重要的是会强化犯罪人的失败感以及无价值感、无能感，而这正是现实治疗力求消除的负面心理。行为后果则不同，它是行为的逻辑结果，是自然现实的东西。它使犯罪人认识到因果循环的道理，认识到个人须对自己的行为负责。这个认识不是外人灌输给他的，是现实教给他的。行为后果对犯罪人同样有鞭策、激励作用，但不会有惩罚的那些弊端。而且，惩罚会使心理矫治人员失去犯罪人的信任导致无法继续矫治。最终，要让犯罪人认识到他过去的行为是不明智的、有害的，但是只要他愿意，就可以学会新的恰当的行为方式。

3. 心理矫治人员应该教给犯罪人在现有条件下满足他需要的更好的方法。要努力使犯罪人着眼于现在和将来，要帮助犯罪人制订能够成功地适应生活的计划，使犯罪人对自己的行为担负起责任。如果犯罪人实施了面对现实的、负责的和正确的行为，就给予表扬，从而启发、引导犯罪人形成正确的、对社会有价值的行为方式。首先，计划的制订应该是由犯罪人自己完成，心理矫治人员不能越俎代庖，有意无意地代犯罪人选择行为，把自己认为合适的行为强加给犯罪人。其次，要密切地参与选择、评价新行为的活动，如果犯罪人的选择不合理，要引导他认识这种不合理性。再次，犯罪人制订的行为计划不能太复杂、太难，要注意其成功的可能性。最后，坚持要求把计划以书面形式写下来，以形成较强的约束。

一些精神治疗学者认为,现实治疗是一种治标的方法,只能帮助犯罪人克服当前的现实困难,要进一步深入地治疗还应采用行为疗法或精神分析疗法。本书认为,现实治疗相对于其他疗法,专业性较低,经验不够丰富的心理咨询师也可以使用这种办法,具有一定的推广性。

(五)内省疗法

内省疗法,是让犯罪人处于与外界隔离的环境中"闭门思过",反省自己的过错,回忆自己犯罪的原因,反思改造的措施,从而达到心理转变的一种犯罪心理治疗方法。内省疗法的历史悠久,并深受宗教思想的影响。欧洲中世纪犯错误的牧师经常被隔离在一个小房间内忏悔、自省以求得上帝的宽恕。早期内省疗法的提倡者——贵格会教徒的宗教思想认为,一个人的悔悟改善,必须在严格的独居下,通过培养犯罪人的自制、沉默、诚实、稳健、谦让等习惯才能完成。因此,他们主张严格独居,把犯罪人从纷繁喧闹的社会中隔离,让犯罪人在绝对沉默、静寂的环境中,深刻反省、忏悔,使犯罪人在内省过程中自动悔悟,完成精神改善。独居制曾经对西方国家的监狱制度的发展产生了深远的影响。日本等一些东方国家,根据佛教等宗教教义,在监狱中较多地对罪犯使用内省法。[10]

历史上实施的极端独居制改革大部分失败,原因在于监狱中的罪犯完全独居、沉默,与社会没有接触,即使是犯罪人之间的交流也会受到严厉惩罚,这极大地伤害了罪犯的心理和精神,导致罪犯大量自杀或者精神分裂,最后这种尝试不得不取消。现代的内省疗法不一定将犯罪人置于单独的狭小监舍,只要他们处于相对安静、较少外部刺激的场所就可以进行。在治疗过程中,由心理治疗人员对犯罪人加以必要引导,给犯罪人提示反省的主题,让犯罪人回忆自己一生中最难忘的人或场面,可分为温馨动人的场面和换位思考的场面。温馨动人的场面如源自祖父母、父母、老师等长辈以及单位的关爱,来自兄弟姐妹、爱人、孩子的亲情以及单位同事、亲密朋友的友情等,让犯罪人回忆这些人对自己的深厚感情,回忆自己曾经拥有过的幸福美满、自由快乐的生活等,从而使犯罪人产生发自内心的慨叹,认识到自己所犯的罪行给自己及关爱自己的人所带来的痛苦,萌发改造向上的信心。换位思考的自省,即心理治疗人员引导犯罪人回忆自己犯罪时给被害人制造的痛苦,被害人及其家属在受到侵害后承受的不幸生活,自己的犯罪行为给社会、国家、政府、人民群众等造成的恶劣影响,如果是犯罪行为发生在自己的亲人身上会有什么样的痛苦等,使犯罪人产生忏悔,恢复被破坏的道德情感和良心,从而在日后的生活中能多考虑他人的感受,避免再次实施犯罪行为。

在现代监狱中,对于犯了严重错误但又不构成犯罪的罪犯,偶尔会用早期内省疗法的措施进行惩罚。例如,美国有陋室处遇和黑室处遇。陋室处遇是将犯罪人拘禁于简单而狭小的监房,监房内仅有浴衣与尿壶。此种计划的目的在于引导罪犯实施被期待的行为,以换取更多的衣服、家具或者转移到一般监房。黑室处遇是将犯罪人拘禁于暗无天日且狭窄的独居房,只有一定时间内不实施暴言暴行,保持室内清洁,遵守一切规章制度,变得

---

〔10〕 参见吴宗宪编著:《国外罪犯心理矫治》,中国轻工业出版社2004年版,第201页。

顺从后才可以返回一般监房。[11] 其他国家也有类似措施,通常做法为将罪犯独立关押在空间较小的房间内,面壁思过,和外界几乎没有联系,并且生活条件比较差,这是常人难以忍受的,一般能对问题犯罪人起到良好的惩戒作用。但鉴于这种措施的严厉性,在现代监管机构中也不常用。

(六)心理剧

心理剧是由维也纳精神病学家莫雷诺(Jacob Levi Moreno)于1921年首创的一种心理治疗方法,1925年传入美国。帕尔斯等人在20世纪60年代将其引入团体心理治疗中,影响日益扩大。心理剧,"它借助舞台表演的形式,在指导者的引领、支持和帮助之下,使个体重新经历情绪冲突的体验;在探索个体的人格特征、人际关系、心理矛盾等过程中,让个体通过行为模仿或行为替代尝试改变自己旧有的行为或学习新的行为,使心理问题得到解决"[12]。其是让病人把所存在的带有启发性的病情作为剧情来自编、自演、自看,在编、演、看的过程中观察冲突,发泄痛苦,受到教育,从而达到治疗心理疾病的目的的治疗方法。这种疗法把各种心理障碍的问题置于戏剧化形式之下,使患者重新经历情绪冲突的体验,通过演戏创造新的情境,并做出某些重要的富有意义的反应,从而使患者从冲突中解脱出来并得到治疗。作为一种戏剧,它需要主角、配角和导演,也需要观众。但它又不同于一般戏剧,其过程是:首先,由患者和治疗者(通常是一个)共同组成一个3~20人不等的小组,这些患者都有共同的或相似的心理障碍;其次,由治疗者以导演的身份指定戏中的主角即患者,把自己的心理问题表达出来,而其他成员(包括治疗者)扮演戏剧中其他角色,表演主角心理冲突的各个方面或仅仅充当观众,帮助主角做好真实情感的表演。

在整个戏剧的始终,作为导演的治疗者所起的作用是相当重要的,只有正确的引导才不至于发生消极的经验甚至事与愿违的后果。因此,治疗者的经验、博识、灵活是这种治疗成功与否的重要因素。心理剧疗法是基于以下一些设想而产生的:第一,患者往往感到只有他才有这样的问题,而且比任何人都严重。在戏剧中,他会发现其他人也有同样的问题。第二,一个成员可以从多种角度得到他对别人影响的反馈,而这种反馈是治疗者很少能提供的。第三,患者常常可满足戏剧中其他患者的需要,并且对于帮助者来说帮助别人常常是有治疗价值的。第四,患者可以在一个较安全的富有同情的环境中大胆地试验他的新行为。比起传统的治疗,这种方法不仅节省时间和经费,而且更主要的是它为患者提供了在其他治疗环境下难以得到的感受,从而起到良好的疗效。

这种方法也可以移植过来,适用于对犯罪人或违法的青少年的教育。在国外,心理剧方法已经被应用于矫治多种类型的犯罪人,特别是矫治少年犯、恋童癖者、盗窃等惯犯、精神病态犯罪人等。犯罪心理矫治者可以让犯人根据典型案例编剧、演出,使扮演者和观看者从中体验各种角色的情感体验。在表演结束后,在心理矫治者的组织下,引导罪犯讨论案例中不同角色的心理。此时,要让他们充分表达自己的看法和体会,宣泄情感,恢复心

---

〔11〕 参见蔡墩铭:《矫治心理学》,台北,正中书局1988年版,第454~455页。

〔12〕 耿柳娜、刘金秀:《心理剧在心理健康教育中的应用示例》,载《中国特殊教育》2007年第1期。

理平衡。开放式的讨论不仅有利于犯罪人了解犯罪行为所造成的社会危害及对被害人、自己亲属造成的心理创伤,还能唤起犯罪人的良心及悔罪感,促使犯罪人尽早认罪改过,同时还能使他们寻求在与剧情类似的环境中处理问题的新方式,采用除犯罪之外的正确反应。

矫治犯罪心理需要由经验丰富的心理矫治工作者采用多种方法综合进行才能收到良好的效果。开展对罪犯的心理矫治工作已经成为新形势下必须特别重视的一项改造措施。司法部对此进行了专门的规定,监狱要普及对罪犯的心理健康教育,普及率要达到应参加人数的100%,充分运用《中国罪犯心理评估系统》对罪犯进行心理测试。要加强罪犯心理咨询和矫治工作,采用门诊咨询、团体咨询、网络咨询等多种咨询方式,充分发挥心理矫治在消除犯罪心理、养成健康人格中的作用,努力做到各监狱都有精神科医师,具有高级职称的医学专家要达到警察总数的一定比例。要逐步使每个监所具备国家心理咨询师资格的警察人数达到罪犯人数的1%以上。监狱管理机关的教育改造处科室干警一般都应具备国家心理咨询师资格,每个监所领导班子中至少有一个成员具备国家心理咨询师资格。专业的心理咨询师加入罪犯矫治者的行列,有利于提高罪犯矫正质量,促进犯罪心理矫治工作在科学方法的引导下获得长足进步。

心理矫治工作者与罪犯的关系会直接影响治疗效果。首先,心理矫治工作者应以真诚、积极关注、共情的态度对待罪犯。其次,采用指导性而非指令性的方式,对罪犯作出正确的选择进行催化。避免强制性的操纵、控制罪犯,而是帮助罪犯自己了解自己的问题,进而进行转换。再次,心理矫治工作者要懂得倾听,深入体会罪犯感受,准确把握罪犯传递的信息。当罪犯意识到自己被别人真正地理解时,自然会走出孤独的阴影,出现积极向上的变化。最后,在谈话中多用鼓励、重复、带入情感的技巧。

思考与训练

1. 阅读下列材料并回答问题。

材料1:张某、李某军特大系列抢劫杀人案犯罪团伙,自1991年6月至2000年9月,在重庆、湖南、湖北、云南、广西等地持械抢劫、故意杀人、抢劫枪支弹药22次,致28人死亡、5人重伤、15人轻伤、2人轻微伤,劫得财物价值人民币536.9万元。该团伙的主犯曾被媒体称为"曾令多少家庭不幸破碎的冷血恶魔",杀人不眨眼的"冷血动物"。张某在被执行死刑前请求司法人员转告其儿女,长大后千万不要做违法犯罪的事,千万要转告给他们。

材料2:某高三学生小军因迷恋网络游戏,花光了所有的生活费,还向同学借了不少钱。为了还债,他在几个"朋友"的教唆下,参与了一次抢劫。法院经多次研究后慎重决定:对小军判处缓刑,并尽力让他重返课堂。后来,小军终于回到了学校。在随后的高考中,他不负众望,以优秀的成绩考上了重点大学。

问题:有人认为,罪犯是不能够改造的;但也有人认为,罪犯是可以改造的。你对此如何认识?

2.《监狱法》第3条规定:"监狱对罪犯实行惩罚和改造相结合、教育和劳动相结合的原则,将罪犯改造成为守法公民。"《监狱教育改造工作规定》第5条规定:"监狱教育改造工作主要包括:入监教育;个别教育;思想、文化、技术教育;监区文化建设;社会帮教;心理矫治;评选罪犯改造积极分子;出监教育等。"

问题:根据这些规定,你如何认识犯罪心理矫治在罪犯教育改造中的地位和作用?

3. 罪犯心理危机的主要表现有哪些?如何开展对罪犯的心理危机干预?
4. 如何发挥社会力量在罪犯心理矫治中的作用?
5. 实践运用。

张某,男,30岁,朋友聚餐时与邻桌发生争执,将邻桌一人殴打致死后逃离。潜逃5年后,张某自首。后其因故意伤害致人死亡被判10年有期徒刑。张某入狱后表现较好,但情绪极为不稳定,有时顶撞警官,抗拒改造;有时又在家人与警官的帮教下悔恨落泪。张某自述,父母经常外出打工,小时候由爷爷奶奶抚养长大,爷爷奶奶因忙农活,给他的照顾较少,常把他交给其年长3岁的表哥照料,与表哥关系较好。小学三年级后,父母决定将他带到县城读书,遂离开爷爷奶奶和表哥,而父亲脾气暴躁,加之父母工作劳累一天回家后,经常拿他出气,致使其经常离家出走。自己天资不好、成绩不佳、不愿上学,常因逃学而遭父亲殴打。在县城学校,又因其是新来的同学和黝黑的皮肤经常被嘲笑、欺负。之后,他因迷恋网游实在无心念书而退学,结交不良朋友混迹社会,经常出入娱乐场所,好斗逞勇,被治安拘留多次却屡教不改,直到发生惨剧后才悔恨不已。在与朋友的交往中,张某常常因为难以控制自己的情绪而使交往关系破裂,一般维持交往关系的时间都不长。张某对自己的这种表现非常不满意,因为自己的情绪问题坏了多少事、吃了多少亏,他自己都说不清楚,他曾试图改变,但总是不能取得好的效果。表哥因对张某的窝藏,犯窝藏罪被判处1年缓刑,张某认为法院对他自己的判决是罪有应得,但对连累表哥深表愧疚。

任务:请以小组为单位,根据上述案例资料,分析张某犯罪的心理原因及形成机理,并在此基础上设计一个针对性的矫治方案(包括但不限于矫治技术和方法)。